SCHÄFFER
POESCHEL

Thomas Rudolph

Modernes Handelsmanagement

Eine Einführung in die Handelslehre

3., überarbeitete Auflage

2013
Schäffer-Poeschel Verlag Stuttgart

Dr. Thomas Rudolph ist Professor für Betriebswirtschaftslehre, Marketing und Handelsmanagement an der Universität St. Gallen (HSG). Er leitet am Forschungszentrum für Handelsmanagement den Gottlieb Duttweiler Lehrstuhl und das Retail Lab.

Dozenten finden Musterlösungen zu den Fallstudien-Aufgaben und PDF-Daten der Abbildungen unter www.sp-dozenten.de/3304 (Registrierung erforderlich)

Gedruckt auf chlorfrei gebleichtem, säurefreiem und alterungsbeständigem Papier

Bibliografische Information der Deutschen Nationalbibliothek
Die Deutsche Nationalbibliothek verzeichnet diese Publikation in der Deutschen Nationalbibliografie; detaillierte bibliografische Daten sind im Internet über http://dnb.ddb.de abrufbar.

ISBN 978-3-7910-3304-4

Dieses Werk einschließlich aller seiner Teile ist urheberrechtlich geschützt.
Jede Verwertung außerhalb der engen Grenzen des Urheberrechtsgesetzes ist ohne Zustimmung des Verlages unzulässig und strafbar. Das gilt insbesondere für Vervielfältigungen, Übersetzungen, Mikroverfilmungen und die Einspeicherung und Verarbeitung in elektronischen Systemen.

© 2013 Schäffer-Poeschel Verlag für Wirtschaft · Steuern · Recht GmbH
www.schaeffer-poeschel.de
info@schaeffer-poeschel.de

Einbandgestaltung: Melanie Frasch (Foto: Shutterstock.com)
Satz: Claudia Wild, Stuttgart
Layout: Ingrid Groth | GD 90
Druck und Bindung: C. H. Beck, Nördlingen

Printed in Germany
September 2013

Schäffer-Poeschel Verlag Stuttgart
Ein Tochterunternehmen der Verlagsgruppe Handelsblatt

Vorwort zur dritten Auflage

Das vorliegende Buch soll die faszinierende Welt des Handels vorstellen und aus der Managementperspektive erklären. Wie kann es gelingen, attraktive Sortimente aus tausenden von Produkten zusammenzustellen, diese logistisch in der richtigen Menge und rechtzeitig an den Ort der Konsumnachfrage zu bringen sowie diesen Verkaufsort – sei es im Internet oder in stationären Geschäften – attraktiv zu gestalten? Dieser komplexen Handelsherausforderung nehmen sich die nachfolgenden zehn Kapitel an.

Mit dem Einsatz neuer Informations- und Kommunikationstechnologien, der mittlerweile globalen Vernetzung von Beschaffungs- und Absatzmärkten, einem schwer vorhersehbaren Konsumverhalten und starken weltwirtschaftlichen Schwankungen bedarf es erweiterter Kompetenzen im Handelsmanagement. Die in diesem Buch thematisierten zehn Handelskompetenzen helfen, Gefahren rechtzeitig zu erkennen und Chancen im Distributionsprozess zwischen Produktion und Konsum frühzeitig aufzugreifen.

Das Buch erklärt, auf welche **Handelskompetenzen** es in **der Zukunft** ankommt. Mithilfe der Methodik des vernetzten Denkens identifizierten wir zehn Kompetenzen, deren Zusammenspiel die nachfolgende Übersicht näher beschreibt. Für jede dieser zehn Handelskompetenzen vermittelt das Buch Basiswissen in komprimierter Form. Es geht darum, die Managementherausforderungen verständlich und realitätsnah zu umschreiben, zentrale theoretische Konzepte zu erklären und geeignete Managementtools zur erfolgreichen Bewältigung wichtiger Managementherausforderungen vorzustellen. Das vermittelte Wissen ermöglicht dem Leser, den Handel in seiner Gesamtheit und Vielseitigkeit zu verstehen.

Handelserfolg hängt stark von der Fähigkeit ab, wertschöpfungsstufenübergreifend zu denken und zu handeln. Mit dem verstärkten Einsatz von Informationstechnologien, beispielsweise in der Form des Internets und elektronischer Warenwirt-

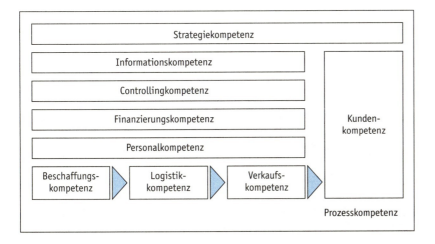

schaftssysteme, rücken Beschaffung, Logistik und Verkauf näher zusammen. Die gewählte prozessübergreifende Perspektive unterscheidet dieses Buch von anderen Lehrbüchern. Zudem versucht es, das Handelsunternehmen als Ganzes zu erfassen. Es geht nicht einseitig um Handelsmarketing, sondern um alle Facetten des Handelsmanagements. Grund dafür sind die heutigen Managementherausforderungen. Wer die Supply Chain im Handel optimieren will, könnte sich mit Logistikfragen begnügen. Schnell wird dabei aber klar, dass ohne Beschaffungs- und Verkaufskompetenz eine Optimierung der Supply Chain kaum gelingt.

Die **dritte Auflage** versteht sich als grundlegende Überarbeitung. Alle Beispiele, Jahreszahlen und Beschreibungen entsprechen dem Wissensstand im Jahre 2013. Auch fand eine Aktualisierung und Weiterentwicklung zentraler Definitionen und Konzepte statt. Insbesondere der Einfluss des Internets auf das Handelsmanagement hat im Vergleich zur zweiten Auflage erheblich an Einfluss gewonnen. Dies erforderte Anpassungen insbesondere im Grundlagenkapitel. Auch kamen neue Fallstudien am Ende einzelner Kapitel hinzu, welche den Einfluss von E-Commerce im Handelsmanagement erklären (siehe insbesondere die Fallstudie Zappos im Kapitel 5 – Logistikkompetenz). Aber auch andere Fallstudien haben sich komplett verändert bzw. wurden ersetzt. Veränderungen im Konsumverhalten fordern Retailer dazu auf, dem Konzept der Erlebnisorientierung mehr Aufmerksamkeit zu schenken. Aus diesem Grund wurde das Kapitel zur Verkaufskompetenz um den Ansatz der Kundeninspiration ergänzt. Die dritte Auflage von »Modernes Handelsmanagement« richtet sich nicht nur an Handelsunternehmen im klassischen Sinne, sondern an alle Unternehmen, welche einer Handelstätigkeit nachgehen.

Drei Prinzipien prägen dieses Buch. Prinzip eins lautet **Fokussierung auf das Wesentliche**. Im Mittelpunkt der Betrachtung stehen Handelskompetenzen, die den Erfolg einer modernen Handelstätigkeit ausmachen. Die Kapitel befassen sich mit grundsätzlichen Sachverhalten. Nebensächliches findet keine Erwähnung. Dieses Prinzip forderte eine fortlaufende Fokussierung und birgt die Gefahr, nicht ganz »Unwesentliches« zu vergessen. Da ich diese Gefahr nicht ausschließen kann, schlägt jedes Kapitel Vertiefungsliteratur vor.

Das zweite Prinzip fordert **Praxisnähe und anwendungsorientierte Theorien**. Eine Vielzahl an Beispielen illustriert den Lernstoff praxisnah und für den Leser interessant. Theorien ohne Handlungsbezug finden sich nicht in diesem Buch.

Das dritte Prinzip sorgt für einen **einheitlichen Kapitelaufbau**. Zu Beginn veranschaulichen zentrale Leitfragen die Lernziele. Anschließend folgen eine präzise Darstellung von Kernherausforderungen sowie zentrale Erklärungsmodelle. Schließlich fordern Fallbeispiele den Leser zur direkten Anwendung des vermittelten Wissens und der erlernten Managementtools auf. Lösungen für die Aufgaben und Charts für alle Abbildungen lassen sich von Dozenten über die Schäffer-Poeschel-Dozenten-Seite (www.sp-dozenten.de) beziehen. Jedes Kapitel schließt mit Kontrollfragen, die eine didaktische Hilfe zur Selbstkontrolle anbieten und überprüfen, ob der Leser das vermittelte Wissen tatsächlich verstanden hat.

Das Buch hilft Schülern an Gymnasien und Handelsschulen sowie Studierenden an Fachhochschulen und Universitäten, die Grundlagen für das moderne Handelsmanagement zu verstehen und anzuwenden. Aber auch Auszubildende des Einzelhandels (in der Schweiz Detailhandel genannt) und des Großhandels sind angesprochen. Sowohl für Manager etablierter Handelsunternehmen als auch für Unternehmen, welche erstmals einer Handelstätigkeit nachgehen, vermittelt dieses Buch aktuelles Managementwissen und anwendungsorientierte Managementtools die aus zahlreichen Forschungsprojekten resultieren. Ferner erhalten Dienstleister und Lieferanten einen detaillierten Einblick über Prozesse, Funktionen und Gesetzmäßigkeiten im modernen Handelsmanagement.

»Modernes Handelsmanagement« ist vor diesem Hintergrund keine Enzyklopädie. Es geht nicht um Vollständigkeit, sondern um das Wesentliche. Es ist auch kein Trendbuch. Im Vordergrund stehen nicht Managementmoden, sondern fundamentales und langfristig relevantes Handelswissen. Ferner ist es kein Theoriebuch mit einigen wenigen Beispielen, sondern vor allem ein Praxisbuch mit ausgewählten theoretischen Grundlagen.

Ohne die Unterstützung meiner Mitarbeiter*innen* am Forschungszentrum für Handelsmanagement der Universität St. Gallen wäre die Neuauflage dieses Buch nicht zustande gekommen. Ich danke herzlichst David Biernath, Melanie Reisinger, Johannes Bauer, Tim Böttger, Elena Essig, Felix Brunner und Oliver Emrich. Auch danke ich den vielen Kollegen und Praxisvertretern für ihr Feedback und die zahlreichen Anregungen bei der Erstellung dieser dritten Auflage.

St. Gallen, im Mai 2013   Prof. Dr. Thomas Rudolph

Leserhinweis

Dieser Abschnitt wendet sich an Manager aus der Praxis, denen oft die Zeit fehlt, um ein Lehrbuch ganz zu lesen. Meist sind es nur wenige Stunden, die zur Verfügung stehen. Daher muss es dem Leser schnell gelingen, nützliche von weniger nützlichen Kapiteln zu unterscheiden. Der Leser ist aufgefordert, sich Antworten auf die nachfolgend gestellten Fragen zu überlegen. Immer dann, wenn es schwer fällt, eine Antwort zu geben, empfiehlt sich eine tiefere Auseinandersetzung mit dem betreffenden Kapitel.

Kapitel	Fragen
1. Grundlagen und Prozesskompetenz	Inwiefern entsprechen Ihre Unternehmensaktivitäten den wesentlichen Merkmalen einer Handelstätigkeit?
	Welche Bedeutung hat Cross-Channel-Management in Ihrem Unternehmen – aktuell und in der Zukunft?
	Welche Kräfte treiben Ihr Unternehmen zu fortlaufenden Veränderungen in den Leistungserstellungsprozessen und Markterscheinungsformen an?
	Für welche Basiskompetenzen strebt Ihr Unternehmen einen Wettbewerbsvorteil in der Zukunft an?
	In welchen Phasen der Wertschöpfungskette bestehen für Ihr Unternehmen die größten Defizite?
2. Strategiekompetenz	Welche drei zentralen Unternehmensziele verfolgen Sie?
	Welches Geschäftsmodell verfolgt Ihr Unternehmen?
	Wie lautet die unmissverständliche Unternehmensvision Ihres Unternehmens?
3. Kundenkompetenz	Welche Entscheidungen fällt Ihr Zielkunde über den gesamten Kaufentscheidungsprozess hinweg betrachtet?
	Welche Kaufentscheidungsphasen sollte das Handelsmanagement gezielt bearbeiten?
	Welche Vorgehensweise eignet sich für eine erfolgreiche Marktsegmentierung?

4. Verkaufskompetenz	Welche Instrumente helfen dabei, das Profil Ihrer Verkaufsstellen maßgeblich zu verbessern?
	Für welche der drei Phasen im Verkaufsprozess (Vorkauf-, Kauf- und Nachkaufphase) besitzt Ihr Unternehmen die größten Reserven?
	Nach welchen Prinzipien funktioniert Ihr Preislagenmanagement?
5. Logistikkompetenz	Welche Kernaufgaben im Logistikprozess erfüllen Sie besser als vergleichbare Konkurrenten?
	Anhand welcher Managementkonzepte versuchen Sie die Logistikeffizienz zu verbessern?
	Wie verbessern Sie die Zusammenarbeit mit Logistikdienstleistern?
6. Beschaffungskompetenz	Für welche Phase des Beschaffungsprozesses erkennen Sie den größten Handlungsbedarf?
	Entspricht Ihr Beschaffungsportfolio den Kundenerwartungen?
	Wie beurteilen Sie die Lieferantenleistung?
7. Finanzierungskompetenz	Wie groß ist der Kapitalbedarf in den kommenden zwei Jahren?
	Welche Finanzierungsformen spielen eine große Rolle in dieser Zeit?
	Welche Finanzierungsregeln helfen, die Finanzierungsstruktur zu verbessern?
8. Controllingkompetenz	Was sind Ihre wichtigsten Controllingziele?
	Welche Controllingkennzahlen stehen im Mittelpunkt Ihrer Controllingarbeit?
	Welche Controllingwerkzeuge helfen Ihnen bei der Sortimentsoptimierung?

9.	Personalkompetenz	Welche Faktoren sind wichtig, um die Mitarbeiterzufriedenheit zu verbessern?
		Welchen Führungsstil pflegen Sie?
		Welche Instrumente des Personalmarketing setzen Sie ein, um Mitarbeiter für Ihr Unternehmen zu gewinnen?
10.	Informationskompetenz	Welche der vielen Informationsquellen sind in Ihrem Handelsbetrieb von zentraler Bedeutung?
		Wie integrieren Sie Informationen aus unterschiedlichen Informationsquellen?
		Auf welche Art und Weise sichern Sie die Nutzung dieser Informationen in der Unternehmenspraxis?

Inhaltsverzeichnis

Vorwort zur dritten Auflage		V
Leserhinweis		IX
Abkürzungsverzeichnis		XVII

1	**Grundlagen und Prozesskompetenz**	1
1.1	Grundlagen für das Handelsmanagement im 21. Jahrhundert	1
1.1.1	Volkswirtschaftliche Bedeutung und Rolle der Handelstätigkeit	2
1.1.2	Der Begriff Handel	4
1.1.3	Handelsepochen und treibende Kräfte	6
1.1.4	Wandel in den Markterscheinungsformen	9
1.1.5	Leistungen des Einzelhandels und konstitutive Merkmale der Handelstätigkeit	11
1.1.6	Die Zukunft des Handels und seine Markterscheinungsformen	14
1.1.6.1	Stationärer Handel	14
1.1.6.2	Elektronischer Handel	16
1.1.6.3	Hybridformen des Handels	20
1.2	Prozesskompetenz und vernetzte Wertschöpfung	27
1.2.1	Prozesskenntnisse und Kompetenzaufbau	28
1.2.2	Prozesse und Kompetenzen verdrängen starre Strukturen	30
1.2.3	Erfolgslogik und Basiskompetenzen im Handel	31
1.2.4	Fallstudie: Pommes frites	34
	Aufgaben	42
	Kontrollfragen	43
	Literatur	43

2	**Strategiekompetenz**	49
2.1	Einleitung	49
2.2	Grundlagen	50
2.3	Handlungswissen	53
2.3.1	Bestimmen Sie den Markt	54
2.3.2	Entwickeln Sie eine Unternehmensvision und formulieren Sie ein verständliches Leistungsversprechen	56
2.3.3	Führen Sie eine Situationsanalyse durch	56
2.3.4	Identifizieren Sie eine Erfolg versprechende Grundsatzstrategie bzw. ein Geschäftsmodell	57
2.3.5	Legen Sie Ziele fest und beachten Sie die Ressourcen	59
2.3.6	Wählen Sie Profilierungsinstrumente	60
2.3.7	Beurteilen und optimieren Sie die Leistung	61
2.4	Fallstudie: IKEA	62
	Aufgaben zur Fallstudie	64
	Kontrollfragen	64
	Literatur	65

3	**Kundenkompetenz**	**67**
3.1	Einleitung	67
3.2	Grundlagen	68
3.2.1	Die Wahl der Einkaufsstätte aus der Kundenperspektive	68
3.2.2	Die Wahl der Einkaufsstätte aus der Managementperspektive	70
3.3	Handlungswissen	72
3.3.1	Marktsegmentierung planen	72
3.3.2	Konsumentenforschung im Handel konzipieren	83
3.4	Fallstudie: Motel One	87
	Aufgaben zur Fallstudie	89
	Kontrollfragen	90
	Literatur	90
4	**Verkaufskompetenz**	**93**
4.1	Einleitung	93
4.2	Grundlagen	95
4.2.1	Der Einkauf in der Verkaufsstelle – Entscheidung über Erfolg oder Misserfolg	95
4.2.2	Der Verkaufsprozess	96
4.2.3	Die Instrumente und Aufgaben im Verkauf	99
4.2.4	Verkaufskompetenz durch Kundeninspiration erhöhen	102
4.3	Handlungswissen	104
4.3.1	Sortimentsbreite bestimmen	104
4.3.2	Preislagen unterscheiden	106
4.3.3	Anforderungen und Grundformen der Ladengestaltung kennenlernen	107
4.4	Fallstudie: Giovanni-Sport	110
	Aufgaben zur Fallstudie	113
	Kontrollfragen	113
	Literatur	114
5	**Logistikkompetenz**	**117**
5.1	Einleitung	117
5.2	Grundlagen	118
5.2.1	Die Aufgaben der Logistik	118
5.2.2	Der Logistikprozess und seine Grundformen	119
5.2.3	Informationsverarbeitung und Logistik	123
5.3	Handlungswissen	124
5.3.1	Herausforderungen im Supply Chain Management erkennen	124
5.3.2	Aufbau eines wirkungsvollen Supply Chain Managements am Fallbeispiel der Metro AG verstehen	125
5.4	Fallstudie: Zappos.com	128
	Aufgaben zur Fallstudie	132
	Kontrollfragen	132
	Literatur	133

6	**Beschaffungskompetenz**	**135**
6.1	Einleitung	135
6.2	Grundlagen	137
6.2.1	Der Beschaffungsprozess	137
6.2.2	Der Einfluss von Produktspezifika auf den Beschaffungsprozess	139
6.2.3	Die Bedeutung von Category Management in der Beschaffung	140
6.2.4	Die Bedeutung von E-Procurement	141
6.3	Handlungswissen	142
6.3.1	Beschaffungsportfolio zur Sortimentsanalyse bestimmen	142
6.3.2	ABC-Analyse zur Analyse einzelner Warengruppen planen	144
6.3.3	ABC-/XYZ-Portfolio zur Ableitung beschaffungslogistischer Konzepte aufstellen	146
6.3.4	Multiattributbewertung zur Lieferantenbeurteilung vornehmen	147
6.3.5	Optimale Warenbestände planen	149
6.4	Fallstudie: CPFR bei ECR, Douglas und L'Oreal	150
	Aufgaben zur Fallstudie	155
	Kontrollfragen	155
	Literatur	155
7	**Finanzierungskompetenz**	**157**
7.1	Einleitung	157
7.2	Grundlagen	158
7.2.1	Begriffliche Definitionen	158
7.2.2	Der Finanzierungsprozess	159
7.3	Handlungswissen	159
7.3.1	Kapitalbedarf berechnen	159
7.3.2	Finanzierungsanlass beachten	163
7.3.3	Finanzierungsform wählen	165
7.3.4	Finanzierungsstruktur optimieren	169
	Aufgaben zur Fallstudie	172
	Kontrollfragen	173
	Literatur	173
8	**Controllingkompetenz**	**175**
8.1	Einleitung	175
8.2	Grundlagen	176
8.2.1	Zweck des Controllings	177
8.2.2	Der Controllingprozess	179
8.2.3	Verankerung des Controllings im Unternehmen	182
8.3	Handlungswissen	184
8.3.1	Innerbetrieblicher Kennzahlenvergleich	184
8.3.2	Kennzahlensysteme entwickeln	185
8.3.3	Zentrale Handelskennzahlen auswählen	187
8.3.4	Deckungsbeiträge verbessern	191
8.3.5	Sortimentsmix optimieren	194
8.4	Fallstudie: Women's Wear	196

	Aufgaben zur Fallstudie	196
	Kontrollfragen	197
	Literatur	197

9 Personalkompetenz — 199
- 9.1 Einleitung — 199
- 9.2 Grundlagen — 200
- 9.3 Handlungswissen — 201
- 9.3.1 Mitarbeiter motivieren — 201
- 9.3.2 Mitarbeiter führen — 205
- 9.3.3 Mitarbeiter gewinnen und entwickeln — 207
- 9.4 Fallstudie: dm-drogerie markt — 211
- Aufgaben zur Fallstudie — 213
- Kontrollfragen — 213
- Literatur — 214

10 Informationskompetenz — 217
- 10.1 Einleitung — 217
- 10.2 Grundlagen — 218
- 10.2.1 Informationsprozess — 218
- 10.2.2 Informationsquellen im Handel — 220
- 10.2.3 Informationsmanagement — 228
- 10.3 Handlungswissen — 229
- 10.3.1 Kundeninformationen in bestehende Informationssysteme integrieren — 229
- 10.3.2 Leistungsfähigkeit integriert messen — 230
- 10.3.3 Vom Informationsvermittler zum Informationsmanager — 232
- 10.4 Fallstudie: REWE — 232
- Aufgaben zur Fallstudie — 235
- Kontrollfragen — 235
- Literatur — 235

Glossar — 237
Relevante Links zum Thema Handel — 245
Literaturverzeichnis — 247
Sachregister — 259

Abkürzungsverzeichnis

Abkürzung	Erläuterung	Kapitel
CAPI	Computer Assisted Personal Interviews	3
CATI	Computer Assisted Telephone Interviews	3
CEO	Chief Executive Officer	1
CPFR	Collaborative Planning, Forecasting and Replenishment	5, 6
CRM	Customer Relationship Management	5
CWWS	computergestütztes Warenwirtschaftssystem	10
DB	Deckungsbeitrag	8
DSD	Direct Store Delivery	5
EAN	Europäische Artikelnummer	5
ECR	Efficient Consumer Response	5, 6
EDI	Electronic Data Interchange	5
EVA	Economic Value Added	8
GWWS	geschlossenes Warenwirtschaftssystem	10
JIT	Just-in-time	5
KF	Kapitalfreisetzung	7
MGL	Metro Gruppenlogistik	5
MWS	Marktwarenwirtschaftssystem	10
NPV	Net Present Value	7
POS	Point-of-Sale	1, 3
RFID	Radio Frequency Identification	5
ROE	Return on Equity	7
ROI	Return on Investment	5, 7, 8
SCM	Supply Chain Management	5
SKU	Stock Keeping Unit	6
SWOT	Strengths, Weaknesses, Opportunities, Threats	6
VMI	Vendor Managed Inventory	6
VWWS	verteiltes Warenwirtschaftssystem	10
WKZ	Werbekostenzuschuss	6
WWRE	WorldWide Retail Exchange	1
WWS	Warenwirtschaftssystem	10

1 Grundlagen und Prozesskompetenz

> **Lernziele**
>
> **Leitfrage:** Was versteht man unter einer Handelstätigkeit?
>
> ▸ Welches sind die wesentlichen Merkmale einer Handelstätigkeit?
>
> ▸ Weshalb lässt sich der Handel nur unzureichend im institutionellen Sinne definieren?
>
> **Leitfrage:** Welche historischen Entwicklungen prägen den Handel?
>
> ▸ Welche Handelsepochen sind zu unterscheiden?
>
> ▸ Wie lassen sich diese Handelsepochen charakterisieren?
>
> **Leitfrage:** Welchen Anforderungen müssen Handelsunternehmen in Zukunft gerecht werden?
>
> ▸ Welche Kräfte bewirken fortlaufende Veränderungen in den Leistungserstellungsprozessen und Markterscheinungsformen?
>
> ▸ Welche Markterscheinungsformen werden die Handelslandschaft in der Zukunft prägen?
>
> **Leitfrage:** Welche Rolle spielen Kompetenzen im Wertschöpfungsprozess von Handelsunternehmen?

1.1 Grundlagen für das Handelsmanagement im 21. Jahrhundert

Wal-Mart befindet sich im Jahr 2012 auf Platz 3 des Fortune Global 500 Ranking – mit einem erzielten Jahresumsatz von 446,9 Milliarden Dollar (CNN Money 2013a). Wal-Mart ist ein **klassisches Handelsunternehmen**. Es wurde 1962 von Sam Walton gegründet. Im Jahre 1970 gab es erst 38 Verkaufsstellen. Danach expandierte Wal-Mart sehr schnell (Collins 2001) auf mittlerweile 4.637 Standorte in den USA und zusätzliche 6.155 internationale Standorte (Walmart 2013a, Walmart 2013b). Die drei umsatzstärksten europäischen Handelsunternehmen im Jahr 2012 waren Carrefour (76,8 Milliarden Euro), Tesco (84,4 Milliarden Euro) und die Metro Group (66,7 Milliarden) (Carrefour 2013, Tesco 2013, Metro Group 2013). Im Gegensatz zu vielen amerikanischen Unternehmen weisen große Handelsunternehmen in Europa einen vergleichsweise hohen **Internationalisierungsgrad** auf. Beispielsweise erzielte die Metro Group 2012 mit über 61 Prozent den Großteil ihres Umsatzes im Ausland und auch Carrefour erwirtschaftete mehr als die Hälfte seines Umsatzes außerhalb des französischen Heimatmarktes (Metro Group 2013, Carrefour 2013).

Die größten Handelsunternehmen der Welt

Doch die Welt des Handels erfährt mit dem Internet einen erheblichen Wandel. **Neue Handelskonzepte** wie z. B. Amazon mit einem Netto-Jahresumsatz 2012 von

Neue Handelskonzepte und Distributionskanäle

61,1 Milliarden Dollar oder eBay (14,0 Milliarden Dollar Vermittlungsumsatz im Jahr 2012) spielen eine zunehmend wichtigere Rolle (CNN Money 2013b, 2013c). Amazon steigerte allein im Jahr 2012 den Umsatz um 28,8 Prozent. Im stationären Handel sind solche Wachstumsraten nahezu unmöglich, weil Umsatzwachstum in der Regel über zusätzliche Verkaufsstellen erfolgt, die hohe Investitionen erfordern. Daher arbeiten fast alle bedeutsamen stationären Händler auch mit **Online-Distributionskanälen**. Sie verlinken ihr stationäres Geschäft mit dem Internet, wo Kunden zusätzliche Informationen erhalten, Ware bestellen oder Serviceleistungen wie z. B. den Reparaturservice in Anspruch nehmen. Cross-Channel-Management entspricht dem Kundenwunsch, sowohl stationär als auch online einzukaufen. Manager versuchen deshalb im Zuge eines erfolgreichen Cross-Channel-Managements, den Vertrieb über stationäre Verkaufsstellen mit dem Online-Vertrieb über Computer, Tablets und Smartphones aufeinander abzustimmen. Jeder Vertriebskanal muss im Zuge dieser Abstimmung einen Mehrwert stiften (vgl. Emrich/Rudolph 2011). Die Facettenvielfalt des Handels zeigt sich darüber hinaus im Rohstoff-Großhandel. Der 1974 gegründete und in der Schweiz ansässige Rohstoff-Großhändler Glencore, welcher im Jahr 2012 einen Umsatz von 214,4 Milliarden Dollar erwirtschaften konnte, handelt in erster Linie mit Metallen, Rohöl, Kohle, Mineralen und landwirtschaftlichen Produkten (Glencore 2013). Er vermittelt zwischen Rohstoffproduzenten und verschiedenen Industrien wie z. B. Automobil, Energie und Metallverarbeitung. Glencore gleicht dabei die Rohstoffnachfrage durch ein entsprechendes Rohstoffangebot aus, organisiert die Fracht und übernimmt die Finanzierung. Darüber hinaus ist Glencore in den vergangenen Jahren verstärkt in die Produktion eingestiegen und damit weit mehr als im Großhandel tätig.

Funktionsausweitung bei vielen Handelsbetrieben

Dieser **Trend der Funktionsausweitung** lässt sich bei vielen Handelsbetrieben beobachten. Viele Handelsunternehmen überbrücken nicht mehr allein die Lücke zwischen Produktion und Konsumtion. Mittlerweile produzieren Handelsorganisationen und auch klassische Produktionsbetriebe treiben Handel. Vor dem Hintergrund dieser dynamischen Entwicklung erscheint es notwendig, zu Beginn dieses Buches die Frage nach dem Wesen des Handels zu stellen. Dazu gilt es Antworten auf die folgenden sechs Fragen zu finden:
1. Welche Bedeutung kommt dem Handel zu?
2. Was ist Handel?
3. Welche Handelsepochen sind zu unterscheiden?
4. Was treibt den Handel zu fortlaufenden Veränderungen an?
5. Was sind typische Merkmale einer Handelstätigkeit?
6. Welche Markterscheinungsformen sind in der Zukunft zu beachten?

Die anschließenden Kapitel beantworten diese Fragen.

1.1.1 Volkswirtschaftliche Bedeutung und Rolle der Handelstätigkeit

Der Handel erfüllt in jeder Volkswirtschaft eine zentrale Rolle.

In jeder Volkswirtschaft spielt der Handel eine wichtige Rolle. Sei es im Außenhandel mit anderen Volkswirtschaften oder im Binnenhandel, der den Austausch von Gütern zwischen gewerblichen Anbietern und Endkonsumenten innerhalb der Landesgrenzen umfasst. In Deutschland trägt der Handel einen Anteil von gut 10 Prozent zur gesamten Bruttowertschöpfung bei. Die Bedeutung des Handels zeigt sich in der aktuellen Wirtschaftspolitik. Um einen wirtschaftlichen Abschwung in den USA zu vermeiden, senkte die amerikanische Regierung im Frühjahr 2008 die Steuern für Privatpersonen und startete 2009 Billionen schwere Konjunkturprogramme. Zeitverzögert flossen die höheren Nettoeinkommen in den privaten Konsum, was sich nach der Theorie der Volkswirtschaftslehre auf die Beschäftigung zumindest kurzfristig positiv auswirken und damit nicht zuletzt auch die Sozialversicherungssysteme entlasten sollte (Bofinger 2006).

Mit der zunehmenden Wettbewerbsintensität gewinnt der Einzelhandel als **Schnittstelle zum Endkonsumenten** an Bedeutung. Das dort gewonnene Markt- und Kundenwissen beeinflusst zunehmend vorgelagerte Wertschöpfungsprozesse in der Produktion und im Großhandel. Der Bedeutungszuwachs der Handelstätigkeit zwischen Produktion und Konsum lässt sich anhand verschiedener Indikatoren ablesen:

> Die Handelstätigkeit zwischen Produktion und Konsum wird immer bedeutsamer.

- 2012 arbeiteten 10,3 Prozent aller Beschäftigten in den USA im Handel. In den deutschsprachigen Ländern lag dieser Anteil 2012 ähnlich hoch (Deutschland = 5,7 %, Österreich = 6,6 % und Schweiz = 7,3 %). Er hat in den vergangenen Jahren zugenommen (vgl. Euromonitor 2013).
- Auch konnte der Handel im Vergleich zur Markenartikelindustrie seine Marktstellung festigen. Der Sortimentsanteil an Eigenmarken, also an Produkten, die der Handel in eigenem Namen verkauft und damit oft auch produziert, hat europaweit zugenommen. So stieg z. B. im Bereich verpackter Nahrung der anteilige Umsatz von Eigenmarken in Westeuropa von 23,4 Prozent im Jahr 2006 auf 25,4 Prozent im Jahr 2012 (Euromonitor 2013). Spitzenreiter ist die Schweiz. Dort stieg der Eigenmarkenanteil von 41,9 Prozent im Jahr 2006 auf 43,7 Prozent im Jahr 2012 (Euromonitor 2013).
- Der Online-Handel gilt als eine der wichtigen Wachstumsbranchen in Westeuropa. So stieg laut Bundesverband des Deutschen Versandhandels (BVH) in Deutschland das Umsatzvolumen im Online-Handel mit Waren von 2011 auf 2012 um 27,2 Prozent und erreichte ca. 27,6 Milliarden Euro. Auch für digitale Dienstleistungen kann 2012 eine Umsatzsteigerung im Vergleich zum Vorjahr von ca. 21 Prozent auf 9,7 Milliarden Euro verzeichnet werden (BVH 2013).
- Kundeninformationen (z. B. aus Scannerdaten und Kundenkarten) gewinnen an Bedeutung und erhöhen den Einfluss der Unternehmen, die über ein solches Kundenwissen verfügen (Zentes et al. 2007).
- Viele Autoren gehen davon aus, dass Serviceleistungen künftig eine entscheidende Ressource im Wettbewerb darstellen. Aufgrund ihrer Nähe zu Kunden würde eine solche Entwicklung Handelsunternehmen besonders begünstigen (Lusch et al. 2007).

Diese wenigen Beispiele unterstreichen die Rolle des Handels als Wirtschaftsmotor. Ohne Handel kann unsere Wirtschaft nicht funktionieren.

1.1.2 Der Begriff Handel

Güterverteilung und Losaufspaltung als Leistungen des Handels

Handelsunternehmen agieren gemäß der klassischen Handelsdefinitionen in der Wertschöpfungskette als **Intermediäre**, sie übernehmen eine Überbrückungsfunktion zwischen Produktion und Konsum (Barth/Hartmann/Schröder 2007, S. 1). Ihre Existenz im Wirtschaftskreislauf beruht auf verschiedenen unternehmerischen Leistungen. Ein wesentliches Merkmal der unternehmerischen Leistung besteht im **Verteilen von Gütern** (Mulhern 1997, S. 103; Ellis/Kelley 1992, S. 383). Dabei kann es sich um Lebensmittel, Möbel, Hotelzimmer, Musiktitel, Aktien, Versicherungen, chemische Produkte, Maschinen, Computer, Autos etc. handeln. Diese Güter, so die klassische Auffassung vom Handel, werden von Produzenten produziert und vom Handel ohne maßgebliche Veränderungen weiterverkauft (Oberparleitner 1955). Der Begriff Einzelhandel weist auf eine weitere wichtige Funktion des Handels hin; er teilt die in großen Mengen eingekauften Güter bedürfnisgerecht in kleinen Einheiten den Endkonsumenten zu (Davies 1993, S. 3). Man spricht in diesem Zusammenhang auch von **Losaufspaltung**.

Handelsunternehmen lassen sich in Unternehmen des **Groß- und Einzelhandels** aufteilen. Im Gegensatz zum Großhandel verkauft der Einzelhandel (in der Schweiz als Detailhandel bezeichnet) Güter und Dienstleistungen direkt an Endkonsumenten. Großhändler bzw. Grossisten kaufen Waren- und Dienstleistungen von verschiedenen Produzenten oder Lieferanten und verkaufen diese an Weiterverkäufer oder Weiterverarbeiter. Der Großhandel begründet seine Rolle in der Wirtschaft durch seine Markterschließungsfunktion, indem er dem Hersteller hilft, den richtigen Absatzmarkt zu finden.

Veränderung der Distributionsformen: Intermediation und Disintermediation

Die wirtschaftliche Dynamik löst **Veränderungen im Distributionsprozess** aus. Am Beispiel des Großhandels lässt sich das Aufkommen neuer Distributionsformen (Intermediation) und das Ausschalten nicht mehr wettbewerbsfähiger Distributionsformen (Disintermediation) veranschaulichen. Während auf nationalen Märkten der klassische, stationäre Großhandel aufgrund zunehmender Konzentration und Markttransparenz leicht an Bedeutung verliert, gewinnt dieser in Form von elektronischen Marktplätzen im internationalen Handelsgeschäft. Mit der Globalisierung von Handelsmärkten steigen räumliche und kulturelle Distanzen zwischen Produzenten und Einzelhändlern. Die neuen Erscheinungsformen des Großhandels helfen, diese Distanzen zu reduzieren, Märkte effizienter zu gestalten und damit Transaktionskosten zu reduzieren (Picot 1986, S. 1 ff.).

Beispiele für eine Funktionsausweitung des Handels

Diese klassische und in vielen Lehrbüchern vorgetragene Rollenverteilung zwischen Produzenten, Großhandel und Einzelhandel verliert jedoch zunehmend an Bedeutung (siehe Abbildung 1-1). Auch besteht die Wertschöpfung des Handels nicht mehr allein im klassischen Warenhandel. Es kommt zunehmend zu einer **Funktionsausweitung**, die eine eindeutige Zuordnung erschwert. Einige wenige Beispiele verdeutlichen diese Entwicklung:

▸ Ursprünglich als Einzelhändler gegründete Unternehmen wie z. B. Tchibo oder Migros sind heute auch im Großhandel und in der Produktion von Konsumgütern tätig. Zusätzlich bieten diese Mischkonzerne Dienstleistungen an, wie z. B. den Verkauf von Versicherungen und Bankdienstleistungen.

- Ursprünglich als Hersteller von Konsumgütern gegründete Unternehmen wie z. B. Adidas, Sony, Apple und Puma betreiben heute eigene Verkaufsstellen und übernehmen Handelsaufgaben.
- Produktions- und Verkaufsketten wie z. B. Zara, Mango oder H&M sind vertikal integriert, d. h. sie übernehmen von der Produktion bis zum Verkauf alle Wertschöpfungsaufgaben selbst.
- Energieunternehmen wie z. B. Exxon Mobil, BP und Shell Royal Dutch sind Erdölförderer, Großhändler und Einzelhändler mit tausenden von Tankstellen-Shops.
- Unternehmen der Telekommunikationsbranche wie z. B. Vodafone, Telecom oder Swisscom unterbreiten ein breites Spektrum an Dienstleistungen. Auch hier sind es tausende Verkaufs- und Dienstleistungscenter, welche das Leistungsangebot den Endkonsumenten näher bringen.
- Mit Auktionsplattformen wie z. B. eBay und Ricardo werden selbst Endkonsumenten zu Händlern und Web-2.0-Applikationen machen Konsumenten zu Prosumenten, die Meinungen aktiv abgeben und Produktionsprozesse direkt mitgestalten.

Was sich in den Firmenbezeichnungen schon längst vollzogen hat, hinkt in unserer Umgangssprache hinterher. Alle zuvor genannten Unternehmen wählen eine Firmenbezeichnung, die keine Zuordnung zu den in Abbildung 1-1 vorgestellten Distributionsstufen mehr zulässt. BP bezeichnet sich als Energieunternehmen, Telecom als Unternehmen der Telekommunikationsbranche und Zara wählt die Bezeichnung einer Produktions- und Verkaufskette. Letztere Bezeichnung unterstreicht die hohe Vernetzung unserer Wirtschaft. Unternehmen sind nicht mehr losgelöste Einzelakteure, sondern »vernetzen« sich immer stärker über **mehrere Distributionsstufen** hinweg.

Infolge dieser Entwicklung fällt es immer schwerer, Unternehmungen einer Distributionsstufe zuzuordnen und damit deren Rolle in der Wirtschaft als Produzent, Großhändler oder Einzelhändler eindeutig festzulegen. Es macht daher auch immer weniger Sinn, den Handel im institutionellen Sinne definieren zu wollen. Wir müssten im institutionellen Sinne beispielsweise von produzierenden Großhändlern, handeltreibenden Produzenten und produzierenden Konsumenten sprechen. Diese Bezeichnungen klingen jedoch schwerfällig und bringen keine begriffliche Klarheit. Der Handel als Branche im Sinne klar abgrenzbarer Institutionen verliert an Bedeutung.

Handel als abgrenzbare Institution verliert an Bedeutung

Das Wesen des Handels besteht in einer arbeitsteiligen Wirtschaft viel eher in der Handelstätigkeit als solchen. Unternehmen handeln mit Gütern und Dienstleistungen, unabhängig von deren institutionellen Bezeichnung als Händler, Hersteller oder

Die Handelstätigkeit als zentrales Merkmal

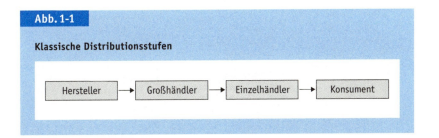

Abb. 1-1

Klassische Distributionsstufen

Hersteller → Großhändler → Einzelhändler → Konsument

Non-Profit-Organisation. Dieses Buch wendet sich an alle Unternehmen, die einer Handelstätigkeit nachgehen oder diese anstreben, wozu auch klassische Handelsunternehmen zählen. Wir bezeichnen diese Unternehmen aus pragmatischen Gründen mit den geläufigen Bezeichnungen »Händler« und »Handelsunternehmen« (evtl. Handelsakteure). Im Englischen würde man besser von »Firms in Retailing« sprechen, also von Unternehmen, die einer Handelstätigkeit nachgehen. Da dieser Begriff umständlich und lang klingt, soll es bei dem etablierten Begriff »Händler« bleiben. Dieser »Händler« kann aber neben seiner Handelstätigkeit noch andere Funktionen in der Wertschöpfungskette übernehmen. Im Zentrum dieses Buches steht somit nicht der Handel als Institution, sondern die Handelstätigkeit als solche, welche in Kapitel 1.1.5 näher charakterisiert ist.

1.1.3 Handelsepochen und treibende Kräfte

Die Handelsepochen

Veränderung der Markterscheinungsformen und der Handelstätigkeit

Betrachten wir die Menschheitsgeschichte, so hat der Handel den Menschen von der biologischen zu einer primär kulturellen Evolution begleitet. In den vergangenen zwei Jahrhunderten haben besonders große Veränderungen in den Markterscheinungsformen des Handels, aber auch in der Handelstätigkeit als solcher stattgefunden (Haupt 2003). Wir unterscheiden drei Handelsepochen (Rudolph/Emrich 2009, S. 11). Den Übergang von der ersten zur zweiten Epoche löste die **Industrielle Revolution** aus. Die aufkommende Industrielle Revolution Ende des 18. Jahrhunderts veränderte mit den neu entstehenden Fabrikationsmethoden der Massenproduktion das bis dahin entstandene Wirtschaftssystem nachhaltig. Es kam zu einem beschleu-

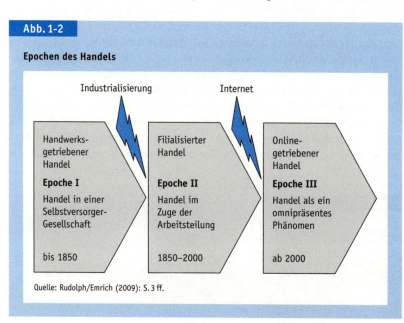

Abb. 1-2 Epochen des Handels

Quelle: Rudolph/Emrich (2009): S. 3 ff.

nigten evolutionären Prozess im Einzelhandel (z. B. Hollander 1960). Ein zweiter grundlegender Wechsel – von der zweiten zur dritten Epoche – kündigt sich für den Handel vor wenigen Jahren mit der steigenden **Verbreitung des Internets** an.

Bis etwa zur zweiten Hälfte des 19. Jahrhunderts war die Handelslandschaft in Kontinentaleuropa stark vom gewerblichen Handwerkshandel geprägt. Da sich der Großteil der Menschen in der ständischen Gesellschaft selbst versorgte, existierte der »Verbraucher« im heutigen Sinne noch nicht. Zum Handel trafen sich gewerbliche Erzeuger und Groß- wie auch Kleinabnehmer auf Wochen- und Jahrmärkten, die nur zu festgelegten Zeiten an bestimmten Orten stattfanden. Einzel- und Großhandel waren noch nicht voneinander getrennt. In größeren Ortschaften verkauften Handwerker ihre Produkte zumeist direkt von ihrer Produktionsstätte bzw. ihrem Lagerraum an Stammkunden der Umgebung. Sortimente waren durch Zünfte organisiert und schwankten stark in ihren Beständen. Der persönliche Kontakt des Geschäftsinhabers zu seinen Kunden schuf ein starkes Beziehungsnetzwerk, in dem der Verkauf auf Kredit üblich wurde.

Der vom Handwerk getriebene Handel (bis 1850)

Parallel zur Industriellen Revolution begannen Kleinhändler um 1850 für die städtische Bevölkerung attraktive Verkaufsräume zu gestalten. In den schnell wachsenden Städten traten sie in Wettbewerb um die regelmäßigen Gehälter der Arbeiterschaft. Der Preis rückte stärker in den Vordergrund der Kaufentscheidung. Warenhäuser mit ihren breit angelegten Sortimenten lockten neue Käufer auch aus entfernteren Gebieten in die Handelszentren. Erfolgreiche Händler gründeten Filialen in den aufkommenden Städten und bald auch in ländlichen Regionen, die sie von Zentrallagern aus belieferten. Einzel-, Großhandel und Industrie spezialisierten sich immer stärker, sodass eine Vielzahl unterschiedlicher Betriebstypen die steigende Massennachfrage bediente.

Der filialisierte Handel (1850–2000)

Während der stationäre Handel (Handel in Verkaufsstellen) Ende des 20. Jahrhunderts sein Wachstum vor allem durch Auslandsexpansionen fortsetzte, schuf ab dem Jahr 2000 der Online-Handel neue Wachstumsimpulse. So sind Unternehmen aller Sektoren in dieser dritten Handelsepoche zunehmend herausgefordert, Konsumenten situationsgerecht über unterschiedliche Informations- und Vertriebskanäle anzusprechen (siehe Kapitel 1.1.5).

Der Online-Handel (2000 bis heute)

Die treibenden Kräfte

Für die Handelsentwicklung sind vier treibende Kräfte verantwortlich. Diese lösen Veränderungen in den Leistungserstellungsprozessen und den Markterscheinungsformen aus.

Neue Informations- und Kommunikationstechnologien bilden den Haupttreiber. Sie haben die Zusammenarbeit aller Akteure entlang der Wertschöpfungskette und innerhalb der einzelnen Stufen revolutioniert. Die rasante Technologieentwicklung der vergangenen Jahre löste beispielsweise neue Distributionskanäle (Virtualisierung des Handels) und innovative Marketingkonzepte (Efficient Consumer Response) aus. Neben Profilierungsoptionen bieten neue Technologien auch ein beträchtliches Rationalisierungspotenzial. So ist es vielen Unternehmen gelungen, Prozesskosten in der Logistik und im Datenaustausch durch den Computereinsatz erheblich zu senken.

Neue Informations- und Kommunikationstechnologien verändern die Zusammenarbeit.

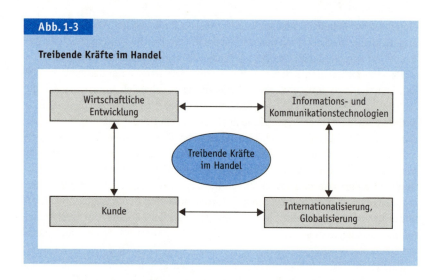

Abb. 1-3: Treibende Kräfte im Handel

Permanenter Wandel im Kundenverhalten

Soziodemographische Veränderungen sowie das sich permanent wandelnde Einkaufsverhalten vieler Konsumenten erhöhen die Anforderungen an Handelsunternehmen und erfordern ständige Anpassungen im Handelsangebot. Eine alternde Gesellschaft, die Zunahme an Single-Haushalten und die zunehmende Vertrautheit mit dem Internet sind nur drei Einflussfaktoren, welche in vielen europäischen Ländern einen Wandel im Konsumverhalten bewirken. Aber auch nationale Vorlieben spielen eine große Rolle. So favorisieren beispielsweise viele Spanier und Italiener noch heute den traditionellen Marktplatz als Ort des Lebensmitteleinkaufs.

Marktliberalisierung und Globalisierung

Stagnierende Handelsumsätze drängen in vielen westeuropäischen Ländern Handelsunternehmen zur Expansion in ausländische Märkte. Beschleunigt wird dieser Internationalisierungstrend durch die Marktliberalisierung im Rahmen der europäischen Integration oder des GATT-/WTO-Abkommens. Auch rechtliche Rahmenbedingungen, wie z. B. Bauvorschriften, Umweltschutzbestimmungen oder das Kartellrecht, beeinflussen den Veränderungsprozess erheblich. So stieg anfangs der 1970er-Jahre mit der Aufhebung der Preisbindung der zweiten Hand in Deutschland die Wettbewerbsintensität. Ähnliche Auswirkung zeigen heute die Internationalisierungsbemühungen vieler Hard-Discounter.

Wirtschaftliche Entwicklung

Die weltweiten Finanz- und Wirtschaftskrisen beeinflussen den Handel stark. Beispielsweise brach der Autohandel nach der Wirtschaftskrise 2008/2009 um 40 % ein (Statista 2013a). Bereits 2010 übertraf diese Handelsbranche den Umsatz vor der Krise und erreichte 2011 das beste Jahr aller Zeiten (Zeit Online 2012). Nur zwei Jahre später sinken die Umsätze im Europäischen Automobilhandel erneut (Spiegel Online 2013). Das Beispiel verdeutlicht den enormen Einfluss der wirtschaftlichen Entwicklung auf den Handel. Auslöser der Handelsveränderung ist dann die Wirtschaftskrise und weniger der Kunde und sein Verhalten an sich. In Zeiten der wirtschaftlichen Stabilität besitzt diese vierte treibende Kraft kaum Einfluss auf die Handelsentwicklung. In Zeiten eines wirtschaftlichen Abschwungs gewinnen gewöhnlich Discounter, weil der Spardruck in der Bevölkerung wächst (Colla 2003, Rudolph/Schweizer 2006).

Die vier treibenden Kräfte fordern Händler dazu auf, Marktveränderungen aktiv zu beobachten und darauf schnell zu reagieren.

1.1.4 Wandel in den Markterscheinungsformen

Die in Kapitel 1.1.3 angesprochenen treibenden Kräfte fordern Unternehmen dazu auf, ihre Rolle im Wertschöpfungsprozess zu überdenken. Unternehmen, die einer Handelstätigkeit nachgehen, müssen fortlaufend ihre Handelsformate bzw. Markterscheinungsformen optimieren. Handelsmanager sprechen auch von sogenannten Betriebsformen, welche Endkonsumenten als Orte des Waren- und Dienstleistungsangebotes wahrnehmen. Das nachfolgende Beispiel illustriert den Betriebsformenwandel im Handel mit Spielwaren.

Die wachsende Dynamik und zunehmende Vielfalt an möglichen Betriebsformen und Distributionskanälen verlangt nach einer sorgfältigen Auswahl der **Distributionspartner**. Noch vor wenigen Jahren distribuierten Spielwarenhersteller ihre Produkte überwiegend über den Großhandel, welcher wiederum an den Einzelhandel lieferte. Genossenschaftlich organisierte Verbundgruppen übernahmen im Auftrag von selbstständigen Einzelhändlern teilweise die Großhandelsfunktion. Zusätzlich erbrachten diese Verbundgruppen Serviceleistungen wie z. B. das Erstellen von Marketingkonzepten, die Garantie für die Zahlungsfähigkeit des Schuldners (Delkredere) sowie den Aufbau leistungsfähiger Warenwirtschaftssysteme. Diese Form der Warenverteilung hat sich über mehr als 50 Jahre erfolgreich am Markt bewährt. Mit dem Aufkommen von Spielwarenfilialisten, z. B. dem amerikanischen Fachmarktanbieter TOYS »R« US, verlor die Wertschöpfungsgemeinschaft zwischen Großhandel und Facheinzelhandel Marktanteile. Denn die Spielwarenfilialisten kaufen in der Regel direkt beim Hersteller zu günstigeren Konditionen ein.

Es entstanden neue strategische Partnerschaften zur Bündelung von Verkaufsaktivitäten, beispielsweise kooperierte Amazon mit anderen Händlern wie Target, eToys und Discovery Channel Store, nachdem die ambitionierte, in der Dot.com-Ära begründete Partnerschaft mit TOYS »R« US scheiterte. Zudem ergänzten branchenfremde Unternehmen ihre Sortimente, wie z. B. der Buchhändler Barnes & Nobles, mit Videospielen. Auch eröffneten Hersteller eigene Shop-in-Shop-Konzepte oder Mono-Label-Stores, wie z. B. Steiff (www.steiff-galerie.de). Dabei half den Herstellern das Internet. So verkauft Mattel über die Website www.americangirl.com Puppen und Accessoires direkt an Endkonsumenten. Ebenso verkaufen Hersteller vermehrt Neuware auf Auktionsplattformen, wie z. B. eBay.

Das größte Wachstum in der Spielwarenbranche erzielen Software-basierte-Spiele. Während der Umsatz mit sogenannten Spielkonsolen wie der Xbox und der Wii deutlich zurückging, stieg der Absatz von mobilen »Games« 2012 rasant an. 2012 wurden in Deutschland beispielsweise knapp 74 Mio. Spiele für PC, stationäre und mobile Konsolen, Smartphones und Tablets verkauft (Statista 2013b), wobei mobile Geräte mit Internetverbindung das größte Wachstum aufweisen (Scharrenbroch 2012).

Aufgrund sinkender Margen beim Verkauf von Spielen, ist der Verkauf virtueller Zusatzinhalte (auch Item-Selling genannt) als innovatives Geschäftsmodell beson-

Bisherige Distribution von Spielwaren

Verkaufsaktivitäten werden über strategische Partnerschaften gebündelt.

Online-Vertriebskanäle

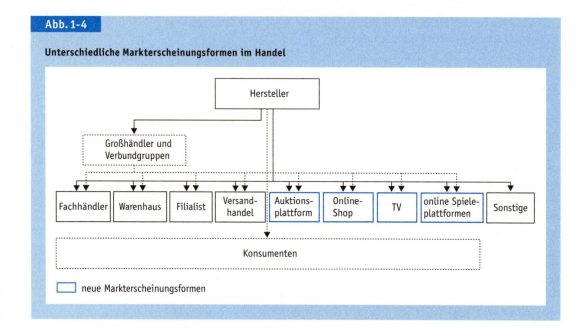

Abb. 1-4

Unterschiedliche Markterscheinungsformen im Handel

ders Erfolg versprechend. Dabei werden die Spiele an sich gratis oder sehr günstig angeboten. Der Spieler kann im Spielverlauf Zusatzausstattungen kostenpflichtig erwerben. »Item-Selling« führte 2012 zu einem durchschnittlichen Umsatz von 48,3 Euro pro Person (Bundesverband Interaktive Unterhaltungssoftware (BIU) 2013).

Neben den in Abbildung 1-4 aufgeführten Markterscheinungsformen werden Spielwaren auch auf Jahrmärkten und an Automaten verkauft. Sie lassen sich der Kategorie »Sonstige« zuordnen. Zu den Markterscheinungsformen der Zukunft zählen Spieleplattformen im Internet. Auch vermieten TV-Sender Computerspiele gegen Gebühr, ähnlich zum Pay-TV-Vertriebsmodell. Dies kommt einer langsamen, aber kontinuierlichen Desintermediation (Ausschaltung) des klassischen Spielwarenhandels für den Verkauf von Computerspielen gleich.

Die Handelstätigkeit als solche gewinnt an Bedeutung.

Der geschilderte hochdynamische Wandel deutet auf eine große Vielfalt an Einkaufsmöglichkeiten für Endkonsumenten hin. Die Anwenderfreundlichkeit neuer Technologien bestimmt in großem Maße, wie schnell internetbasierte Verkaufsstellen stationäre Betriebsformen verdrängen. Allerdings reicht der bloße Einsatz von Technologie nicht aus. TV-Sender, Betreiber von Online-Shops für Computerspiele wie z. B. der Softwarehersteller Nintendo, aber auch Sony als Spielkonsolen-Hersteller und Betreiber von stationären Verkaufsstellen, müssen das Wesen einer erfolgreichen Handelstätigkeit verstehen. Dementsprechend gewinnt nicht der Handel als Institution weiter an Bedeutung, sondern eher die Handelstätigkeit als solche.

1.1.5 Leistungen des Einzelhandels und konstitutive Merkmale der Handelstätigkeit

Dieses Kapitel charakterisiert die Handelstätigkeit als solche und nimmt dabei eine betriebswirtschaftliche Perspektive ein. Im Mittelpunkt steht die Erklärung unterschiedlicher Handelsleistungen gegenüber Kunden und die Beschreibung von konstituierenden Merkmalen einer Handelstätigkeit. Für die volkswirtschaftliche Perspektive, welche die Leistungen des Handels als Funktionen gegenüber unterschiedlichen Anspruchsgruppen definiert, verweisen wir den interessierten Leser auf die angegebene Vertiefungsliteratur.

Wer die wesentlichen Leistungen des Handels beschreiben will, muss sich mit dessen Wertschöpfung befassen. Wie mühsam wäre es doch, wenn wir unseren täglichen Lebensmitteleinkauf nicht an einem Ort, sondern nacheinander im Geflügelbetrieb, beim Kartoffelbauern, Milchbauern, Metzger und Gemüsehändler tätigen müssten. Der Supermarkt bündelt Waren und Dienstleistungen und hilft uns Zeit zu sparen. Auch sinken die Kosten der Produzenten, weil Supermärkte Angebot und Nachfrage kostenminimal zusammenbringen. Eine wesentliche Kernleistung des Handels besteht somit im Zusammenstellen eines attraktiven Warenangebotes (Coughlan et. al. 2001, S. 5). Wie bereits in Kapitel 1.1 gezeigt, ergänzen Händler mittlerweile die originäre Leistung bzw. Funktion einer Handelstätigkeit, die Warenhandelsfunktion, um weitere Leistungen. Etliche dieser in Abbildung 1-5 aufgelisteten Leistungen dienen nicht nur der Reduktion von Transaktionskosten. Beispielsweise veredeln Handelsunternehmen im Zuge von Eigenmarken-Programmen eingekaufte Waren und ergänzen diese um Verbundleistungen, wie z. B. Reparaturdienste, die aus Kundensicht einen erheblichen Mehrwert stiften.

Wertschöpfung des Handels: ein attraktives Warenangebot zusammenstellen

Abbildung 1-5 beschreibt wesentliche Handelsleistungen aus Kundensicht. Die Auflistung orientiert sich am Kaufverhaltensprozess. Dieser beginnt, wenn Kunden Interesse an einem Handelsangebot bekunden (Phase 1). In Phase 2 bemühen sich Konsumenten um eine Konkretisierung dieser Bedürfnisse. Dazu setzen sich Konsumenten mit dem Leistungsangebot näher auseinander. Sie besuchen stationäre oder Online-Verkaufsstellen. Am Anfang der dritten Phase steht der Kauf geeigneter Produkte und Dienstleistungen und anschließend deren Verwendung.

Der ersten Phase lassen sich Handelsleistungen zuordnen, die **Kundeninteresse wecken**. Dazu sind relevante Kundenbedürfnisse zu ermitteln. Mit diesem Wissen lassen sich geeignete Lieferanten auswählen und ein attraktives Sortiment zusammenstellen. Über die klassische Werbung, Werbung am Verkaufsort und die Verkaufsförderung versuchen Händler, Kunden zu informieren und zu inspirieren. Insgesamt wecken sie damit Kundeninteresse.

Handelsleistungen wecken das Interesse der Kunden.

Die wesentlichen Handelsleistungen in Phase zwei verbessern die **Einkaufsbequemlichkeit**. In stationären Verkaufsstellen zählen Parkplätze und eine gute Erreichbarkeit dazu. Auf Online-Verkaufsplattformen soll die Navigation orientierungsfreundlich ausfallen. Die Logistik muss dafür Sorge tragen, dass genügend Ware im Lager ist, die beworbenen Produkte alle verfügbar sind und der Warennachschub möglichst fehlerfrei gelingt. Für die Sortimentsattraktivität sorgen die Sortimentierung nach unterschiedlichen Qualitäts-, Mengen- und Preiserwartungen, attraktive

Handelsleistungen erhöhen die Bequemlichkeit des Einkaufs.

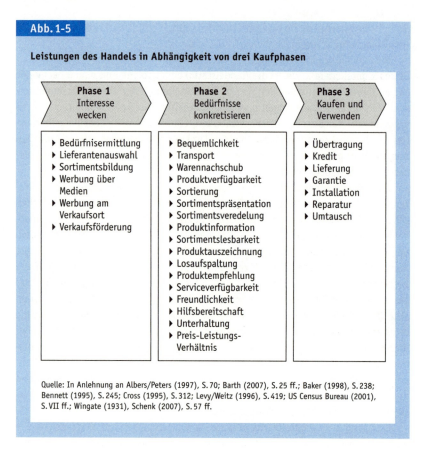

Präsentationsformen, die Sortimentsveredelung bis hin zur Produktion, verständliche Produktinformationen, eine korrekte Produktauszeichnung, eine Losaufspaltung, die den Mengenerwartungen entspricht sowie eine gute Sortimentslesbarkeit. Zu umfassende Sortimente stiften schnell Verwirrung und führen zum Kaufabbruch. Deshalb kommt der Produktempfehlung eine immer größere Bedeutung zu. Gütesiegel wie z. B. »Swiss made«, »CO_2-Verbrauch« oder »Bio« geben Empfehlungen ab. Eine zusätzliche Leistung, um Kundenbedürfnisse zu befriedigen, besteht in der Freundlichkeit und Hilfsbereitschaft des Personals. Auch der unpersönlich erbrachte Service, z. B. durch sogenannte »Touchscreen-Monitore«, gewinnt an Bedeutung. Wichtiger wird auch die Unterhaltungsleistung, welche mit emotionalen Reizen die Kaufbereitschaft zu steigern versucht. Aber auch die Kontaktpflege, eine Leistung, die alleinstehende Kunden gerne in Anspruch nehmen, kann Kunden binden. Alle in Phase zwei aufgeführten Leistungen zielen darauf ab, ein möglichst optimales Preis-Leistungs-Verhältnis zu bieten.

Handelsleistungen in der Kauf- und Verwendungsphase

Schließlich erbringt der Händler wesentliche Leistungen in Phase drei, der Kauf- und Verwendungsphase. Die Übereignung der Ware in den Besitz der Kunden steht zu Beginn. Eng damit verbunden ist die Gewährung von Krediten. Aber auch After-

Sales-Services wie z. B. die Installation, die Lieferung der Ware, Garantien sowie die Möglichkeiten des Umtausches und der Reparatur zählen dazu.

Ferner muss die Handelstätigkeit zwischen zwei unterschiedlichen Kaufverhaltensmustern unterscheiden und den Leistungsmix darauf ausrichten. Während einige Güter und Dienstleistungen gezielt eingekauft werden, fallen andere Käufe eher ungeplant aus. Wir kennen das vom täglichen Einkauf: Meist kaufen wir mehr ein (ungeplante Käufe) als auf unserem Einkaufszettel steht (geplante Käufe). Für den Erlebniskauf (ungeplant) müssen die Leistungen in der ersten Phase besonders überzeugend ausfallen, während für den Zielkauf (geplant) eher die zweite und dritte Phase den Erfolg bedingen.

Abstimmung der Leistungen

Eine erfolgreiche Handelstätigkeit ist dadurch gekennzeichnet, dass sich die genannten Leistungen gegenseitig ergänzen. Synergien zwischen der Vielzahl an Leistungen – die sich problemlos um weitere ergänzen ließen – führen schließlich zu Wettbewerbsvorteilen. Dazu braucht eine Organisation unterschiedliche Kompetenzen, die im Mittelpunkt der zehn Kapitel dieses Buches stehen.

Leistungen verlangen nach Kompetenzen.

Auch stellt sich die Frage, welche der in Abbildung 1-5 aufgeführten Leistungen für eine Handelstätigkeit konstituierend sind. Konstituierende Elemente kennzeichnen das Wesen einer Handelstätigkeit. Fällt auch nur eines dieser Merkmale weg, dann darf nicht mehr von einer Handelstätigkeit gesprochen werden. Eine Analyse der Handelsliteratur führt zur folgenden Definition des Begriffs Handelstätigkeit (Rudolph/Emrich 2009).

Wir sprechen dann von einer Handelstätigkeit, wenn Unternehmen

Konstituierende Leistungen einer Handelstätigkeit

- **attraktive Sortimente** bilden. Diese setzen sich aus Gütern und Dienstleistungen zusammen, welche selbst produziert, von Dritten eingekauft oder zum Verkauf zur Verfügung gestellt werden.
- den **Warenfluss samt Logistik** für angebotene Güter und Dienstleistungen koordinieren, d. h. dafür sorgen, dass die richtige Menge an Gütern und Dienstleistungen zum richtigen Zeitpunkt am richtigen Ort Endkonsumenten oder gewerblichen Kunden erreichen.
- Online-Verkaufsstellen (E-Commerce) oder stationäre Verkaufsstellen (stationärer Handel) betreiben und in diesen Güter und Dienstleistungen an **Endkonsumenten oder gewerbliche Kunden** attraktiv verkaufen sowie
- die zuvor genannten **drei Kernleistungen** (Sortimentsbildung, Logistik und Verkauf) ganzheitlich managen, d. h. aufeinander abstimmen.

Nach dieser Definition gehen Auktionsplattformen wie z. B. eBay einer Handelstätigkeit nach. Auch Autohäuser, die Fahrzeuge eines Automobilherstellers anbieten, zählen dazu, ebenso Restaurants, Hotels, Tankstellen, Handy-Shops, Verkehrsbetriebe und der Fan-Shop eines Fußballklubs. Die Wertschöpfungstiefe spielt in dieser Definition keine Rolle. Das angebotene Sortiment kann fremdproduziert sein oder aber aus eigenen Produktionsstätten stammen. Wesentlich für eine Handelstätigkeit ist das Bestreben, attraktive Sortimente anzubieten. Mit der Ausrichtung auf Endkonsumenten und gewerbliche Kunden erfasst diese Definition verschiedene Handelsfacetten. Formen des Groß- und Einzelhandels sind gleichermaßen angesprochen.

Wer geht einer Handelstätigkeit nach?

> Vor diesem Hintergrund sprechen wir dann von einer erfolgreichen Handelstätigkeit, wenn Unternehmen
> - ansprechende Sortimente bilden,
> - diese logistisch verfügbar machen und
> - in attraktiven Verkaufsstellen anbieten.

Die in Abbildung 1-5 aufgeführten Handelsleistungen unterstützen die Kernleistungen der Sortimentsbildung, des Transports und des Verkaufs. Die Suche nach neuen Handelsleistungen sollte sich deshalb an den drei übergeordneten Kernleistungen ausrichten.

1.1.6 Die Zukunft des Handels und seine Markterscheinungsformen

Stationäre und elektronische Betriebsformen

Dieses Kapitel beschreibt die Zukunft für stationäre und elektronische Betriebsformen bzw. Handelsformate sowie für eine Kombination aus beiden (Hybridformen). Die Unterteilung in drei Abschnitte, welche die Zukunft des stationären, Online- und Mehrkanal-Handels beschreiben, hilft dem Leser, die Handelsentwicklung besser zu verstehen und die jeweiligen Besonderheiten fokussierter zu erfassen. Doch bleibt zu Beginn die zunehmende Kombination und Vernetzung dieser unterschiedlichen Handelsformate hin zu einem Mehrkanal-Management zu betonen.

1.1.6.1 Stationärer Handel

Stationäre Händler verkaufen unterschiedliche Güter und Dienstleistungen an Geschäfts- und Privatkunden und bedienen sich stationärer Verkaufsstellen. Im Einzelhandel spielen stationäre Verkaufsstellen eine besonders wichtige Rolle, weshalb diese im Mittelpunkt der nachfolgenden Betrachtung stehen sollen. Levy/Weitz (2001) unterscheiden in ihrem Lehrbuch sehr unterschiedliche Formen des stationären Handels, wobei der Mix aus Produkt- und Serviceleistungen eine wichtige Rolle spielt.

Warenangebot und Serviceleistungen als Elemente der Handelstätigkeit

Wir folgen dieser Typologie, weil in diesem Buch die Handelstätigkeit als solche und nicht die Institution Handel im Vordergrund steht. Betrachten wir die Betriebsformen näher, so lassen sich zwei Extremformen unterscheiden. In Lebensmitteldiscountern, wie z. B. dem international aktiven Discounter Lidl, werden außer dem Kassenservice kaum Dienstleistungen angeboten. Das Discountkonzept erlaubt keine kostenintensiven Dienstleistungen. Auch in Supermärkten und Fachmärkten steht eher das Warenangebot im Mittelpunkt und weniger die Serviceleistungen. Am höchsten ausgeprägt ist der Serviceanteil bei Restaurants, Banken und Universitäten.

Beispielsweise überzeugen Banken ihre Kunden nicht allein mit interessanten Anlagemöglichkeiten. Aus der Vielfalt an Anlagevarianten können viele Kunden nur eine Entscheidung treffen, weil ihnen ein kompetenter und vertrauenserweckender Berater zur Seite steht. Produktleistung und Serviceleistung überzeugen nur in Kombination miteinander. Dies entspricht den in Kapitel 1.1.4 vorgestellten Leistungen im Rahmen einer Handelstätigkeit. Auch eine Bank muss in der Lage sein, ein inter-

Abb. 1-6

Stationäre Betriebsformen

Discounter — Fachmärkte — Supermärkte — Warenhäuser — Optiker — Restaurants — Banken/Universitäten

Waren/keine Dienstleistungen ← → Dienstleistungen/keine Waren

Quelle: Levy/Weitz (2001), S. 61.

essantes »Sortiment«, mit unterschiedlichen Anlagevarianten, anzubieten. Die Bankenkrise der vergangenen Jahre zeigte wie schwierig diese Aufgabe ist. Zusätzlich muss es gelingen, diese Kernleistung um vertrauensstiftende Serviceleistungen zu ergänzen. Wahrscheinlich fallen die Anforderungen an Bankmitarbeiter weit höher als in einem Lebensmittel-Discounter aus, vom Grundprinzip der Handelstätigkeit unterscheiden sich beide aber nur geringfügig. Beide bilden ein Sortiment, achten auf dessen Verfügbarkeit und bemühen sich um den Verkauf in stationären oder Online-Handelsformaten. Diese drei Kernleistungen managen beide Anbieter ganzheitlich, was eine Handelstätigkeit charakterisiert (siehe Kapitel 1.1.4).

Doch wie wird sich der stationäre Handel in der Zukunft entwickeln? Kann es sein, dass der stationäre Handel von Online-Verkaufskanälen zunehmend verdrängt wird? Zunächst lässt sich festhalten, dass viele serviceorientierte Händler des stationären Handels häufig auch Online-Handelsformate nutzen. Mit anderen Worten: Stationäre Handelsformate haben sich bereits mit virtuellen Verkaufsformen vermischt. Denken wir beispielsweise an das Online-Banking, welches stark an Verbreitung gewinnt. Auch im Lebensmittelhandel sind Online-Verkaufskanäle neben stationären Verkaufsstellen entstanden. Diese Entwicklung lässt sich mit den heterogenen Kundenwünschen rechtfertigen. Für einige Kunden ist der Besuch einer Verkaufsstelle die beste Lösung, für andere der Einkauf auf einer Webseite. Die Präferenzen können sich aber je nach Kaufanlass umkehren, auch bei ein und dergleichen Person. Damit wird deutlich, dass der stationäre Handel keinesfalls verschwinden wird.

Vermischung von stationären und Online-Verkaufsformaten

Das Verhältnis und damit der Marktanteil zwischen stationären und Online-Handelsformaten beeinflussen die folgenden Faktoren:

Faktoren, die den Marktanteil eines Handelsformats beeinflussen.

▸ **Leistungsbeschaffenheit:** Die Dimension der Leistungsbeschaffenheit ist insofern von Bedeutung, da die Mediasierbarkeit des Leistungsangebotes den Wandel in ein vollständig elektronisches Handelsunternehmen erleichtert. Musiktitel, Bankdienstleistungen, Flugtickets, Ferienreisen und Software verkaufen sich im Internet dementsprechend am besten. 2013 konnte das Internet in der Schweiz als Verkaufskanal weiter zulegen und erreichte die höchsten Präferenzwerte für Flugtickets (62,8 Prozent, +4,8 Prozent gegenüber 2011), Ferienreisen (50,2 Prozent, +5,1 Prozent) und Eintrittstickets/-billets (40,4 Prozent, +1,3 Prozent). Verhältnismäßig schwächer gefragt ist E-Commerce für Lebensmittel (1,8 Prozent, +1,1 Prozent) oder Bekleidung (4,4 Prozent, +1,1 Prozent). Da die Qualität dieser

Produkte über das Internet vergleichsweise schwieriger eingeschätzt werden kann, spielt hier die persönliche Begutachtung im Ladengeschäft eine größere Rolle (Rudolph/Emrich/Böttger 2011). Dennoch sollte das Potenzial des Online-Einkaufs von Lebensmitteln, Möbeln oder Bekleidung nicht unterschätzt werden. Immer mehr Kunden wollen sich nicht auf einen Kanal festlegen. Schon 25,4 Prozent der Schweizer kaufen 2013 ihre Bekleidung sowohl im Internet als auch im stationären Laden (Rudolph et al. 2013).

- **Transportkosten:** Im Handel mit physischen Gütern spielen für Endkonsumenten die Transportkosten eine wichtige Rolle. Schwere Güter zu tiefen Preisen, wie z. B. Mineralwasser, lassen sich nicht kostendeckend verkaufen, weil die Transportkosten höher als der Warenwert ausfallen. So mussten viele Online-Händler ihre Sortimente um Produkte kürzen und mit Gütern ergänzen, deren Preis-Gewichts-Verhältnis eine positive Rendite zulässt. Hohe Produktpreise bei gleichzeitig geringem Gewicht sind für den Online-Verkauf ideal.
- **Einkaufssituation:** Verschiedene Studien beweisen, dass kein Verkaufskanal dem anderen grundsätzlich überlegen ist (Neslin et al. 2006, S. 103; Nicholson/Clarke/Blakemore 2002, S. 143). Je nach Situation entscheiden sich Konsumenten unterschiedlich. Plant z. B. der Hausmann den Wocheneinkauf, nachdem er am Abend die Küche aufgeräumt hat, dann bestellt er über das Internet. Fehlt am nächsten Tag zum Frühstück die Milch, so läuft er schnell zum stationären Geschäft in der Nähe.
- **Erfahrung und Vertrauen:** Die überwiegende Mehrheit der Bevölkerung ist mit dem stationären Handel aufgewachsen. Ältere Menschen sind es gewohnt, dort einzukaufen und präferieren diese Form des Einkaufs. Man kann die Qualität beurteilen, wird vom Personal bedient, muss keine Kreditkartennummer abgeben, kann schneller als im Internet einkaufen und weiß, wo man Produkte zurückgeben kann (Rudolph et al. 2013). Jedoch schwinden die empfundenen Vorteile des stationären Handels, je mehr Erfahrungen die Bevölkerung im Umgang mit dem Internet sammelt.

1.1.6.2 Elektronischer Handel

Die Motive der Internetnutzung sind vielfältig. 2013 wird der Wunsch »mit anderen Menschen zu kommunizieren« am häufigsten genannt; gefolgt von »Nachrichten und Zeitschriften zu lesen«, »mich weiterzubilden«, »mich zu amüsieren«, »meine tägliche Arbeit zu leisten«, »Produktinformationen zu beschaffen«, »eigene Studien/Forschung zu betreiben«. Erst danach folgt an neunter Stelle das Motiv »Produkte und Dienstleistungen einzukaufen« (Rudolph et al. 2013). Allerdings hat das Motiv im Internet einzukaufen in den vergangenen fünf Jahren stark an Bedeutung gewonnen. Doch nicht nur der Handel mit Endkonsumenten spielt im Internet eine wichtige Rolle. Abbildung 1-7 beschreibt unterschiedliche Einsatzfelder des elektronischen Handels.

Elektronischer Handel ist schwerpunktmäßig Handel zwischen Unternehmen.

In Deutschland wächst der Online-Handel 2012 verglichen zum Vorjahr mit 27 % für Waren und rund 21 % für Dienstleistungen rasant an (Bundesverband des Deutschen Versandhandels 2013). Der Handel zwischen Unternehmen, kurz Business-to-Business, macht dabei einen weitaus größeren Umsatzanteil am E-Commerce aus als der Handel mit Konsumenten. Obwohl auch der Business-to-Consumer-Handel jähr-

Abb. 1-7

Erscheinungsformen des elektronischen Handels

		Nachfrager	
		Consumer	Business
Anbieter	Consumer	**Consumer-to-Consumer** z. B. Auktionen wie eBay, Kleinanzeigen wie AutoScout24	**Consumer-to-Business** z. B. Jobbörsen mit Anzeigen von Arbeitssuchenden
	Business	**Business-to-Consumer** z. B. Kundenbestellungen wie Amazon	**Business-to-Business** z. B. elektronische Marktplätze, E-Procurement (elektronische Bestellung bei Lieferanten)

Quelle: In Anlehnung an Zerdick et al. (2001), S. 219.

lich stark wächst, entfallen 2012 über 95 Prozent der deutschen Gesamtumsätze im E-Commerce in Höhe von 26,1 Milliarden Euro (weltweit sind dies 2012 geschätzte 656 Milliarden Euro) auf Geschäfte zwischen Unternehmen (IFH Köln 2013, Statista 2012).

Während der Bereich Consumer-to-Business bislang einen eher kleinen Umsatzbeitrag zum E-Commerce leistet, erfährt der Handel zwischen Privatleuten (Consumer-to-Consumer) durch Auktionsportale wie eBay, Ricardo oder Taobao eine steigende Bedeutung. So wurden auf eBay 2012 weltweit rund 14,5 Milliarden US-Dollar umgesetzt (eBay 2013), wobei ein erheblicher Anteil mittlerweile auf semiprofessionelle Kleinhändler entfällt.

Elektronische Marktplätze, im englischen Sprachraum auch als »e-marketplaces« bezeichnet, bilden heute eine wesentliche Markterscheinungsform im Business-to-Business-Handel. Mithilfe elektronischer Medien automatisieren und synchronisieren elektronische Marktplätze Geschäftsprozesse und vereinfachen dadurch Interaktions- und Distributionsprozesse zwischen Geschäftspartnern (Sharifi/Kehoe/Hopkins 2006, S. 490). Sie ermöglichen Abnehmern und Lieferanten unabhängig von Ort und Zeit Handel zu treiben. Ähnlich wie der stationäre Großhandel schaffen sie Markttransparenz und helfen den beteiligten Geschäftspartnern, Kosten zu reduzieren und die Produktivität zu verbessern.

Unternehmen handeln auf elektronischen Marktplätzen.

Die Betreiber elektronischer Marktplätze lassen sich in drei Gruppen aufteilen (Sharifi/Kehoe/Hopkins 2006, S. 483). Unabhängige Unternehmen, wie z. B. Software-Unternehmen, die von Anbietern und Nachfragern unabhängig sind, bilden eine erste Gruppe. Branchenkooperationen, wie z. B. Beschaffungsplattformen von verschiedenen Handelskonzernen (worldwideretailexchange.com, kurz WWRE), zielen in erster Linie auf Kostenreduktionen ab. Drittens etablierten Einzelfirmen elektronische Marktplätze, wie z. B. VW oder BMW. Im letzteren Fall kann man nicht von elektronischem Handel sprechen, da der elektronische Marktplatz eher als Beschaf-

Drei Typen elektronischer Marktplätze

fungsplattform eines einzelnen Unternehmens dient. Je nach Eigentümerstruktur fallen die Leistungen dieser Marktplätze recht unterschiedlich aus.

Abbildung 1-8 beschreibt drei Typen elektronischer Marktplätze. **Das Leistungsangebot,** die erste Dimension zur Typologisierung elektronischer Marktplätze, unterteilt die angebotenen Produkte und Services. Es geht dabei entweder um unspezifische Leistungsbündel wie z. B. Rohstoffe oder aber um spezifische Leistungen, die gezielt auf die Bedürfnisse bestimmter Nachfrager eingehen. Diese Leistungsbündel aus Produkten samt den damit verbundenen Serviceleistungen handeln elektronische Marktplätze meist über Auktionen oder Katalogsysteme.

Mit der Form der **Partnerschaft** zwischen den Partnerunternehmen ist die zweite Dimension angesprochen. Eine lose Partnerschaft gehen Unternehmen ein, die lediglich Informationen mit anderen Unternehmen austauschen. Eng fällt die Partnerschaft unter den Betreibern eines elektronischen Marktplatzes hingegen aus, wenn Unternehmen beispielsweise alle wesentlichen Einkaufsprozesse dem elektronischen Marktplatz übertragen.

Fazit: Funktion der neuen Handelsformen

Elektronische Marktplätze haben sich als Plattform des elektronischen Handels zwischen Geschäftspartnern fest etabliert. Sie ergänzen den stationären Großhandel, schaffen neue Märkte und verbessern den Ausgleich zwischen Angebot und Nachfrage. Das Aufkommen elektronischer Marktplätze lässt sich in vielen Wirtschaftszweigen beobachten. In beinahe jeder Branche ist das Internet mittlerweile für die Kostensenkung in der Beschaffung relevant geworden. Insbesondere standar-

---

Abb. 1-8

Grundformen elektronischer Marktplätze

Leistungs-angebot	Maßanfertigung/ Bespoke	Kommt nicht vor, weil es für Maßprodukte eine enge Zusammenarbeit braucht.	**Stufe 3: Wertschöpfung** Die enge Partnerschaft erlaubt maßgeschneiderte Serviceangebote. Dazu zählen z. B. eine gemeinsame ▸ Supply-Chain-Planung und ▸ Produktentwicklung Bsp.: Automobil- und Flugzeugindustrie
	Handelswaren/ Commodities	**Stufe 1: Kostensenkung** Die Anonymität der Partner erlaubt Standard-Services wie z. B. ▸ Auktionen ▸ Katalogsuche ▸ Spotmarkt ▸ Informationsaustausch Bsp.: Alibaba, eBay, Zentrada	**Stufe 2: Prozessverbesserung** Die enge Zusammenarbeit eröffnet partnerorientierte Services für Commodities. Dies betrifft z. B. die gemeinsame Supply-Chain-Planung Bsp.: Hersteller-Plattformen wie z. B. Jura, Bayer
		lose	eng
		Partnerschaft	

Quelle: In Anlehnung an Sharifi/Kehoe/Hopkins (2006), S. 494.

Fallbeispiel

Elektronische Marktplätze

Stufe 1: Der asiatische Business-to-Business-Markt steht vielfach vor dem Problem der Intransparenz und geographischen Fragmentierung. Seit 1998 vermittelt die elektronische Plattform Alibaba Geschäftskontakte überwiegend in China. Über 36,7 Millionen registrierte Mitglieder suchen dort 2012 länderübergreifend nach Lieferanten oder bieten eigene Leistungen in 42 Rubriken an. Mit einem »Trust-Pass« können Anbieter und Lieferanten ihre Kreditwürdigkeit und die Dauer ihrer Zugehörigkeit zu Alibaba nachweisen. Vor allem kleine und mittelgroße Unternehmen nutzen die elektronische Plattform, um den ersten Schritt zur Geschäftsanbahnung zu machen.

Stufe 2: Jura Elektroapparate AG ist ein Schweizer Hersteller von Kaffeemaschinen und -zubehör, der mithilfe einer elektronischen Plattform im Internet (www.jura.com) seine Beziehungen zu unterschiedlichen Endkunden und Fachhändlern im In- und Ausland pflegt. Besucher von Jura.com müssen zunächst den Heimmarkt angeben und sich als Privatverbraucher oder Gewerbebetrieb anmelden. Daraufhin erwartet den Besucher ein umfangreiches Service-Portal, das auf jeweils unterschiedliche Ansprüche der Kundengruppen eingeht. Ein virtueller Einkaufsberater erfragt die unterschiedlichen Anforderungen für den Verbrauch und unterbreitet dann Kaufempfehlungen aufgrund der individuellen Kaffee-Gewohnheiten. Der »Knowledge Builder« ist eine interaktive Applikation, die anhand einer virtuellen Präsentation die Funktionalitäten der Jura Espresso- und Kaffeemaschinen darstellt. Gewerbliche Kunden können über ihren Login-Bereich Anleitungen und technische Dokumentationen herunterladen sowie neue Geräte und Ersatzteile bestellen, welche Jura daraufhin weltweit direkt ausliefert. Ein speziell eingerichtetes Extranet für den Fachhandel verbessert die logistischen Prozesse innerhalb der Supply Chain des Handels, indem es Out-of-stock-Situationen früher erkennt und damit eine schnellere Anlieferung von gefragten Modellen und Point-of-Sale-Informationsmaterialien ermöglicht.

Stufe 3: Eine dramatische Senkung der Fehlerrate bei der Konstruktion von Automobilen verspricht Siemens mit der digitalen Fabrik. Für Volkswagen etabliert Siemens die digitale Planung sowie IT-gesteuerte Umsetzung von kompletten Fertigungsprozessen für den Golf V sowie T5. Die maßgeschneiderten Automatisierungslösungen ermöglichen eine umfassende Layoutplanung der Produktionsanlage vor der realen Umsetzung. Die beteiligten Partner decken durch vernetzte Baupläne und Produktionssimulationen gemeinsam Fehler auf und realisieren die Projekte dadurch effizienter als bisher. VW kann somit den gesamten Wertschöpfungsprozess gemeinsam mit seinen Zulieferern auf einer virtuellen Plattform abbilden. Zulieferer tragen somit neben der Lieferung von Bauteilen wertvolle Impulse zum Produktdesign und zur Produktionsplanung über den elektronischen Marktplatz bei.

---

disierte Produkte, die nicht integraler Bestandteil des Produktionsprozesses sind, werden zunehmend preisgünstig über elektronische Marktplätze beschafft. Stahl- und Metallerzeugnisse sowie Rohstoffe, wie z. B. Weizen, Rohöl und Kohle, können über das Internet kurzfristig nach Bedarf auf internationalen Märkten geordert werden. Elektronische Marktplätze, die eine engere Zusammenarbeit zwischen Unternehmen entlang der Supply Chain unterstützen, verbreiten sich vor allem in Branchen, in denen Produktions- und Logistikprozesse in enger Kooperation zwischen Unternehmen ablaufen. Elektronische Marktplätze antworten mit einem elektronischen Serviceangebot auf die steigenden Bemühungen zur Auslagerung von Teilprozessen, z. B. in der Elektronik- und Textilbranche. Schließlich setzen hochspezialisierte Anbieter, z. B. in der Auto- und Flugzeugindustrie, auf gemeinsame Wertschöpfungsprozesse mit Lieferanten. Die Kooperation über elektronische Netzwerke reicht bis hin zu gemeinsamen Forschungs- und Entwicklungsprojekten. Je nach Vernetzungsgrad und Leistungsspektrum ergeben sich aus den Kooperationen verschiedenste Nutzenpotenziale. Vor allem ein Senken der Prozesskosten im Einkauf wird dabei in den Vordergrund gestellt. Studien gehen davon aus, dass durch den Einsatz von Applikationen für das E-Procurement die Warenpreise um 5–10% geringer ausfallen (Hinderer/Kirchhof 2002). Doch nicht nur die Preise der Waren, sondern auch der Arbeitsaufwand bei der Beschaffung kann durch transparente Online-Marktplätze reduziert werden. Zudem erleichtern die Plattformen Lieferanten den Zugang zu einer breiten Kundenbasis. Bei einer stärkeren Vernetzung können sich neben Preisvorteilen auch Vorteile durch eine gemeinsame Produktentwicklung oder Supply-Chain-Planung ergeben.

1.1.6.3 Hybridformen des Handels

Stationäre und Online-Handelsformate sinnvoll verknüpfen

Wie bereits erwähnt, kommt es schon heute zu einer Vermischung stationärer und elektronischer Handelsformen. Die Entwicklung der vergangenen Jahre hat gezeigt, dass sowohl die stationäre Handelstätigkeit als auch der Online-Handel eine wichtige Funktion in der Wirtschaft übernehmen. Diese Erkenntnis mag den stationären Handel beruhigen, zumal seine Existenz als gesichert erscheint. Jedoch verlangt insbesondere der technologische Fortschritt ein Umdenken im Führen stationärer und Online-Handelsformate: Es muss Unternehmen gelingen, ihre stationären und Online-Handelsformate sinnvoller miteinander zu verknüpfen. Nur für wenige erweist sich der Alleingang, das heißt die Konzentration auf nur ein Format, als Erfolg versprechend. Diese Forderung nach einem Mehrkanal-Management liegt im Konsumverhalten begründet. Schon heute kaufen Konsumenten sowohl im Internet als auch in stationären Verkaufsstellen ein. Was vor zehn Jahren noch als exotisch galt, ist heute Normalität. Die nachfolgende Abbildung 1-9 beschreibt in welchem Distributionskanal Schweizer Konsumenten bestimmte Produkte mit Präferenz einkaufen. Die Tabelle untermauert den Trend hin zum situativen Einkauf, d.h. mal im Internet und ein anderes Mal in der stationären Verkaufsstelle.

Mehrere Handelskanäle für verschiedene Produkte

Deutliche Unterschiede ergeben sich in der Beliebtheit der Kanäle für unterschiedliche Produkte. Eine rasante Entwicklung legt das Internet für den Erwerb von Flugtickets, Eintrittsbillets und Ferienreisen hin. Aber auch beim Kauf von Textilien hat das Internet durch Online-Händler wie Zalando einen starken Bedeutungszuwachs gegenüber dem stationären Handel erfahren. Die wachsende Gruppe an Konsumenten, die sowohl im stationären Handel als auch im Online-Handel einkauft, verdeutlicht einen Wandel in den Einkaufsgewohnheiten. So finden sich immer mehr Käufer, die flexibel zwischen den Kanälen wechseln und parallel mehrere Informationsquellen im Internet und Ladengeschäft nutzen. Dadurch wächst die Autonomie des Kunden. Je nach Einkaufssituation sucht er den passenden Handelskanal.

Bessere Abstimmung zwischen stationärem und Online-Handel ist erforderlich.

Die Ergebnisse unserer repräsentativen Studie mit über 1.000 Befragten, die wir seit 1999 acht Mal durchführten, fordern Unternehmen zu einer fortlaufenden Anpassung ihres Handelskanal-Portfolios auf. Die beiden Grundformate, der stationäre und der Online-Handel, entwickeln sich zu »Pflichtformaten«. Der Handel mit Gütern und Dienstleistungen basiert in immer mehr Unternehmen aus einem Gemisch (Hybrid) dieser beiden Grundformen. Unternehmen haben in dieser Hinsicht keine große Wahl: Es muss ihnen gelingen, beide Grundformen aufeinander abzustimmen. Hilfreich für die Abstimmung ist die Unterscheidung von drei Kaufphasen. Unternehmen schaffen dabei eine Brücke zu den Bedürfnissen der Kunden und stimmen ihre

Abb. 1-9

Präferierte Handelskanäle für ausgewählte Produkte

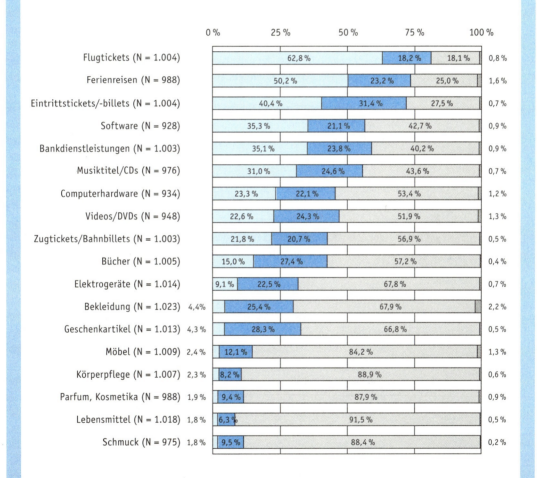

N: Zahl der befragten Personen

Angebote auf die Orientierungsphase, die Kaufphase und die Nachkaufphase ab (siehe Kapitel 4 Verkaufskompetenz, Abbildung 4-2).

So bietet Lidl beispielsweise einen kostenlosen E-Mail-Service, um Kunden regelmäßig über aktuelle Produktangebote zu informieren. Mit diesem Mail-Versand setzt Lidl das Internet gezielt in der **Vorkaufphase** ein und beabsichtigt damit, beim Kunden Interesse zu wecken und ihn später zum Erwerb eines Produktes zu bewegen. Auch andere Instrumente wie SMS-Werbung, Online-Banner-Schaltungen oder personalisierte Internet-Pop-ups oder QR-Codes in Katalogen sind möglich, um den Kunden mit individuellen Preis- oder Produktinformationen zu versorgen und dadurch bei der angepeilten Zielgruppe Aufmerksamkeit zu erregen. Eine logische Strukturierung der Website, eine an die Bedürfnisse des Kunden angepasste Sortimentsauswahl und weitere Online-Applikationen, die den Leistungsvergleich zwischen Produkten erleichtern, unterstützen dieses Vorhaben.

In einer zweiten Phase, der eigentlichen **Kaufphase**, geht es darum, dem Kunden einen bequemen Einkauf zu bieten. Hierzu gehören u. a. eine gute Beratung, aber auch ein sicheres Bezahlsystem und eine kurze Lieferzeit.

Durch eine sinnvolle Verknüpfung des On- und Offline-Angebots kann dabei ein Mehrwert für den Kunden geschaffen werden. Um seinen Kunden beim stationären Einkauf ein breiteres Sortiment anbieten zu können, stattete der deutsche Sporthändler SportScheck seine stationären Verkaufsstellen mit Tablet-Computern aus. Ist ein bestimmtes Produkt stationär nicht verfügbar, kann der Kunde dieses im Laden online bestellen und nach Hause liefern lassen. Zudem gestaltet SportScheck den Lieferprozess transparenter, indem online bestellte Ware in ihrem Lieferweg elektronisch rückverfolgbar ist.

Schließlich kommt das Internet auch in der dritten Phase, der sogenannten **Nachkaufphase**, immer häufiger zum Einsatz. So kann es dabei helfen, einen durchgehenden Kundenservice zu bieten und Kundenreklamationen schnell weiterzuleiten. Kunden des Schweizer Medienanbieters ex libris können beispielsweise online gekaufte Ware problemlos auch in den stationären Verkaufsstellen zurückgeben oder umtauschen. Auch Produktanleitungen werden immer häufiger multimedial aufbereitet über das Internet zur Verfügung gestellt. Auf Nutzerplattformen unterstützen sich beispielsweise Sony-Kunden gegenseitig, indem sie ihre Nutzererfahrungen austauschen (Sony 2013).

Das Management der verschiedenen On- und Offline-Kanäle ist also von einer grundlegenden Entscheidung geprägt: Sollen der Online- und Offline-Handel als zwei getrennte Verkaufskanäle gesehen werden, oder sind beide Formate Teil eines gemeinsamen Handelsformats?

Multi-Channel- vs. Cross-Channel-Management

Dabei werden die beiden Ansätze generisch in Multi-Channel-Management und Cross-Channel-Management unterschieden. Unter **Multi-Channel-Management** verstehen wir Design, Anwendung, Koordination und Bewertung von Distributionskanälen, um den Kundenwert durch effektive Kundengewinnung, -bindung und -entwicklung zu steigern (Neslin et al. 2006, S. 96). Die kanalübergreifende Abstimmung der Kernleistungen wie Sortiment, Preis und Services steht beim Multi-Channel-Management nicht im Zentrum des Interesses. Stattdessen werden die On- und Offline-Distributionskanäle eigenständig und zumeist mit klarer Profitcenterausrichtung geführt. Während dies vor fünf Jahren noch die vorherrschende Organisations- form darstellte, findet sich heute kaum noch ein Unternehmen, welches ein reines Multi-Channel-Management betreibt. Aufgrund der voranschreitenden Digitalisierung unseres Lebens streben immer mehr Unternehmen das sogenannte **Cross-Channel-Management** an. Weil ein und derselbe Kunde sowohl stationär als auch online Einkäufe tätigt, steht die Abstimmung der verschiedenen Kommunikationskanäle (klassische und neue Medien) und unterschiedlichen Distributionskanäle (stationäre und Online-Kanäle) im Zentrum des Cross-Channel-Managements. Diese Abstimmung kann dabei je nach Unternehmen unterschiedlich stark ausfallen.

Das nachfolgende Beispiel illustriert einige Herausforderungen, die im Rahmen des Cross-Channel-Managements von Bedeutung sind. Für eine erfolgreiche Handelstätigkeit erscheint es zunehmend wichtiger, Synergien zwischen den Handelsformaten gezielt zu erschließen. Dabei müssen Unternehmen den zunehmenden Einfluss der Konsumenten berücksichtigen. In vielen Bereichen des Handels steigt die Konsumentenmacht. Mithilfe neuer Technologien entstehen neuartige Serviceleistungen, die sich der Kontrolle vieler direkt betroffener Unternehmen entziehen. So beeinflussen beispielsweise sogenannte Empfehlungssysteme den Kaufentscheidungsprozess erheblich. Viele Bankkunden vertrauen den Empfehlungslisten anderer Kunden eher als ihrem Bankberater. Eine ähnliche Entwicklung vollzieht sich beim Buchen von Urlaubsreisen oder beim Kauf von Unterhaltungselektronik. Ein zukunftsgerichtetes Cross-Channel-Management muss daher auch Informations- und Verkaufskanäle fremder Anbieter in die eigenen Handelsformate integrieren (Nunes/Cespedes 2003, S. 103).

IKEA besticht in den Einrichtungshäusern durch inspirierende Wohnlandschaften, kreative Ideen und schönes Design zu niedrigen Preisen. Auch im Internet präsentiert sich der schwedische Möbelhersteller als kreativer Problemlöser. So kann man sich von den Designern der Wohnwelten inspirieren lassen oder unter PS@Home in den Zimmern anderer IKEA-Kunden nach neuen Ideen suchen. Man kann virtuell Möbel zusammenstellen oder sogar die Einrichtung ganzer Zimmer planen. 2012 begann IKEA zudem, den stationären Vertrieb intensiver mit dem Online-Handel abzustimmen.

IKEA: Vom Multi- zum Cross-Channel-Management

Wie viele Unternehmen wählte auch IKEA zunächst einen Multi-Channel-Ansatz. Neben der Verkaufspräsentation im stationären Handel ist z. B. der Printkatalog für IKEA-Kunden seit Jahrzehnten die zentrale Informationsquelle. Die Auflage ist gigantisch. Würde der IKEA-Katalog in der literarischen Bestseller-Liste geführt, würde er die Bibel von Platz 1 verdrängen. Groß ist demnach die Herausforderung für den schwedischen Möbelhersteller, sein Erfolgsrezept auf den Online-Kanal zu übertragen. Die Homepage von IKEA diente zunächst nur als Informationsplattform. Kaufen konnte man die Produkte nur selten. Heute können bereits große Teile des Sortiments in Deutschland auch online bestellt werden. In anderen Ländern befindet sich der Online-Shop noch im Aufbau. Da aber die Logistik-Strukturen auf Einrichtungshäuser als zentrale Distributionsstellen ausgerichtet sind, ist die Liefergeschwindigkeit derzeit noch eine Hürde im Cross-Channel-Management bei IKEA. Falls ein Produkt online noch nicht angeboten wird, kann sich der Kunde auf der Homepage den Lagerbestand im Einrichtungshaus seiner Wahl anzeigen lassen. Auch stellt es heute kein Problem mehr dar, online gekaufte Gegenstände stationär zurückzugeben oder umzutauschen.

»Kannibalisierung« ist in Zusammenhang mit der immer weiter fortschreitenden Vernetzung von On- und Offline-Kanälen ein häufig genannter Begriff. Er bezeichnet eine bloße Verlagerung von Umsätzen zwischen Kanälen, ohne dass zusätzliche Umsätze generiert werden. Die Kosten durch die Pflege mehrerer Kanäle werden nicht durch höhere Umsätze kompensiert. Eine der Herausforderungen beim Aufbau des Cross-Channel-Managements bei IKEA ist es daher, Kunden in allen Kanälen zu Impulskäufen anzuregen.

Online-Handel unterstützt den stationären Handel

Im stationären Handel gelingt dies schon sehr gut. In einem offiziellen IKEA-Video fragt eine IKEA-Verkäuferin: »Warum kaufen unsere Kunden fünf Produkte und mehr, obwohl sie nur Teelichter oder Ähnliches kaufen wollten?« Verantwortlich hierfür ist die geschickte Lenkung des Kunden im Laden durch kundenorientierte Themengruppen sowie die durchdachte Sortimentspräsentation, die den Käufer in einen »Flow-Zustand« (Csikszentmihalyi 1991) versetzen soll.

Den Anspruch, weitere Produkte neben den ursprünglich geplanten zu kaufen, muss daher auch die Webseite ikea.com erfüllen. Hierzu präsentiert IKEA seine Produkte in einem Gesamtkontext mit anderen thematisch passenden Einrichtungsgegenständen. Neben der Verkaufsfunktion sollen die Online-Aktivitäten das Profil der Marke IKEA schärfen und für den Besuch im stationären Handel inspirieren. Innovative Planungshelfer ermöglichen dem Nutzer die Grundstrukturen seiner Wohnung abzubilden und die Einrichtungsprodukte virtuell in seinen Räumlichkeiten darzustellen. Die auf der Webseite erstellte Einkaufsplanung kann der Nutzer ausdrucken oder auf den IKEA-Server stellen, damit Verkäufer der Einrichtungshäuser diese während der Beratung nutzen können.

Kundeninspiration durch das Internet

Darüber hinaus bietet der Online-Kanal die Möglichkeit, die Begeisterung für IKEA zu stärken. Interaktive Anwendungen wie Fotos, Kurzvideos und Simulationen auf der Webseite vermitteln eine virtuelle Erlebniswelt für Möbel. In sozialen Netzwerken wie Pinterest, Facebook oder der eigenen Community »hej« gibt IKEA inspirierende Wohn- und Deko-Tipps, weist auf neue Produkte hin oder gibt z. B. über Kochrezepte Einblicke in die schwedische Kultur.

Einfluss des mobilen Internets

Einer der derzeit stärksten Trends ist die mobile Nutzung von Inhalten im Internet. Während im Jahr 2011 44 Prozent der Schweizer Bevölkerung angaben, mit ihrem Telefon auf das Internet zuzugreifen, waren es im Jahr 2013 schon 73 Prozent (Rudolph et al. 2013). Dieses rasante Wachstum macht die gewerbliche Nutzung des mobilen Internets auch für Handelsunternehmen interessant. Viele Händler wie zum Beispiel LeShop.ch, Coop, Aldi Suisse, H&M oder Zara bieten mobile Apps an. Diese kleinen Softwareprogramme können aus dem Internet heruntergeladen werden und erweitern den Funktionsumfang der Smartphones oder Tablet-Computer auf denen sie gespeichert werden. Derzeit gibt es allein im Apple Store über 500.000 Apps für jede erdenkliche Anforderung. Vom Terminkalender über Wörterbücher, Kochanleitungen bis hin zu Spielen ist hier in den letzten Jahren ein breites Angebot entstanden. Dabei können die Apps danach unterschieden werden, ob zur Nutzung ein Internetzugang vorhanden sein muss (Web App) oder nicht (native App). Obwohl mobile Apps für den Einkauf weit seltener genutzt werden als andere Anwendungen (wie z. B.

Navigation, Spiele, Nachrichten, Wetter etc.), ist davon auszugehen, dass künftige technologische und gesellschaftliche Entwicklungen deren Verbreitung fördern (Schmeisser/Zingler/Wiegelmann 2010). Kunden nutzen mobile Apps für den Einkauf derzeit am häufigsten, um Produkte und Dienstleistungen in ihrer Nähe zu finden (65 %), Kundenbewertungen zu lesen (41 %), individualisierte Produkte und Dienstleistungen auszuwählen (38 %), Preise zu vergleichen (37 %) oder sich über Produkteigenschaften zu informieren (37 %) (Rudolph/Emrich/Böttger 2011).

Erfolgreiche Apps bieten Mehrwert. Kunden der Online-Lebensmittelhändler Coop@home und LeShop.ch können mit Hilfe mobiler Apps nicht nur unterwegs ihre Einkäufe erledigen, sondern auch Einkauflisten speichern, und diese mit wenigen Klicks bestellen. Andere mobile Apps, wie etwa des Schweizer Medienanbieters ex libris, bieten die Möglichkeit, Produkte nicht nur über die Texteingabe, sondern auch über das Scannen des Barcodes oder das Abfotografieren des Produktes zu suchen. Der Mehrwert anderer mobiler Apps resultiert aus Zusatzinformationen. So bietet die App des US-amerikanischen Lebensmittelhändlers Whole-Foods die Möglichkeit, Rezepte nach verschiedenen Kriterien zu suchen. Die Kunden können sich Vorschläge nach der Art des Gerichts (z. B. Hauptspeise), der verfügbaren Zeit (z. B. schnell) oder den persönlichen Vorlieben (z. B. bestimmten Diäten) unterbreiten lassen. In der Zukunft müssen Händler bei der Entwicklung mobiler Apps noch stärker die Verknüpfung zum stationären Handel suchen (Rudolph/Emrich/Böttger 2011).

Einen wichtigen Online-Kommunikationskanal stellt Social Media dar. Als solche werden digitale Medien und Technologien bezeichnet, die es Nutzern ermöglichen, sich untereinander auszutauschen und mediale Inhalte einzeln oder in Gemeinschaft zu gestalten (Wikipedia 2013). Besondere Bekanntheit erlangte Social Media im Zeitalter des Web 2.0 und mit Entstehung der amerikanischen sozialen Netzwerke MySpace (2003), Facebook (2004) und Twitter (2006). Auf Facebook können private Nutzer ein individuelles Profil anlegen und darüber mit anderen Nutzern in Kontakt treten. Die Plattform ist aufgrund des interaktiven Austauschs insbesondere dazu geeignet, alte und neue Kontakte aufrechtzuerhalten und zu pflegen. Über den Mikroblog Twitter kann man kurze Nachrichten von maximal 140 Zeichen, sogenannte Tweets, senden und die Tweets anderer Teilnehmer regelmäßig lesen. Aufgrund der großen Bedeutung von Social Media betreiben viele Unternehmen eine Facebook-Fanpage oder einen Twitter-Account. Auf diese Weise werden Unternehmens-Neuigkeiten geteilt, neue Produkte präsentiert, aber auch Mitarbeiter rekrutiert. Twitter ist laut einer Studie mit 79 Prozent die von Unternehmen weltweit am meisten genutzte Plattform, gefolgt von Facebook mit 69 Prozent (Chartered Institute of Marketing 2012). Die Ausgaben für Social-Media-Aktivitäten erhöhen sich von Jahr zu Jahr und könnten bis 2014 noch um bis zu 400 Prozent steigen (Pricewaterhouse-Coopers 2012).

Social Media als neuer Trend im Handel

Den Einfluss sozialer Medien auf den Handel, zeigt das Beispiel von Anthon Berg Chocolate. Dem Schokoladenhersteller aus Dänemark gelang es, mit Hilfe einer kreativen Idee seine Bekanntheit enorm zu steigern. Im Anthon Berg Generous Store, einem kleinen Pop-up-Laden im Zentrum von Kopenhagen, bezahlte man nicht mit Geld, sondern mit guten Taten für die Produkte. Die Schokoladenboxen waren dafür mit einzigartigen Preisen wie »Bringe einem geliebten Menschen Frühstück ans

Bett«, »Hilf einem Freund sein Haus zu putzen« oder »Keine Kommentare über den Fahrstil deiner Freundin für einen Monat« versehen. An den Kassen lagen iPads bereit. Die Kunden mussten sich bei Facebook einloggen und sowohl auf ihrer eigenen als auch auf der Pinnwand des Empfängers die gute Tat geloben. Die Aktion übertraf die durchschnittliche Berichterstattung in den Medien und unter Facebook-Usern bei Weitem. Kunden warteten bis zu 1,5 Stunden vor dem Geschäft und obwohl der Pop-up-Store nur 5 Stunden geöffnet war, entstanden in dieser Zeit über 150.000 Facebook-Feeds. Auch nach der Aktion posteten Kunden immer wieder Beweise für die Erfüllung ihrer guten Taten auf die Facebook-Pinnwand des Unternehmens. Zusammen mit der Online-Berichterstattung in Zeitungen und Blogs erreichte die Aktion geschätzte 3.750.000 potenzielle Kunden und konnte den Umsatz von Anthon Berg Chocolate um 12 % steigern. (Robert/Boisen 2012)

Das Internet wird immer omnipräsenter und auch die Nutzung von Social Media wird sich immer mehr auf mobile Endgeräte, wie Smartphones und Tablet-Computer verlagern. 2013 gaben bereits 57,6 % der befragten Schweizer an, mindestens ein Mal täglich mobil auf das Internet zuzugreifen (Rudolph et al. 2013). Dies unterstreicht das Potenzial sozialer Medien. Die Nutzung sozialer Medien birgt jedoch auch erhebliche Herausforderungen für Unternehmen: Zum einen stellen sie eine völlig neue Art der Kommunikation dar. Für Unternehmen wird es zunehmend schwerer, die Verbreitung von Informationen zu kontrollieren. Zum anderen verlangen soziale Medien eine ehrliche und offene Kommunikation. Übertreibungen in Form »geschönter« Marketingstorys können erhebliche Imageschäden auslösen.

Globetrotter setzt auf Cross-Channel-Management und nutzt soziale Medien

Globetrotter, das in den 70er-Jahren gegründete Unternehmen, wurde vor allem durch seine innovative Ladengestaltung und gute Beratung bekannt. In der 2004 umgebauten Stammfiliale können Kunden interessante Produkte in der Kältekammer, dem Regensimulator, der Kletterwand oder dem Pool ausführlich testen und dazu beraten werden. Das Sortiment von mehr als 35.000 Artikeln wird über zehn Filialen, einen Online-Shop sowie einen umfassenden Katalog, das »Handbuch«, vertrieben. Das Handbuch ist aber nicht nur analog, sondern auch als blätterbarer und interaktiver Katalog im Internet sowie als iPad-App verfügbar. Darüber hinaus bieten der eigene Web-TV Sender »4-seasons.tv«, die Seite »reiseberichte.com« sowie das Outdoor-Community Portal »4-seasons.de« umfangreiche Informationen zu Reisen und Ausrüstung sowie Reportagen rund um das Thema »Outdoor«. Oft können die in der Reportage gezeigten Produkte direkt in den Warenkorb gelegt werden. Informationen und Tipps liefern aber nicht nur die Mitarbeiter von Globetrotter, denn das Unternehmen integriert auch Lieferanten und Kunden für die Inhaltserstellung. So können Kunden beispielsweise Reise- und Ausrüstungstipps austauschen, Erfahrungsberichte und Bewertungen schreiben und über Events in der Outdoorszene berichten. Diese Plattformen geben Globetrotter somit nicht nur die Möglichkeit, mit den Kunden direkt in Kontakt zu treten, sondern dienen auch als virtuelle Inspirations- und Informationsquelle. Globetrotter verknüpft seine Kommunikation somit über alle Kanäle (auch über die Facebook-Seite und dem Online-Newsletter) hinweg zu einem einheitlichen Bild. Im Laden sieht man die gleichen Kaufberatungstafeln wie im Katalog und auf der Homepage. Der Katalog verlinkt über QR-Codes auf die Homepage und auf 4-seasons.tv bzw. die Online-Community 4-seasons.de und auch Facebook bringt den Nutzer immer wieder auf die unternehmenseigenen Internetseiten.

Globetrotter integriert aber nicht nur die verschiedenen Kommunikationskanäle, sondern nutzt auch die Stärken des jeweiligen Distributionskanals. Die Filialen bieten Erlebnisshopping mit sehr guter Beratung, attraktiven Produktpräsentationen und vielfältigen Testmöglichkeiten. Kälte- und Regenkammern, Kletterwände oder Schwimm- und Tauchbecken zum Testen von Kanus begeistern den Kunden, verlängern die Verweildauer und laden zum »Wiedererleben« ein. Der Katalog bietet neben ausführlichen Artikelinformationen auch Kauftipps für jede Warengruppe und eine Beschreibung der wichtigsten Marken. Zudem finden Kunden hier Inspirationen für Reisen und Outdoor-Aktivitäten. Des Weiteren können sich die Leser über QR-Codes noch mehr Informationen wie etwa Beratungsvideos oder Reise-Clips direkt auf ihrem Smartphone anschauen. Im Online-Shop gibt es umfassende Produktinformationen, Abbildungen, Erklärungen zu Materialien, Verweise auf ergänzende Artikel sowie Produktbewertungen durch andere Kunden. Wichtig für Online-Kunden – als Vorteil gegenüber dem Katalog – ist die Verfügbarkeitsanzeige. Vom Online-Shop kann aber auch zur entsprechenden Katalogseite gewechselt werden. Im Online-Auftritt von Globetrotter sind zudem auch virtuelle Filialrundgänge möglich, die zum Besuch in der Filiale einladen (Morschett 2012).

Die Vernetzung von Kommunikations- und Distributionskanälen kann große Vorteile mit sich bringen. Dennoch erweist sich für viele Unternehmen der Aufbau einer Cross-Channel-Organisation als schwierig. Damit ändert sich nicht nur das Marketingkonzept. Auch bedarf es erheblicher organisatorischer Anpassungen. Besonders betroffen sind die Beschaffungs-, Logistik-, und IT-Prozesse. Deren stärkere Verknüpfung löst zudem erhebliche Konflikte im Verhalten der Mitarbeiter aus. Lieb gewonnene Verhaltensweisen sind aufzugeben, was selten Begeisterung auslöst. Deshalb sollte der Wandel hin zum Cross-Channel-Management strategisch geplant (vgl. Kapitel 2 Strategiekompetenz) und behutsam umgesetzt werden (Rudolph/Emrich/Brunner 2012).

Gefahren auf dem Weg zum Cross-Channel-Management

Nachdem Kapitel 1.1 wesentliche Grundlagen zum modernen Handelsmanagement erklärt hat, beschreibt das nachfolgende Kapitel 1.2 die hohe Vernetzung in der Handelswelt.

1.2 Prozesskompetenz und vernetzte Wertschöpfung

Die Bedeutung der Prozesskompetenz für die Handelstätigkeit nimmt stark zu. Der Handelserfolg hängt maßgeblich von der Fähigkeit ab, Prozesse kundenorientiert und kostenminimal zu managen.

1.2 Grundlagen und Prozesskompetenz
Prozesskompetenz und vernetzte Wertschöpfung

Fallbeispiel

Der Online-Lebensmittelhändler LeShop.ch

In der Schweiz ist das Online-Shopping schon weit fortgeschritten. Der größte schweizerische Online-Lebensmittelhändler LeShop.ch, seit 2006 eine Tochterunternehmung der Migros, bietet über das Internet rund 12.000 Produkte des täglichen Bedarfs an: ein Supermarktangebot von Lebensmitteln, Near- & Non-Food-Artikeln. Mehr als 5.000 Bestellungen gehen an Spitzentagen ein. Verpackt in Boxen verlassen die bestellten Waren das Logistikzentrum. Das sind durchschnittlich 70 kg pro Bestellung und über 200 Tonnen allein an Lebensmitteln, die täglich ausgeliefert werden – dies entspricht dem Gewicht einer Boeing 747. Hauptzielgruppe sind berufstätige Mütter, die sich über das zeitsparende »one click shopping« freuen. Vom Kopfsalat über die Windeln, das Schulheft, den Wein, das Parfüm bis hin zu Spielwaren und Nägeln bietet der Online-Shop ein umfassendes Sortimentsangebot. Nach harten Jahren scheint sich Online-Lebensmittel-Shopping in der Schweiz allmählich durchzusetzen. Das Umsatzwachstum von LeShop.ch beträgt seit 1999 im Durchschnitt 36 Prozent, und 2012 betrug der Umsatz über 150 Millionen Euro. Seit wenigen Jahren gelingt es dem Unternehmen, als erstem Lebensmittel-Online-Händler in Europa, schwarze Zahlen zu schreiben. Neben der unternehmerischen Weitsicht liegt der Grund für diese positive Entwicklung in der stark verbesserten Prozesskompetenz. Dazu hat die technologische Entwicklung maßgeblich beigetragen. In weniger als 24 Stunden kommt die bestellte Ware zum Konsumenten: Täglich bis Mitternacht bestellen die Kunden. Bis 4 Uhr in der Früh liefern Bauer, Metzger und Bäcker Frischwaren in die beiden Logistikzentren von LeShop.ch (Bremgarten und Ecublens). Bis 9 Uhr ist das individuelle Warenpaket versandfertig in grünen Boxen zusammengestellt. Ab 17 Uhr treffen die Transportboxen mit den schweren Wocheneinkäufen per ExpressPost bei den Konsumenten vor der Haustüre ein (Le Shop 2013).

So deckt der Online-Händler 87 Prozent der Schweizer Haushalte ab. Das »zentrale Nervensystem« von LeShop.ch ist die technologiebasierte Informationskompetenz. Diese koordiniert das Zusammenspiel zwischen unterschiedlichen Teilprozessen, wie z. B. der Beschaffung, der Logistik und des Verkaufs.

Die aus dem Zusammenspiel resultierenden Synergien bauen auf dem zentralen Vorteil des Distributionskanals Online-Shopping auf. LeShop.ch konfiguriert die einzelnen Teilprozesse erst nach dem Kundeneinkauf per Mausklick. Ein wesentlicher Vorteil, weil,

- nur die Frischprodukte ins Logistikzentrum kommen, die der Kunde gekauft hat. Der Verderb ist praktisch null. Nicht verkauftes Obst wird somit nicht wie im Supermarkt nach Ladenschluss dem Mülleimer überlassen;
- sich das benötigte Personal für die Zusammenstellung der Waren im Logistikzentrum so frühzeitig abschätzen lässt, dass die Personalproduktivität maximal ausfällt. Unterauslastung kommt nicht vor;
- die Routenplanung für die Warenauslieferung frühzeitig vorgenommen werden kann. Lkws fahren voll und nicht nur halbvoll zu den Verteilstützpunkten;
- die Bestelldaten sich kundenspezifisch auswerten lassen. Das Marketing erhält dadurch zusätzliche Möglichkeiten. Massenwerbung findet nicht statt.

Dieser Wissensvorsprung erlaubt es dem Schweizer Online-Pionier, nach einigen Jahren des Lernens und Probierens eine sehr hohe Prozesskompetenz zu erzielen. LeShop.ch hat gelernt, die vielen unternehmerischen Teilprozesse exakt mithilfe neuer Technologien aufeinander abzustimmen.

1.2.1 Prozesskenntnisse und Kompetenzaufbau

Kernprozesse und Unterstützungsprozesse

Prozesse verstehen wir als logisch verknüpfte Aufgaben, die ein spezifisches Geschäftsresultat erzeugen (Davenport/Short 1990). Es handelt sich um ganzheitliche Aufgaben, die aus wiederholenden Tätigkeiten bestehen. Prozesse beschreiben das zeitliche Zusammenspiel von Unternehmensfunktionen in strukturierter Form. Es lassen sich zwei Prozessarten unterscheiden: Kernprozesse und Unterstützungsprozesse. **Kernprozesse** sind für das Funktionieren eines Handelsunternehmens von grundlegender Bedeutung. Beschaffung, Logistik und Verkauf zählen zu den sogenannten Primäraktivitäten im Wertschöpfungsprozess eines Handelsunternehmens. Während die Produktion bei Produktionsbetrieben den Kernprozess bestimmt, stehen im Handel die Beschaffung und Verteilung von Waren und Dienstleistungen im Mittelpunkt dieser drei Kernprozesse.

Handelsmanager versuchen, ein für ihre Kunden interessantes Sortiment anzubieten. Diesem Ziel entsprechend beschaffen Einkäufer bzw. Category-Manager, distribuieren Logistikexperten und verkaufen Mitarbeiter in den Verkaufsstellen.

Ohne **Unterstützungsprozesse**, wie z. B. eine ausgefeilte Informatik und ein gutes Controlling, können die Kernprozesse nicht optimal funktionieren. Die Abstimmung beider Prozessarten ist aus diesem Grunde von großer Bedeutung. Prozessbeschreibungen stiften jedoch erst dann Erfolge, wenn kompetente Mitarbeiter mit Wissen und Engagement diese Pläne realisieren. Die Entstehung der damit angesprochenen Kompetenz erklärt die Abbildung 1-10. **Kompetenz** verstehen wir als eine Verknüpfungsleistung der Organisation. Verknüpft werden die in Abbildung 1-10 erwähnten vor- und nachgelagerten Faktoren, mit dem Ziel, für Problemsituationen erfolgreiche Lösungen zu generieren.

> Kompetenz ist eine Verknüpfungsleistung der Organisation.

Kompetenz basiert in erster Linie auf guten Prozesskenntnissen. Sowohl Erfahrungen mit dem Prozessablauf als auch Aus- und Weiterbildung führen in der Regel zu guten Prozesskenntnissen bei den Mitarbeitern. Fallen darüber hinaus die Motivation der Mitarbeiter, aber auch deren Fähigkeiten – was die konkrete Aufgabenerfüllung anbelangt – hoch aus, so sind die Voraussetzungen für ein überdurchschnittliches Kompetenzniveau gegeben. Zusätzlich müssen die dafür notwendigen Ressourcen (z. B. Finanzen, Mitarbeiter, Materialien etc.) bereitgestellt werden. Kompetenzen helfen, Strategien zu entwickeln und fokussiert umzusetzen. Die koordinierte und fokussierte Umsetzung von Strategien führt zu Wettbewerbsvorteilen. Fallen diese

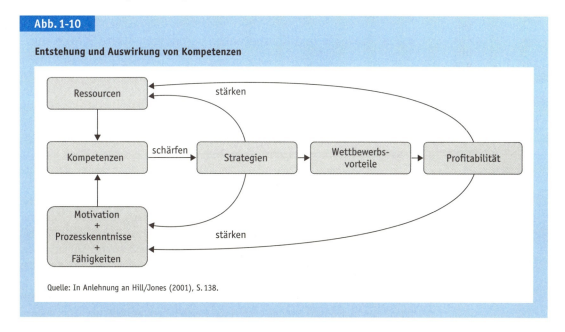

Abb. 1-10 Entstehung und Auswirkung von Kompetenzen

Quelle: In Anlehnung an Hill/Jones (2001), S. 138.

> **Fallbeispiel**
>
> **Kern- und Unterstützungsprozesse bei Tchibo**
>
> Tchibo verkauft in ca. 800 Filialen und rund 8.300 Non Food führenden Depots (Flächen im Lebensmittel- und Fachhandel) deutschlandweit hochwertigen Kaffee und wöchentlich wechselnde Gebrauchsartikel. Mit stark zunehmender Tendenz nutzen Tchibo-Kunden außerdem die Möglichkeit, Produkte und Dienstleistungen über das Versand- und Internetgeschäft zu bestellen. Stationär und online (Cross-Channel-Retailing) wird ein Sortiment angeboten, bestehend aus etwa 25–30 Non-Food-Artikeln pro Woche. Der Umsatz betrug im Jahr 2012 3,4 Milliarden Euro. Die Kernprozesse sind bei Tchibo eng aufeinander abgestimmt. Ein funktionsübergreifendes Team von Managern verantwortet die Suche nach den wöchentlich wechselnden Sortimentsangeboten. Sie suchen nach Trends, testen, kaufen ein, planen die Logistik und den Verkauf. Nachdem die neue Ware bei Tchibo eingegangen ist, wird sie geprüft und über wissensbasierte Systeme ein Mengenverteilplan für jede einzelne Verkaufsstelle berechnet. In den Filialen und dem Online-Shop steht die Ware bis zu maximal sechs Wochen zum Verkauf. Durch eine professionelle Abstimmung der Kern- und Unterstützungsprozesse wird dabei vermieden, dass ein riesiger Überbestand mit dramatischen Kosten als Folge entsteht.

aus der Sicht der anvisierten Zielkunden nachhaltig aus, so entsteht eine überdurchschnittlich hohe Profitabilität, die zur Stärkung bestehender Ressourcen dient und Mitarbeiter motiviert.

Ziel: systematisch prozessstärkende Kompetenzen aufbauen

Ziel der Unternehmensführung muss es demnach sein, nicht nur Prozesse zu beschreiben, sondern systematisch prozessstärkende Kompetenzen aufzubauen. Eine detaillierte Aufgabenbeschreibung sowie der Prozessvergleich mit anderen Unternehmen (auch Benchmarking genannt) bilden im Zuge des Kompetenzaufbaus eine gute Grundlage. Entscheidend für den Kompetenzaufbau sind letztlich aber die weichen Faktoren wie Vertrauen, Motivation und Kreativität.

1.2.2 Prozesse und Kompetenzen verdrängen starre Strukturen

Zweck, Prozess und Mensch als neue Prämisse

In den zurückliegenden Jahren folgten Unternehmen der Prämisse »Strategie, Struktur, Systeme«. Auch das Management vieler Handelsunternehmen versuchte, eine Strategie zu entwickeln, dafür eine angemessene (Organisations-)Struktur zu entwerfen und schließlich mithilfe ausgefeilter Managementsysteme beides zu einem leistungsfähigen Unternehmen zu verbinden. Beispielsweise folgten Warenhäuser der Strategie »Alles unter einem Dach«, pflegten stark hierarchisch geprägte Unternehmensorganisationen unter Zuhilfenahme hoch entwickelter Warenwirtschaftssysteme. Es ist fraglich, ob diese, von einer stabilen Unternehmensumwelt und wenig Wettbewerb ausgehende Prämisse der Unternehmensführung, zukunftstauglich ist. Ghoshal vertritt die Ansicht, dass der alten Prämisse Strategie, Struktur und Systeme die neue Prämisse Zweck, Prozess und Mensch folgen wird (Ghoshal 2003, S. 221). Der Zweck tritt an die Stelle der Strategie. Der Zweck gibt Orientierung, indem er Kunden und Mitarbeitern mit wenigen, aber überzeugenden Worten erklärt, was das Unternehmen bezweckt und viel Freiraum für flexible Veränderungen lässt. Das Denken und Handeln in Prozessen gewinnt im Vergleich zu Strukturen. Mitarbeiter müssen künftig das Zusammenspiel von Wertschöpfungsprozessen aktiv fördern, anstatt lediglich in einer klar strukturierten Organisation zu funktionieren. Schließlich werden Mitarbeiter und vor allem deren Kompetenzen anstelle von technisch ausgefeilten Systemen an Bedeutung gewinnen. Das hängt erstens mit der Tatsache zusammen, dass Systeme durch Standardisierung immer ähnlicher werden. Wettbewerbsvorteile können aus dieser Prozess- und Systemstandardisierung jedoch kaum resultieren. Sie dienen lediglich der Vermeidung von Wettbewerbsnachteilen. Zweitens lenkt auch in der Zukunft der Mensch mit seinen Kompetenzen komplexe Systeme und nicht umgekehrt. Daher lautet die Maxime in besonderem Maße für den Handel, den **Faktor Mensch** und die damit gelebten Kompetenzen stärker zu beachten, statt einseitig den technischen Fortschritt zu fördern. Nur so kann es gelingen, begabte Mitarbeiter an Handelsunternehmen zu binden, um nachhaltige und durchschlagende Kompetenzen aufzubauen.

Kompetenzen von Mitarbeitern sind Voraussetzung, Veränderungen im Wertschöpfungsprozess aktiv voranzutreiben. Beispielsweise erlaubt der künftige Einsatz neuer Technologien, wie der Radio-Frequenz-Identifikationstechnologie (RFID), Prozessabläufe in Beschaffung und Logistik zu verbessern. So kann das Ein- und Auslagern von Ware schneller gelingen, Regallücken lassen sich vermeiden und der Kassiervorgang wird vereinfacht. Verfügen Mitarbeiter über funktionenübergreifende Kompetenzen, werden sie den fortlaufenden Unternehmensumbau nicht als Gefahr begreifen, sondern als Chance verstehen. Das nachfolgende Kapitel beschreibt zentrale Handelsprozesse und die dafür notwendigen Kompetenzen.

Kompetenzen als Voraussetzung von Veränderungen

1.2.3 Erfolgslogik und Basiskompetenzen im Handel

Erfolge im Handel kommen nicht zufällig zustande. Mehrere Basiskompetenzen müssen fehlerfrei funktionieren und aufeinander abgestimmt sein. Auf der Suche nach den Basiskompetenzen im Handel wollen wir nachfolgend die Methode des vernetzten Denkens einsetzen. Diese Methodik ermöglicht es dem Anwender, Ursache-Wirkung-Beziehungen aller relevanten Einflussfaktoren in Form eines Netzwerkes darzustellen und in ganzheitlicher Form zu verstehen.

Basiskompetenzen im Handel

Abbildung 1-11 beschreibt beispielhaft die Erfolgslogik eines Handelsunternehmens. Je nach Unternehmensstrategie fällt die Erfolgslogik eines Unternehmens unterschiedlich aus. Das ausgewählte Beispiel stammt aus einer Praxisprojektarbeit. Der Grundkreislauf in der Mitte der Abbildung 1-11 (blau unterlegt) beantwortet die Frage, wodurch der Unternehmenserfolg in erster Linie entsteht.

Lieferanten, deren Produkte ein hohes Qualitätsniveau erreichen, helfen maßgeblich beim Aufbau attraktiver Sortimente. Sortimentsattraktivität löst wiederum Kundenbegeisterung aus. Diese führt zu höheren Umsätzen. Je höher der Umsatz, desto größer die Einkaufsmacht und desto eher fällt automatisch die Bereitschaft der Lieferanten aus, qualitativ hochwertige Produkte bereitzustellen, womit sich der Grundkreislauf schließt. Lesen wir den Grundkreislauf entgegen der Pfeilrichtung, so lernen wir die Voraussetzungen für jedes Element kennen. Der Grundkreislauf wird durch verschiedene Subprozesse unterstützt. Point-of-Sale-Attraktivität (POS) resultiert beispielsweise aus dem Zusammenspiel von Standort, Ladenlayout, Preis-Leis-

Der Grundkreislauf im Handel

1.2 Grundlagen und Prozesskompetenz
Prozesskompetenz und vernetzte Wertschöpfung

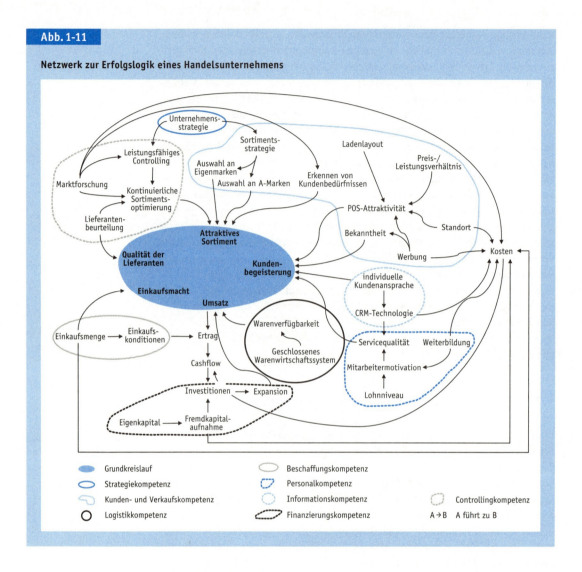

Abb. 1-11
Netzwerk zur Erfolgslogik eines Handelsunternehmens

tungs-Verhältnis, Werbung etc. Für jedes dieser Profilierungsinstrumente könnten wir die Wirkungskette in Abbildung 1-11 beliebig verfeinern. Ein gutes Preis-Leistungs-Verhältnis entsteht beispielsweise aus der Fähigkeit, die Preise den Kundenerwartungen und deren Einkommen anzupassen. Das könnte durch ein kundenorientiertes Preislagenmanagement gelingen (vgl. hierzu Kapitel 4 Verkaufskompetenz). Aber auch die Art und Weise der Werbung hat einen großen Einfluss auf die empfundene Preiswürdigkeit. Wir wollen an dieser Stelle keine weitere Differenzierung vornehmen, sondern uns auf die Frage konzentrieren, welche Basiskompetenzen in Handelsunternehmen von Bedeutung sind.

Insgesamt handelt es sich um **zehn Basiskompetenzen**. Neben der Beschaffungs-, Logistik- und Verkaufskompetenz – die im Kern die Wertschöpfung des Handels begründen – handelt es sich um die Kunden-, Personal-, Finanzierungs-, Controlling-, Informations-, Prozess- und Strategiekompetenz. Diese zehn Basiskompetenzen konkretisieren den in Abbildung 1.10 verwendeten Begriff »Kompetenz«. Alle Kompetenzen stehen in einer Wechselbeziehung zueinander, was die Pfeile in Abbildung 1-11 zum Ausdruck bringen. Vor allem die Strategiekompetenz wirkt für alle anderen Kompetenzbereiche koordinierend. Im Beispielfall versucht das Handelsunternehmen, sich stark über attraktive Sortimente zu profilieren, weshalb sowohl die Controlling- als auch die Verkaufskompetenz einen hohen Sortimentsbezug aufweisen.

Für das Funktionieren des Grundkreislaufs benötigen Unternehmen eine ausgeprägte Prozesskompetenz. Mit Prozesskompetenz ist die Fähigkeit eines Unternehmens angesprochen, einzelne Kompetenzbereiche leistungsfördernd aufeinander abzustimmen. Beispielsweise müssen verschiedene Abteilungen eng zusammenarbeiten, um die in Abbildung 1-11 beschriebene Erfolgslogik zu realisieren. Neben der Koordination verschiedener Kompetenzbereiche sollte die Prozesskompetenz auch die in Abbildung 1-11 dargestellten Subprozesse erfassen. Der Schwierigkeitsgrad bei der Verbesserung von Kompetenzen hängt stark vom Neuigkeitsgrad und der Reichweite der Prozesse ab. Veränderungen im Informationsprozess, getragen von der Einführung einer neuen Warenwirtschaftssoftware, sind für Unternehmen A sehr komplex, weil neben den Informationsprozessen viele weitere Subprozesse davon betroffen sind, und gleichzeitig viele Mitarbeiter ihr Verhalten anpassen müssen. Für Unternehmen B hingegen ist die Kompetenzsteigerung in Sachen Informationskompetenz keine große Herausforderung, da lediglich ein Releasewechsel bevorsteht, der wenige Mitarbeiter betrifft. Die Notwendigkeit und der Schwierigkeitsgrad, Prozesskompetenzen zu verbessern, hängen daher von der Unternehmenssituation ab und können nicht generell festgelegt werden.

Prozesskompetenz ist die Voraussetzung für das Funktionieren des Grundkreislaufs.

Blicken wir auf die Erfolgslogik aus Abbildung 1-11 zurück, so lassen sich die identifizierten Basiskompetenzen zeitlich und sachlich ordnen. Dafür bietet sich das Wertkettenmodell von Porter als Ordnungsraster an (Porter 1999). Die Einordnung der zehn Basiskompetenzen in das Wertkettenmodell Porters führt zu einer handelsspezifischen Variante des ursprünglich für die Industrie entwickelten Ordnungsrasters. Diese Anpassungen sind unter anderem deshalb notwendig, weil im Handel der Produktionsfaktor Mensch von größerer Bedeutung ist (Steinmann/Schreyögg 2005, S. 208 ff.). Abbildung 1-12 veranschaulicht das Zusammenspiel zwischen den Basiskompetenzen und dem Wertschöpfungsprozess. Als Dreh- und Angelpunkt für den Wertschöpfungsprozess ist die Kundenkompetenz zu betrachten. Die beiden damit verbundenen Ziele »(Kunden-)Interesse wecken« und »(Kunden-)Loyalität sichern« leiten den Wertschöpfungsprozess und folglich das Zusammenspiel der zehn Basiskompetenzen. Kundenerwartungen sind somit auch der Leitstern für die Abstimmung der Kernkompetenzen Verkaufs-, Logistik- und Beschaffungskompetenz. Diese erfahren eine Unterstützung durch die restlichen Basiskompetenzen, wobei die Strategiekompetenz den »Bauplan« zur Stärkung der Kundenkompetenz mit Unterstützung der anderen neun Basiskompetenzen vorgibt.

Das Wertkettenmodell ordnet die Basiskompetenzen zeitlich und sachlich.

Abschließend darf nicht der Hinweis fehlen, dass die Bedeutung einzelner Kompetenzen von Handelsunternehmen zu Handelsunternehmen stark variiert. Grundsätzlich sind aber alle hier aufgeführten Kompetenzen wichtig. Zu dieser Feststellung

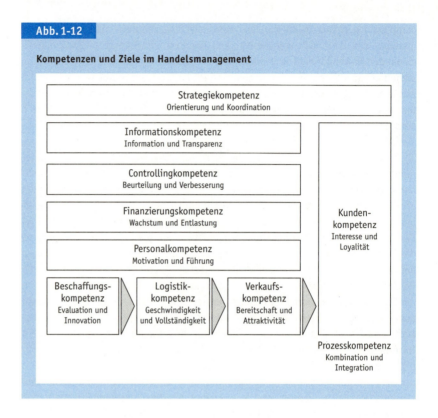

Abb. 1-12

Kompetenzen und Ziele im Handelsmanagement

kommen Sie als Manager schnell, wenn Sie vor der Aufgabe stehen, auf eine Kompetenz zu verzichten. Ein Mindestmaß an Kompetenz ist für jeden der zu Grunde liegenden Prozesse notwendig. Daher besteht für Manager im Handel die Notwendigkeit, ein Basiswissen in allen Kompetenzbereichen aufzubauen.

1.2.4 Fallstudie: Pommes frites

Der Wertschöpfungsprozess im Handel und notwendige Basiskompetenzen

Dieses Kapitel erklärt den Wertschöpfungsprozess im Handel. Viele Akteure sind an der Wertschöpfung beteiligt. Angefangen vom Lieferanten über Produzenten bis hin zu Handelsunternehmen entstehen Produkte, die beim Endkonsumenten Interesse wecken und Käufe auslösen. Der mehrstufige Wertschöpfungsprozess lässt sich in verschiedene Teilprozesse unterteilen, für deren Bewältigung bestimmte Basiskompetenzen erforderlich sind. Wir betrachten nun anhand einer Fallstudie das Zusammenspiel der bereits im Vorwort geschilderten Basiskompetenzen. Die Fallstudie zeigt die hohe Abhängigkeit und Vernetzung aller Akteure im Wertschöpfungsprozess.

Kundenbedürfnisse steuern Wertschöpfungsprozesse

16:40 Uhr, Samstagabend. Peter hat eben erfahren, dass seine Schwiegermutter aus Mailand übers Wochenende anreisen wird. Da seine Frau für zehn Tage an einem Kommunikationsseminar in London teilnimmt, ist er nun gezwungen, seine Wochenendplanung und damit auch den Speiseplan umzustellen. Die ursprünglich vorgesehene Bratwurst im Fußballstadion soll nun schweren Herzens einem lukullischen Mahl im trauten Heim weichen. Da der gewohnte Wocheneinkauf aufgrund der Abwesenheit der besseren Hälfte natürlich vergessen wurde, macht sich Peter zum nächsten Lebensmittelladen auf, um für das Wochenende einzukaufen. Doch was soll er der Schwiegermutter anbieten?

16:52 Uhr in der Migros-Filiale Neumarkt. Peter hat einen Geistesblitz. Seine Schwiegermutter, vor 15 Jahren von Belgien nach Mailand umgezogen, schwört auf knusprige Pommes frites. Da sich seine Kochkünste auf Spiegeleier und Spaghetti beschränken, ist Peter auf der Suche nach Convenience-Produkten (Fixfertig-Produkte). Neben der einfachen Zubereitung sind ihm bei der Produktauswahl auch die gesunde Ernährung (z. B. Kalorienwerte) und der Preis sehr wichtig. Die attraktive und übersichtliche Präsentation der Convenience-Produkte erleichtert Peter die Suche. Dank der leicht verständlichen Produktinformationen (z. B. Zubereitungstipps, Kalorienwerte) wird auch die Kaufentscheidung bezüglich »Beilagen« zu den Pommes frites erleichtert. 300 g mariniertes Pouletfilet, eine Packung Stangenbohnen, ein Glas Salsa-Sauce und ... Peter muss mit Entsetzen feststellen, dass die Pommes frites bereits ausverkauft sind. Verärgert fragt er eine Verkäuferin, ob das entsprechende Produkt nicht doch im Lager ist. Frau Mörgeli, die Verkäuferin, teilt Peter nach einem kurzen Gang ins Lager freundlich mit, dass das Produkt tatsächlich ausverkauft sei, das Regal jedoch am Montag wieder gefüllt sein wird. Wahrscheinlich sei irgendwo ein Engpass aufgetaucht, denn die Pommes frites sind nach ihrer Einschätzung noch nie ausgegangen.

16:55 Uhr: Peter ärgert sich über diese Regallücke, insbesondere deshalb, weil er zeitbedingt keinen weiteren Laden aufsuchen kann. Er stellt sich seine Schwiegermutter vor ... Ausgerechnet heute! Ein lückenloses Regal ist für den Kunden eine Selbstverständlichkeit. Die Prozesse, welche diese Verfügbarkeit garantieren sollen, sind jedoch sehr komplex. Die nachfolgende Reise durch die verschiedenen Stufen der Wertschöpfungskette zeigt diejenigen Kompetenzen auf, welche notwendig sind, damit die Pommes frites Tag für Tag in der Tiefkühltruhe liegen.

Will ein Handelsunternehmen erfolgreich agieren, so sind zehn Kompetenzen von zentraler Bedeutung. Für jede Kompetenz sind Fähigkeiten zu entwickeln, die dem Unternehmen helfen, Kundenbedürfnissen besser als vergleichbare Konkurrenten zu entsprechen (siehe Abbildung 1-12). Zufriedenheit beim Konsumenten entsteht nur dann, wenn die Kompetenzen gut aufeinander abgestimmt sind und sich gegenseitig unterstützen.

Kompetenzen aufeinander abstimmen

Die nachfolgenden Ausführungen zeigen, worauf es innerhalb der einzelnen Kompetenzbereiche ankommt und wie das Zusammenspiel der Kompetenzbereiche zu gestalten ist.

Peter will von Frau Mörgeli genauer wissen, warum ausgerechnet heute die Pommes frites ausverkauft sind. Freundlich beschreibt sie ihm mehrere Ursachen: »Das kann an unseren Mitarbeitern hier in der Verkaufsstelle liegen, aber auch die Logistik oder die Beschaffung können daran schuld sein. Möglicherweise hat der Lieferant zu spät geliefert. Vielleicht ist auch ein Computer abgestürzt, oder die Controller haben den Mindestbestand zu tief angesetzt. Peter ist von dieser Antwort überrascht. An so viele Ursachen hätte er nicht gedacht. Bisher war Handelsmanagement für ihn keine große Herausforderung. »Eigentlich kaufen die doch fix und fertige Produkte bei Industriebetrieben und stellen diese lediglich in die Regale«, meinte Peter bis dahin. Bei Migros war bis vor kurzem sogar der Preis aufgedruckt – einfacher geht es wohl kaum. Er beschließt der Sache auf den Grund zu gehen. Immerhin arbeitet sein Freund Claudio als Assistent der Geschäftsleitung bei Migros, der müsste es ja wissen. Bei einem Glas St. Galler Klosterbräu fragt er Claudio Löcher in den Bauch. Zunächst will er wissen, wer den schnellen Produktwechsel in den Regalen bestimmt.

Kundenkompetenz

Kundenbedürfnisse bestimmen die Produktpalette.

»Das Veränderungstempo bestimmt der Konsument«, eröffnet Claudio seinem sichtlich überraschten Freund. Die erhöhte Wettbewerbsintensität im Detailhandel habe den Bedarf an Innovationen beschleunigt. Im Bereich der veredelten Lebensmittel ist deshalb insbesondere das Erkennen neuer Ernährungstrends sehr wichtig. Dies gelingt z. B. durch Beobachtung des amerikanischen Marktes (oft Vorläufer neuer Ernährungstrends) oder Befragung von Konsumenten nach ihren Ernährungsgewohnheiten und -wünschen. Durch eine kontinuierliche Analyse der Verhaltensveränderungen kann die Produktpalette stets den Bedürfnissen der Kunden angepasst werden. So entstanden unter anderem Pommes frites, welche innerhalb sehr kurzer Zeit zubereitet werden können (Zeitaspekt) oder unterschiedlich gewürzte Kartoffelstäbchen (Exotik). Vielleicht gibt es in der Zukunft Pommes frites mit Zusatznutzen, welche z. B. besonders gesundheitsfördernd sind. Nestlé versucht, den Anteil dieser Produkte stark auszubauen. In einer Zeit mit immer kürzeren Mittagspausen, schwindenden Kochkünsten und zunehmender Anzahl Singlehaushalte brauche es Innovationen. Zum richtigen Zeitpunkt eingeführt, würde der Kunde diese sprichwörtlich aus den Regalen reißen. Das erinnert Peter an seine Erfahrung mit Regallücken. Brennend interessieren ihn die Aufgaben des Filialpersonals in der Verkaufsstelle.

Verkaufskompetenz

Claudio antwortet aus eigener Erfahrung. Besonders wichtig sei ein schnelles Einräumen der Produkte in die Regale, da z. B. Tiefkühlprodukte während des gesamten Transportprozesses konstant gekühlt werden müssen (geschlossene Kühlkette). Die neue Ware wird stets hinter die ältere einsortiert. Kann das Produkt bis zum definierten Verkaufsdatum nicht verkauft werden, wird es billiger ausgezeichnet (mit »reduzierter Preis« deklariert) oder im Mitarbeiterladen zu einem günstigen Preis weiterverkauft. Der Preisnachlass wird als Abschreibung verbucht. Auch beschädigte Ware – ob beim Transport oder in der Verkaufsstelle – wird der Betriebszentrale als Abschreibungsposten gemeldet. Der Engpass, der zur Regallücke bei den Pommes frites führte, entstand womöglich deshalb, weil bei Sonderaktionen das automatische Bestellwesen nicht in Betrieb ist. Den Filialen wird eine Erstzuteilung der Aktionsware gewährt, welche auf Erfahrungsdaten basieren. Danach hat die Filiale die Möglichkeit – je nach Abverkauf – eine weitere Tranche zu bestellen. Dies geschieht jedoch manuell. Da Frau Mörgeli erst am Donnerstag aus ihrem Urlaub zurückkam und vielleicht eine unerfahrene Stellvertreterin die Nachbestellung an den falschen Produktmanager in der Betriebszentrale geschickt hatte, kam es zur leeren Tiefkühltruhe.

1.2 Prozesskompetenz und vernetzte Wertschöpfung

Seit letzter Woche sind die Pommes frites im Sonderangebot. Die Dekorationsmitarbeiter haben eigens dafür eine Promotionsfläche geschaffen, welche den Beginn der Grill- und Sommersaison unterstreichen soll. Neben den Palmen und dem Vogelgezwitscher sind Dutzende von themenverwandten Produkten zusammengetragen worden, um die Ferienstimmung zu intensivieren. Diese bedarfsgerechte Produktanordnung erleichtert es dem Kunden, die gewünschten Produkte für einen Grillabend zu finden. Ohne durch die unzähligen Regale irren zu müssen, findet der Kunde das komplette Angebot an einem angenehmen und stimulierenden Ort zum Träumen (und zum Kaufen). Die Degustationstheke ermöglicht es dem Kunden außerdem, verschiedene Produkte zu kosten und Zubereitungstipps von Ernährungsberaterinnen zu erhalten. Weiterführende Produktinformationen können auch mittels Touchscreen-Monitor gewonnen werden. Filialmitarbeiter kümmern sich entsprechend nicht nur um den Warennachschub, sondern machen den Einkauf zum Erlebnis. Dafür können sie verschiedene Instrumente einsetzen. Neben dem Warenangebot spielen die Ladengestaltung, der Preis, die eigene Personalleistung, verschiedene Dienstleistungen, die Werbung, der Standort und die Technologie eine wichtige Rolle. Klar, dass sie von der Zentrale Unterstützung erhalten. Das klingt spannend und sehr vielseitig. Peter fragt sich, wie der Logistikprozess seiner Pommes frites abläuft und worauf es dabei ankommt. Auch darauf hat Claudio eine Antwort.

Den Einkauf zum Erlebnis werden lassen

Logistikkompetenz

In der Regel werden die bestellten Pommes frites per Bahn in das zentrale Tiefkühllager Neuendorf (ca. 50 km südlich von Basel) transportiert. Auch kommen Waren per Lkw dort an. Den Transporteuren wird ein genau definiertes Zeitfenster (meistens in der Größenordnung von 15 Minuten) für die Anlieferung zugeteilt. Dank dieser Planung lässt sich ein Stauaufkommen vor dem Lagergebäude vermeiden. Im nationalen Verteilzentrum angekommen, erfolgt sofort die Zuteilung der Waren auf die einzelnen Verkaufsstandorte. Die Ware wird also nicht tagelang eingelagert, sondern direkt auf Lkws verteilt, die auf der Basis einer detaillierten Optimierungsrechnung bestimmte Filialen anfahren.

Dieses Logistikprinzip nennt man Crossdocking. Mit den Pommes frites werden auch andere Kühlprodukte transportiert, was ein einheitliches Gebindesystem in Form von Transportboxen erforderlich macht. Die standardisierten Gebinde lassen sich gut stapeln und sorgen dafür, dass die geladene Ware auch bei holprigen Bergstraßen oder bei Bremsmanövern an ihrem Platz bleibt und der Laderaum optimal ausgenutzt werden kann. Die Nachlieferung in die Regale erfolgt spätestens 24 Stunden nach der elektronischen oder manuellen Bestellung. Dieser hohe Lieferrhythmus ermöglicht es, ungefähr die Warenmenge zu liefern, die in angemessener Frist verkauft werden kann. Dadurch können der Filiallagerbestand und damit die Kosten erheblich reduziert werden.

Logistikprinzip des Crossdocking

Die Filiale Neumarkt liegt auf der Route 21. Der Kühllastwagen fährt die Rampe auf der Rückseite der Verkaufsstelle an, wo der Migros-Magaziner bereits auf die Ware wartet. Mit dem Handgabelstapler werden die Warenpaletten abgeladen und sofort in die Kühlräume des Filiallagers verfrachtet. Die Lieferscheine werden nach der Kontrolle der Ware unterschrieben und in das Postfach der Filialadministration gelegt.

Während der Chauffeur seine Route Richtung St. Margrethen fortsetzt, macht sich das Filialpersonal an das Auffüllen der Regallücken. Die Logistik bildet somit das Bindeglied zwischen Lieferant und Handelsunternehmen.

Diesen Prozess hat sich Peter weit einfacher vorgestellt. Er möchte mehr über das Verteilzentrum erfahren. Auch fragt sich Peter, wie viel ein solches Verteilzentrum kostet und wie sich so etwas finanzieren lässt.

Finanzierungskompetenz

Für alle Investitionen ist Finanzierungskompetenz nötig.

Nach Wissen von Claudio kostet ein Verteilzentrum schnell einmal 100 Millionen Schweizer Franken. Diese stolze Investition sei für Migros notwendig gewesen, um den logistischen Warenfluss effizienter und schneller zu gestalten. Mit dem nationalen Verteilzentrum in Suhr werden Bestellungen innerhalb von 24 Stunden erfüllt. Jede Investition müsse auf einem soliden Finanzierungskonzept stehen. Finanzierungskompetenz brauche es auch bei der Erstellung neuer Verkaufsstellen, Einkaufszentren oder IT-Investitionen. Bei der Finanzierung stellt sich zunächst die Frage nach der Höhe der benötigten Mittel. Sollte eine Wirtschaftlichkeitsanalyse grünes Licht für die geplante Investition geben, sucht das Unternehmen die richtige Finanzierungsform. Grundsätzlich könne eine solche Investition mit Fremdkapital (z. B. mit Bankkrediten) oder Eigenkapital finanziert werden. Welche Variante bei Migros zum Zuge kam, kann Claudio seinem Freund nicht verraten. Peter ist trotzdem angetan von den hohen Investitionen in das Verteilzentrum. Auch hat er verstanden, dass Finanzierungskompetenz bei allen Investitionen von großer Bedeutung ist. Nach der Erklärung zu Logistik und Finanzierung will er mehr über die Beschaffung wissen. Vielleicht lag ja auch dort der Fehler. Vor allem interessiert ihn, wie der Beschaffungsprozess abläuft und wie Pommes frites gemacht werden.

Beschaffungskompetenz

Lokale Beschaffung landwirtschaftlicher Erzeugnisse

Claudio beschreibt zunächst die Zusammenarbeit zwischen Landwirtschaft, Industrie und Handel. Landwirte besitzen Lieferverträge mit Industrieunternehmen (Produktveredler), welche sie verpflichten, zu bestimmten Terminen eine festgelegte Menge Kartoffeln zu liefern. Dabei werden oft auch die Anbau- und Behandlungsmethoden vorgeschrieben.

Denn werden die Produkte am anderen Ende der Wertschöpfungskette vom Detailhändler als Bio- oder IP-Produkte (integrierte Produktion) verkauft, sind spezifische Vorschriften zu beachten. Die Bauern werden sporadisch und bei offensichtlichen Qualitätsmängeln sofort durch den Produzenten geprüft. Die daraus resultierende Lieferantenbewertung stellt für das Beschaffungsteam, das ganze Warengruppen einkauft, bei den jährlichen Beurteilungsgesprächen die Basis für die Konditionen einer weiteren Zusammenarbeit zwischen Landwirt und Industrieunternehmen dar.

Bei Pommes frites bestellen Warengruppenmanager (im Englischen Category-Manager), die neben dem Einkauf auch den Verkauf planen, die Kartoffeln direkt von den Bauern oder über zwischengeschaltete Agrargenossenschaften für die Bischoffszell AG, einem Veredler (Weiterverarbeitung) von Kartoffeln. Der Beschaffungsmarkt landwirtschaftlicher Erzeugnisse ist ungeachtet der Globalisierungstendenzen noch weitgehend lokal. Zu dieser mehrheitlich regionalen Beschaffungspolitik trägt neben der Verderblichkeit der Ware immer häufiger auch die Rückbesinnung der Kunden auf heimische Produkte (u. a. hervorgerufen durch eine Häufung von Lebensmittelskandalen) bei. Regionale Produkte genießen, insbesondere aufgrund einer besseren Informationsverfügbarkeit, höheres Vertrauen bei den Kunden als ausländische Konkurrenzprodukte. Im Falle der Pommes frites gibt es zwar ausländische Konkurrenten auf dem Schweizer Markt, die Produktion findet jedoch meistens hierzulande mit inländischen Produkten statt.

Nach der Anlieferung der Kartoffeln durch den Landwirt oder durch die Agrargenossenschaft werden die Kartoffeln nach ihrer Größe sortiert. Aus den kleineren Kartoffeln werden Kartoffelflocken (z. B. für Kartoffelpüree bzw. Kartoffelstock) hergestellt, die größeren Knollen dienen als Rohstoff für die Pommes frites. Die Kartoffeln werden von Fremdkörpern befreit (Handarbeit) und geschält (automatisiert), bevor die Knolle blitzschnell durch ein spezielles Rastermesser gezwängt wird. Dieser Vorgang bringt die unterschiedlichen Formen (klassischer Schnitt, Wellenschnitt etc.) hervor. Danach werden die in einer Reihe ausgerichteten Pommes frites vorgegart und gelangen über ein Laufband in den überdimensionalen Ofen. Nach dem Abkühlen werden die fix und fertigen Kartoffelstäbchen schockgefroren, abgepackt und beim Produzenten zwischengelagert. Peter möchte nun wissen, wer den Bestellprozess auslöst und welche Informationen dafür wichtig sind.

Informationskompetenz

Claudio beschreibt als nächstes den Bestellprozess. Schnell wird dabei klar, welch großen Einfluss die Informatik hat. In der Regel »bestellt der Computer«. Nur in Ausnahmefällen, wie bei Preisaktionen oder Nachbestellungen von Frischesortimenten, erfolgt die Bestellung manuell. Gabelstapler transportieren die Pommes frites in einen gekühlten Rüstbereich des Migros-Tiefkühllagers in Neuendorf, wo die filialspezifische Produktzusammenführung (Kommissionierung) stattfindet.

Normalerweise sind für die Auslösung der Bestellung die Abverkaufsdaten der Scanning-Kassen ausschlaggebend. Sobald mehr als zehn Verkaufseinheiten (entspricht einer Bestelleinheit) einer Pommes-frites-Sorte verkauft werden, erfolgt automatisch eine elektronische Bestellung bei dem Lieferanten. Frau Mörgeli hat aber die Möglichkeit die Nachschubmenge vor den automatischen Abrufzeiten manuell zu erhöhen. Das ist vor allem für geplante Sonderaktionen oder Events gedacht. Nachbestellungen sind mittlerweile bei Tiefkühlprodukten nicht mehr möglich. Lediglich bei Frischeprodukten ist es in Einzelfällen noch möglich, telefonisch Nachbestellungen vorzunehmen. Nachbestellungen sind mittlerweile selten geworden, da die automatischen Bestellsysteme immer genauer werden. Aber auch in der Verkaufsstelle geht ohne Technologie- und Informationskompetenz fast nichts mehr. An den Kassen werden die einzelnen Produkte in den Scanner eingelesen, was eine automatische Bestellung auslöst (außer wenn gerade eine Sonderaktion geplant ist). Mit dem Vorweisen seiner Kundenkarte kann Peter Punkte sammeln und dank der Informationskompetenz von Sonderangeboten profitieren. Auf das Stichwort »Sonderangebote« hat Peter schon lange gewartet. Er will nun wissen, wer die Preise der Produkte festlegt. Als Kunde habe man das Gefühl, dass Preisaktionen sehr häufig ziemlich willkürlich und teilweise mit riesigen Abschlägen stattfinden.

Abverkaufsdaten lösen Bestellungen aus.

Grundlagen und Prozesskompetenz
Prozesskompetenz und vernetzte Wertschöpfung

Controllingkompetenz

Claudio widerspricht dem indirekten Vorwurf, Migros könne die Preise beliebig verändern. Erstens sei mit Aldi und Lidl der Konkurrenzdruck in der Schweiz gestiegen und zweitens liege die Detailhandelsmarge, welche dem Aufschlag auf den Herstellerpreis entspricht, unter 30 Prozent. Damit müsse der Handel sämtliche Kosten decken. Die Richtigkeit seiner Aussage spiegele sich in der geringen Umsatzrendite wider, die kaum größer als 2–3 Prozent ausfalle. Andere Branchen, wie z. B. die Chemie, erzielen einen zehnmal höheren Wert. Daher müsse Migros die Preise hart kalkulieren, wofür ein ausgetüfteltes Controlling zuständig sei.

Controlling unterstützt die Preissetzung.

Welcher Verkaufspreis generiert einen optimalen Deckungsbeitrag? Wie tief soll der Aktionspreis angesetzt werden? Welche Produktmenge muss für welche Filiale disponiert werden? Welcher Sortimentsmix generiert den höchsten Umsatz? Solche und ähnliche Fragen sind zwar insbesondere von Controllern zu beantworten, haben aber Auswirkungen auf das Handeln des gesamten Managements. Die Controller sind bemüht, relevante Informationen, z. B. für die Planung einer optimalen Bestellmenge oder für die marktorientierte Preissetzung, an die entsprechenden Entscheidungsstellen weiterzuleiten. Eine Umsatzsteigerung muss nicht unbedingt mit einem höheren Gewinn einhergehen. Oft strapazieren Halbpreisangebote die Rentabilitätsrechnung, ohne Neukunden gewinnen zu können. Die Verkaufspreise dieser Sonderangebote decken vielfach nur knapp die Einkaufspreise des Händlers. Die häufigen Halbpreisangebote tragen nur dann Früchte, wenn der Kunde entweder zusätzliche, nicht reduzierte Produkte in den Einkaufswagen legt oder wenn der Kunde durch die Aktion von der Konkurrenz nachhaltig abgeworben werden kann. Beide Varianten können die anfängliche Deckungsbeitragseinbuße wieder aufwiegen. Die Aufgabe des Controllings ist es u. a. zu prüfen, ob sich diese Preistaktiken für das Unternehmen bezahlt machen. Für unser Pommes-frites-Beispiel scheint das der Fall zu sein. Der Sonderpreis von 1,99 Schweizer Franken pro Packung führte zu einem viermal höheren Umsatz. Unter dem Strich wurde der Margenverlust durch den Mengeneffekt überkompensiert. Peter hat die Antwort überzeugt. Er möchte nun noch mehr über die Mitarbeiter wissen. Vor allem interessiert ihn, warum die Freundlichkeit der Mitarbeiterinnen und Mitarbeiter in der Verkaufsstelle so hoch ausfalle. Er habe mehrfach von den niedrigen Detailhandelslöhnen gelesen. Wirke das nicht demotivierend?

Personalkompetenz

Gehalt, Unternehmenskultur und Arbeitsklima fördern die Personalkompetenz.

Peter schildert seine Erfahrung im Neumarkt. Frau Mörgeli fragte ihn, ob er eine Fritteuse im Haushalt habe. Peter konnte dies nicht mit Sicherheit bestätigen. Die Verkäuferin führte ihn in die Frischeabteilung und wies ihn darauf hin, dass er anstatt der fix und fertigen Pommes frites doch einige Kartoffeln kaufen solle. Falls sich herausstellen sollte, dass sich im Haushalt keine Fritteuse befindet, könne er immer noch eine Portion Rösti zaubern. Mit einem Augenzwinkern erklärte sie Peter, dass Schwiegermütter zwar manchmal schwierig sind, aber es durchaus schätzen, wenn man »Ihnen den Hof macht« – so zum Beispiel mit einem selbst gekochten Menü. Claudio pflichtet Peter bei: Das war eine vorzügliche Leistung der Mitarbeiterin. Die hohe Motivation im Verkauf resultiere nicht nur aus dem Gehalt. Übrigens lägen die

Gehälter im Detailhandel heute im Durchschnitt aller Branchen. Mindestens ebenso wichtig sei die Unternehmenskultur und das Arbeitsklima. Mitarbeiter wollen sich mit dem Unternehmen identifizieren, dann arbeiten sie lange und hochmotiviert für ein Unternehmen. Peter überlegt kurz und will nun wissen, ob denn die Mitarbeiter auch für das gute Zusammenspiel der Prozesse verantwortlich seien.

Prozesskompetenz

Claudio beschreibt die Handelsherausforderung als schwieriges Puzzle mit 1.000 Teilen. Da sich auch ständig etwas ändere, könne kein detaillierter und vor allem stabiler Bauplan als Vorlage dienen. Sicherlich steuern heute die Informationssysteme den Warenfluss entscheidend. Auch hilft das Controlling, die Effizienz der Prozesse kontinuierlich zu verbessern. Trotzdem benötigt man Mitarbeiter, die mitdenken und Systemschwächen kompensieren; da habe Peter schon ganz Recht. Peters Erfahrung mit den Pommes frites beweise diese Aussage. Prozesskompetenz sei daher auch das schwierigste Puzzle von Migros, was ohne Engagement aller Mitarbeiter nicht gelinge. Peter hat in diesem Gespräch viel über den Handel und die erfolgsentscheidenden Kompetenzen gelernt. Dennoch ist ihm unklar, wie der Handel die Kompetenzen aufeinander abstimmt. Warum importiert Migros eigentlich nicht viel mehr billige Markenartikel aus dem Ausland, baut die Serviceleistungen wie z. B. Maßhemden in der Textilabteilung nicht massiv aus oder renoviert ihre Läden nicht wesentlich öfter?

Ohne Engagement der Mitarbeiter keine Prozesskompetenz

Strategiekompetenz

Claudio kann auf diese Frage eine kompetente Antwort geben, da er sich im Rahmen eines Strategieprojektes mit ähnlichen Fragen beschäftigt. Wichtig sei es, mit dem abgestimmten Einsatz aller Kompetenzen ein nachhaltiges Unternehmensprofil aufzubauen. Nach seiner Überzeugung könne sich ein Unternehmen durch Eigenmarken ein einzigartiges Profil aufbauen, indem es Produkte exklusiv anbietet. Der Kunde entscheide sich bei diesem ersten Strategieansatz in erster Linie für den Neumarkt, weil er die dort angebotenen Produkte nur bei Migros erhält. Neben den sogenannten Eigenmarken mache es unter Umständen Sinn, einige wenige Markenprodukte anderer Hersteller als Gastmarken ganz gezielt dort in das Sortiment aufzunehmen, wo das Unternehmen zu wenig Kompetenz besitzt. Ausarten dürfe dies aber nicht, weil ansonsten die Produktführerschaft als Kundenversprechen verwässert wird. Ein zweiter Strategieansatz sei die Führung von mehrheitlich globalen Marken, der allerdings dem Unternehmen noch kein einzigartiges Profil garantiere. Dazu verhelfen erst attraktive Serviceleistungen und eine angenehme Ladenatmosphäre. Eine Strategie nach diesem »Strickmuster« ziehe den serviceorientierten Kunden an. Eine dritte Strategievariante sei der Discountansatz. Hier geht es in erster Linie um effiziente Prozesse und hohe Beschaffungsvolumina für schmale Sortimente. Immer mehr Kunden seien heute preissensibel, weshalb dieser Ansatz an Bedeutung gewinne.

Erfolg versprechende Geschäftsmodelle im Handel

Für die Abstimmung der Kompetenzen spiele die Strategie eine richtungsweisende Rolle. Würde Migros sich konsequent für die Produktführerschaft entscheiden, so müsste entlang der Wertschöpfungsstufen Beschaffung, Logistik und Verkauf die Produktqualität der Eigenmarken im Mittelpunkt stehen. Für die Beschaffung bzw. das Category-Management ginge es dann in erster Linie um den Einkauf hoher Quali-

Charakteristika der Produktführerschaft

tät zu bezahlbaren Preisen durch eine enge Zusammenarbeit mit der Industrie. Die Logistik müsste das Qualitäts- und Frischeversprechen fehlerlos erfüllen. Schnelligkeit und eine konstante Kühltemperatur tragen dazu bei. Unsere Pommes frites bleiben so bis zum versprochenen Haltbarkeitsdatum genießbar, erklärt Claudio. Am Verkaufspunkt müsse die einzigartige Produktqualität überzeugend durch das Personal, die Präsentationsmittel, die Warenanordnung und andere Instrumente kommuniziert werden. Zum Wettbewerbsvorteil der Produktführerschaft müsse das Controlling durch eine konsequente Frischeausrichtung und die Informatik mittels eines schnellen und fehlerfreien Warenwirtschaftssystems beitragen. Diese kurze Beschreibung zeige nach den Aussagen von Claudio, wie wichtig die strategische Abstimmung der Kompetenzen sei. Wie ein roter Faden ziehe sich das Ziel der Produktführerschaft durch alle Kompetenzbereiche. Auf Peters Forderung nach einem massiven Serviceausbau und der Aufnahme billiger Markenartikel reagiert Claudio skeptisch. Für ihn sei das keine sinnvolle Option, da der Serviceausbau viel Geld verschlingen würde. Dieses Geld würde dann zur Verbesserung der Produktführerschaft fehlen. Auch könne die Migros ihr Profil mit billigen Marken kaum schärfen. Das würde nur die Austauschbarkeit gegenüber Coop und anderen Verkaufskanälen fördern und das Risiko von Preiskämpfen für Markenartikel erhöhen.

Peters Wissensdurst ist fürs Erste gestillt. Regallücken sieht er nun mit ganz anderen Augen. Gleichzeitig wurde sein Interesse geweckt, mehr über den Handel und die notwendigen Kernkompetenzen zu erfahren. Auf was kommt es beim Aufbau von Strategiekompetenz denn wirklich an und welche Tools helfen dabei? In Kapitel 2 werden diese Fragen beantwortet.

Aufgaben

1. Vergleichen Sie die Distributionsstruktur von Apple und Dell. Stellen Sie die unterschiedlichen Vertriebswege entsprechend Abbildung 1.4 dar und erklären Sie die Unterschiede.
2. Vergleichen Sie die Distributionsstruktur von Lidl und Coop. Stellen Sie die unterschiedlichen Vertriebswege entsprechend Abbildung 1.4 dar und erklären Sie die Unterschiede.
3. Entwickeln Sie einen Maßnahmenkatalog für Coop, um den möglichen Transformationsprozess im Lebensmittelhandel durch aufkommende Online-Lebensmittelhändler hinauszuzögern.
4. Wählen Sie ein Warenhaus-Unternehmen in Ihrer Nähe. Welche Basiskompetenzen muss das Unternehmen verbessern, um am Markt bestehen zu können?
5. Diskutieren Sie die Zukunft des Online-Handels beim Verkauf von Flugreisen. Begründen Sie Ihre Einschätzung. Macht es für ein Tourismusunternehmen Sinn, eine stationäre Filialkette an Reisebüros zu führen?
6. Welche Vor- und Nachteile würden sich für Amazon aus einer Hybridstrategie ergeben? Geben Sie eine Empfehlung für die künftige Ausrichtung des Unternehmens in dieser Frage.

7. Gewichten Sie die Bedeutung der einzelnen Basiskompetenzen für die Migros-Supermarkt-Organisation.
8. Entwickeln Sie ein Trainee-Programm für die Migros, welches alle zehn Basiskompetenzen an Hochschulabsolventen vermittelt. Welchen Aufbau würden Sie für das Trainee-Programm wählen, d. h. in welcher Reihenfolge sind die Basiskompetenzen zu vermitteln? Begründen Sie Ihren Vorschlag.
9. Begründen Sie vor dem Hintergrund der Fallstudie, weshalb die Prozesskompetenz an Bedeutung gewinnen wird.

Kontrollfragen

- Was versteht man unter dem Begriff »Firms in Retailing«?
- Welche Unternehmen gehen einer Handelstätigkeit nach und wodurch ist diese gekennzeichnet?
- Durch welche Leistungen des Handels sind die drei Kaufphasen gekennzeichnet?
- Welche Markterscheinungsformen lassen sich am Beispiel des Spielwarenhandels unterscheiden?
- Was versteht man unter Prozesskompetenz?
- Worin unterscheiden sich Kernprozesse von Unterstützungsprozessen?

Literatur

Albers, S./Peters, K. (1997): Die Wertschöpfung des Handels im Zeitalter des Electronic Commerce, in: Marketing ZFP, 2 (2. Quartal), S. 69–80.
Baker, M. J. (1998): Dictionary of marketing and advertising, 3. Aufl., London, UK.
Barth, K./Hartmann, M./Schröder, H. (2007): Betriebswirtschaftslehre des Handels, 6. Aufl., Wiesbaden.
Bennett, P. D. (1995): Dictionary of marketing terms, 2. Aufl., Chicago, Il.
Bofinger, P. (2006): Grundzüge der Volkswirtschaftslehre: Eine Einführung in die Wissenschaft von Märkten, München.
Bundesverband des Deutschen Versandhandels (BVH) (2013): Interaktiver Handel 2013: Erneuter Umsatzrekord E-Commerce Anteil sprengt die 27 Milliarden Euro Grenze, Pressemitteilung vom 12.02.2013.
Bundesverband Interaktive Unterhaltungssoftware (BIU) (2013): Virtuelle Zusatzinhalte, online unter: http://www.biu-online.de/de/fakten/marktzahlen/virtuelle-zusatzinhalte.html, abgerufen am: 30.05.2013.
Carrefour (2013): 2012 Full Year Results, online unter: http://www.carrefour.com/news-releases/2012-full-year-results, abgerufen am: 08.04.2013.
CNN Money (2013a): Global 500, online unter: http://money.cnn.com/magazines/fortune/global500/2012/full_list/index.html, abgerufen am: 08.04.2013.
CNN Money (2013b): Amazon.com Inc, online unter: http://money.cnn.com/quote/financials/financials.html?symb=AMZNote/financials/financials.html?symb=AMZN, abgerufen am: 08.04.2013.

CNN Money (2013c): eBay Inc, online unter: http://money.cnn.com/quote/financials/financials.html?symb=EBAY, abgerufen am: 08.04.2013.

Colla, E. (2003): International expansion and strategies of discount grocery retailers: the winning models, in: International Journal of Retail & Distribution Management, 31 (1), S. 55.

Collins, J. (2001): Good to Great: Why Some Companies Make the Leap ... and Others Don't, New York, NY.

Coughlan, A./Anderson, E./Stern, L./El-Ansary, A. I. (2001): Marketing channels, 6. Aufl., Upper Saddle River.

Cross, W. (1995): Encyclopedic dictionary of business terms, Englewood Cliffs, NJ.

Csikszentmihalyi, M. (1991): Das Flow-Erlebnis: Jenseits von Angst und Langeweile, 3. Aufl., Stuttgart.

Davenport, T. H./Short, J. E. (1990): The New Industrial Engineering: Information Technology and Business Process Redesign, in: Sloan Management Review, 31 (4), S. 11–17.

Davies, G. (1993): Is retailing what the dictionaries say it is?, in: International Journal of Retail & Distribution Management, 21 (2), S. 3 ff.

Ellis, B./Kelley, S. (1992): Competitive Advantage in Retailing, in: The International Review of Retail, Distribution and Consumer Research, 2 (4), S. 381–396.

Emrich, O./Rudolph, T. (2011): Wachsen mit E-Commerce: Cross-Channel Management, in: Harvard Business Manager, 33 (Juli), S. 6–9.

eBay (2013): eBay Inc. Reports Strong Fourth Quarter and Full Year 2012 Results, Financial Release vom 16.01.2013, online unter: http://investor.ebayinc.com/financial_releases.cfm, abgerufen am 28.03.2013.

Euromonitor (2013): online unter: www.euromonitor.com, abgerufen am: 11.04.2013.

Ghoshal, S. (2003): Jenseits von Strategie, Struktur und System, in: Campus Management, Band 1, Wiesbaden, S. 220–223.

Glencore (2013): Annual Report 2012, online unter: http://www.glencore.com/documents/GLEN_Annual_Report_2012.pdf, abgerufen am 08.04.2013.

Haupt, H. G. (2003): Konsum und Gesellschaft. Europa im 19. und 20. Jahrhundert, Göttingen.

Hill, C. W./Jones, G. R. (2001): Strategic Management Theory – An Integrated Approach, 5. Aufl., Boston.

Hinderer, H./Kirchhof, A. (2002): Trendanalyse Elektronische Marktplätze, online unter: http://publica.fraunhofer.de/eprints/urn:nbn:de:0011-n-90401.pdf, abgerufen am: 23.11.2012.

Hollander, S. C. (1960): The wheel of retailing, in: Journal of Marketing, 25 (1), S. 37–42.

IFH Köln (2013): Geschäftskunden sorgen für 870 Milliarden Euro B2B-E-Commerce-Umsatz jährlich, Pressemitteilung vom 21.02.2013.

Chartered Institute of Marketing (2012): Social Media Benchmark – Wave two, Spring 2012, online unter: http://www.smbenchmark.com/the-benchmark/results-wave-two, abgerufen am: 12.04.2013.

Spiegel Online (2013): Automobilindustrie: PKW Neuzulassungen sinken weiter, online unter: http://www.spiegel.de/wirtschaft/unternehmen/pkw-neuzulassungen-sinken-weiter-a-889770.html, abgerufen am: 27.3.13.

Laudon, K./Traver, C. (2010): E-Commerce 2010, Business – Technology – Society, 6. Aufl., Upper Saddle River.

LeShop (2013): Faktenblatt, online unter: http://info.leshop.ch/php/Business-LeShop.php?LeShopMenuId=13&lge=de, abgerufen am: 28.03.2013.

Levy M./Weitz B. A. (1996): Essentials of Retailing, Boston, MA.

Levy M./Weitz B. A. (2011): Retailing Management, 8. Aufl., Boston, MA.

Lusch, R./Vargo, S./O'Brien, M. (2007): Competing through service: Insights from service-dominant logic, in: Journal of Retailing, 83 (1), S. 5–18.

Metro Group (2013a): Metro Group steigert Umsatz 2012 in schwierigem Konsumumfeld, Pressemitteilung vom 23.03.2013, online unter: http://www.metrogroup.de/internet/site/metrogroup/node/364880/Lde/index.html, abgerufen am: 08.04.2013.

Morschett, D. (2012): Cross-Channel Retailing – Die Zukunft des Handels, online unter: http://www.t-systems.de/tsip/servlet/contentblob/t-systems-2012.de/de/986010_1/blobBinary/wp_cross-channel-retailing.pdf?ts_layoutId=755380, abgerufen am: 23.11.2012.

Mulhern, F. (1997): Retail marketing: From distribution to integration, in: International Journal of Research in Marketing, 14 (2), S. 103–124.

Neslin, S. A./Grewal, D./Leghorn, R./Shankar, V. (2006): Challenges and Opportunities in Multi-channel Customer Management, in: Journal of Service Research, 9 (2), S. 95–113.

Nicholson, M./Clarke, I./Blakemore, M. (2002): One Brand, Three Ways to Shop: Situational Variables and Multichannel Consumer Behavior, in: The International Review of Retail, Distribution and Consumer Research, 12 (2), S. 131–148.

Nunes, P. F./Cespedes, F. V. (2003): The customer has escaped, in: Harvard Business Review, 81 (11), S. 96–105.

Oberparleitner, K. (1955): Funktionen und Risiken des Warenhandels, 2. Aufl., Wien.

Picot, A. (1986): Transaktionskosten im Handel. Zur Notwendigkeit einer flexiblen Strukturentwicklung in der Distribution, in: Der Betriebsberater, 27. Jg., Beilage 13, S. 1–16.

Porter, M. E. (1999): Wettbewerbsvorteile: Spitzenleistungen erreichen und behaupten, Frankfurt am Main.

PricewaterhouseCoopers (2012): Social Media: Gewinnertrio dominiert den Markt, online unter www.pwc.de, abgerufen am: 26.04.2012

Robert/Boisen (2012): Anthon Berg – The Generous Store, online unter: http://rblm.dk/?cases=anthon-berg-the-generous-store, abgerufen am: 06.12.2012.

Rudolph, T./Emrich, O. (2009): Eine zeitgemäße Handelsdefinition, Arbeitspapier am Forschungszentrum für Handelsmanagement der Universität St. Gallen.

Rudolph, T./Emrich, O./Böttger, T. (2011): Der Schweizer Online-Handel: Internetnutzung Schweiz 2011, St. Gallen.

Rudolph, T./Emrich, O./Böttger, T./Essig, E./Metzler, T./Pfrang, T./Reisinger, M. (2013): Der Schweizer Online Handel: Internetnutzung Schweiz 2013, St. Gallen.

Rudolph, T./Emrich, O./Brunner, F. (2012): Online boomt. Die Voraussetzungen, in: io management, 6, S. 12.

Rudolph, T./Schweizer, M. (2006): Das Discount-Phänomen: eine 360-Grad-Betrachtung, Zürich.

Scharrenbroch, C. (2012): Mobile Spiele sind stark gefragt, in: Frankfurter Allgemeine Zeitung, Presseartikel vom 09.08.2012, Nr. 184, S. 15.

Schenk, H. O. (2007): Psychologie im Handel, München.

Schmeisser, D./Zingler, M./Wiegelmann, P.(2010): Mobile Commerce Insights 2010, Phaydon.

Sharifi, H./Kehoe, D. F./Hopkins, J. (2006): A classification and selection model of e-marketplaces for better alignment of supply chains, in: Journal of Enterprise Information Management, 19 (5), S. 483–503.

Sony (2013): Online Community, online unter: http://www.sony.de/wep/ViewAccessibleWep.action?url=/fnp/RENAV_CLV_CONS/de/DE/html/&type=Custom, abgerufen am: 29.05.2013.

Statista (2012): Daten & Fakten zum E-Commerce Markt, online unter: http://de.statista.com/statistik/faktenbuch/31/a/branche-industrie-markt/e-commerce-markt/e-commerce-markt, abgerufen am: 26.10.2012.

Statista (2013a): Anzahl der Neuzulassungen von Pkw in Deutschland von 2000 bis 2012 (in Millionen), online unter: http://de.statista.com/statistik/daten/studie/74433/umfrage/neuzulassungen-von-pkw-in-deutschland-seit-2000, abgerufen am: 28.03.13.

Statista (2013b): Absatz von PC- und Videogames in Deutschland nach Plattform von 2009 bis 2012 (in Millionen Stück), online unter: http://de.statista.com/statistik/daten/studie/4030/umfrage/anzahl-von-verkauften-pc--und-videospielen-in-deutschland-seit-2009-nach-plattform, abgerufen am: 30.05.2013.

Steinmann, H./Schreyögg, G. (2005): Management: Grundlagen der Unternehmensführung, 6. Aufl., Wiesbaden.

Tesco (2013): Prelimiary Results 2012/13, online unter: http://www.tescoplc.com/index.asp?pageid=17&newsid=764, abgerufen am: 22.04.2013.

U. S. Census Bureau (2001): Annual benchmark report for retail trade and food services. January 1992 to December 2000. Washington, DC.

Walmart (2013a): Locations United States at a glance, online unter: http://corporate.walmart.com/our-story/locations#/united-states, abgerufen am: 08.04.2013.

Walmart (2013b): Locations at a glance, online unter: http://corporate.walmart.com/our-story/locations#, abgerufen am: 08.04.2013.

Wingate, J. W. (1931): Manual of retail terms, New York.

Wikipedia (2013): Social Media, online unter: http://de.wikipedia.org/wiki/Social_Media, abgerufen am: 30.05.2013.

Zeit Online (2012): BMW, Porsche und VW erzielen Rekordgewinne, online unter: http://www.zeit.de/wirtschaft/unternehmen/2012-03/porsche-bmw-vw-gewinne, abgerufen am: 28.03.2013.

Zentes, J./Morschett, D./Schramm-Klein, H. (2007): Strategic Retail Management Text and International Cases, Wiesbaden.
Zerdick, A./Schrape, K./Artope, A./Goldhammer, K./Heger, D. K./Lange, U. T./Vierkant, E./Lopez-Escobar, E./Silverstone, R. (2001): Die Internet-Ökonomie: Strategien für die digitale Wirtschaft, Hrsg.: European Communication Council, 3. Aufl., Heidelberg.

Vertiefende Literatur zum Thema Handelsfunktionen
Barth, K./Hartmann, M./Schröder, H. (2007): Betriebswirtschaftslehre des Handels, 6. Aufl., Wiesbaden, S. 25–37.
Falk, B./Wolf, J. (1992): Handelsbetriebslehre, 11. Aufl., Landsberg, S. 39–51.
Oberparleitner, K. (1918): Die Funktionen des Handels, Wien.
Schenk, H.-O. (2007): Psychologie im Handel, München, S. 57 ff.

Vertiefende Literatur zum Thema Multi-Channel-Management
Heinemann, G. (2008): Multi-Channel-Handel: Erfolgsfaktoren und Best Practices, Wiesbaden.
Neslin, S. A./Grewal, D./Leghorn, R./Shankar, V. (2006): Challenges and Opportunities in Multi-channel Customer Management, in: Journal of Service Research, 9 (2), S. 95–113.
Schröder, H. (2005): Multichannel-Retailing; Marketing in Mehrkanalsystemen des Einzelhandels, Berlin.

Vertiefende Literatur zur »Methode des vernetzten Denkens«
Gomez, P./Probst, G. (2004): Die Praxis des ganzheitlichen Problemlösens, 3. Aufl., Bern.
Honegger, J. (2008): Vernetztes Denken und Handeln in der Praxis, Zürich.
Ulrich, H./Probst, G. (2001): Anleitung zum ganzheitlichen Denken und Handeln, Bern.
Ulrich, H. (2001): Systemorientiertes Management, Bern.
Vester, F. (1999): Die Kunst vernetzt zu denken, Frankfurt am Main.

2 Strategiekompetenz

> **Lernziele**
>
> **Leitfrage: Inwieweit hilft Strategiekompetenz einer Handelsunternehmung?**
>
> ▸ Wie lassen sich durch Handelsstrategien Wettbewerbsvorteile erreichen?
>
> **Leitfrage: Welche strategischen Entscheidungen sollten Handelsunternehmen treffen?**
>
> ▸ Welche generischen Geschäftsmodelle gibt es im Handel?
>
> ▸ Welche Rolle spielt das Leistungsversprechen für Handelsunternehmen?
>
> **Leitfrage: Was sind entscheidende Aspekte einer Erfolg versprechenden Handelsstrategie?**
>
> ▸ Welches Leistungsangebot soll für welchen Markt künftig bereitgestellt werden?
>
> ▸ Für welche Kunden soll welche Art von Mehrwert angeboten werden?
>
> ▸ Wie lässt sich eine Situationsanalyse für eine Handelsunternehmung durchführen?
>
> ▸ Welche Aufgabe kommt der Entwicklung einer Unternehmensvision zu?

2.1 Einleitung

Jemand, der den Handel nur vom Einkaufen her kennt, geht wahrscheinlich davon aus, dass es für Manager in erster Linie darauf ankommt, Waren billig einzukaufen und möglichst teuer wieder zu verkaufen. Mit Strategie, könnte man meinen, hat dies wenig zu tun. »Weit gefehlt«, würde Ihnen ein Handelsexperte entgegenhalten.

Sie kennen das internationale Discountunternehmen Aldi. Mit einem Jahresumsatz von mittlerweile über 40 Milliarden Euro handelt es sich um eines der erfolgreichsten Handelsunternehmen Europas. Aldi wurde im Jahre 1948 von den Brüdern Theo und Karl Albrecht in Essen gegründet. Mittlerweile betreibt das Unternehmen in 17 Ländern Discountfilialen, die neben einem permanenten Lebensmittelangebot auch zeitlich begrenzte Non-Food-Angebote wie z. B. Computer, Textilien, Rasenmäher, Matratzen und Sonnenschirme anbieten. Die Unternehmensphilosophie lässt sich mit der Aussage »konsequent einfach« zusammenfassen (Brandes 2001). Um dieser Leitidee gerecht zu werden, beschränkt sich Aldi auf ca. 1.000 bis 1.500 Artikel, ein standardisiertes Ladengestaltungskonzept, sehr effiziente Organisationsprinzipien und ein klares Bekenntnis zum Discountkonzept. Jeder Mitarbeiter im Unternehmen soll seinen Beitrag leisten, um die Preisführerschaft weiter zu verbessern. Von der Maxime der Preisführerschaft wurde in den zurückliegenden Jahren

Strategische Zielsetzung bietet Orientierung und lässt Veränderungen zu.

nicht abgewichen. Normalerweise ergänzen Händler nach der Gründungsphase ihre Sortimente um zusätzliche Produkte. Die damit verbundenen Kosten machen höhere Margen notwendig und führen zu einem höheren Preisniveau. Nicht so bei Aldi. Mit Weitsicht hüteten die beiden Gründer die Prinzipien des Discounts. Die strategische Stoßrichtung der Preisführerschaft wurde nie aus den Augen gelassen. Sie erfasst alle Wertschöpfungsstufen. Einkauf, Logistik und Verkauf tragen gleichermaßen dazu bei. Trotz der klaren strategischen Ziele gab es eine Vielzahl von Veränderungen in den vergangenen Jahren. Beispielsweise wurden neue Preislagen eingeführt: Neben dem Joghurt in der Einstiegspreislage von 20 bis 30 Cent bietet Aldi heute auch Joghurt in höheren Preislagen an. Ferner wurden die Non-Food-Sortimente wesentlich erweitert. Die strategische Zielsetzung der Preisführerschaft lieferte den Mitarbeitern Orientierung, ohne den Freiraum für Veränderungen einzuschränken. Genau darin besteht die Strategiekompetenz erfolgreicher Handelsunternehmen: Strategie vermittelt Orientierung und fordert gleichzeitig zur ständigen Erneuerung bestehender Wettbewerbsvorteile auf. Wie aber lässt sich Strategiekompetenz erreichen und welche Entscheidungen sind zu berücksichtigen?

2.2 Grundlagen

Strategie ist einer der Begriffe, die sehr oft verwendet werden, ohne sich über deren Bedeutung klar zu sein. Händler sprechen z. B. von der Betriebstypenstrategie, der Sortimentsstrategie, der Expansionsstrategie oder der Wachstumsstrategie. Welche Strategie hängt da von welcher ab, und gibt es eine übergeordnete Strategie, die mögliche Teilstrategien verbindet? Die Ausführungen machen auf ein zentrales Problem aufmerksam: Der Strategiebegriff wird im Handel zu breit und zu unspezifisch eingesetzt. Es ist daher zunächst einmal notwendig, zu klären, was wir unter Strategiekompetenz verstehen.

Erfolg versprechende Wettbewerbsposition und entsprechende Aktivitäten bestimmen

Zentrales Anliegen jeder Strategie muss es sein, **eine Erfolg versprechende Wettbewerbsposition** zu identifizieren und dafür Erfolg versprechende Aktivitäten zu bestimmen. Die Aktivitäten sollen helfen, die Wettbewerbsposition auch tatsächlich in umkämpften Märkten zu erreichen. Konkret muss Strategiekompetenz der Handelsorganisation helfen,
▸ den **Markt zu lokalisieren**, der im Mittelpunkt aller Handelsaktivitäten stehen soll,
▸ den **Wettbewerbsvorteil für die Zukunft zu bestimmen** und in Form von Aktivitäten zu konkretisieren.

Strategiekompetenz erschöpft sich nicht nur darin, die Chance für einen Wettbewerbsvorteil zu lokalisieren. Wer als Fotohändler das große Beratungspotenzial beim Fotoapparatekauf erkennt, hat damit noch keinen Gewinn erzielt. Ohne eine marktfähige Beratungslösung, die wirtschaftliche Erfolge beschert, kann der Fotohändler dieses Potenzial nicht erschließen. Gemessen an den vielen Konkursen und Geschäftsaufgaben im klassischen Fotofachhandel scheint dies ein schwieriges Unterfangen.

Welche Aktivitäten helfen, ein fachkompetentes und dennoch effizientes Leistungsangebot zu realisieren?

Strategiekompetenz basiert auf strategischen und taktischen Entscheidungen. **Strategische Entscheidungen** betreffen die Stellung von Unternehmen im Wettbewerbsumfeld. Hier überwiegt die Umweltperspektive (auch Outside-in-Perspektive genannt). Der Aufbau langfristiger Wettbewerbsvorteile in umkämpften Märkten steht im Vordergrund. **Taktische Entscheidungen** hängen von den strategischen Entscheidungen unmittelbar ab, folgen der unternehmensinternen Perspektive (auch Inside-out-Perspektive genannt), sind eher kurzfristiger Natur und befassen sich mit gut strukturierten Herausforderungen, wie z. B. dem Ziel, die Kundenfrequenz um 10 Prozent durch geeignete Werbemaßnahmen zu erhöhen. Strategische Ziele müssen demzufolge von allen Mitarbeitern umgesetzt werden. Die Geschäftsführung wählt Projekte zum Aufbau von Wettbewerbsvorteilen aus, welche von Mitarbeitern aus der Werbeabteilung kreativ umgesetzt werden. Die Strategie übernimmt folglich sowohl eine Koordinationsfunktion für alle Mitarbeiter als auch eine Fokussierungsfunktion, was die einzusetzenden Ressourcen anbelangt.

Strategische und taktische Entscheidungen als Grundlage der Strategiekompetenz

Abbildung 2-1 beschreibt drei Planungsebenen beim Aufbau von Strategiekompetenz und deutet die Zusammenhänge der jeweiligen Entscheidungen an. Die **Grundsatzstrategie** legt die strategische Stoßrichtung fest. Sie erklärt, wie Kunden langfristig an das Unternehmen gebunden werden können. Die Grundüberzeugung manifestiert sich in einer Vision, die in einem klar verständlichen Leistungsverspre-

Grundsatzstrategie legt die strategische Stoßrichtung fest.

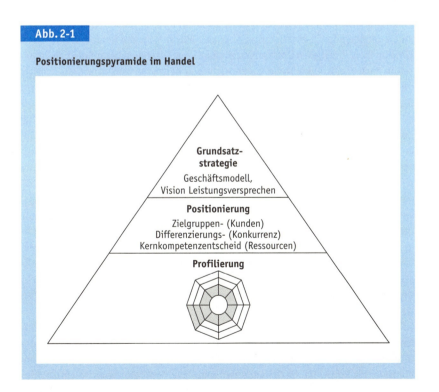

Abb. 2-1 Positionierungspyramide im Handel

2.2 Strategiekompetenz
Grundlagen

chen zum Ausdruck kommt. Bei Aldi lässt sich diese mit »Produktqualität zu tiefsten Preisen« umschreiben. Hayes spricht in diesem Zusammenhang von der so wichtigen Orientierungsfunktion (Hayes 1985). Es geht auf dieser Planungsebene nicht darum, den künftigen Weg des Unternehmens im Sinne einer detaillierten Wegbeschreibung (road map) vorzugeben, sondern lediglich um eine Richtungsvorgabe. Hayes begründet diesen Ratschlag mit dem äußerst dynamischen Wettbewerbsumfeld. Die Grundsatzstrategie darf kein zu enges Korsett vorgeben, die dem Mitarbeiter jeglichen Handlungsfreiraum nimmt.

Positionierung des Unternehmens: Zielgruppen, Wettbewerbsvorteil und Kernkompetenzen

Auf der zweiten Planungsebene geht es um die **Positionierung des Unternehmens**. Damit sind drei Entscheidungen angesprochen:
- erstens die Frage nach der oder den Zielgruppe(n),
- zweitens die Frage nach dem Wettbewerbsvorteil (Differenzierungsentscheidung) und
- drittens – in Abstimmung dazu – die Frage nach den Kernkompetenzen, welche notwendig sind, um die anvisierte Wettbewerbsposition zu erreichen.

Die Zielgruppe von Aldi sind Preis-Leistungs-orientierte Kunden. Demographische Kennzahlen wie Einkommen oder Bildung helfen zur genaueren Beschreibung der Zielgruppe wenig, da mittlerweile alle sozialen Schichten bei Aldi kaufen. Daher konzentriert sich der Discountkönig auf dieses **Einkaufsmotiv** zur Beschreibung seiner Zielgruppe und erreicht damit in Deutschland mittlerweile über 80 Prozent der Bevölkerung, die angeben, bei Aldi einzukaufen. Der Wettbewerbsvorteil besteht folglich nicht in einer erlebnisorientierten Einkaufsatmosphäre, einem besonders guten Service oder in einer großen Auswahl. Aldi schlägt die Konkurrenz in erster Linie im Preis. Um diesen Unterschied zu realisieren, bestehen besondere Kompetenzen in Sachen Kostenkontrolle. Einen wichtigen Beitrag hierfür liefert das Controlling, die Kontrolle des Sortimentsumfangs, die Abschätzung der Abverkaufsmengen für Aktionsware und insbesondere kostenbewusst agierende Mitarbeiter. Der Preis bildet das Fundament für nachhaltige Wettbewerbsvorteile. Mittlerweile lockt Aldi Kunden zusätzlich mit orientierungsfreundlichen Verkaufsstellen, teilweise sehr guten Produktqualitäten (ausgezeichnet von der Stiftung Warentest) und wöchentlichen Sortimentsüberraschungen in den Non-Food-Sortimenten.

Profilierungsmaßnahmen zur Erreichung der Profilierungsziele

Auf der **Profilierungsebene** sind Manager aufgefordert, Profilierungsmaßnahmen zu entwickeln, welche dazu beitragen, die zuvor festgelegten Positionierungsziele zu erreichen. Es geht um die Bestimmung von Profilierungsmaßnahmen, die dem Endkonsumenten die angestrebte Wettbewerbspositionierung nahe bringen sollen. Für Aldi bedeutet dies eine Preispolitik, die insbesondere in den Eingangspreislagen konkurrenzlos günstig ist. Kundeninteresse weckt Aldi mit seinen wöchentlichen Aktionen, die via E-Mail, Flugblatt oder Anzeige dem Kunden bekannt gemacht werden. Neben dem Preis verhelfen keine anderen Profilierungsinstrumente Aldi zu Wettbewerbsvorteilen.

Die Entscheidung über die Grundsatzstrategie entspricht der Wahl eines Geschäftsmodells.

Abbildung 2-1 verdeutlicht die Notwendigkeit strategischer Vorgaben zum Aufbau eines Erfolg versprechenden Profils. Insbesondere die Leuchtturmfunktion der Grundsatzstrategie bzw. des Geschäftsmodells garantiert Handelsunternehmen ein konsistentes Profil. Da die Grundsatzstrategie alle Funktionsbereiche entlang der

Wertschöpfungskette eines Handelsunternehmens erfasst, sprechen wir auch von der **Wahl eines Geschäftsmodells**. Würde das Geschäftsmodell sich ständig ändern, könnte in der Kundenwahrnehmung kein nachhaltiges Profil entstehen. Aus diesem Grund kommt der strategischen Kompetenz eine hohe Bedeutung im Handel zu, an der fortlaufend gearbeitet werden muss. Die nachfolgenden Handlungshinweise zeigen, wie Strategiekompetenz systematisch in Handelsorganisationen aufgebaut und verbessert werden kann. Auf die Profilierungsebene gehen wir in diesem Kapitel nur kurz ein.

2.3 Handlungswissen

Im Mittelpunkt dieses Kapitels steht der Strategieentwicklungsprozess für das Handelsmanagement. Der Prozess wird als Stufenkonzept dargestellt, welches alle wichtigen Entwicklungsschritte einbezieht. Zur Illustration der einzelnen Entwicklungsschritte dient der regional tätige Möbelhändler Orientum. Orientum sieht sich gezwungen, seine Strategiekompetenz zu verbessern. Dazu bedient sich Orientum des vorgeschlagenen Stufenkonzepts aus Abbildung 2-2. Diese Abbildung beschreibt eine idealtypische Vorgehensweise der Strategieentwicklung. In bestimmten Situationen, wie z. B. der jährlichen Strategieanpassung, ist es möglich, einzelne Stufen zu überspringen. Auch kann die Reihenfolge einzelner Strategiestufen durchaus vom Ideal abweichen.

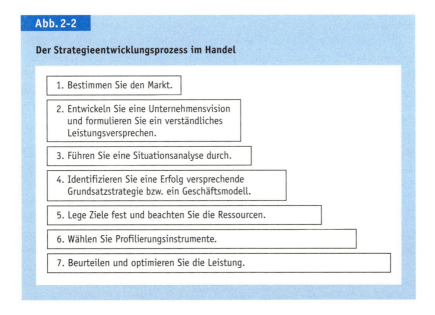

Abb. 2-2

Der Strategieentwicklungsprozess im Handel

1. Bestimmen Sie den Markt.
2. Entwickeln Sie eine Unternehmensvision und formulieren Sie ein verständliches Leistungsversprechen.
3. Führen Sie eine Situationsanalyse durch.
4. Identifizieren Sie eine Erfolg versprechende Grundsatzstrategie bzw. ein Geschäftsmodell.
5. Lege Ziele fest und beachten Sie die Ressourcen.
6. Wählen Sie Profilierungsinstrumente.
7. Beurteilen und optimieren Sie die Leistung.

2.3.1 Bestimmen Sie den Markt

Handelsunternehmen sollten sich in diesem ersten Schritt Klarheit über den zu bearbeitenden Markt verschaffen. Drei Fragen stehen dabei im Vordergrund:
- Was ist unser Markt und wie groß fällt dieser aus?
- Welches Leistungsangebot soll für welchen Markt künftig bereitgestellt werden?
- Wer sind unsere Kunden und welchen Mehrwert bieten wir an?

Was ist unser Markt und wie groß fällt dieser aus?

Definition des Marktes und der Marktgröße

Die Definition des Marktes ist eine wichtige Aufgabe. Teilweise wird der Markt zu eng definiert. Theodor Levitt erkennt in der zu eingeschränkten Marktdefinition amerikanischer Eisenbahngesellschaften den Grund für die vielen Konkurse in dieser einstmals florierenden Branche. Allesamt definierten ihr »Business« als den Transport von Menschen auf der Schiene. Hätten die Eisenbahnbarone der Jahrhundertwende den Transport von Menschen als ihren Markt definiert, dann hätten sie wahrscheinlich ihre Gewinne genutzt, um im Straßen- und später im Luftverkehr die neuen Potenziale zu erschließen (Levitt 1960). Aber auch eine zu weite Definition bringt Probleme mit sich. Warenhäuser, die »Alles unter einem Dach« anbieten, können diesem Grundsatz aufgrund der Angebotsexplosion auf ihren limitierten Verkaufsflächen schon lange nicht mehr Rechnung tragen. Spezialisten wie z. B. Fachmärkte treten in den einzelnen Sortimentsbereichen wesentlich kompetenter auf. Im definierten Markt muss es gelingen, einen langfristigen Wettbewerbsvorteil aufzubauen. Beispielsweise agiert Breuninger, ein ehemals klassischer Warenhausanbieter aus Süddeutschland, heute als Fashion- und Lifestyleanbieter. Die Spezialisierung auf modische Textilsortimente hat das Profil von Breuninger maßgeblich verbessert.

Orientum definiert seinen Markt als »gehobenes Wohnen für Vielbeschäftigte«. Dieser Markt lässt sich mit drei Schlüsselgrößen näher beschreiben: dem Marktpotenzial, dem Marktvolumen und dem Marktanteil (siehe Tabelle 2.1). Die Analyse deutet für Orientum auf ein großes Wachstumspotenzial hin. Erstens gelingt es den heutigen Anbietern bei weitem nicht, das Marktpotenzial auszuschöpfen. Zweitens konnte Orientum bisher lediglich einen Marktanteil von 10 Prozent beanspruchen.

Welches Leistungsangebot soll für welchen Markt künftig bereitgestellt werden?

Betriebstypenentwicklung, Marktexpansion, Diversifikation oder Marktpenetration?

Diese Frage fordert das Management auf, unterschiedliche Möglichkeiten der Ertragssteigerung zu prüfen. Orientum könnte beispielsweise versuchen, das Internet als neuen Vertriebskanal für das modulare Schreibtischprogramm »link-me« zu nutzen (Betriebstypentwicklung). Die vielbeschäftigten Kunden erhalten dadurch die Chance, sich über das Internet besser zu informieren und direkt zu bestellen. Auch bestünde die kostengünstige Möglichkeit, in das benachbarte Ausland zu expandieren (Marktexpansion) oder hochwertige Gartenmöbel für betuchte Rentner zu fertigen (Diversifikation). Orientum entscheidet sich nach reiflicher Überlegung für die Marktpenetration. Dafür sprechen einerseits das große Wachstumspotenzial im definierten Markt und andererseits das geringe unternehmerische Risiko. Für alle anderen Varianten müsste Orientum erheblich mehr investieren, um das notwendige

Tab. 2-1

Schlüsselkennzahlen der Marktanalyse

Begriffserklärung	Ergebnisse der Marktabklärungen für Orientum
Das Marktpotenzial ist die Gesamtheit aller Absatzmengen für ein bestimmtes Produkt oder eine Produktkategorie (höchstmögliche Marktnachfrage) in Stückzahlen.	Orientum spezialisiert sich auf Schreibtische und Bücherregale für Vielbeschäftigte mit höherem Einkommen. Marktabklärungen haben ergeben, dass sich jährlich ca. 70.000 Regale und 50.000 Schreibtische an diese Zielgruppe absetzen lassen.
Das Marktvolumen repräsentiert die Gesamtheit aller realisierten Absatzmengen eines Marktes in Geldeinheiten.	Tatsächlich ergaben die Marktabklärungen ein Marktvolumen von 30.000 Regalen zu durchschnittlich 400 sFr. und 20.000 Schreibtischen zu 500 sFr. Das Marktvolumen betrug somit 12 Mio. sFr. für die Regale und 10 Mio. sFr. für die Schreibtische.
Das Absatzvolumen ist die Gesamtheit der Absatzmenge bzw. der Absatzerlöse eines Unternehmens auf einem bestimmten Markt.	Orientum setzte im vergangenen Jahr 1.000 Regale zu durchschnittlich 1.000 sFr. und 1.000 Schreibtische zu ebenfalls durchschnittlich 1.000 sFr. ab. Das Absatzvolumen betrug somit für beide Sortimentsbereiche jeweils 1 Mio. sFr.
Der Marktanteil stellt das Absatzvolumen eines Unternehmens für einen bestimmten Markt im Verhältnis zum Marktvolumen dar.	Das Absatzvolumen entspricht somit einem Marktanteil im Bereich Regale von 8,3 % und für Schreibtische 10 %.

Quelle: In Anlehnung an Becker (2001), S. 393 ff.

Know-how aufzubauen. Das Internet soll künftig verstärkt zur Verkaufsunterstützung dienen und dem Kunden Orientierung in der Vorkaufsphase bieten. Kunden können in der Zukunft auf der Website von Orientum alle Produkte interaktiv ausprobieren und bestaunen und bestellen. Trotzdem setzt das Unternehmen weiterhin auf stationäre Verkaufsstellen. »Letztlich will der Kunde das Produkt fühlen, riechen und in Realität sehen«, davon ist der Orientum-Gründer überzeugt.

Wer sind unsere Kunden und welchen Mehrwert bieten wir an?

Orientum sieht gute Marktchancen bei vielbeschäftigten Kunden mit gehobenen Ansprüchen. Eine qualitative Marktforschung machte auf das Kernmotiv aufmerksam, nämlich eine umfassende Problemlösung für Orientum-Kunden. Dieser Zielgruppe fehlt Zeit und Lust, sich umfassend bei verschiedenen Anbietern zu informieren. Gesucht wird eine Komplettlösung: von der Heimberatung bis hin zu einem schnellen und unkomplizierten Reparaturservice. Dieser Zielgruppe will sich Orientum stärker annehmen und im Vergleich zur Konkurrenz einen echten Mehrwert schaffen. Zur Kundensegmentierung bieten sich unterschiedliche Verfahren an (vgl. Kapitel 3 zur Kundenkompetenz).

Zielgruppenspezifischen Mehrwert schaffen

2.3.2 Entwickeln Sie eine Unternehmensvision und formulieren Sie ein verständliches Leistungsversprechen

Die Unternehmensvision vermittelt Orientierung und Halt für alle Akteure.

Unternehmen ohne Vision treiben wie Boote ohne Navigationssystem in einer vom Wettbewerb aufgepeitschten See umher. Der Zufall bestimmt dann den Kurs der Boote, was schnell zum Problem werden kann. Nur mit einer klaren Kursvorgabe ist es möglich, Untiefen zu meiden und bestimmte Ziele (sichere Häfen) fristgerecht zu erreichen. Visionen sind der Kompass für Handelsmanager »auf stürmischer See«. Die Kursbestimmung hilft nicht nur dem Management, auch Mitarbeiter und Kunden suchen Orientierung. Kunden fragen nach dem Mehrwert des Leistungsangebotes, um auswählen zu können. Mitarbeiter erwarten eine motivierende Kursbestimmung von der »Kommandobrücke«. Gerade in Zeiten schwieriger wirtschaftlicher Rahmenbedingungen braucht es Sinn stiftende und nachhaltige Visionen, die allen Akteuren Halt geben. Orientum hat den Firmennamen zur Vision gemacht. Das Unternehmen versucht den Zielkunden Orientierung beim Möbelkauf zu vermitteln. Das soll durch ein einzigartiges Möbeldesign, eine hochkompetente Wohnberatung für gehobene Ansprüche sowie ein modulares Sortimentskonzept für individuelle Lösungen gelingen. Dementsprechend lautet das verständliche Leistungsversprechen: Orientum bietet einzigartiges Design, individuelle Produkte und die beste Wohnberatung für gehobene Ansprüche.

2.3.3 Führen Sie eine Situationsanalyse durch

Situationsanalyse: Stärken- und Schwächenanalyse, Chancen- und Gefahrenanalyse

Die Situationsanalyse setzt sich aus einer Stärken- und Schwächenanalyse und einer Chancen- und Gefahrenanalyse zusammen. Während sich die Stärken- und Schwächenanalyse mit den unternehmenseigenen Stärken und Schwächen beschäftigt, konzentriert sich die Chancen- und Gefahrenanalyse auf den Einfluss der Umwelt. Abbildung 2-3 dient als Checkliste für die Durchführung einer Situationsanalyse. Um das Datenmaterial zusammenzutragen, bieten sich unterschiedliche Verfahren an. Sekundärerhebungen aus vorhandenen Datenbanken liefern in der Regel wertvolle Hinweise, die gegebenenfalls mit Primärerhebungen zu ergänzen sind. Primärerhebungen bieten sich insbesondere zur Messung der Kundenzufriedenheit im Rahmen von Kundenbefragungen an.

Orientum blickt nach der Situationsanalyse mit Zuversicht in die Zukunft. Nach Informationen des Bundesamtes für Statistik kann trotz wirtschaftlicher Stagnation von einer steigenden Nachfrage ausgegangen werden. Der Anteil gut verdienender Singles mit gehobenen Ansprüchen nimmt zu. Die soziokulturelle Entwicklung kommt den geschäftlichen Zielen des Unternehmens entgegen. Positiv sind auch die Ergebnisse aus der Wettbewerbsanalyse. Kein anderer Anbieter kann ein derart spezialisiertes Angebot für Schreibtische und Regale anbieten. Einziger Wermutstropfen sind die nicht allzu guten Filialstandorte. In der Aufbauphase von Orientum musste man auf I a-Lagen in größeren Städten verzichten. Die Ergebnisse der Kundenbefragung machten deutlich, dass diese Entscheidung überdacht werden muss. Zwar besteht eine

Abb. 2-3

Situationsanalyse

Marktentwicklung ▸ Branchenkonjunktur ▸ Saisonalitäten	**Wettbewerb** ▸ Markteintrittsbarrieren ▸ Verhandlungsmacht ▸ Wettbewerbsintensität ▸ Gefahr neuer Distributionskanäle ▸ Nachfragemacht der Kunden
Stärken und Schwächen des Unternehmens ▸ Managementfähigkeiten ▸ Finanzielle Ressourcen ▸ Prozesse/Systeme Information, Logistik, Einkauf, Warenwirtschaft etc. ▸ Sortimentskompetenz Beziehung zu Lieferanten, Eigenmarken, Werbebudget, Produktentwicklung etc. ▸ Filialkompetenz Management, Mitarbeiterzufriedenheit und Know-how ▸ Standorte ▸ Kundenzufriedenheit	**Umwelt** ▸ Gesamtwirtschaftliche Entwicklung Bruttoinlandsprodukt, Einkommenselastizitäten, Handelshemmnisse etc. ▸ Technologische Entwicklung Verfahrens-, Material- und Produktinnovationen ▸ Physische Entwicklung Klima, Geographie und Infrastruktur ▸ Politisch-rechtliche Entwicklung ▸ Soziokulturelle Entwicklung Demographische Entwicklung, gesellschaftliche Werte, Sozial- und Gesellschaftsstruktur

Quelle: In Anlehnung an Nieschlag/Dichtl/Hörschgen (2002); Porter (1998); Levy/Weitz (2008).

hohe Zufriedenheit mit den Produkten, dem Verkaufspersonal und dem Lieferservice, jedoch wünschen die Kunden besser zu erreichende Standorte.

2.3.4 Identifizieren Sie eine Erfolg versprechende Grundsatzstrategie bzw. ein Geschäftsmodell

Mit zunehmender Wettbewerbsverschärfung muss es Unternehmen gelingen, ihren Wettbewerbsvorteil gegenüber der Konkurrenz klar zu kommunizieren und die damit geweckten Erwartungen zu übertreffen. Was sind aber die Quellen relevanter Wettbewerbsvorteile? In einem Forschungsprojekt sind wir dieser Frage nachgegangen und konnten drei unterschiedliche Quellen von Wettbewerbsvorteilen identifizieren. Das sind

▸ erstens außergewöhnliche Produkte,
▸ zweitens niedrige Preise und
▸ drittens sehr gute Service- und Dienstleistungen.

Wettbewerbsvorteile sind außergewöhnliche Produkte, niedrige Preise und sehr gute Dienstleistungen.

Eine weitere interessante Entdeckung besteht in der Beobachtung, dass Unternehmen heute oft nur mit einem Wettbewerbsvorteil auffallen bzw. sich von den Wettbewerbern abheben. Douglas-Parfümerien z. B. bieten die gleichen Markenparfüms wie

2.3 Strategiekompetenz
Handlungswissen

Konzentration auf einen Wettbewerbsvorteil

andere Wettbewerber in ihren Verkaufsstellen an. Auch die Preise sind vergleichbar. Lediglich das Ambiente und der Service heben sich ab; aus Kundensicht aber so stark, dass Douglas heute in einigen Märkten einen Marktanteil von knapp 40 Prozent erreicht. Die Konzentration auf einen Wettbewerbsvorteil lohnt sich.

In mehreren Fallstudien sind wir zu dem Schluss gekommen, dass erfolgreiches Handelsmanagement mit der Fähigkeit zusammenhängt, die finanziellen und wissensbasierten Ressourcen fokussiert einzusetzen (Rudolph/Look/Kleinschrodt 2008; Sohl 2011). Kräftekonzentration statt Verzettelung lautet die daraus abgeleitete Maxime. Vor diesem Hintergrund empfehlen wir die Konzentration auf einen der drei vorgestellten Wettbewerbsvorteile. Das damit verbundene Kundenversprechen muss konsequent und mit vollem Einsatz über alle Funktionsbereiche im Unternehmen umgesetzt werden. Der Begriff Geschäftsmodell bringt die Intention der ganzheitlichen Vorgehensweise zum Ausdruck. Abbildung 2-4 beschreibt die drei identifizierten Grundtypen Erfolg versprechender Geschäftsmodelle am Beispiel des Lebensmittelhandels.

Aldi ist ein klassischer »Gobal Discounter« und verspricht »hohe Qualität zu dauerhaft günstigen Preisen«. Um dieses Versprechen zu erfüllen, führt Aldi nur 1000 bis 1500 Artikel, multipliziert ein standardisiertes Ladenkonzept und funktioniert nach effizienten Organisationsprinzipien. Alle Wertschöpfungsstufen sind konsequent auf das Ziel der Preisführerschaft ausgerichtet. Aldi präsentiert Produkte auf Paletten, verzichtet auf teure Logistiksysteme und setzt auf standardisierte Management-Systeme (Rudolph/Look/Kleinschrodt 2008). Tesco versucht sich hingegen als »Content Retailer« über innovative Produkte und Services abzugrenzen. Die englische Super-

Abb. 2-4
Erfolg versprechende Geschäftsmodelle im Handel

	Geschäftsmodell		
	Global Discounter (Beispiel Aldi)	Content Retailer (Beispiel Tesco)	Channel Retailer (Beispiel Wal-Mart)
Unternehmenskultur	»Kosten minimieren«	»Produktinnovationen fördern«	»Kundenlösung suchen«
Nutzenstrategie	Kostenführer	Produktführerschaft	Kundenpartnerschaft
Operative Kernprozesse	Optimierte Einkaufs-, Logistik- und Verkaufsprozesse	Marktforschung, Produktentwicklung, »Kult-Kommunikation«	Beziehungspflege Industrie, Sortiment, Service- und Dienstleistung
Geschäftsstruktur	Standardisierte und vereinfachte Abläufe	Flexible, dezentrale und agile Netzwerkstruktur	Hohe Entscheidungsbefugnis der Mitarbeiter
Managementsysteme	Zuverlässige, schnelle Transaktionen nach vorgegebenen Leistungsmaßstäben	Aufbau und Pflege von einzigartigen Sortimentsangeboten	Leistungsmix auf Kundenbedürfnisse ausrichten
Markteintritt	Organisches Wachstum	Organisches Wachstum	Fusion/Akquisition

Quelle: Rudolph (2000), S. 28

marktkette führt verschiedene Ladenkonzepte von kleinen Convenience-Läden in Bahnhöfen bis hin zu Superstores mit etwa 30.000 Artikeln (Lebensmittelzeitung 2008). Um sich über das Sortiment von der Konkurrenz abzuheben, wurde schon 1924 die erste Eigenmarke eingeführt. Heute erzielt Tesco 50 Prozent des Umsatzes mit Eigenmarken (LZNet 2012). Überzeugende Eigenmarken basieren auf einer sorgfältigen Marktforschung, sowie der partnerschaftlichen Produktentwicklung mit Industrieunternehmen. Die Geschäftsstruktur muss auf Konsumtrends flexibel reagieren. Tesco bemüht sich seit Jahrzehnten, einzigartige Sortimente für Convenience-Produkte zu entwickeln. Immer mehr Kunden suchen vorgekochte Speisen. Auch die Mikrowelle spielt in der englischen Küche keine große Rolle. Es fehlt die Zeit zum Einkaufen und Kochen. Dementsprechend groß fällt die Serviceorientierung von Tesco aus. In Südkorea eröffnete Tesco bspw. virtuelle Supermärkte. Kunden kaufen dort in U-Bahn-Stationen per Smartphone ein. Mit dem Handy lesen Sie einfach von Produktpostern den Barcode ein (vgl. Wired 2011).

Wal-Mart kann mit mehr als 50.000 Artikeln in discountgeprägten Märkten wie Deutschland nicht die Preisführerschaft beanspruchen. Dafür fallen die Kapitalbindungskosten, die Lagerhaltungskosten und die Handling-Kosten zu hoch aus. Das Unternehmen bietet insbesondere im Heimmarkt Amerika einen ausgezeichneten Kundenservice und eine sehr breite Sortimentsauswahl. Dazu tragen das Begrüßungspersonal am Eingang, die Personalverhaltensgrundsätze und die Motivationsprogramme für »Associates« (Mitarbeiter) bei. Die Beziehung zu den Produzenten lässt sich als freundschaftlich bezeichnen, weil diese die Innovationskraft von Wal-Mart produktbezogen sichern. Eigenmarken spielen eine untergeordnete Rolle; der Markenartikel ist der wahre König im Sortiment von Wal-Mart.

Orientum entscheidet sich für das Geschäftsmodell des Content Retailers. Der Wettbewerbsvorteil liegt in der vertikalen Integration von Produktion und Handel. Orientum war ursprünglich ein Handwerksbetrieb. Die einzigartigen Produkte sind schwer kopierbar und erfreuen sich einer hohen Beliebtheit. Ständig muss es gelingen, in Design und Funktionalität innovative Verbesserungen zu erreichen. Im »Orientum-Lab« stehen Produktentwickler und Kunden im engen Meinungsaustausch. Schnelle Entwicklungsprozesse gelingen in einer flexiblen und überschaubaren Organisation. Das Management-Informationssystem spiegelt die Kundenzufriedenheit kontinuierlich ins Unternehmen. Das direkte Kundenfeedback zur Produktattraktivität hilft, neue Trends frühzeitig zu erkennen und Fehler rasch zu korrigieren. In Sachen Preis schneidet Orientum weniger gut, aber immerhin zufriedenstellend ab. Der Verkauf ist eine Stärke, die durch das Internet weiter ausgebaut werden soll.

2.3.5 Legen Sie Ziele fest und beachten Sie die Ressourcen

Strategische Absichten müssen sich in Form von Zielen verdichten. Gerade im Handel, wo die Kurzfristigkeit im Denken und Handeln besonders stark ausgeprägt ist, benötigt man klare Zielvorgaben. Ziele vermitteln den Mitarbeitern Anhaltspunkte, wohin die »Reise« führen soll. Der Vergleich mit einer Seereise, welche durch seich-

Messgrößen vorgeben, Meilensteine definieren und notwendige Investitionen bestimmen

tes Gewässer führt, soll die Funktion von Zielen verdeutlichen. Für den Kapitän und seine Mannschaft ist es überlebensnotwendig, Untiefen frühzeitig zu erkennen. Gelingt das nicht, so droht die Gefahr, auf Grund zu laufen. Orientierung vermitteln in der Seefahrt sogenannte »Tonnen«, die das Fahrwasser markieren. Dieses Beispiel verdeutlicht die Funktion von Zielen im Strategieentwicklungsprozess. Im übertragenen Sinne handelt es sich um »Fahrwassertonnen«, an denen wir den Fortschritt unserer Reise messen. Für die Zielformulierung spielen drei Kriterien eine wichtige Rolle. Erstens gilt es, eine **Messgröße** vorzugeben, mit der das Unternehmen den Zielfortschritt misst. Das können der Umsatz, der Gewinn, aber auch die Anzahl neuer Kunden sein. Zweitens sind **Meilensteine** zu definieren, bis wann welches Teilziel erreicht werden soll. Drittens bleibt zu klären, welche **Investition** zu tätigen ist, um die formulierten Meilensteine zu erreichen. Diese allgemein gültigen Kriterien für die Ableitung von Zielen lassen sich weiter konkretisieren. Dazu betrachten wir nochmals die Positionierungsebene von Abbildung 2-1. Dort stehen drei Entscheidungen im Mittelpunkt der Betrachtung. Es sind dies die Festlegung der Zielgruppe, die Fokussierung auf einen Wettbewerbsvorteil sowie die Bestimmung von Kernkompetenzen.

Orientum hat sich im Hinblick auf diese drei Entscheidungstatbestände die folgenden Ziele gesetzt: Der Möbelhändler will in den kommenden drei Jahren den Umsatz von 5 auf 10 Millionen Euro verdoppeln und dabei jährlich einen Cashflow von mindestens 8 Prozent erreichen. Dieses Umsatzwachstum soll in erster Linie über qualitätsorientierte und servicebewusste Kunden mit gehobenem Einkommen gelingen. Um diese Ziele zu erreichen, müssen zwei neue Verkaufsstellen angemietet werden, wozu ca. 2 Millionen Euro aus einer privaten Wandelanleihe investiert werden sollen.

2.3.6 Wählen Sie Profilierungsinstrumente

Profilierungsinstrumente bündeln das kreative Potenzial des Unternehmens.

Nachdem Zielklarheit besteht, geht es im nächsten Schritt der Strategieformulierung darum, Profilierungsinstrumente zu bestimmen. Damit nähern wir uns langsam aber sicher der operativen Planung von Profilierungsmaßnahmen (vgl. hierzu die Profilierungsebene in Abbildung 2.1). Bevor wir aber Profilierungsmaßnahmen auf der operativen Planungsebene suchen, müssen wir die zentralen Profilierungsinstrumente festlegen. Die Auswahl ist notwendig, um das kreative Potenzial im Unternehmen zu bündeln und einer Zersplitterung der Kräfte vorzubeugen. Insgesamt stehen acht Profilierungsinstrumente zur Auswahl, die in Kapitel 4.2.3 (Die Instrumente und Aufgaben im Verkauf) beschrieben werden. Orientum wählt nach intensiver Diskussion die Instrumente Sortiment und unpersönliche Dienstleistungen als die zentralen Profilierungsinstrumente aus.

Die Entscheidung war schwierig. Zwei Lager bildeten sich in einer hitzig geführten Grundsatzdebatte. Die erste Gruppe, angeführt vom heutigen Geschäftsführer, plädierte für die geschilderte Lösung. Nach Überzeugung dieser Gruppe muss es Orientum sowohl im Service als auch in den Sortimenten gelingen, eine Ausnahmestellung zu erreichen. Der Einkaufschef sowie der Produktionsleiter plädierten hingegen für die 100 %ige Produkt- bzw. Sortimentsfokussierung. Erhebliche Investitionen seien notwendig, um den Maschinenpark zu modernisieren, wofür zu wenig Geld zur Verfügung stehe, wenn der Service weiter ausgebaut werden solle. Letztlich kam es zu dem Kompromiss, beide Instrumente zu forcieren, da derzeit kein Konkurrent Orientum gefährlich werden könnte. Im Falle einer Wettbewerbsverschärfung müsse aber die Entscheidung überdacht werden, so der Geschäftsführer.

2.3.7 Beurteilen und optimieren Sie die Leistung

Mit diesem Schritt sind wir auf der operativen Ebene angelangt, die nicht mehr im Mittelpunkt der Strategieentwicklung steht. Aus diesem Grunde soll nur kurz das weitere Vorgehen beschrieben werden, ohne konkrete Handlungstools zu vermitteln. Letztere finden Sie in Kapitel 4 zur Verkaufskompetenz.

- ▸ Profilierungsmaßnahmen suchen
  Mithilfe des Zonenmodells der Profilierung (siehe Kapitel 4 Verkaufskompetenz) bestimmt Orientum die künftigen Profilierungsmaßnahmen. Für diesen Schritt spielt die analytische Kompetenz eine untergeordnete Rolle; jetzt ist Kreativität gefragt. Das Management kam für die Profilierungsinstrumente unpersönliche Dienstleistung (UPD) und Personal (PE) auf folgende Profilierungsmaßnahmen:
  – Raumplanung über das Internet, (UPD)
  – Bestückung der virtuellen Räume mit Orientum-Möbeln, (UPD)
  – Beratung auf Termin, (PE)
  – Bezahlung mit Kreditkarte (UPD)
- ▸ Kosten-Nutzen-Analyse durchführen
  Welche Kosten zieht eine Profilierungsmaßnahme nach sich und welcher Nutzen ist damit verbunden? Die Kosten-Nutzen-Analyse bei Orientum zeigt, dass sich alle ausgewählten Profilierungsmaßnahmen realisieren lassen.
- ▸ Infrastruktur anpassen
  Orientum erkennt die Notwendigkeit, die Personaleinsatzpläne grundsätzlich zu überdenken. Viele Zielkunden würden gerne nach 20 Uhr vorbeischauen. Zu diesem Zeitpunkt sind die Geschäfte aber geschlossen. Die Mitarbeiter entwickeln einen neuen Personaleinsatzplan, um auch nach 20 Uhr Zielkunden beraten zu können.
- ▸ Konzept implementieren
  Nach dem letzten Feintuning muss es gelingen, das Konzept so umzusetzen, dass Orientum eine hohe Konzeptstringenz erreicht und die Reibungsverluste gering ausfallen. Die Geschäftsleitung entschließt sich daher für eine Lernfiliale, die nach dem neuen Konzept funktionieren soll und in der alle Mitarbeiter – vom Geschäftsführer bis zur Putzfrau – ein Lernpraktikum absolvieren müssen.

Überblick über die operativen Maßnahmen

2.4 Fallstudie: IKEA

IKEA ist das »unmögliche Möbelhaus« aus Schweden. Diese Bezeichnung resultiert aus dem außergewöhnlichen Marktauftritt. Was ist die Erfolgsformel dieses Möbelhauses? Warum strömen die Menschen seit rund 60 Jahren ungebrochen in immer mehr IKEA-Läden auf fast allen Kontinenten dieser Erde? Bevor wir uns dieser Frage näher zuwenden, lohnt ein Blick auf die Unternehmensgeschichte IKEAs:

Die Entwicklung von IKEA

- **1943** – Ingvar Kamprad ist 17 Jahre alt, als er sein eigenes Unternehmen mit dem Namen IKEA gründet. Der Name enthält seine Initialen (I. K.) sowie den Hof und das kleine Dorf in dem er aufwuchs, Elmtaryd und Agunnaryd. IKEA verkauft anfangs Kugelschreiber, Geldbörsen, Bilderrahmen, Uhren, Schmuck und Nylonstrümpfe zu reduzierten Preisen.
- **1953** – Die erste dauerhafte Möbelausstellung eröffnet in Älmhult und konzentriert sich in den frühen 1950er-Jahren auf Heimeinrichtungsgegenstände. Mithilfe der ständigen Ausstellung kann IKEA die Funktion, die Qualität und den niedrigen Preis seiner Produkte den Kunden unmittelbar vor Augen führen.
- **1955** – IKEA entwirft eigene Möbel. Dies war eine Notwendigkeit, da Wettbewerber die Industrie zwangen, IKEA nicht mehr zu beliefern bzw. zu boykottieren. Die Gefahren des Boykotts entpuppen sich als eine zentrale Quelle für Umsatzwachstum. Ziel ist es, Möbel zu bauen, die im Design innovativ, in der Funktionalität verbessert und im Preis noch niedriger sein sollten. Als dann ein IKEA-Mitarbeiter intuitiv für den Transport eines Tisches die Beine abschraubt, um ihn besser und sicherer in einem Auto zu transportieren, ist dies der Startschuss für die kostengünstige Eigenabholung in flachen Paketen. Die Preise können nochmals reduziert werden. Diese schwierige Epoche des Boykotts bestärkt das Unternehmen, Probleme als Herausforderungen anzusehen, die auch große Chancen eröffnen.
- **1965** – Das Flaggschiff von IKEA wird in Stockholm eröffnet. Tausende von Menschen strömen am Eröffnungstag in den 45.800 m² großen Bau, der kreisrund gebaut wurde, in Anlehnung an das New Yorker Guggenheim Museum.
- **1973** – Das erste Einrichtungshaus außerhalb Skandinaviens wird bei Zürich in der Schweiz eröffnet. Der Erfolg dieses Einrichtungshauses ebnet den Weg für eine schnelle Expansion ins benachbarte Deutschland, heute der größte Absatzmarkt des Unternehmens.
- **1985** – Das erste IKEA-Einrichtungshaus eröffnet in den USA.
- **1991** – Die Produktionsgruppe »Swedwood« wird gegründet. Hier werden in eigenen Sägewerken und Produktionsstätten Komponenten und Möbel auf Holzbasis herstellt.
- **2000** – Das erste IKEA-Einrichtungshaus wird in Russland eröffnet.
- **2004** – IKEA betreibt in China zwei Einrichtungshäuser. Weltweit führt Ikea ein standardisiertes Warenangebot. Nur drei Produkte werden in China zusätzlich in das Sortiment aufgenommen: Essstäbchen, ein Hackbeil und eine Wokpfanne. Mittlerweile bezieht IKEA 22 Prozent der verkauften Waren aus China.
- **2011** – Im Geschäftsjahr 2011 betreibt IKEA mehr als 300 Einrichtungshäuser in 41 Ländern und erwirtschaftet einen Gesamtumsatz von über 24,7 Milliarden

Euro. Das Unternehmen beschäftigt über 130.000 Mitarbeiter und Mitarbeiterinnen in 48 Ländern.

IKEA hat den Möbelhandel revolutioniert. Noch vor nicht allzu langer Zeit prägten viele kleine Möbelhäuser das Branchenbild, in denen persönliche Berater traditionelle Möbel zu eher hohen Preisen verkauften. Die Möbel wurden montiert angeliefert. IKEA stellte fast alle Verkaufsprinzipien dieser Branche auf den Kopf. In sehr großen Verkaufsstellen, außerhalb der Städte, präsentiert IKEA moderne und sehr preisgünstige Möbel, die der Kunde größtenteils selbst nach Hause transportiert und dort aufbaut. Die 9.500 Produkte werden von 29 Einkaufbüros in 25 Ländern beschafft. Zusammen mit über 1.000 Lieferanten aus ca. 50 Ländern wird so für einen kontinuierlichen Warenfluss gesorgt. Die **Expansion** von IKEA basiert auf einem Franchisekonzept. Franchisegeber ist die Stiftung Inter IKEA Systems B. V., beheimatet im niederländischen Delft. Dort wird entschieden, wer Franchisepartner bei IKEA werden kann. Ohne Kapitalkraft und Einzelhandelserfahrung ist daran nicht zu denken. Größter Franchisenehmer ist die IKEA-Gruppe, eine Gruppe von Unternehmen, die sich im Besitz der Stiftung befindet. Dazu zählen auch die hauseigenen Industrieunternehmen Swedwood, Swedspan usw. Auch ist die Gruppe für Entwicklung, Einkauf, Distribution und Verkauf von IKEA-Produkten zuständig. Die IKEA-Geschäftsidee lautet: »Wir wollen ein breites Sortiment formschöner und funktionsgerechter Einrichtungsgegenstände zu Preisen anbieten, die so günstig sind, dass möglichst viele Menschen sie sich leisten können« (www.ikea.com). Mehrere **Wettbewerbsvorteile** sind damit angesprochen:

Beschreibung des IKEA-Konzepts

- **Qualität zu günstigen Preisen:** Diesem Credo fühlt sich IKEA besonders verpflichtet. Nach Aussage eines langjährigen CEOs versucht IKEA, die Preise im Vergleich zur Konkurrenz kontinuierlich weiter abzusenken. Dies gelingt nicht zuletzt auch durch die hauseigenen Industrieunternehmen Swedwood, Swedspan und IKEA Industry Investment and Developement. Dadurch konnten Produktions-, Transport-, und sonstige Prozesskosten kontinuierlich reduziert werden.
- **Skandinavisches Design:** Die klare Designlinie IKEAs lehnt sich am skandinavischen Wohnstil an. Im Vergleich zu den Wohnstilen anderer Länder werden helle Farben und Hölzer bevorzugt, die im IKEA-Katalog bzw. den Einrichtungshäusern sehr ansprechend und inspirierend dargestellt werden.
- **Innovative Wohnideen:** Durch Marktforschung und intensive Kundenbeobachtung versucht IKEA kontinuierlich den Wandel in den Kundenerwartungen zu verstehen. Aus der intensiven Bedürfnisanalyse sollen innovative und inspirierende Wohnideen entstehen.
- **Alles an einem Ort:** Auf bis zu 50.000 m² Verkaufsfläche bietet IKEA ein breites Sortiment, das eine Kompletteinrichtung einer Wohnung zulässt.
- **Erlebniseinkauf:** Der Möbeleinkauf bei IKEA ist als Familienausflug ein lohnendes Ziel. Neben den Möbeln locken z. B. auch das Restaurant, der Spezialitätenshop und die Kidszone Kunden in die Läden.

Die Wettbewerbsvorteile von IKEA

Die genannten Wettbewerbsvorteile ziehen jährlich etwa 650 Millionen Kundinnen und Kunden in die IKEA-Läden. Die Käufer sind im Durchschnitt 38 Jahre alt, zu zwei

Dritteln weiblich und verbringen ca. 90 Minuten in den Läden. Den Unterschied zur Konkurrenz macht auch der Spezialitätenshop deutlich, wo Kunden original schwedische Fanartikel wie Bücher von Astrid Lindgren, Wasser von Ramlösa und Knäckebrot von Wasa erstehen können. Die **emotionale Bindung** ist hoch. Hier heißt der Tisch »Lars«, der Dübel »Ole«, die Lampe »Stine«, der Designer »Ove Pettersson« und alle gehören sie zur großen, praktischen Familie Bullerbü, in der die Welt noch in Ordnung ist. Das überträgt sich offensichtlich auch auf die Einkaufsstimmung, die sich in den vergangenen Jahrzehnten kaum verändert hat. **Konsistenz** in der Wegführung und in einigen Sortimentsbereichen, wie der Gießkanne »Odla«, der Arbeitsleuchte »Sekund« oder dem unverwüstlichen Bücherregal »Billy«, tragen zum IKEA-Erfolg wesentlich bei. IKEA hat es mit all diesen Maßnahmen geschafft, einen Markenwert aufzubauen, den Finanzanalysten mittlerweile auf 7,3 Milliarden Dollar schätzen. 2010 konnte das Unternehmen seinen Markenwert um 28 Prozent im Vergleich zum Vorjahr steigern. Damit sicherte sich IKEA im weltweiten Ranking einen Platz unter den 20 meistgewachsenen Markenwerten 2010 (vgl. MillardBrown 2011).

Aufgaben zur Fallstudie

1. Warum kaufen Sie bei IKEA ein? Was spricht Sie bei IKEA besonders an?
2. Welchen strategischen Schwerpunkt, d. h. welches Geschäftsmodell würden Sie IKEA empfehlen? Gehen Sie bei der Beantwortung dieser Fragestellung von einer Verschärfung der Wettbewerbsposition aus und begründen Sie Ihre Empfehlung gut.
3. Entwickeln Sie für IKEA eine Strategie, um Rentner über 65 Jahren gezielter anzusprechen. Wenden Sie dafür das Stufenkonzept der Strategieentwicklung an.

Kontrollfragen

- Welche drei Planungsebenen lassen sich beim Aufbau von Strategiekompetenz unterscheiden?
- Welche Entscheidungen sind für die Positionierung eines Handelsunternehmens zu treffen?
- Durch welche Eigenschaften lassen sich die Geschäftsmodelle Global Discounter, Content Retailer und Channel Retailer beschreiben?
- Wie lässt sich der Strategieprozess im Handel charakterisieren?
- Was sind die Schlüsselkennzahlen zur Bestimmung der Marktgröße?

Literatur

Becker, J. (2001): Marketing-Konzeption, 7. Aufl., München.

Brandes, D. (2001): Konsequent einfach: Die ALDI-Erfolgsstory, 4. Aufl., München.

Hayes, R. (1985): Strategic Planning – Forward in Reverse? in: Harvard Business Review, 63 (1), S. 111–119.

Lebensmittelzeitung (2008): Superstore in London, online unter http://www.lebensmittelzeitung.net/business/handel/store-check/protected/Internationale-Shops_6159_6324.html, abgerufen am: 15.08.12.

Levitt, Th. (1960): Marketing Myopia, in: Harvard Business Review, 38 (3), S. 26–34.

Levy, M./Weitz, B. (2008): Retailing Management, 7. Aufl., New York.

LZNet (2012): Unternehmensprofil Tesco Plc, online unter: http://www.lebensmittelzeitung.net/business/handel/unternehmen/pages/protected/show.php?id=78&showmore=1, abgerufen am: 15.08.12.

MillardBrown (2011): Brandz Top 100 – Most valuable global brands, online unter: http://www.millwardbrown.com/libraries/optimor_brandz_files/2011_brandZ_top100_report.sflb.ashx, abgerufen am 02.04.2012.

Nieschlag, R./Dichtl. E./Hörschgen H. (2002): Marketing, 19. Aufl., Berlin.

Porter, M. E. (1998): Competitive Advantage, 2. Aufl., New York.

Rudolph, T. (2000): Erfolgreiche Geschäftsmodelle im europäischen Handel: Ausmaß, Formen und Konsequenzen der Internationalisierung für das Handelsmanagement, St. Gallen.

Rudolph, T./Look, M./Kleinschrodt, A. (2008): Strategisches Handelsmanagement. Grundlagen für den Erfolg auf internationalen Handelsmärkten, St. Gallen.

Sohl, T. (2011): Diversification Strategies in the Global Retailing Industry: Essays on the Dimensions and Performance Implications, Dissertation, St. Gallen.

Wired (2011): Tesco brings the supermarket to time-poor commuters in South Korea, online unter: http://www.wired.co.uk/news/archive/2011-06/30/tesco-home-plus-billboard-store, abgerufen am: 23.10.12.

Vertiefende Literatur zum Thema Strategisches Management

Ahlert, D./Kollenbach, S./Korte, C. (1996): Strategisches Handelsmanagement: Erfolgskonzepte und Profilierungsstrategien am Beispiel des Automobilhandels, Stuttgart.

Barney, J. (1991): Firm Resources and Sustained Competitive Advantage, in: Journal of Management, 17 (1), S. 99–120.

Barney, J. (2001): Is the Resource-Based »View« a Useful Perspective for Strategic Management Research? Yes., in: The Academy of Management Review, 26 (1), S. 41–56.

Liebmann, H.-P./Foscht, Th. (2002): Strategisches Marketing-Management, München.

Mattmüller, R./Tunder, R. (2004): Strategisches Handelsmarketing, München.

2.4 Literatur

Müller-Stewens, G./Lechner, Ch. (2003): Strategisches Management: Wie strategische Initiativen zum Wandel führen: der St. Galler Management Navigator®, 2. Aufl., Stuttgart.

Rudolph T./Loock, M./Kleinschrodt, A. (2008): Strategisches Handelsmanagement. Grundlagen für den Erfolg auf internationalen Handelsmärkten, Aachen.

Weitz, B./Wensley, R. (1988): Readings in Strategic Marketing, Chicago.

Whittington, R. (2006): Completing the Practice Turn in Strategy Research, in: Organization Studies 27 (5), S. 613–634.

Zentes, J./Morschett, D./Schramm-Klein, H. (2007): Strategic Retail Management Text and International Cases, Wiesbaden.

3 Kundenkompetenz

Lernziele

Leitfrage: Wie kann das Handelsmarketing das Konsumentenverhalten wirkungsvoll beeinflussen?

▸ Welche Phasen durchläuft der Konsument bei der Einkaufsstättenwahl?

▸ Welche dieser Phasen sind für Managemententscheidungen besonders relevant?

Leitfrage: Was ist Marktsegmentierung und welche Ziele verfolgt das Management damit?

▸ Welche Schritte werden bei der Marktsegmentierung durchlaufen?

▸ Wie sind diese Schritte im Handel ausgestaltet?

Leitfrage: Was sind die Besonderheiten der Konsumentenforschung im Handel?

▸ Was sind die wichtigsten Dimensionen von Kundenkompetenz im Handel?

▸ Welche Instrumente der Marktforschung stehen dem Handelsmanagement zur Verfügung?

▸ Was sind typische Einsatzgebiete dieser Marktforschungsinstrumente?

3.1 Einleitung

In vielen Handelsbranchen herrscht scharfer Wettbewerb. Das Leistungsangebot vieler Händler ist austauschbar, so dass Kunden einfach bei der Konkurrenz einkaufen, wenn ihnen danach ist. Zudem hat die Wettbewerbsintensität mit dem Aufkommen des Online-Handels stark zugenommen. Dort sind die virtuellen Läden immer offen. Anbieter gibt es genügend. Mithilfe des Internets lassen sich zudem Preisvergleiche schnell und mühelos vornehmen.

Das Einkaufsverhalten unterliegt einem permanenten Wandel. Neue Konsum- und Einkaufsgewohnheiten ergeben sich durch Veränderungen in Umwelt und Gesellschaft. Dazu zählen z. B. sozioökonomische Veränderungen wie die Polarisierung des Einkommens, eine alternde Bevölkerung, hohe Arbeitslosigkeit in vielen europäischen Ländern sowie ein steigender Ausländeranteil. Neue Ansprüche resultieren auch aus dem steigenden Anteil berufstätiger Frauen und der stetig steigenden Quote an Singlehaushalten. Konsumenten aller Bevölkerungsschichten verhalten sich beim Einkauf wechselhaft. Man spricht von einem hybriden Einkaufsverhalten: Ein und derselbe Konsument kauft heute preisorientiert beim Discounter und morgen qualitätsbewusst im Feinkostladen. Die klassische Zielgruppeneinteilung, bei

Konsumenten zeigen ein hybrides Einkaufsverhalten.

3.2 Grundlagen

»Kundenkompetenz« als Herausforderung

der demographische Kriterien wie Alter, Einkommen und Beruf das Einkaufsverhalten erklären, funktioniert im Vergleich zu früher weit weniger gut.

Da Konsumenten einerseits steigende Ansprüche an Ware und Handelsleistung stellen, andererseits jedoch immer schwerer einzuschätzen sind, wird das Kundenverhalten für den Handel zunehmend zur kritischen Größe. Die abnehmende Einkaufsstättenloyalität vieler Endkunden fordert den Handel dazu auf, sein Angebot auf die Bedürfnisse und Erwartungen der Konsumenten gezielter auszurichten und Veränderungen im Konsumverhalten frühzeitiger zu erkennen. Ziel dieses Kapitels ist es daher, den Prozess der Einkaufsstättenwahl zu beschreiben und zu erklären, an welcher Stelle Instrumente des Handelsmarketing wirkungsvoll zur Einflussnahme auf das Konsumentenverhalten eingesetzt werden können.

3.2 Grundlagen

3.2.1 Die Wahl der Einkaufsstätte aus der Kundenperspektive

Idealtypische Beschreibung der Einkaufsstättenwahl

Die Wahl einer Einkaufsstätte erweist sich bei genauerer Betrachtung als ein **mehrstufiger Entscheidungsprozess**. Blackwell et al. (2001) entwickelten zur Erklärung des Einkaufsprozesses ein allgemein anerkanntes Raster, das sich auch auf die Einkaufsstättenwahl anwenden lässt (vgl. Abbildung 3-1). Es handelt sich um eine idealtypische Beschreibung unterschiedlicher Kaufphasen, die der Kunde teilweise

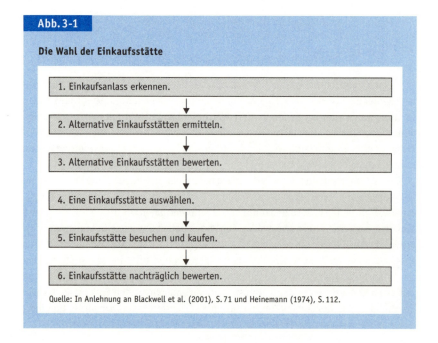

Abb. 3-1

Die Wahl der Einkaufsstätte

1. Einkaufsanlass erkennen.
2. Alternative Einkaufsstätten ermitteln.
3. Alternative Einkaufsstätten bewerten.
4. Eine Einkaufsstätte auswählen.
5. Einkaufsstätte besuchen und kaufen.
6. Einkaufsstätte nachträglich bewerten.

Quelle: In Anlehnung an Blackwell et al. (2001), S. 71 und Heinemann (1974), S. 112.

unbewusst durchläuft. Der Verlauf des Kaufprozesses hängt von den individuellen Eigenschaften des Konsumenten (z. B. Alter, Lernfähigkeit, Gedächtnisleistung, kultureller Hintergrund) sowie von der jeweiligen Einkaufssituation ab (z. B. Vertrautheit mit der lokalen Umgebung, Komplexität der Produkte etc.).

1. **Einkaufsanlass erkennen.** Einkaufsauslöser ist häufig ein Mangelempfinden, das durch den Unterschied zwischen dem derzeitigen Istzustand und dem angestrebten Sollzustand zustande kommt. Ein solches Mangelempfinden lösen interne oder externe Stimuli (Reize) aus. Interne Stimuli resultieren beispielsweise aus aufkommendem Hunger, während externe Stimuli z. B. Werbeaktivitäten darstellen.
2. **Alternative Einkaufsstätten ermitteln.** In der zweiten Phase sammelt der Konsument Informationen über infrage kommende Einkaufsstätten. Im Kern geht es um die Frage, welche Alternativen zur Verfügung stehen, um das Mangelempfinden zu beheben. Die interne Suche wird einerseits von Vorstellungen (Images) über bekannte Geschäfte geleitet. Andererseits greifen Konsumenten auf externe Quellen wie Empfehlungen von Freunden oder Werbebotschaften zurück (externe Suche).
3. **Alternative Einkaufsstätten bewerten.** In dieser dritten Phase geht es um die Bewertung der möglichen Einkaufsstätten anhand von persönlichen Anforderungen bzw. Erwartungen. Daraus resultiert ein subjektives Einstellungsbild, das wir auch mit dem Begriff Einkaufsstättenimage umschreiben. Das Einkaufsstättenimage resultiert aus dem Vergleich zwischen den individuellen Erwartungen eines Kunden an eine Einkaufsstätte und deren tatsächlichem Leistungsangebot.
4. **Eine Einkaufsstätte auswählen.** Die Wahl der Einkaufsstätte beruht in erster Linie auf existierenden Einkaufsstättenimages. Kunden wählen Einkaufsstätten, die ihren situativen Bedürfnissen am nächsten kommen.
5. **Einkaufsstätte besuchen und kaufen.** In der Verkaufsstelle angekommen, wird sich der Konsument umschauen und bei einem interessanten Warenangebot einen Kauf tätigen. Dieser komplizierte Kaufprozess soll in Kapitel 3.2.2 differenzierter erklärt werden.
6. **Einkaufsstätte nachträglich bewerten.** Nach dem Kauf vergleicht der Konsument die erlebten Leistungen der Verkaufsstelle mit seiner Erwartungshaltung vor dem Kauf. Zufriedenheit kommt dann auf, wenn seine Leistungserwartungen übertroffen werden. Gelingt dies nicht, dann sind Konsumenten in der Regel unzufrieden, was sich unmittelbar auf das Einkaufsstättenimage auswirkt. Die Verkaufsstelle fällt dann aus dem sogenannten »evoked set« (Kreis der präferierten Einkaufsstätten) und wird beim nächsten Mangelempfinden nicht mehr aufgesucht.

Der geschilderte Prozess der Einkaufsstättenwahl erscheint auf den ersten Blick wesentlich komplizierter, als wir ihn bei unserem täglichen Einkauf erleben. Wir kürzen einzelne Schritte ab, indem wir beispielsweise habituell (gewohnheitsmäßig) handeln und einzelne Phasen gedanklich nicht intensiv durchleben. Auch vereinfachen wir uns die Auswahl bestimmter Verkaufsstellen, in dem wir einen Einkaufsbummel unternehmen und bestimmte Geschäfte spontan, z. B. wegen der schönen

Welche Kaufphasen sind besonders wichtig?

Schaufenstergestaltung, aufsuchen und dort Waren impulsiv einkaufen. Vor diesem Hintergrund stellt sich die Frage, welche Kaufphasen Handelsmanager bei der Entwicklung von Verkaufsstellenprofilen besonders beachten müssen. Das nächste Kapitel liefert zu dieser Frage eine erste Antwort. Der vielschichtige, komplizierte und teilweise unbewusst verlaufende Entscheidungsprozess erfährt dort eine Reduzierung auf wesentliche Kaufentscheidungsphasen, die das Management beachten sollte.

Die Bedeutung kognitiver und emotionaler Entscheidungsprozesse

Konsumenten treffen beim Einkaufen viele unterschiedliche Entscheidungen. Sie müssen entscheiden, wann sie welche Einkaufsstätte auf welchem Weg aufsuchen sollen und – ganz wichtig – was sie dort in welcher Menge und zu welchem Preis einkaufen wollen. Wir haben es mit einem hochkomplexen Entscheidungsprozess zu tun, da für jede der genannten Entscheidungen aus einer Fülle von Alternativen auszuwählen ist. Was dem einen Konsumenten Freude bereitet, ist für andere ein lästiges Übel: Er darf (muss) entscheiden. Die Entscheidungsfindung ist von kognitiven, emotionalen und reaktiven Prozessen geprägt. Beim Kauf eines Automobils wird kognitiven Entscheidungsprozessen ein großer Einfluss zugeschrieben. Konsumenten vergleichen verschiedene Modelle nach rationalen Kriterien wie z. B. Höchstgeschwindigkeit, Benzinverbrauch, Preis und Unterhaltskosten. Aber auch emotionale Entscheidungsprozesse bzw. das gefühlsmäßige Empfinden beeinflussen den Autokauf. Jüngste Erkenntnisse aus der Gehirnforschung gehen sogar davon aus, dass emotionale Prozesse, die im sogenannten limbischen System ablaufen, Auswahlentscheidungen grundsätzlich dominieren. Übertragen auf das Autobeispiel bedeutet dies, dass Design, Form, Farbe und Image des Autos zu einem Großteil die Kaufhandlung bestimmen. Mit rationalen Argumenten suchen wir lediglich eine Begründung für die emotional getroffene Kaufentscheidung; übrigens auch beim Kauf von Motorenöl.

3.2.2 Die Wahl der Einkaufsstätte aus der Managementperspektive

Betrachten wir nun den Kaufentscheidungsprozess aus der Managementperspektive, so lassen sich drei wichtige Entscheidungen abgrenzen (vgl. Abbildung 3-2).

Wesentliche Managemententscheidungen im Verlauf des Kaufentscheidungsprozesses

Zur Illustration wesentlicher Managemententscheidungen im Verlauf des Kaufentscheidungsprozesses soll ein Beispiel dienen. Angenommen, Sie entscheiden sich, auf dem Nachhauseweg von der Arbeit für das Abendessen einzukaufen. Als sportlicher Single kommt Ihnen etwas Leichtes in den Sinn.

1. **Wahl der Einkaufsstätte:** In der Tiefgarage entscheiden Sie sich für Frischmax, den neuen Lebensmittelanbieter. Dieser liegt ganz in der Nähe Ihres Wohnortes und bietet eine große Auswahl an Salaten und Joghurts. Diskonti, ein Discounter, ist zwar auch schnell zu erreichen, offeriert aber keine frischen Salate nach 18 Uhr. Das Restaurant »Chicken Masala« scheidet wegen Zeitmangel aus, da Sie heute noch den Ironman auf Hawaii im Fernsehen bestaunen möchten.
2. **Wahl des Sortimentsbereichs:** Sie betreten den Laden von Frischmax und schlendern in Richtung Frischeabteilung. Dabei kommt Ihnen die Idee, anstatt des Salates das neue Convenience-Menü »Chicken Alfredo« auszuprobieren. Somit kehren

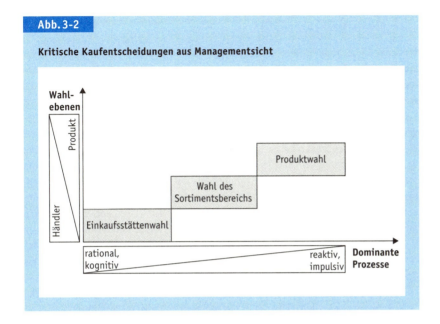

Abb. 3-2

Kritische Kaufentscheidungen aus Managementsicht

Sie dem Sortimentsbereich Früchte und Gemüse den Rücken und wählen ein Produkt aus dem Convenience-Sortiment.
3. **Wahl der Produkte:** Vor dem Convenience-Regal angekommen, freuen Sie sich über die breite Auswahl. »Chicken Alfredo« gibt es mit drei unterschiedlichen Saucen. Sie wählen schließlich die Sauce »light and tasty«, da diese Bezeichnung eine leichte Kost verspricht. Auch gefällt Ihnen die grüne Verpackung besonders gut.

Was lernen wir aus diesem Beispiel? Erstens, je stärker wir uns der konkreten Produktentscheidung nähern, desto stärker beeinflussen Emotionen die Wahl. Dies fängt schon bei der Suche des richtigen Sortimentsbereiches an. Optische Reize wie z. B. Hinweisschilder oder eine attraktive Warenpräsentation regen an, impulsiv in zusätzlichen Sortimentsbereichen einzukaufen. Deshalb ist es für das Handelsmanagement wichtig, der eher emotional geprägten Kaufentscheidung am Point-of-Sale (POS) mit kreativen Marketingansätzen zu begegnen. Zweitens sucht der Konsument überzeugende Anregungen im Hinblick auf die drei Kernentscheidungen Verkaufsstelle, Sortimentsbereiche und Produkte. Nicht nur für jede einzelne Entscheidung muss das Management Orientierung vermitteln; auch gilt es, Argumente zu kommunizieren, die aufeinander abgestimmt sind die Kundenbegeisterung über alle drei Kaufphasen hinweg steigern. Frischmax vermittelt Konsumenten den Wettbewerbsvorteil bereits mit dem Firmennamen. Am POS ziehen eine attraktive Warenpräsentation und das Frischeambiente die Kunden in mehrere Sortimentsbereiche. Schließlich fällt die Wahl der einzigartigen Produkte auch wegen der vielen Degustationsmöglichkeiten leicht.

Emotionen beeinflussen die konkrete Entscheidung für ein Produkt.

Das Management muss Orientierung für die Kernentscheidungen Verkaufsstelle, Sortimentsbereiche und Produkte geben.

3.3 Handlungswissen

Marktsegmentierung als Erfolgsfaktor der Handelstätigkeit

Im Vergleich zu anderen Wirtschaftszweigen verlor der Handel Marktanteile. Konsumenten gaben bis zum Ausbruch der Weltwirtschaftskrise Ende 2008 einen zunehmenden Anteil ihres Einkommens fürs Auto oder für Urlaubsreisen aus. Gerade die Innovationskraft der Automobilindustrie weckte in den zurückliegenden Jahren das Kaufinteresse. Hingegen lag die Floprate im Konsumgüterbereich bei rund 70 Prozent (Hermann 2006). Was kann der Handel von anderen Wirtschaftszweigen lernen? Welche Methoden senken beispielsweise in der Automobilindustrie die Floprate? Der Vorstandsvorsitzende von BMW erklärte die hohe Trefferquote bei BMW am St. Galler Managementsymposium ISC 2003 in erster Linie mit einer professionellen Marktsegmentierung: »Marktsegmentierung ist Voraussetzung für Erfolg versprechende Innovationen«, so das Credo von BMW seit vielen Jahren. Marktsegmentierung spielt in der Handelspraxis allerdings oft eine untergeordnete Rolle. Handelsorganisationen möchten an möglichst viele Konsumenten verkaufen und erkennen oft nicht die Vorteile, welche mit einer guten Marktsegmentierung verbunden sind. Aus diesem Grund versucht dieses Kapitel folgende Fragen beantworten:

- Was ist Marktsegmentierung und welche Ziele verfolgt das Management damit?
- Welche Vorgehensweise hilft, rentable Marktsegmente zu erschließen?
- Welche Dimensionen der Konsumentenforschung sind von Bedeutung und welche Instrumente der Marktforschung helfen Handelsorganisationen, das Kundenverhalten besser zu verstehen?

3.3.1 Marktsegmentierung planen

Händler wissen heute mehr über ihre Kunden als noch vor zehn Jahren.

Im Vergleich zu anderen Wirtschaftszweigen schenken Handelsorganisationen der Segmentierung von Märkten erst seit wenigen Jahren mehr Beachtung. Bis vor fünfzehn Jahren »fischten« viele Händler buchstäblich im Trüben. Oft waren nur die Tagesumsätze bekannt, nicht aber, welche Produkte von wem gekauft wurden. Dies hat sich mit dem Aufkommen von Scanning, Kundenkarten und Customer Relationship Management Tools verändert. Händler wissen mittlerweile, wer was wann mit welchen anderen Produkten und in welcher Menge einkauft. Über Marktbeobachtung und Kundenbefragung kommen weitere Instrumente für eine ergiebige Marktsegmentierung zum Einsatz.

Eine zielgruppenspezifische Kundenansprache hilft, Wettbewerbsvorteile aufzubauen.

Kundenkompetenz hängt immer stärker vom Wissen über Ertrag versprechende Kundensegmente ab. Sainsbury's in England konzentriert sich auf anspruchsvolle Konsumenten, die den Wunsch äußern, schnell und bequem einkaufen zu wollen. Home Depot in den USA besinnt sich wieder stärker auf den Service und Aldi fokussiert das Leistungsangebot auf preissensible Kunden. Erfolgreiche Handelsunternehmen wenden sich vom Ansatz des Massenmarketing ab, bei dem jeder beliebige Kunde angesprochen werden soll. Ersetzt wird dieser Ansatz durch eine zielgruppenspezifische Kundenansprache. Mit Werbebroschüren, Kundenkartenprogrammen, Sortimentsangeboten und Layoutkonzepten werden Zielgruppen bedürfnisgerecht angesprochen. Das trifft insbesondere für Non-Food-Handelsbranchen wie Möbel,

Textilien oder Unterhaltungselektronik zu. Beispielsweise lanciert das Versandunternehmen Otto mehr als 60 zielgruppenspezifische »Anstoßkettenkataloge« (Hermes 2012). Die Gründe für diese Entwicklung sind vielfältig. Einerseits soll es gelingen, der zunehmenden Bedürfnisinflation zu entsprechen. Kunden kleiden sich immer individueller und wünschen eine immer spezifischere Auswahl. Die dadurch stark ansteigende Artikelzahl lässt sich im klassischen Hauptkatalog, der mittlerweile über 1.400 Seiten umfasst, nicht mehr zielgruppengerecht darstellen. Andererseits muss sich das Unternehmen von Konkurrenten im Textilhandel abheben. Dazu zählen neben anderen Versandhändlern die unterschiedlichsten Anbieter im stationären Handel. Den Gesamtmarkt in homogene Teilmärkte aufzuteilen ist die Hauptaufgabe der Marktsegmentierung. Innerhalb der Teilmärkte fällt das Kundenverhalten ähnlich aus. Mithilfe unterschiedlicher Merkmale bzw. Segmentierungskriterien lässt sich das Kundenverhalten charakterisieren. Somit besteht die Zielsetzung der Marktsegmentierung darin, segmentspezifische Kundenbedürfnisse zu erkennen und besser als Konkurrenzanbieter zu bedienen. Der Aufbau von Wettbewerbsvorteilen gilt als zentrale Voraussetzung für ein anhaltendes Umsatz- und Ertragswachstum in umkämpften Märkten.

In diesem Buch wird ein handelsspezifisches Phasenschema der Marktsegmentierung vorgestellt. Am Beispiel der Gastronomiebranche erfährt der Leser, wie das Vorgehensraster zur Marktsegmentierung eingesetzt werden kann.

Spätzlihaus, eine fiktive mittelständische Selbstbedienungs-Restaurantkette (SB) mit insgesamt 20 Restaurants bietet seit 15 Jahren traditionelle Speisen in der deutschsprachigen Schweiz an. In den vergangenen fünf Jahren hat sich das Wettbewerbsumfeld stark verändert: Immer mehr Imbissketten, Fast-Food-Restaurants, Take-away-Versorgungsstationen, warme Theken in Supermärkten sowie Zustelldienste füllen die Mägen der Deutschschweizer. Jan Ulrich, dem Juniorchef, kommt eine aktuelle Ess- und Verzehrstudie sehr gelegen, um die Erwartungen seiner Konsumenten besser zu verstehen. Ziel der Studie war es, das Ernährungsverhalten für unterschiedliche Verzehrsituationen zu beschreiben. Das Ergebnis einer Befragung von über 1.000 Passanten beschreibt Abbildung 3-3. Die Studie unterscheidet 17 Verzehrsituationen und 4 unterschiedliche Kernbedürfnisse. Daraus ergeben sich 68 Marktsegmente mit unterschiedlich großem Marktpotenzial. Die Ergebnisse deuten auf die hohe Bedeutung von Gesundheit und Genuss bei Frühstück und Abendessen hin. Für das Mittagessen lassen sich keine eindeutigen Bedürfnistrends ablesen. Konsumenten wünschen sowohl preiswerte, gesunde und geschmackvolle Speisen als auch eine möglichst schnelle Nahrungsaufnahme. Herrn Ulrich fällt es schwer, allein mit den vorliegenden Ergebnissen eine Marktsegmentierung vorzunehmen. Er entscheidet sich dafür, eine Marktanalyse in Auftrag zu geben, die zusätzliche Informationen erheben soll. Die Marktanalyse verfährt dabei in sieben Schritten, wie Tabelle 3-1 zeigt.

Marktsegmentierung im Überblick

Schritt 1: Primärsegmentierung

Die Primärsegmentierung hat zum Ziel, die Anzahl möglicher Marktsegmente auf ein überschaubares Maß einzuschränken. Mit der Identifizierung von Kernbedürfnissen soll es gelingen, die 68 Marktsegmente aus der Verzehrstudie zu reduzieren. Kernbedürfnisse lenken das Einkaufsverhalten und werden von Wertvorstellungen

Die Primärsegmentierung liefert eine überschaubare Anzahl an Marktsegmenten.

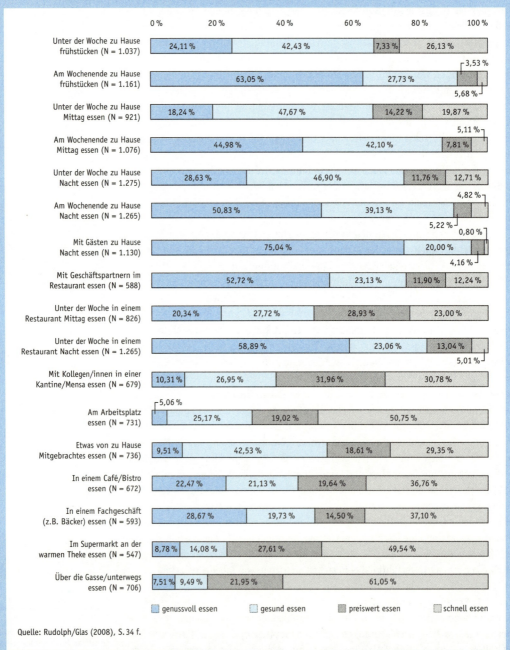

Abb. 3-3 Verzehrsituationsabhängige Ernährungsbedürfnisse in der Schweiz

Tab. 3-1

Schritte einer handelsspezifischen Marktsegmentierung

Segmentierungsschritt	Beschreibung
1. **Primärsegmentierung** Markt nach Kernbedürfnissen segmentieren	Kunden mit ähnlichen Bedürfnissen und Nutzenerwartungen werden in Segmente bzw. Zielgruppen eingeteilt.
2. **Sekundärsegmentierung** Segmente beschreiben	Zur Identifizierung jedes Segmentes dienen demographische Kriterien, der Lebensstil und das situative Nutzerverhalten.
3. **Attraktivitätsprüfung** Segmentattraktivität prüfen	Anhand der Kriterien Segmentwachstum, Wettbewerbsintensität und Segmenterreichbarkeit erfolgt eine Abschätzung der Marktattraktivität.
4. **Rentabilitätsberechnung** Segmentprofitabilität berechnen	Für jedes Segment wird die Profitabilität berechnet.
5. **Segmentpositionierung** Segmentpositionierung festlegen	Für jedes Segment sind ein Leistungsversprechen sowie das spezifische Leistungsangebot festzulegen, basierend auf den Kernbedürfnissen.
6. **Segmentoptimierung** Segmentaufteilung verifizieren	Segmentspezifische Angebotsstorys helfen, die Segmentaufteilung auf ihre Richtigkeit hin zu überprüfen.
7. **Segmentmarketing** Segmentmarketing festlegen	Für jedes Segment sind handelsspezifische Profilierungsmaßnahmen zu planen.

Quelle: In Anlehnung an Best (2008), S. 148.

geprägt. Im ersten Schritt der Marktsegmentierung geht es folglich um die Erkundung zentraler Einkaufsbedürfnisse (im Beispielfall um Ernährungsbedürfnisse). Jan Ulrich leitet die zentralen Ernährungsbedürfnisse aus einer zusätzlichen Befragung ab. Die qualitative Befragung weist auf vier Marktsegmente hin, die den Gesamtmarkt in homogene Teilmärkte aufteilen (vgl. Abbildung 3-4). Nach Ansicht der eingesetzten Projektgruppe handelt es sich dabei um Bedürfniskombinationen, welche die Restaurantwahl stark beeinflussen. Doch wie lassen sich diese vier Segmente näher beschreiben?

Schritt 2: Sekundärsegmentierung

Die Sekundärsegmentierung beschreibt die im ersten Schritt identifizierten Marktsegmente näher. Mitarbeiter sollen ein klar verständliches Vorstellungsbild zu den potenziellen Zielgruppen erhalten. Nur eine prägnante Zielgruppenbeschreibung hilft dem operativen Management, segmentspezifische Maßnahmen zu ergreifen.

Zur näheren Beschreibung der vier Primärsegmente (vgl. Abbildung 3-4) verwendet die Projektgruppe, welche die Marktanalyse durchführt, demographische Kriterien, berücksichtigt unterschiedliche Lebensstile und Verzehrsituationen. Die nähere Beschreibung durch Sekundärkriterien führt zu den vier Marktsegmenten Jugendliche, Büroangestellte, Rentner und Preisbewusste.

Die Sekundärsegmentierung liefert eine vertiefende Beschreibung potenzieller Zielgruppen.

Abb. 3-4

Beispiele für Segmente im Food-Markt

Segment 1 gesellig und preiswert essen **(Jugendliche)**	Segment 2 kommunizieren und wenig konsumieren **(Rentner)**
Segment 3 schnell, schmackhaft und gesund essen **(Büroangestellte)**	Segment 4 preisgünstig und schmackhaft essen **(Preisbewusste)**

▸ Jugendliche treffen sich meist nach der Schule im Selbstbedienungsrestaurant. Ihr Einkommen fällt unterdurchschnittlich aus, weshalb kleine Mahlzeiten und Getränke bei dieser Kundengruppe sehr beliebt sind. Das Selbstbedienungsrestaurant ist der ideale Treffpunkt für ein geselliges »Schwätzchen«.

▸ Die Rentner verweilen sowohl vormittags, mittags als auch nachmittags im Restaurant. In der Regel sind diese über 60 Jahre alt und leben zu 65 Prozent in Einpersonenhaushalten. Zeit ist im Überfluss vorhanden. Das Restaurant dient als sozialer Treffpunkt für diese Kundengruppe, die über ein durchschnittliches Einkommen verfügt. Hunger und Durst halten sich im Vergleich zu den anderen beiden Zielgruppen in Grenzen, was mit dem geringeren Kalorienbedarf im Alter zusammenhängt. Kernbedürfnis dieser Kundengruppe ist das gesellige Konsumieren.

▸ Die Büroangestellten gehen einer Bürotätigkeit nach. Sie kommen überwiegend während der Mittagszeit ins Spätzlihaus. Gesellschaft leisten fast ausschließlich Arbeitskollegen. Kunden aus diesem Marktsegment sind zwischen 20 und 60 Jahre alt. Das Einkommen liegt über dem Durchschnitt. Bürokunden suchen primär ein bequemes, schnelles und gesundes Mittagessen.

▸ Die Preisbewussten sind in der Regel über 18 Jahre alt, besuchen noch eine Schule oder gehen einem Beruf mit geringer Qualifikation nach. Ihr Einkommen ist im Vergleich zu den anderen Segmenten gering. Preisbewusste achten aber nicht nur auf den Preis. Fast ebenso wichtig ist der Geschmack der Produkte. Zu beachten bleibt bei dieser Kundengruppe der altersbedingt höher liegende Kalorienbedarf. Große Portionen zu günstigen Preisen sind besonders beliebt.

Marktsegmentierung spiegelt situationsabhängige Präferenzen wider.

In der Regel lassen sich Kunden nicht eindeutig einem einzigen Marktsegment zuordnen. Auch Rentner haben es teilweise eilig und suchen gelegentlich eine besonders preisgünstige oder gesunde Ernährung. Kunden wechseln häufig ihre Rollen. Diese Tatsache spricht aber nicht automatisch gegen eine Marktsegmentierung. Das Gegenteil ist der Fall. Mithilfe der Marktsegmentierung muss es Unternehmen gelingen, in bestimmten Situationen bzw. für spezifische Kundenstimmungen als erste Wahl zu gelten. Die Automobilindustrie liefert erfolgreiche Beispiele: Die Limousine

Abb. 3-5

Segmentbeschreibung

	Jugendliche	Rentner	Büroangestellte	Preisbewusste
A. Kernbedürfnisse	▸ Kleinportionen und unterhalten	▸ gesellig und preiswert	▸ schnell, gesund und schmackhaft	▸ preisgünstig und schmackhaft
B. Demographische Segmentierungskriterien	▸ 14 bis 18 Jahre ▸ geringes Einkommen	▸ ab 60 Jahre ▸ mittleres Einkommen	▸ 20–60 Jahre ▸ hohes Einkommen	▸ 19–70 Jahre ▸ geringes Einkommen
C. Ernährungs- und Lebensstil	▸ genieße jetzt ▸ esse, was »in« ist	▸ ich esse, was mir schmeckt ▸ Tradition vor Innovation	▸ leicht essen ▸ gesund essen	▸ günstig essen ▸ spare beim Essen ▸ satt essen
D. Verzehrsituation	▸ nach der Schule ▸ mit Freunden	▸ zwischen 10 und 16 Uhr ▸ mit Bekannten	▸ Mittagessen ▸ mit Kollegen essen	▸ Mittagessen ▸ oft alleine

für den Familienausflug, das Cabrio für den Sommer und den Smart für die Stadt. Alles für jeden ist profillos und wohl kaum erste Wahl.

Schritt 3: Attraktivitätsprüfung

Der dritte Schritt zeigt, welche der zuvor identifizierten Segmente sich für eine gezielte Segmentbearbeitung eignen. Im Mittelpunkt steht die Frage nach der **Segmentattraktivität**. Letztere hängt vom Segmentwachstum, der Wettbewerbsintensität und der Segmenterreichbarkeit ab. Tabelle 3.2 beschreibt mögliche Kriterien zur Bestimmung der Segmentattraktivität.

Das Segmentwachstum hängt von der heutigen Segmentgröße (z. B. gemessen am Umsatz), der Segmentwachstumsrate und dem künftigen Segmentpotenzial ab. Für das Marktsegment der Jugendlichen kommt die Projektgruppe zu ernüchternden Ergebnissen. Die niedrige Geburtenrate verspricht kein Marktwachstum in der Zukunft. Auch spricht die hohe Wettbewerbsintensität in diesem Segment eher gegen einen Segmentausbau.

Die Wettbewerbsintensität ist abhängig vom Vorsprung gegenüber Konkurrenten, der Einzigartigkeit des Produktangebotes sowie den Markteintrittsbarrieren für neue Wettbewerber. Für das Marktsegment der Rentner ergibt sich eine geringe Wettbewerbsintensität. Kein Konkurrent, wie z. B. andere Filialrestaurants, bearbeitet heute dieses Marktsegment gezielt. Take-away-Theken, Heimlieferdienste und Stehverpflegungsmöglichkeiten kommen als Ersatzprodukte bzw. Ersatzverpflegungsstationen für Rentner kaum in Betracht. Das Kernbedürfnis der Rentner, nämlich geselliges Beisammensein, erfüllen diese allesamt nicht. Somit ist das Produkt- und Leistungsangebot einzigartig und der Konkurrenzvorsprung groß. Die Markteintrittsmöglichkeiten für günstige Selbstbedienungsrestaurants beurteilt das Management als schlecht. Attraktive Ladenlokale lassen sich kaum finden und nur mit sehr hohen Kosten und unter erheblichen Auflagen erschließen. Die Markteintrittsbarrieren sind hoch.

Die Segmentattraktivität hängt ab vom Segmentwachstum, der Wettbewerbsintensität und der Segmenterreichbarkeit.

Die Segmenterreichbarkeit umschreibt die Möglichkeiten, den eigenen Marktanteil für die identifizierten Marktsegmente auszubauen. Unternehmen gelingt dies dann, wenn die vorhandenen Kompetenzen die Erschließung des jeweiligen Marktsegmentes unterstützen. So schätzen z. B. Rentner das Speisen- und Kuchenangebot unseres Spätzlihauses sehr. Insbesondere wegen des freundlichen und hilfsbereiten Personals fällt die Segmentbeliebtheit hoch aus. Gerade das Personal bildet somit eine wichtige Kernkompetenz für das Spätzlihaus, die den Rentnererwartungen entspricht (Kernkompetenzfit). Die Segmenterreichbarkeit für das Marktsegment »Rentner« ist somit gegeben (vgl. Tabelle 3-2).

Die Beurteilung der Segmentattraktivität beruht auf subjektiven Einschätzungen.

Die Beurteilung einzelner Marktsegmente basiert größtenteils auf einer subjektiven Einschätzung der Projektgruppe. Sicherlich lassen sich nicht alle Punktwerte mit Fakten belegen. Dennoch hilft die qualitative Beurteilung: Das Management erhält einen ersten Überblick zur Relevanz einzelner Segmente in der Zukunft.

Schritt 4: Rentabilitätsberechnung

Nachdem die Attraktivität einzelner Segmente qualitativ beurteilt wurde, steht nun die Berechnung der Segmentprofitabilität im Vordergrund. Beide Schritte sind zweckmäßig, zumal attraktive Marktsegmente nicht gleichzeitig auch profitabel sein müssen. In unserem Beispiel stellt sich beispielsweise die Frage, wie profitabel das Marktsegment »Rentner« für das Spätzlihaus ausfällt. Lohnt es sich, diese Kundengruppe, die sehr häufig und gern ins Spätzlihaus kommt, noch stärker durch gezielte Maßnahmen zu binden? Dafür sprechen sicherlich die steigende Anzahl an Rentnern

Tab. 3-2

Kriterien zur Bestimmung der Segmentattraktivität

Kriterium	Jugendliche	Rentner	Büroangestellte	Preisbewusste
A. Segmentwachstum				
1. Heutiger Umsatzanteil	2	3	3	4
2. Wachstumsrate	2	4	3	4
3. Segmentpotenzial (in 5 Jahren)	2	5	3	4
B. Wettbewerbsintensität				
1. Konkurrenzvorsprung	3	4	2	4
2. Markteintrittsbarrieren	3	4	3	2
3. Einzigartigkeit der Produkte	4	4	2	4
C. Segmenterreichbarkeit				
1. Segmentbeliebtheit	2	4	3	4
2. Kompetenzfit	2	4	3	4
Total	**20**	**32**	**22**	**30**

Legende: 1 = sehr gering, 5 = sehr hoch

und das wenig attraktive Konkurrenzangebot. Übersteigen aber die Umsätze mit diesem Marktsegment auch die Kosten?

Zur Berechnung der Segmentprofitabilität hilft eine Deckungsbeitragsrechnung. Dabei werden vom Segmentumsatz die variablen Kosten abgezogen. Nicht immer fällt es leicht, den Deckungsbeitrag pro Segment zu berechnen. Je nach Wirtschaftszweig sind Anpassungen im Hinblick auf die Berechnungsmethode vorzunehmen.

> Die Deckungsbeitragsrechnung hilft, die Segmentprofitabilität zu berechnen.

Unsere Arbeitsgruppe hat sich entschieden, den durchschnittlichen Wochenumsatz pro Marktsegment und Kunde als Basisgröße zu verwenden. Der Wochenumsatz lässt sich mithilfe von Scannerdaten und deren Verknüpfung mit Kundenkarteninformationen berechnen. Um die Segmentprofitabilität zu ermitteln, hat das Filialpersonal aller Restaurants Kunden beobachtet. Für jedes Marktsegment analysierte das Filialpersonal die durchschnittliche Verweilzeit, weil diese Kennzahl den überwiegenden Anteil der variablen Kosten erklärt. Andere Kostenarten wie Personal-, Beleuchtungs- und Speisekosten flossen nicht in die Berechnung ein, weil diese Kosten unabhängig vom Marktsegment im Selbstbedienungsrestaurant anfallen. Insgesamt wurden in jedem Restaurant zehn namentlich bekannte Kunden über vier Wochen beobachtet. Tabelle 3-3 zeigt das Ergebnis.

Büroangestellte und Preisbewusste sind für das Spätzlihaus die rentabelsten Marktsegmente (vgl. Tabelle 3-3). Erstens geben diese beiden Gruppen mehr Geld für eine Mahlzeit im Spätzlihaus aus als die anderen beiden Marktsegmente. Zweitens, und dieser Aspekt wiegt bei der Rentabilitätsberechnung stärker, verweilen sie wesentlich kürzer. Gerade zur Mittagszeit sind meist alle Sitzplätze belegt. Würde es gelingen, zu dieser Zeit den Segmentanteil der Büroangestellten und Preisinteressierten auszuweiten, so könnte es gelingen, die Rentabilität stark zu verbessern.

Die Profitabilitätsberechnung hilft, unrentable Marktsegmente zu identifizieren. Marketingmaßnahmen lassen sich dementsprechend in Schritt 7 (vgl. Tabelle 3-1) gezielter planen. Beispielsweise stellt sich die Frage, welche Maßnahmen helfen können, das wachsende Marktsegment der Rentner rentabler zu machen.

> Die Höhe der Segmentprofitabilität bestimmt weitere Marketingmaßnahmen.

Mittels der Berechnung trifft das Management die Entscheidung, das Marktsegment der Jugendlichen künftig nicht gezielt auszubauen. Die Beurteilung verspricht

Tab. 3-3

Segmentattraktivität für die Filialkette Spätzlihaus

Marktsegment	Heutiger Segmentanteil nach Umsatz (in Prozent)	Durchschnittlicher Wochenumsatz pro Segment und Person (in Euro)	Durchschnittliche variable Kosten pro Segment und Person (in Euro)	Durchschnittliche Bruttoprofitabilität pro Segment und Person (in Euro)
1. Jugendliche	12	17	13	4
2. Rentner	40	30	23	7
3. Büroangestellte	25	25	12	13
4. Preisbewusste	23	24	13	11

weder Marktwachstum noch eine hohe Segmentrentabilität. Auch rechnet die Arbeitsgruppe mit einer Wettbewerbsverschärfung durch Take-away-Theken und Nischenanbieter. Es werden deshalb Maßnahmen überlegt, um den Segmentanteil der Jugendlichen zu reduzieren. Die Kunden der anderen Marktsegmente werden zu wichtigen Zielgruppen erklärt.

Schritt 5: Segmentpositionierung

Segmentpositionierung: Für jede Zielgruppe ein überzeugendes Leistungsversprechen formulieren

Im fünften Schritt gilt es, das Leistungsangebot für die ausgewählten Zielgruppen näher zu beschreiben. Für jede Zielgruppe versucht das Management die Segmentpositionierung festzulegen, indem es ein überzeugendes Leistungsversprechen formuliert. Das Leistungsversprechen spricht wichtige Bedürfnisse der Zielgruppe an und berücksichtigt die jeweilige Verzehrsituation. Ausgangspunkt für die Formulierung eines Leistungsversprechens sind die strategischen Positionierungsüberlegungen eines Unternehmens. Entsprechend Kapitel 2 zur Strategiekompetenz übernimmt die Wahl des Geschäftsmodells in diesem Zusammenhang eine Schlüsselfunktion. Unternehmen dürfen nur Versprechen abgeben, die sie aufgrund vorhandener Kompetenzen halten können. Für das Spätzlihaus steht schon immer der Geschmack im Mittelpunkt der Positionierungsüberlegungen. Gegenüber der Konkurrenz hebt sich das Selbstbedienungsrestaurant durch besonders schmackhafte Speisen ab. Dazu zählen insbesondere Spätzli, welche noch immer nach dem Originalrezept des Gründers zubereitet werden. Das Ziel der Produktführerschaft bzw. die Content-Strategie (vgl. Kapitel 2 zur Strategiekompetenz) war daher ein gemeinsamer Ausgangspunkt zur Positionierung des Unternehmens. Einzigartige Speisen sollen die drei Zielgruppen begeistern. Darauf aufbauend formuliert die Arbeitsgruppe für jede Zielgruppe eine prägnante Segmentbeschreibung. Abbildung 3-6 beschreibt das Ergebnis.

Es handelt sich um drei Angebotsstorys, welche das Speisenangebot zielgruppengerecht beschreiben. Die Beschreibung basiert auf der Auswertung von Scannerda-

---

Abb. 3-6

Angebotsstorys für drei ausgewählte Marktsegmente

Speisenangebot A	**Speisenangebot B**	**Speisenangebot C**
Gutbürgerliche Speisen aus der Region	Gesundes Essen in entspannender Atmosphäre	Schmackhaftes Essen zu günstigen Preisen
Nutzen	**Nutzen**	**Nutzen**
▸ gesellige Atmosphäre	▸ bequemes Essen	▸ schmackhaftes Essen
▸ bürgerliche Küche	▸ gesundes Essen	▸ gutes Preis-Leistungs-Verhältnis
▸ vernünftige Preise	▸ Auswahl an Speisen	▸ schneller Service
Speisen	**Speisen**	**Speisen**
▸ traditionelle Gerichte	▸ gesunde Menüs	▸ 5-€-Menü
▸ Angebote für Diabetiker	▸ vegetarische Speisen	▸ Salatteller
▸ Kalorienarme Kost	▸ 20-Minuten-Essen	▸ fleischlose Gerichte

ten und Kundenkarteninformationen. So fällt es der Arbeitsgruppe leicht, beliebte Speisen den drei Angebotsstorys zuzuordnen. Büroangestellte schätzen demgemäß eine gesunde Ernährung. Vegetarische Gerichte und Reis gewinnen für diese Kundengruppe an Beliebtheit. Die Datenauswertung zu den Verzehrgewohnheiten der drei Zielgruppen fördert erhebliche Unterschiede zutage.

Schritt 6: Segmentoptimierung
Im sechsten Schritt der Segmentierung bleibt zu überprüfen, ob die entwickelten Angebotsstorys einen Großteil der Kundenerwartungen repräsentieren. Nur wenn Kunden sich eindeutig und in großer Anzahl den ausgewählten Marktsegmenten zuordnen lassen, kann von einer brauchbaren Segmentierung gesprochen werden. Der Test auf Segmentadäquanz kann auch als »Nagelprobe« vor einer gezielten Segmentbearbeitung bezeichnet werden. Oft verlangen die Testergebnisse Anpassungen in der Segmentbeschreibung oder gar einen neuen Segmentierungsansatz. Letzteres trifft dann zu, wenn ein größerer Teil der Kunden mit der Segmentaufteilung nichts anzufangen weiß.

Prüfung: Entsprechen die Leistungsversprechen den Kundenerwartungen?

Mit der Befragung von Restaurantkunden überprüft die Projektgruppe nun den entwickelten Segmentierungsvorschlag. Kunden werden vor dem Restaurant gebeten, diejenige Angebotsstory auszuwählen, welche ihren Erwartungen am nächsten kommt. Dazu kommen farbige A3-Poster zur Beschreibung der drei Angebotsstorys zum Einsatz.

Das Ergebnis bewertet die Projektgruppe als zufriedenstellend. Immerhin identifizieren 80 Prozent der Kunden ihre Essenswünsche mit der Wahl einer Angebotsstory. Von den restlichen 20 Prozent Kunden wählen 10 Prozent zwei Angebotsstorys und weitere 10 Prozent finden ihre Erwartungen nur sehr unzureichend berücksichtigt.

Oftmals liefern Kundengespräche im Zuge einer Kundenbefragung wichtige Anregungen zur Verbesserung der Angebotsstorys. Beispielsweise lernte ein Möbelhändler aus den Gesprächen die hohe Bedeutung von Servicepreisen kennen. Kunden kritisierten die fehlenden Preisangaben für bestimmte Serviceleistungen auf den Angebotsstorys. Service um jeden Preis wünschten seine Kunden nicht.

Schritt 7: Segmentmarketing
Im letzten Schritt sind für die identifizierten Marktsegmente wirkungsvolle Marketingmaßnahmen zu planen und umzusetzen. Der gezielte Einsatz von Marketingmaßnahmen soll letztlich helfen, den Unternehmensgewinn zu verbessern.

Für jedes Marktsegment entsprechende, wirkungsvolle Marketingmaßnahmen planen und umsetzen

Aus der bereits erwähnten Kundenbefragung erfuhr die Arbeitsgruppe vom Wunsch vieler Büroangestellten, schneller als bisher ein warmes und gesundes Essen zu erhalten. Das Anstehen an der Selbstbedienungstheke dauert dieser Zielgruppe zu lange. Darüber hinaus bedingen Warteschlangen an Kassen lauwarmes Essen. Die Arbeitsgruppe entwickelt daraufhin ein völlig neues Verpflegungskonzept für Büroangestellte. In einem speziell zur Mittagszeit gekennzeichneten Restaurantbereich besteht nun die Möglichkeit, drei unterschiedliche Fitnessmenüs zu konsumieren. Das Neue dabei: Die Menüs werden zügig serviert. Im Vergleich zur Selbstbedienungstheke kosten diese Menüs ca. 2 Euro mehr, womit das Bedienungspersonal finanziert wird. Jan Ulrich war zunächst sehr skeptisch, da diese Maßnahme nicht so richtig in das Konzept eines Selbstbedienungsrestaurants passt. So kam es zu einem Test in einem Pilotrestaurant. Dieser verlief sehr vielversprechend. Mit Unterstützung einer gezielten Werbekampagne gelang es nach der Einführung in allen Filialen, den Umsatz um 10 Prozent zu steigern. Nicht nur die Büroangestellten essen nun entspannter, auch die anderen beiden Zielgruppen fühlen sich wohler. Das Gedränge im Selbstbedienungsbereich hat merklich nachgelassen.

Abschlussbemerkungen zur Marktsegmentierung

Ein generelles Suchraster zum Erkennen von Kernbedürfnissen beschreibt Abbildung 3-7. Branchenspezifische Kernbedürfnisse werden einerseits von dominanten Kaufmotiven beeinflusst, welche branchenunabhängig ausfallen und stark von den anerzogenen und gelernten Werten eines Menschen abhängen. Andererseits haben situative Begebenheiten einen ebenfalls großen Einfluss auf die branchenspezifi-

Dominante Kaufmotive und situative Begebenheiten bestimmen branchenspezifische Kernbedürfnisse.

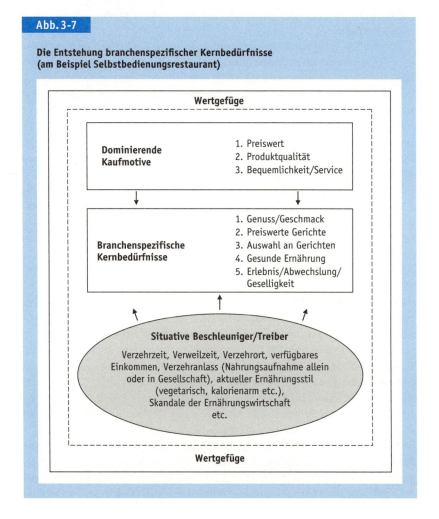

Abb. 3-7

Die Entstehung branchenspezifischer Kernbedürfnisse (am Beispiel Selbstbedienungsrestaurant)

schen Kernbedürfnisse. Auch wenn normalerweise Restaurantkunden qualitativ hochwertig speisen, kann dieser Grundsatz mangels Zeit oder finanzieller Engpässe aufgegeben werden. Situative Faktoren beeinflussen das Kauf- und Konsumverhalten gerade in der Handels- und Dienstleistungsbranche besonders stark und sollten aus diesem Grunde in die Marktsegmentierung einfließen.

Bei der Auswahl von Segmentierungskriterien sind Branchenbesonderheiten zu berücksichtigen. Lediglich die in Abbildung 3-7 aufgeführten dominierenden Kaufmotive sind branchenunabhängig. Daher hängt die Güte der Marktsegmentierung wesentlich vom Marktverständnis des Managements ab. Nur wenn das Management alle wesentlichen Kernbedürfnisse erkennt und deren Entwicklung richtig abschätzt, hilft die Marktsegmentierung weiter. Folglich lohnt sich die Anstrengung, Märkte besser als Konkurrenten zu verstehen und ein realitätsnahes Bedürfnisraster zu entwickeln. Eine Marktsegmentierung lässt sich kaum in zwei Tagen entwickeln. Oberflächliche Marktsegmentierung ist mindestens so schlecht wie keine Marktsegmentierung.

Das Management muss alle wesentlichen Kernbedürfnisse und ihre voraussichtliche Entwicklung erkennen.

Marktsegmentierung ist zudem eine permanente Herausforderung für das Management. Der große Einfluss situativer Faktoren begründet diese Aussage. Umweltveränderungen lösen eine Verhaltensänderung bei Kunden aus. Lebensmittelskandale führen zu einem steigenden Ernährungsbewusstsein, was letztlich das Speisenangebot der Selbstbedienungsrestaurants betrifft. Daher sind die situativen Beschleuniger bzw. Treiber ständig zu beobachten, um sich frühzeitig auf Veränderungen einzustellen.

3.3.2 Konsumentenforschung im Handel konzipieren

Dass Handelsorganisationen ihr Leistungsangebot auf die Konsumentenanforderungen ausrichten müssen, erscheint selbstverständlich. Jedoch verdeutlichen die bisherigen Ausführungen die außerordentlich hohe Komplexität, die das Verhalten heutiger Konsumenten auszeichnet. Um seine Zielkunden besser verstehen und einschätzen zu können, muss der Handel Marktforschung betreiben. Hierzu sollte sich der Handelsmanager zunächst zwei Fragen stellen:

Marktforschung verbessert das Verständnis und die Einschätzung des Kundenverhaltens.

- Was möchte ich über den Konsumenten erfahren (Dimensionen der Kundenkompetenz) und
- Wie gehe ich vor, um diese gewünschten Informationen zu erhalten (Instrumente der Marktforschung)?

Dimensionen der Kundenkompetenz

Bei der Untersuchung des Konsumentenverhaltens gibt es zahlreiche Ansatzpunkte. So sind beispielsweise die spezifischen Bedürfnisse bestimmter Konsumenten oder Konsumentengruppen für den Handel von zentraler Wichtigkeit. Auch gilt es zu verstehen, wie die Unternehmensleistung im Konkurrenzvergleich vom Konsumenten wahrgenommen wird. Um ein ganzheitliches Konsumentenverständnis aufzubauen, sollte der Handel vier Dimensionen der Kundenkompetenz beachten (vgl. Abbildung 3-8).

Abb. 3-8

Dimensionen der Kundenkompetenz

Ein ganzheitliches Verständnis des Konsumentenverhaltens beachtet die vier Dimensionen der Kundenkompetenz.

Die Untersuchung des Verhaltens von Konsumenten beschreibt und erklärt die Nachfrage nach Handelsleistungen. Sie basiert auf einer differenzierten Analyse des praktizierten Einkaufs- und Konsumverhaltens. Im Mittelpunkt steht die Frage, was (welche Waren und Dienstleistungen) Konsumenten wo (welche Handelsformate, Verkaufsstellen) und wann (bei welchen Gelegenheiten) nachfragen. Dabei gilt es, die Gründe für das Verhalten zu erfassen und nachvollziehbar zu machen, was sich aus den Bedürfnissen, Einstellungen und Präferenzen von Konsumenten erklären lässt.

Die Messung der Wahrnehmung aus Konsumentenperspektive gibt Aufschluss über das Image eines Händlers. Der Imagevergleich mit Konkurrenten liefert eine wichtige Grundlage, um die eigene Wettbewerbsposition besser einschätzen zu können. Da die Wahrnehmung der Konsumenten nicht zwangsläufig dem tatsächlichen Leistungsangebot entspricht, sondern die subjektive Kundenmeinung widerspiegelt, kann deren Messung auch als Effektivitätsindikator zurückliegender Marketing- und Profilierungsmaßnahmen dienen.

Die Erhebung der Kundenzufriedenheit zeigt, wie zufrieden bzw. unzufrieden Käufer mit einer gebotenen Handelsleistung sind. Ferner werden die für die Zufriedenheit verantwortlichen Ursachen und Gründe analysiert. Bei der Kundenzufriedenheitsanalyse vergleicht der Befragte seine Leistungserwartungen mit dem tatsächlichen Leistungsangebot.

Die Analyse von Trends ist eine wichtige Vorbereitung auf Marktveränderungen. Trendbewusste Handelsunternehmen legen großen Wert darauf, treibende Kräfte des Marktwandels kontinuierlich zu beobachten. Dadurch soll es gelingen, neue Marktchancen frühzeitig zu erkennen.

Handlungswissen **3.3**

Instrumente der Konsumentenforschung

Dem Handel stehen zum Aufbau von Kundenkompetenz verschiedene Instrumente der Datenerhebung zu Verfügung. Nicht jeder Ansatz eignet sich für jede beliebige Fragestellung. Jedoch können verschiedene Instrumente einzeln oder in Kombination eingesetzt werden. Abbildung 3-9 ordnet die Instrumente der Konsumentenforschung vier Feldern zu.

Bei **quantitativen Untersuchungen** werden Daten erhoben, die sich in Zahlen messen lassen. Neben Größen, die per Definition in numerischer Form erscheinen (z. B. Alter von Konsumenten, Einkaufshäufigkeit pro Woche), werden auch Variablen, die von Natur aus nicht nummerisch sind (z. B. Einstellungen von Konsumenten), durch Zahlenwerte ausgedrückt und gemessen. Eine quantitative Erhebung erfolgt überwiegend anhand eines standardisierten **Fragebogens**, welcher den Probanden eine fixierte und genormte Formulierung und Abfolge der Fragen und Antwortkategorien vorgibt. Dabei kann die Datenerhebung auf unterschiedliche Weise stattfinden, z. B. durch Zusenden eines Fragebogens auf dem Postwege, über das Internet oder Telefon. Die Befragung kann aber auch in der Fußgängerzone oder in den Räumlichkeiten einer Verkaufsstelle stattfinden. Wird die Befragung von Interviewern persönlich vor Ort oder am Telefon durchgeführt, kann dies auch computergestützt erfolgen. In diesem Fall wird der Fragebogen dem Interviewer am Bildschirm angezeigt und die Antworten von ihm direkt elektronisch erfasst. Dadurch sind eine sofortige Überprüfung der Eingaben sowie eine automatische Filterführung und Fra-

> Quantitative Instrumente erheben Daten in Form von Zahlen.

Abb. 3-9

Instrumente der Konsumentenforschung

	Qualitativ	Quantitativ
Befragung	▸ Fokusgruppen ▸ Tiefeninterviews ▸ Erfassung des Beschwerdeverhaltens	▸ Befragung anhand eines standardisierten Fragebogens – per Post – per Telefon – per Internet – in der Verkaufsstelle – auf der Straße – computergestützt (CAPI[1]/CATI[2])
Beobachtung	▸ Persönliche Beobachtung ▸ Videobeobachtung ▸ Begleitete Einkäufe	▸ Verhaltensbeobachtung nach standardisiertem Beobachtungsprotokoll (auch per Video) ▸ Objektive Messung bzw. Zählung, z. B. Anzahl Kunden in der Verkaufsstelle, Geschlecht der Kunden ▸ Paneldaten (z. B. GfK Handels- und Haushaltspanel) ▸ Kundenkartendaten ▸ Eye-Tracking (Blickaufzeichnung)

[1] CAPI = Computer Assisted Personal Interview
[2] CATI = Computer Assisted Telephone Interview

genrotation möglich. Zudem entfällt der spätere Aufwand der Datenerfassung. Man spricht bei dieser computergestützten Erhebungsmethode auch von CAPI- (Computer Assisted Personal Interviews) bzw. CATI-Erhebungen (Computer Assisted Telephone Interviews). Neben standardisierten Befragungen zählen auch einige Methoden der Beobachtung zu den quantitativen Verfahren der Konsumentenforschung. Dazu gehören sämtliche Messungen bzw. Zählungen wie die Anzahl der Kunden in einer Verkaufsstelle, die Wartezeit an der Kasse, die verbrachte Zeit der Kunden in einer Verkaufsstelle etc.

Das **Beobachten** von Probanden hat die Aufgabe, die Eigenschaften, Zustände und das Verhalten von Konsumenten zu erfassen. Es ist dabei möglich, sowohl Momentaufnahmen als auch andauernde Prozesse zu beobachten. Die Beobachtung kann sowohl persönlich vor Ort als auch über Videoaufzeichnung stattfinden. Erfolgt die Erhebung bzw. Auswertung anhand eines standardisierten Protokolls, kann selbst komplexeres Kundenverhalten quantitativ erhoben werden. Auch die Methode der Blickaufzeichnung, das sogenannte Eye-Tracking, zählt zur quantitativen Beobachtung. Die Datenmenge resultiert dabei aus der Vielzahl von Fixationen, die während eines Blickverlaufs stattfinden. Panel- und Kundenkartendaten gehören im weiteren Sinne ebenfalls zur Beobachtung, da das Einkaufsverhalten der Kunden über einen längeren Zeitraum hinweg erfasst wird. Es liegen dabei quantitative Daten wie Umsätze, Einkaufshäufigkeit, Einkaufsmenge etc. vor. Quantitative Erhebungen kommen in verschiedenen Handelsbereichen zum Einsatz und sind insbesondere dann geeignet, wenn die Ausprägungen bestimmter vorgegebener Messgrößen in Zahlenwerten ausgedrückt werden können. Quantitative Instrumente bieten sich an, um das **Verhalten** (z. B. Einkaufsgewohnheiten, Nutzenpräferenzen), die **Wahrnehmung** (z. B. Imagekomponenten eines Händlers) und die **Zufriedenheit** von Konsumenten zu messen.

Qualitative Instrumente stellen Daten verbal dar.

Qualitative Instrumente der Konsumentenforschung erfassen Daten, die sich meist nicht ohne Weiteres in Zahlen ausdrücken lassen und überwiegend verbal geäußert werden. Aus diesem Grund kommen keine standardisierten Fragebögen zum Einsatz. Die befragten Konsumenten antworten offen auf die Fragen. Eine qualitative Untersuchung konzentriert sich auf das Erkennen, Beschreiben und Verstehen des Konsumentenverhaltens. Es steht also die Frage nach dem »warum« im Vordergrund (im Gegensatz zu quantitativen Methoden, die das »was« messen). Mittels Kundeninterviews und Kundengesprächskreisen können die Verhaltensweisen und Einstellungen von Konsumenten qualitativ erhoben werden. In diesem Fall befragt ein geschulter Interviewer Konsumenten anhand eines **Interviewleitfadens**. Das Gespräch verläuft offen. Die aus dem Einzel- oder Gruppengespräch resultierenden Daten werden in einem Protokoll detailliert festgehalten und zu einem späteren Zeitpunkt ausgewertet und interpretiert. Ferner lassen sich durch eine systematische Erfassung des Beschwerdeverhaltens bisheriger Käufer Schwachstellen im Leistungsangebot erkennen. Beschwerden lassen sich nicht nur mittels Kundeninterviews und Gesprächskreise sammeln, sondern können auch vom Verkaufspersonal und gegebenenfalls von Mitarbeitern einer telefonischen Service-Hotline an die verantwortliche Stelle im Unternehmen weitergeleitet werden. Des Weiteren lassen sich durch die Critical-Incident-Methode wichtige Schritte und Probleme im Einkaufsprozess erfassen. Dieser Ansatz thematisiert »Schlüsselereignisse« beim Einkaufen, die Kunden als äußerst positiv oder negativ empfinden. In einem ausführlichen Interview beschreiben Konsumenten kritische Ereignisse beim Einkaufen, womit diejenigen Ereignisse deutlich werden, die Probanden subjektiv am wichtigsten sind. Ein weiteres wichtiges Instrument zur Analyse des Kundenverhaltens ist die qualitative **Beobachtung**. Diese kann persönlich oder mithilfe von Videoaufzeichnungen erfolgen. Des Weiteren bieten sich begleitete Einkäufe an. Persönliche Beobachtung und Videobeobachtung finden häufig verdeckt statt, ohne dass die Kunden etwas davon bemerken. Der Einkaufsprozess kann so völlig unbeeinflusst analysiert werden. Bei begleiteten Einkäufen folgen geschulte Konsumentenforscher den Kunden während des gesamten Einkaufs und protokollieren diesen. Um einen Einblick in die Gedanken der Konsumenten zu erlangen, wird häufig die Methode des lauten Denkens eingesetzt, d. h. Kunden sprechen sämtliche Gedanken während des Einkaufs wie bei einem Selbstgespräch laut aus. Insgesamt eignet sich ein qualitatives Vorgehen nicht nur für Untersuchungen in Bezug auf Verhalten, Wahrnehmung und Zufriedenheit von Konsumenten, es ist auch insbesondere hilfreich, um die Gründe von (Un-)Zufriedenheit mit den Leistungen eines Händlers oder neue Trends im Verhalten rechtzeitig zu erfassen.

3.4 Fallstudie: Motel One

Die Weltwirtschaftskrise machte sich im Hotelgeschäft zu Beginn des Jahres 2009 verstärkt bemerkbar. Der Absturz in der Zimmerauslastung war so markant, dass die Politik in Deutschland sogar die Mehrwertsteuer für die Branche senkte. Konsumenten, die bisher bestimmten Hotelmarken und -kategorien treu waren, änderten ihr Buchungsverhalten. Tendenziell buchten diese einen Stern tiefer oder verzichteten ganz. Der Handel mit Hotelleistungen stand daher in vielen Ländern vor einer Neuausrichtung. Diese Neuausrichtung musste sich am neuen Konsumentenverhalten orientieren.

Luxus hatte 2009 bei Geschäftsreisenden keine Priorität mehr. Die große Nüchternheit zeigte sich im Buchungsverhalten deutlich. So verboten viele Unternehmen 4- und 5-Sterne-Übernachtungen sowie Business-Class-Tickets beim Fliegen. Viel wichtiger als der fünfte Stern wurden für Geschäftskunden Basisleistungen wie z. B. das schnelle Ein- und Auschecken sowie der kostenlose Internetzugang. Hotelkunden passten Ihre Wünsche dem wirtschaftlich Möglichen an.

Es gewannen Budget-Hotelketten wie **Best Western** oder **Motel One**. Beide realisierten auch im krisengeschüttelten 2009 eine Auslastungsquote von knapp 70 Prozent. Das sind gut 10 Prozent mehr als notwendig, um ein rentables Hotelgeschäft zu betreiben. Die traditionelle Hotellerie erholte sich in den darauffolgenden Jahren. Trotz der weiterhin unsicheren wirtschaftlichen Situation, verzeichneten alle großen Hotelketten ein positives Wachstum. Der Einbruch der Übernachtungszahlen hinterließ dennoch Spuren. Die Nachfrage nach günstigen Übernachtungsangeboten blieb hoch. Auch nach 2009 legten die sogenannten Budget-Design Hotels

> Hotelleistungen müssen sich am veränderten Konsumentenverhalten ausrichten.

3.4 Kundenkompetenz
Fallstudie: Motel One

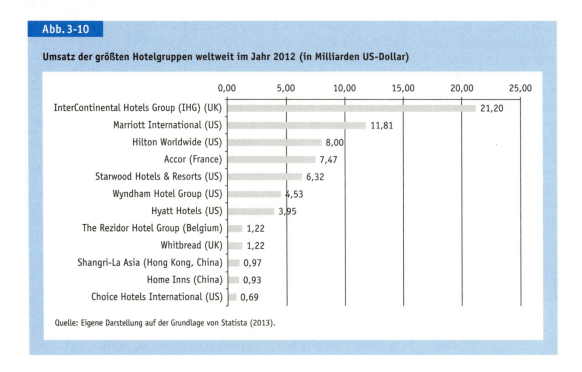

Abb. 3-10

Umsatz der größten Hotelgruppen weltweit im Jahr 2012 (in Milliarden US-Dollar)

- InterContinental Hotels Group (IHG) (UK): 21,20
- Marriott International (US): 11,81
- Hilton Worldwide (US): 8,00
- Accor (France): 7,47
- Starwood Hotels & Resorts (US): 6,32
- Wyndham Hotel Group (US): 4,53
- Hyatt Hotels (US): 3,95
- The Rezidor Hotel Group (Belgium): 1,22
- Whitbread (UK): 1,22
- Shangri-La Asia (Hong Kong, China): 0,97
- Home Inns (China): 0,93
- Choice Hotels International (US): 0,69

Quelle: Eigene Darstellung auf der Grundlage von Statista (2013).

zweistellig zu. Dies bewegte sowohl die InterContinental Hotel Group (IHG) als auch den Rivalen Accor, ihre Budget- und Economy Marken einer Verjüngungskur zu unterziehen. Die IHG blieb mit Holiday Inn und Holiday Inn Express dem mittleren Preissegment treu, erhöhte jedoch Service und Ausstattung der Häuser. Accor setzte mit den neuen Marken Ibis Styles (ehem. Ibis all seasons) und Ibis Budget (ehem. Etap) auf modernes Design und hohen Schlafkomfort zu günstigen Preisen. Sukzessive wurden alle Häuser mit neuen Betten, besseren Duschen und modernem Innendesign ausgestattet. 2013 versuchten alle großen Hotelketten im Billig- und mittleren Preissegment zu wachsen (Friese 2013).

Das Leistungsversprechen von Motel One trifft den Nerv der Zeit

Einer der Vorreiter der Budget-Design Hotellerie ist Motel One. Durch eine hohe Flächeneffizienz und ein klar ausgerichtetes Design-Konzept hat das Unternehmen den Wiederspruch zwischen niedrigen Preisen, zentraler Lage und ansprechender Wohnatmosphäre aufgehoben. Das trifft den Nerv der Zeit. Die Häuser erreichen Auslastungsquoten von bis zu 80 % und liegen damit weit über dem Durchschnitt. Motel One bietet »Viel Design für wenig Geld« und will mit diesem Leistungsversprechen rasch europaweit expandieren. Bei Zimmerpreisen für das Einzelzimmer zwischen 49,– bis 89,– Euro und dem Preis fürs Frühstück in Höhe von 7,50 Euro hebt sich das Unternehmen von der Konkurrenz als besonders preisgünstig ab. Doch der Erfolg von Motel One lässt sich nicht nur auf den Preis reduzieren. Unternehmensgründer Dieter Müller setzt auf das magische Dreieck aus konsequent guter Lage, attraktivem Preis und hoher Qualität. Das Hotel ist sauber, schick und vor allem stylish. Motel One hat Zielgruppen wie die Laptop-Generation oder die an Kultur interessierte Familie im Auge, welche mit dem Billigflieger auf Kurz-Städtereise geht. Beide Zielgruppen wollen weder in der schäbigen Absteige noch im Luxustempel unterkommen, sondern in einem Haus, das bezahlbar ist und mit coolem Ambiente und Multimedia-Ausstattung daherkommt. Um bei dieser Erwartungshaltung die finanzielle Quadratur des Kreises hinzubekommen, fällt der Service reduziert aus. Alle Zimmer sind in den meisten Hotels 16 Quadratmeter groß und einheitlich eingerichtet. Es gibt keinen Schrank, nur eine Stange mit Kleiderbügeln, keine Minibar und kein Zimmertelefon. Wer seinen Rollkoffer zuvor schon durch den Flughafen geschoben hat, kann ihn auch allein aufs Zimmer tragen. Das Frühstück wird extra berechnet und wer eincheckt, muss gleich bezahlen. Auch der Schuhputzservice und das À-la-carte-Restaurant sucht man vergebens. Beide passen nicht zum Prinzip der kleinen Preise. Dafür offeriert Motel One eine gute Lage, den kostenlosen WLAN-Zugang, die Multimedia-Station auf dem Zimmer für den iPod, Snacks zum Frühstück, Café Latte in der hippen Lounge, breite Betten mit guten Matratzen und einen Flachbildfernseher mit internationalem Satellitenprogramm.

Das Konzept kommt an. So ist die Kette seit dem Jahr 2.000 bis Anfang 2013 auf insgesamt 42 Hotels mit 9.200 Betten gewachsen. Der Umsatz stieg im gleichen Zeitraum auf 175 Millionen Euro und das operative Ergebnis auf 34 Millionen Euro (Motel One 2013). Das Deutsche Institut für Servicequalität kürte Motel One 2012 zum besten Budget-Hotel (Deutsches Institut für Servicequalität 2013). Bisher konzentrierte sich die Standortsuche auf Innenstadtlagen in deutschen Großstädten. Nun soll aber auch im Ausland investiert werden. Dass die Idee außerhalb Deutschlands funktioniert, zeigen erste Versuche in England, Belgien, Österreich und Schottland. Bis 2016 möchte die Gruppe 40 % des Umsatzes im Ausland erzielen (Staudinger 2012). Doch so einfach wie bisher wird es Motel One in Zukunft nicht mehr haben. Denn die Konkurrenz schläft nicht. Neben dem Branchenriesen Accor will nun auch die Möbelkette IKEA zusammen mit dem Partner Marriott in die Budget-Design Hotellerie einsteigen. Über die Schwesterfirma Inter Ikea sollen bis zu 100 Hotels in europäischen Metropolen eröffnet werden (Friese 2013).

Aufgaben zur Fallstudie

1. Welche Dimensionen der Kundenkompetenz sollten Holiday Inn und Motel One untersuchen, um die eigene Position zu verbessern? Leiten Sie konkrete Fragen ab, welche mit der geplanten Untersuchung zu beantworten sind.
2. Welche Instrumente der Markt- bzw. Konsumentenforschung helfen, um diese Fragen zu beantworten?
3. Wie sollte ein Marktbeobachtungssystem grundsätzlich konzipiert sein, um den Nachfragewandel im Handel mit Hotelleistungen frühzeitig prognostizieren zu können?
4. Führen Sie für Motel One oder für ein Unternehmen Ihrer Wahl eine Marktsegmentierung durch. Orientieren Sie sich dabei am vorgestellten Segmentierungsprozess.

Kontrollfragen

- In welche sechs Phasen kann der Einkaufsprozess von Kunden unterteilt werden? Wie lassen sich die einzelnen Prozessstufen beschreiben?
- Wie reduzieren Konsumenten die Komplexität beim Einkaufen?
- An welchen Stellen hat das Management Einfluss auf den Kaufprozess?
- Was ist die Hauptaufgabe der Marktsegmentierung?
- Welche Kriterien können zur Bewertung der Segmentattraktivität herangezogen werden?
- Welches Instrument der Konsumentenforschung lässt sich im Handel für welche Fragestellung am besten einsetzen?

Literatur

Best, R. J. (2008): Market-Based Management: Strategies for Growing Customer Value and Profitability, 5. Aufl., Upper Saddle River, NJ.

Blackwell, R. D./Miniard, P. W./Engel, J. F. (2001): Consumer Behavior, 9. Aufl., Fort Worth.

Deutsches Institut für Servicequalität (2013): Deutscher Servicepreis: Kategorie Tourismus, online unter: http://disq.de/2013/20130205-Servicepreis-Tourismus.html, abgerufen am: 27.05.2013.

Friese, U. (2013): Wer hat Angst vor Ikea?, in: Frankfurter Allgemeine Zeitung, Presseartikel vom 28.03.13, Nr. 74, S. 20.

Heinemann, M. (1974): Einkaufsstättenwahl und Firmentreue des Konsumenten, Wiesbaden.

Hermann, S. P. (2006): Zum Messen, Managen und Monitoren der Consumer Experience, in: Marketing Journal, 11, S. 8–13.

Hermes, V. (2012): Kulturwandel bei Otto, in: Absatzwirtschaft, 01/02, S. 36–38.

Motel One (2013): Bericht 2012 mit 4. Quartal, online unter: http://www.motel-one.com/de/motel-one-group/investor-relations/kennzahlen.html, abgerufen am: 27.05.2013.

Rudolph, Th./Glas, A. (2008): Food Consumption 2008 – Ess- und Verzehrverhalten in der Schweiz, St. Gallen.

Staudinger, M. (2012): Wie das Prinzip Billighotel funktioniert, online unter: http://www.sueddeutsche.de/muenchen/motel-one-wie-das-prinzip-billig-hotel-funktioniert-1.1300813, abgerufen am 22.08.12.

Statista (2013): Revenue of the largest hotel groups worldwide in 2012 (in billion U. S. dollars), online unter: http://www.statista.com/statistics/187036/revenue-of-the-largest-hotel-groups-worldwide-in-2010, abgerufen am: 27.05.13.

Vertiefende Literatur zum Thema Marktsegmentierung
Becker, J. (2013): Marketing Konzeption – Grundlagen des zielstrategischen und operativen Marketing-Managements, 10. Aufl., München, S. 246–299.
Belz, C. (1995): Dynamische Marktsegmentierung, Fachbericht für Marketing Nr. 2/1995, St. Gallen.
Freter, H./Diller, H./Köhler, R. (Hrsg.) (2008): Markt- und Kundensegmentierung: Kundenorientierte Markterfassung und -bearbeitung, 2. Aufl., Stuttgart.
Freter, H./Obermeier, O. (2002): Marktsegmentierung, in: Herrmann, A./Homburg, C. (Hrsg.): Marktforschung: Methoden, Anwendungen, Praxisbeispiele, Wiesbaden, S. 739–763.
Kotler, P./Keller, K.L/Bliemel, F. (2007): Marketing-Management: Strategien für wertschaffendes Handeln, München, Kapitel 8, S. 355–398.
Meffert, H. (2008): Marketing: Grundlagen marktorientierter Unternehmensführung: Konzepte – Instrumente – Praxisbeispiele: mit neuer Fallstudie VW Golf, 10. Aufl., Wiesbaden, Kapitel 2, S. 182–228.

Vertiefende Literatur zum Thema Konsumentenforschung
Arend-Fuchs, C. (1995): Die Einkaufsstättenwahl der Konsumenten bei Lebensmitteln, Frankfurt.
Berekoven, L./Eckert, W./Ellenrieder, P. (2006): Marktforschung: Methodische Grundlagen und praktische Anwendung, 11. Aufl., Wiesbaden.
Herrmann, A./Homburg, C. (Hrsg.) (2000): Marktforschung: Ziele, Vorgehensweise und Methoden, 2. Aufl., Wiesbaden.
Hüttner, M. (1997): Grundzüge der Marktforschung, 7. Aufl., München.
Kumar, V./Aaker, D./Day, G. (1999): Essentials of Marketing Research, New York.
Müller-Hagedorn, L. (2001): Kundenbindung im Handel, 2. Aufl., Frankfurt.
Silberer, G. (2004): Wege zur Kundenkenntnis, in: Gröppel-Klein, A. (Hrsg.): Konsumentenverhaltensforschung im 21. Jahrhundert, Wiesbaden, S. 261–290.
Trommsdorf, V. (2008): Konsumentenverhalten, 7. Aufl., Stuttgart.

Vertiefende Literatur zum Thema Hirnforschung
Häusel, H-G. (2004): Brain Skript. Warum Kunden kaufen. München.
Roth, G. (2001): Fühlen, Denken, Handeln – Wie das Gehirn unser Verhalten steuert, Frankfurt am Main.

4 Verkaufskompetenz

Lernziele

Leitfrage: Worauf kommt es in Verkaufsstellen an, damit die Leistungserwartung von Kunden erfüllt wird?

- Welche Rolle spielt dabei das Personal?
- Wie kann das Verkaufsstellenpersonal direkt und indirekt zum Erfolg der Verkaufsstelle beitragen?

Leitfrage: Welche Elemente und Phasen sind im Verkaufsprozess zu beachten?

- Wie gelingt es, im Verkaufsprozess eine »Brücke« zum Kunden zu schlagen?
- Durch welche Instrumente und Aufgaben kann ein Händler seine Verkaufskompetenz steigern?

Leitfrage: Wie sind Sortimente auszurichten?

- Welcher Zusammenhang besteht zwischen Sortimentsbreite bzw. -tiefe und der Rentabilität?
- Wie kann ein Händler zu großen Sortimenten entgegenwirken?

Leitfrage: Welche Rolle kommt dem Preislagenmanagement zu?

- Welche Faktoren stehen hinter einem erfolgreichen Preislagenmanagement?
- Wie sind die Preislagen zu wählen, um Kundenerwartungen zu erfüllen und das Preisimage der Verkaufsstelle positiv zu beeinflussen?

Leitfrage: Welche Rolle kommt der Ladengestaltung zu?

- Welche Anforderungen muss eine attraktive Ladengestaltung erfüllen?
- Aus welchen Teilaufgaben setzt sich die Ladengestaltung zusammen?

4.1 Einleitung

Kunden kaufen gerne in Verkaufsstellen ein, die eine hohe Verkaufskompetenz ausstrahlen. Sie empfinden eine hohe Verkaufskompetenz, wenn das wahrgenommene Leistungsversprechen der Verkaufsstelle sie sprichwörtlich »in den Laden zieht«. Fragen wir Kunden, warum sie gerade in diesem Laden kaufen, so erhalten wir unterschiedliche Antworten. Neben dem freundlichen und kompetenten Personal, dem sensationellen Preis-Leistungs-Verhältnis und der hervorragenden Produktqualität liefert oft auch der gut erreichbare Standort oder einfach nur die Macht der Gewohn-

Kunden bevorzugen Verkaufsstellen mit hoher Verkaufsstellenkompetenz.

4.1 Verkaufskompetenz
Einleitung

heit eine Erklärung. Händler müssen genau wissen, was ihre Kunden wünschen und entsprechend den Kundenbedürfnissen ein attraktives Leistungsangebot anbieten. Gerade für den Handel trifft die Aussage zu »Nichts ist beständiger als der Wandel«. Kundenerwartungen ändern sich kontinuierlich. Nicht immer gelingt es jedoch, dem Bedürfniswandel zu entsprechen. So haben viele Sporthändler den Trend zum Inlineskating verpasst. Viel zu spät nahmen sie das neue Trendprodukt in ihr Sortiment auf. Aber auch das Gegenteil ist möglich, nämlich den Kundenbedürfnissen zu schnell voranzueilen. So werfen Unterhaltungselektronikhändler in sehr kurzen Abständen neue Geräte auf den Markt. Der viel zu häufige Produktwechsel überfordert Kunden und Verkaufspersonal. Kunden blicken sprichwörtlich »nicht mehr durch« und verlieren das Interesse an der Technologie.

Die Produkte und das Sortiment erklären jedoch nur einen Teil der Verkaufsstellenkompetenz. Würden Sie einen leistungsfähigen Laptop bei einem Händler kaufen, der für seinen schlechten Reparaturservice bekannt ist, in einem viel zu warmen Ladenlokal Computer ausstellt, im Vergleich zur Konkurrenz 10 Prozent höhere Preise verlangt, Innovationen mit zweimonatiger Verspätung anbietet und keine Parkplätze hat? Der Aufbau einer hohen Verkaufsstellenkompetenz ist mehrdimensional, komplex und eine permanente Herausforderung. Das soll am Beispiel eines fiktiven Fachgeschäfts gezeigt werden.

»Verkaufsstellenkompetenz« als Herausforderung für ein Unternehmen

Sporthändler Giovanni, ein ehemaliger Fußballprofi beim AC Mailand, verkauft seit dem Ende seiner Profikarriere vor 15 Jahren Sportartikel. Damals war sein Geschäft der einzige Anbieter in der Stadt, und jeder kaufte bei Giovanni-Sport. Heute verkaufen ein zweites Fachgeschäft, das sehr eng mit einer Einkaufskooperation zusammenarbeitet, und ein Warenhaus Sportartikel. Zusätzlich machen verschiedene Online-Händler und zeitlich begrenzte Sonderangebote bei Lebensmitteldiscountern Giovanni Sport Konkurrenz. Die Wettbewerbsintensität hat sich erheblich verschärft. Fachhändler Giovanni plant deshalb mit seinem Sohn Claudio, der das Geschäft einmal übernehmen möchte, ein völlig neues Leistungsangebot. Sein Sortimentsangebot soll den aktuellen Trendsportarten angepasst werden. Kitesurfen, Freeriden, Bodypump, Zumba etc. waren beim Umbau vor zehn Jahren noch nicht im Trend. Die bestehende Ladengestaltung unterstützt Sportarten wie z. B. Tennis, Wandern und Fußball. Ein Umbau samt grundlegender Sortimentsoptimierung drängt sich auf. Die Preisgestaltung, welche vor zehn Jahren noch vollkommen unproblematisch war, bedarf ebenfalls einer Anpassung. Die ständigen Sonderangebote der Konkurrenten führten bei Giovanni zu Umsatzrückgängen. Auch das Angebot an Serviceleistungen sollte eine Neuausrichtung erfahren, da der künftige Sortiments-Mix andere Serviceangebote verlangt. Die Zahl der Jogger und Langläufer steigt kontinuierlich. Weniger das Vorbild erfolgreicher Hochleistungssportler macht den Läufern Beine, als die Aussicht auf Gesundheit und den Abbau von Stress. 250 Euro gibt ein Läufer jährlich für Laufbekleidung aus; zusätzlich kauft er zwei bis drei Paar Laufschuhe, die mit deutlich über 100 Euro je Paar zu Buche schlagen. Dafür bedarf es einer Top-Beratung, die Laufband- und Videoanalysen nutzt, um Beschwerden in Knie und Achillessehne durch falsches Abrollverhalten zu verhindern.

Giovanni-Sport muss auf viele Fragen in kurzer Zeit eine Antwort finden. Aufgrund begrenzter finanzieller Mittel lassen sich nicht alle Ideen realisieren. Mit dem bevorstehenden Umbau muss es gelingen, bestehende Kunden noch stärker zu binden und neue Kunden mit vertretbaren Investitionen zu gewinnen. Es ist dabei wichtig, Kunden verstärkt über Innovationen und Mehrwertprodukte zu inspirieren.

4.2 Grundlagen

4.2.1 Der Einkauf in der Verkaufsstelle – Entscheidung über Erfolg oder Misserfolg

Am **Point-of-Sale** – sei es in stationären Verkaufsstellen oder über Webshops im Internet – treffen Angebot und Nachfrage aufeinander. Dort entscheidet der Kunde über Erfolg oder Misserfolg eines Händlers. Beispielsweise verbringen Kunden beim Kauf einer Kamera durchschnittlich 30 Minuten am POS. In dieser Zeit muss es gelingen, den Kundenerwartungen zu entsprechen oder gar diese zu übertreffen. Verkaufskompetenz führt zu Kaufentscheidungen. Gekauft wird immer dann, wenn das Leistungsangebot den Leistungserwartungen möglichst optimal entspricht. Doch schon seit einiger Zeit reicht es nicht mehr, die Erwartungen von Konsumenten zu erfüllen. Der Wandel vom Versorgungskauf, bei dem Konsumenten genau ihre Einkäufe planten, hin zum Erlebniskauf schreitet voran. Erlebniskäufer schreiben keinen Einkaufszettel und verspüren keinen Zeitdruck, sondern empfinden Einkaufen als Freizeitbeschäftigung. In dieser Kaufsituation geht es um mehr als Zufriedenheit und Begeisterung, weil beide Ziele konkrete Kaufvorstellungen voraussetzen. Erlebniskäufer suchen Inspiration für neue Produkte und Leistungen, die ihnen bisher nicht bekannt waren (vgl. Rudolph/Weber 2012).

> Das Personal bestimmt, ob eine Verkaufsstelle den Kundenerwartungen entspricht.

Ob die Verkaufsstelle den Kundenerwartungen entsprechen kann, hängt maßgeblich vom Personal ab. Das Personal wirkt gegenüber Kunden direkt und indirekt.

Direkten Einfluss übt das Personal immer dort aus, wo es mit Kunden direkt in Kontakt treten kann. Besonders wichtig ist die persönliche Beratung im Verkaufspro-

> Bei direktem Kontakt mit dem Kunden übt das Personal direkten Einfluss auf das Leistungsangebot aus.

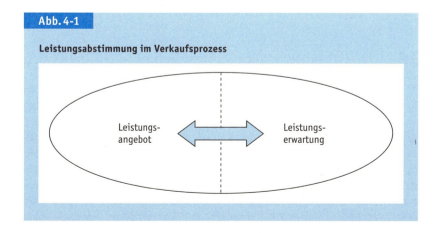

Abb. 4-1

Leistungsabstimmung im Verkaufsprozess

Leistungsangebot ⇄ Leistungserwartung

zess. Aber auch das Reinigungspersonal auf Toiletten wird vom Kunden direkt wahrgenommen. Eine Verkäuferin an der Käsetheke, welche die Kundenwartezeit mit einer kleinen Degustation überbrückt oder der Parkplatzmitarbeiter, der einer Kundin das Katzenstreupaket ins Auto wuchtet, schafft nachhaltige Kundenbindung. Ihre Hilfsbereitschaft kommt immer dann sehr gut an, wenn Kunden damit nicht rechnen. Die Erfolgsformel lautet Überraschung. Beim größten Einzelhändler der Welt, der amerikanischen Wal-Mart-Kette, die 2012 einen Jahresumsatz von 469,2 Milliarden Dollar erzielt, steht auf der Bekleidung jedes Mitarbeiters für den Kunden gut lesbar geschrieben: »We make the difference« (»Wir machen den Unterschied aus«). Damit dieses Versprechen ankommt, hat Wal-Mart Personalgrundsätze aufgestellt. Zu diesen zählt zum Beispiel die 3-Meter-Regel, die besagt, dass drei Handlungsschritte durchzuführen sind, wenn sich ein Kunde einem Wal-Mart-Mitarbeiter auf drei Meter nähert: Dem Kunden ins Gesicht sehen, den Kunden höflich grüßen und ihn fragen, ob er Hilfe benötigt. Ein weiterer Personalgrundsatz von Wal-Mart ist die Sundown-Regel, welche Mitarbeiter dazu auffordert, Kundenanfragen noch am Tag der Anfrage zu beantworten.

Leistungen des Personals ohne direkten Kundenkontakt beeinflussen das Leistungsangebot indirekt.

Indirekt beeinflussen Mitarbeiter das Leistungsangebot, wenn sie Leistungen bereitstellen, ohne mit dem Kunden persönlich in Kontakt zu treten. Dazu zählen die Mitarbeiter aus der weit entfernten Unternehmenszentrale genauso wie der Lkw-Fahrer, der rechtzeitig die Ware zur Verkaufsstelle bringt, oder das »Nachfüllteam«, das in der Nacht die Regale auffüllt. In den vergangenen Jahren hat sich bei vielen Handelsunternehmen der Anteil des indirekt tätigen Personals erhöht. Grund dafür sind neue Technologien, wie z. B. Scannerkassen, Bestands- und Bestellsysteme oder Energiesysteme zur Kühlung und Heizung. Die hohe Komplexität und Produktivität dieser Systeme fordert eine professionelle Pflege und Unterstützung außerhalb der Verkaufsstelle. Die Folge: Heute arbeiten in Handelsunternehmen mehr Spezialisten mit indirektem Kundenkontakt, die unterschiedliche Daten pflegen, aufbereiten und kontrollieren, als klassische »Verkäufer«. Im Online-Handel wirkt das Personal fast ausschließlich indirekt. Aber auch im stationären Handel übernimmt ein Filialleiter nur noch selten eine Verkaufsaufgabe. In modernen, filialisierten Handelsunternehmen wirkt er eher als Manager, der die Instrumente seines »Orchesters« zu einem harmonischen Ganzen zusammenfügt. Welche Instrumente sind das und worauf kommt es dabei an?

4.2.2 Der Verkaufsprozess

Beispiel für den Abbruch eines Verkaufsprozesses durch den Kunden

Herr Brown ist ein Hobbyfotograf, der für den bevorstehenden Familienurlaub eine Kamera kaufen möchte. Sie soll brillante Bilder von den großartigen Landschaften amerikanischer Nationalparks liefern. In der Orientierungsphase sammelt er einige Anzeigen, informiert sich im Internet und erkundigt sich bei einem Arbeitskollegen nach geeigneten Kameratypen. Die Suche verläuft zeitintensiv. Soll er eine Spiegelreflex-, eine Digital- oder ein Smartphone mit guter Kamera kaufen? Gemäß den Produktbeschreibungen und der Werbung ist jeder Kameratyp ein Alleskönner. Sein Arbeitskollege empfiehlt ihm wegen der mittlerweile ausgereiften Technik und der sehr guten Bildqualität eine Digitalkamera. Er hofft, mit dieser Vorentscheidung rasch ein geeignetes Modell zu finden. Zunächst besucht er den günstig gelegenen Filialstandort eines namhaften Filialisten, der in seiner Werbung eine breite Auswahl und das beste Preis-Leistungs-Verhältnis verspricht. Die Kaufphase beginnt für ihn im Geschäft. Er hält vergebens nach Verkaufspersonal Ausschau. Nach 18 Uhr sei hier immer sehr viel los, erklärt ihm die Dame an der Kasse. Das Selbstbedienungsregal präsentiert, getragen von einem übersichtlichen Ladenlayout, 20 unterschiedliche Digitalkameras. Eine Kurzbeschreibung in Form einer Produktetikette liefert die wichtigsten technischen Daten, mit denen Herr Brown aber leider recht wenig anfangen kann. Die schwerverständlichen Produktinformationen, die man auch als unpersönliche Dienstleistung bezeichnen könnte, bewegen ihn dazu, erneut nach einem Verkäufer Ausschau zu halten. »Komme gleich«, so die Antwort einer Verkaufskraft im Vorüberhuschen. Mittlerweile ist es 18:20 Uhr, 10 Minuten vor Ladenschluss und 20 Minuten vor seiner Verabredung auf dem Golfplatz. Herr Brown nimmt einige Kameras in die Hand. Die Präsentation erlaubt es, durch den Sucher zu schauen. Dabei erkennt er als Laie jedoch keine Unterschiede. 18:25 Uhr: Er will gerade gehen, da kommt der Verkäufer auf ihn zu. »Kann ich Ihnen helfen?«, fragt dieser. »Ja«, entgegnet Herr Brown leicht gereizt, »ich suche eine Digitalkamera.« »Da sind Sie bei uns genau richtig, wir haben die größte Auswahl.« Herr Brown bemerkt dazu trocken: »Das habe ich gemerkt. Ich suche eine Kamera, die schöne Landschaftsaufnahmen macht.« Der Verkäufer betont: »Alle von uns geführten Modelle tun das – wir führen nur Qualitätsmarken.« Herr Brown konkretisiert sein Anliegen: »Könnten Sie mir drei besonders gute Digitalkameras zeigen?« Der Verkäufer entspricht diesem Wunsch und wendet sich den teuren Marken zu. Herr Brown lässt eine Kurzbeschreibung aller drei Kameras über sich ergehen. Es handelt sich um Informationen aus der Produktbeschreibung, die er bereits beim Lesen der Produktschilder nicht verstanden hat. Er unternimmt einen letzten Versuch und fragt nach den Unterschieden zwischen den drei Kameras. Der Verkäufer bestätigt sehr ähnliche Leistungsdaten und empfiehlt ihm, bei Detailfragen am nächsten Tag vorbeizukommen, da der Kameraexperte in dieser Abteilung erst morgen aus dem Urlaub komme. Verärgert verabschiedet sich Herr Brown, weil sein Problem nicht gelöst wurde.

Auf Empfehlung seines Arbeitskollegen besucht er am nächsten Tag ein Fachgeschäft in der Innenstadt. Beim Betreten des Geschäftes überkommt ihn zunächst ein ungutes Gefühl. Er sieht nur 5 bis 10 Kameras in einer Vitrine hinter dem Verkaufstresen. Nachdem der Verkäufer ihn gefragt hat, wofür er die Digitalkamera brauche, geht dieser in einen Nebenraum und kommt mit zwei Kameras zurück. Er erklärt ihm die Vor- und Nachteile beider Kameras und empfiehlt ihm schließlich ein Modell. Im Preis sei auch eine zweite Batterie enthalten. So könne er den ganzen Tag die Landschaften der Nationalparks fotografieren, ohne die Batterie aufladen zu müssen. Nach 15 Minuten verlässt Herr Brown die Verkaufsstelle mit einer ausgefüllten Servicegarantie und seiner neuen Digitalkamera. Er hat ein gutes Gefühl und ist sich sicher, dass ihm auch in der Nachkaufphase geholfen wird. Die 5-Sterne-Garantie, eine besondere Serviceleistung des Fachgeschäfts, verspricht z. B. auch die kostenlose Entwicklung der ersten 20 Fotos und einen Abzug in Postergröße. Dafür wählt er nach der Rückkehr aus dem Urlaub den »Big Elephant« aus dem Monument Valley National Park aus.

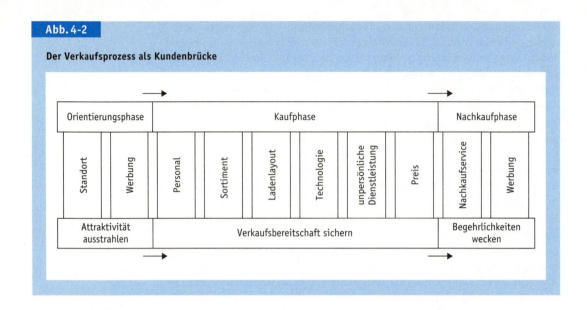

Abb. 4-2

Der Verkaufsprozess als Kundenbrücke

Erwartungsgemäße Abfolge und Verknüpfung der Verkaufsargumente führt zum erfolgreichen Abschluss des Verkaufsprozesses.

Herr Brown kaufte im Fachgeschäft wegen der vorzüglichen Problemlösung. Der Verkäufer hörte ihm zu, wählte fachkompetent zwei geeignete Kameratypen aus und half ihm, die richtige Kamera zweifelsfrei zu bestimmen. Die **Abfolge der Verkaufsargumente** entsprach Herrn Browns Erwartungen optimal. Der persönlichen Begrüßung folgte ein passendes Sortimentsangebot in einer attraktiven Verkaufsstelle. Mit dem Batterie-Kombiangebot gelingt es dem Fachgeschäft am Ende der Verkaufsphase sogar, einen preiswürdigen Eindruck zu vermitteln. Die **Verknüpfung der Verkaufsargumente** ergibt schließlich eine individuelle Kundenbrücke. Jedes Argument stellt ein tragendes Element bzw. einen »Ponton« dieser im Grundsatz flexiblen Brücke dar (siehe Abbildung 4-2). Der Kunde muss sich bei jedem Schritt sicher fühlen. Entspricht das Leistungsangebot in einer der drei Phasen nicht den Erwartungen, dann bricht dieser den Kaufprozess ab und versucht sein Glück bei einem anderen Geschäft. Die Reihenfolge der Pontons spielt eine wichtige Rolle. Je nach Kundenerwartung muss die Brücke in einer anderen Reihenfolge zusammengesetzt werden. Das verlangt Flexibilität und Einfühlungsvermögen. Jedoch kann ein Händler nicht jedem Bedürfnismuster entsprechen. Z. B. kann der Fachhändler, bei dem Herr Brown seine Kamera kaufte, wegen hoher Personalkosten nicht die niedrigsten Preise anbieten.

Im Gegensatz zu Herrn Brown kauft sein Nachbar, Herr Green, Kameras beim Webshop. Als preissensibler Kameraexperte weiß Herr Green genau, welche Kamera er kaufen möchte. Für Herrn Green war der Online-Preisvergleich hilfreich, um den billigsten Anbieter zu finden. In der Kaufphase stellte er keinerlei Ansprüche; das weltweite Garantieversprechen des Kameraherstellers genügte ihm in der Nachkaufphase voll und ganz.

Jedes der Verkaufsargumente muss die Minimalanforderungen des Kunden erfüllen.

Auch kommt es darauf an, mit jedem der acht Verkaufsargumente bzw. Instrumente die Minimalanforderungen von Kunden zu erfüllen. Trägt ein Ponton (Instrument) nicht die (Erwartungs-)Last, kommt es nicht zur Brückenüberquerung

(Kaufabschluss). Das unzureichende Fachwissen des Personals im Fachmarkt löste dort den Kaufabbruch von Herrn Brown aus.

Ferner sollte sich ein Unternehmen auf einige wenige Instrumente konzentrieren und diese besonders gut beherrschen. Übertragen auf das Brückenbeispiel sollten einige Pontons die Brückenpfeiler bilden. Sie garantieren Verkaufserfolge auch in Zeiten starken Wettbewerbs bzw. Hochwassers, weil der Wettbewerbsdruck dann nicht die Brücke wegspült. Ausgewählte Pontons bzw. Instrumente stabilisieren die Verkaufsbemühungen und bewirken einen nachhaltigen Eindruck beim Konsumenten. Betrachten wir nun die Aufgaben für das Handelsmanagement, welche sich aus den acht Instrumenten ableiten lassen und den Kundenwünschen entsprechen sollten.

4.2.3 Die Instrumente und Aufgaben im Verkauf

Die nachfolgend aufgeführten Hauptaufgaben leiten sich aus den Kundenerwartungen für die in Tabelle 4-1 aufgeführten Instrumente ab. Mitarbeiter müssen diese Aufgaben aufgreifen und sorgfältig erledigen. Wer die jeweilige Aufgabe im Unternehmen verantwortet, hängt von der Größe und Organisationsstruktur des Handelsunternehmens ab. Aus diesem Grund sprechen wir an dieser Stelle vom Personal. Damit kann der Manager in der Zentrale, der Filialleiter, der Abteilungsleiter, der Webdesigner oder ein Verkäufer gemeint sein. In der Regel sind mehrere Mitarbeiter betroffen. Deren gute Zusammenarbeit ist immer Voraussetzung für eine exzellente Aufgabenerfüllung. Betrachten wir nachfolgend den stationären Handel, um die zentralen Instrumente zu erläutern.

Das Personal muss die Hauptaufgaben aufgreifen und erledigen.

Werbung spielt in Zeiten großer Wettbewerbsintensität eine besonders wichtige Rolle. Die klassische Werbung mit Flyern, Coupons, Werbespots und Internetanzeigen weckt Interesse am Besuch der Verkaufsstelle. Im Laden versucht die Instore-Werbung, mit Verkaufsförderungsaktionen, Plakaten, Verkaufsvideos und der Regalwerbung Produkte zu bewerben. Insbesondere die klassische Werbung schafft Kundenfrequenz. Dazu muss der **Standort** stimmen. Die Wahl des Standortes wirkt langfristig auf den Erfolg stationärer Verkaufsstellen. Das Einzugsgebiet ist genau zu analysieren. Konkurrenzanbieter, Einwohnerzahlen, die Einkommensstruktur und die Mobilität der Bevölkerung spielen dabei eine wichtige Rolle. Auch noch so hervorragende Leistungen des Verkaufsstellenpersonals können einen schlechten Standort nicht kompensieren. Ebenfalls frequenzhemmend auf die Kundenanzahl wirken zu wenige oder schlecht erreichbare Parkplätze. Die Parkplatzsituation sollte daher kontinuierlich in den Hauptfrequenzzeiten überprüft werden. Auch gehört es zum Management eines Standortes, gelegentlich das Gebäude zu renovieren; nur so lässt sich die Attraktivität sichern und lassen sich optische Akzente setzen.

Instrumente zur Steigerung der Verkaufsstellenkompetenz

Das **Personal** einer Verkaufsstelle kann das Profil stark verbessern. Zunächst muss die Personalplanung einen reibungslosen Verkaufsprozess sicherstellen. Der Personalbestand sollte mit der Umsatzentwicklung einhergehen und erfordert einen tageszeitabhängigen Personaleinsatz. Die Verkäufer sind ein »Aushängeschild«. Freundlichkeit, Fachkompetenz und Aufmerksamkeit sind immer wieder zu trainieren. Inwiefern dies gelingt, hängt sehr stark vom Arbeitsklima ab. Respekt vor dem

Tab. 4-1

Instrumente und Aufgaben zur Steigerung der Verkaufskompetenz

Instrument	Hauptaufgaben
Standort	Wahl des Standortes Angebot an Parkplätzen Renovierung des Gebäudes
Personal	Management des Personalbestandes Ausbildung und Förderung von Freundlichkeit sowie Fachkompetenz Pflege eines guten Arbeitsklimas
Sortiment	Festlegung der Sortimentsbreite Bestimmung der Sortimentstiefe Sicherstellung der Warenverfügbarkeit
Werbung/ Kommunikation	Planung von Verkaufsförderungsaktionen Koordination der Werbung Öffentlichkeitsarbeit
Unpersönliche Dienstleistungen	Bestimmung des Dienstleistungsprogramms Sicherung der Dienstleistungsqualität Weiterentwicklung der Dienstleistungen
Technologie	Suche nach Nutzen stiftenden Applikationen Sicherung der Technologiequalität
Preis	Bestimmung der Preislagen Planung von Preisaktionen Bestimmung der Produktpreise
Ladengestaltung	Schaffung einer Einkaufsatmosphäre Wahl der Präsentationssysteme Innenrenovierung des Gebäudes

Mitarbeiter, Vertrauen in seine Arbeit und Freiräume in seiner Arbeitsgestaltung fördern erwiesenermaßen eine angenehme Unternehmenskultur.

Ständige Überprüfung der Sortimentsbreite

Das **Sortiment** entfaltet beim Kunden eine hohe Anziehungskraft. Deshalb bedarf es einer ständigen Überprüfung der angebotenen Sortimentsbreite und -tiefe. Viele Verbrauchermärkte haben es z. B. versäumt, rechtzeitig die Sortimentsbreite einzuschränken. Viel zu spät verabschiedeten sie sich von Sortimentsbereichen wie Möbel oder Unterhaltungselektronik. Der gestiegene Konkurrenzdruck in den Non-Food-Sortimenten, ausgelöst durch preisaktive Fachmarktanbieter, löste bei Verbrauchermärkten eine sinkende Sortimentsattraktivität aus und bewirkte dadurch erhebliche Ergebnisrückgänge. Die Sortimentstiefe charakterisiert die Auswahl innerhalb eines Sortimentsbereiches (z. B. die Anzahl unterschiedlicher Kameratypen). Das Personal muss bei einer Ausweitung der Sortimentstiefe die baulich begrenzte Verkaufsfläche und den oftmals rückläufigen Warenumschlag berücksichtigen. Ein größeres Warenangebot darf nicht auf Kosten der Rentabilität gehen. Gleichzeitig sind große Anstrengungen zu unternehmen, damit keine Regallücken bzw. leere Regalplätze entstehen. Die rechtzeitige Warenbestellung und ein effizientes Auffüllen der Regale helfen, Regallücken zu vermeiden.

Unpersönliche Dienstleistungen runden das Leistungsangebot ab. Zunächst gilt es, den Umfang der Dienstleistungen festzulegen. Soll neben einem schnellen Kassenservice, eine Einkaufs-App oder ein Newsletter mit den neuesten Angeboten eingesetzt werden? Der zusätzliche Service lohnt sich, wenn Zielkunden diesen wünschen und die Rentabilität stimmt. Das ist nicht oft der Fall. Die Kosten fallen schnell höher als Zusatzumsätze aus. Dennoch fordert der Wandel in den Konsumgewohnheiten dazu auf, nach neuen Serviceleistungen zu suchen. So erfreuen sich z. B. Menüvorschläge für Schnellgerichte großer Beliebtheit.

Den **Technologieeinsatz** im Handel nimmt der Kunde kaum wahr. Außer den Kassensystemen, umfangreichen Beleuchtungssystemen und Kundenkartenprogrammen gibt es dafür auch wenig Anlass. Die im Verborgenen wirkende Technologie kann den Kundennutzen trotzdem erheblich steigern. Denken wir nur an die Internetbestellung von Medikamenten, an die automatische Warennachbestellung zur Vermeidung von Regallücken und individualisierte Werbebotschaften. Die Einführung solch neuer Applikationen darf aber erst erfolgen, wenn die Technologiequalität im täglichen Handelsgeschäft problemlos unter Beweis gestellt werden kann. Im erwähnten Beispiel zum Online-Shopping von Medikamenten darf es dann nicht zu einer verspäteten Auslieferung kommen.

Der **Preis** hat in den vergangenen Jahren als Entscheidungskriterium bei der Einkaufsstättenwahl stark an Bedeutung gewonnen. Ein professionelles Preismanagement muss dem Kunden den Eindruck preisgünstiger Sortimente vermitteln, ohne das Ziel der Profitabilität aus den Augen zu verlieren. Die Bestimmung der Preislagen (hoch, mittel, tief) soll eine Preisoptik gewähren, die sich im Konkurrenzvergleich sehen lassen kann. Darüber hinaus ist die Anzahl an Preisaktionen und Werbemaßnahmen mit der Logistik und dem Einkauf abzustimmen. So verkaufen Händler heute 80 Prozent aller Babywindeln im Rahmen von Aktionsangeboten, was zu großen Schwankungen in den Abverkaufsmengen führt. Der ausgeprägte »Preiskampf« im Handel erschwert die Bestimmung der Produktpreise zunehmend. Die klassische Aufschlagskalkulation, bei der eine fixe Handelsmarge(-spanne) (vgl. Kapitel 8 Controllingkompetenz) auf die Produktionskosten aufgeschlagen wird, kommt immer seltener zum Einsatz. Der Handel muss sich stärker an den marktüblichen Preisen orientieren und gemäß dieser Richtschnur die Einstandspreise der Waren steuern.

Viele Handelsmanager unterschätzen die Profilierungskraft einer guten **Ladengestaltung**, weil diese vom Kunden nur unbewusst wahrgenommen wird. Die Ladengestaltung muss die Produkte im Laden verkaufswirksam anpreisen und ein verkaufsstimulierendes Umfeld für das Warenangebot schaffen. Daraus entsteht eine Verkaufsatmosphäre, die einen Großteil ihrer Attraktivität aus der Architektur und dem Design schöpft. Dazu passende Verkaufssysteme in Form von Regalen, Vitrinen und sonstigen Präsentationssystemen sind auszuwählen und nach Umbauarbeiten teilweise zu ersetzen. Damit ist eine weitere Kernaufgabe angesprochen. Neue Produkte oder Sortimentserweiterungen verlangen oftmals nach einer umfassenden Innenrenovierung, welche gut zu planen ist.

4.2.4 Verkaufskompetenz durch Kundeninspiration erhöhen

Durch Kundeninspiration Emotionen wecken

In Zeiten zunehmend spontaner Kaufentscheidungen verliert das Ziel, eine möglichst hohe Kundenzufriedenheit herbeizuführen, an Bedeutung (Nagengast 2012). Zufriedenheit ist kein Garant für Kundenloyalität in einer Welt des Überangebotes und der Möglichkeit online in Tausenden von Läden rund um die Uhr bestellen zu können. Bestehende Bedürfnisse zu erfüllen ist zwar ein wichtiges Marketingziel, welches jedoch einer Ergänzung bedarf. Wirkungsvoller ist das Marketingziel, Kunden in der Kaufphase zu begeistern. Wer Kundenerwartungen übertrifft, begeistert seine Kunden und bindet diese emotional an sich. Doch fokussiert das Ziel der Kundenbegeisterung auf vorhandene Bedürfnisse. Es setzt ein Kundenverständnis voraus, das im Kern von stabilen Konsummustern ausgeht. In einer stagnierenden Wirtschaft stellt sich jedoch die Frage, ob die Befriedigung vorhandener Bedürfnisse zu Wachstum führen kann. **Überdurchschnittliche** Wachstumsimpulse lassen sich mit dem Ziel der Kundenbegeisterung wohl kaum erreichen, weshalb das Marketing einen weiteren Entwicklungsschritt in Angriff nehmen sollte. Mit dem relativ neuen Marketingziel der Kundeninspiration lässt sich der drohende Umsatzrückgang in vielen Branchen aufhalten. Kundeninspiration soll Begehrenswertes ins Bewusstsein rücken und damit neue Konsumbedürfnisse wecken (vgl. Rudolph/Böttger/Pfrang 2012). Gelingt es Unternehmen, Kunden nachhaltig zu inspirieren, dann kaufen diese zusätzliche oder bessere Produkte und Dienstleistungen mit einem überzeugenden Mehrwert. Innovation und Mehrwert prägen ein nachhaltiges Inspirationsversprechen, welches eine Umsatz- und Ertragssteigerung bewirken kann (siehe Abbildung 4-3).

Unternehmen wie Apple, Nespresso, Lego oder Zara haben die Chancen von Kundeninspiration unter Beweis gestellt. Sie richten ihre Instrumente am POS auf sogenannte Erlebniskunden aus, die offen für neue Leistungsangebote sind. Eine attraktive Warendarbietung in Kombination mit dem Personal, der Ladengestaltung und der Instore-Werbung inspirieren in den letzten 5 Minuten vor dem Kauf, für Mehrwertangebote oder Innovationen.

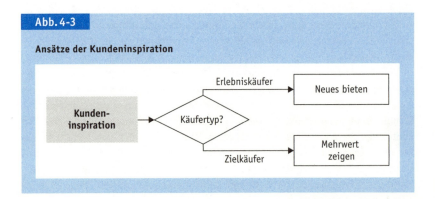

Abb. 4-3: Ansätze der Kundeninspiration

Zentrale Quellen und Situationen der Kundeninspiration

Kunden können Inspiration in verschiedenen Kaufphasen, an unterschiedlichen Orten und durch klassische oder moderne Medien erleben. Für Handelsunternehmen besteht die Möglichkeit, Kunden vor, beim und nach dem Kauf zu inspirieren. Dies kann zum Beispiel zuhause vor dem Einkauf durch Postwurfsendungen, beim Einkauf durch eine herausragende Personalberatung oder nach dem Kauf durch Ergänzungsangebote über Mobile Apps gelingen. Abbildung 4-4 beschreibt ausgewählte Situationen für Kundeninspiration im Handel.

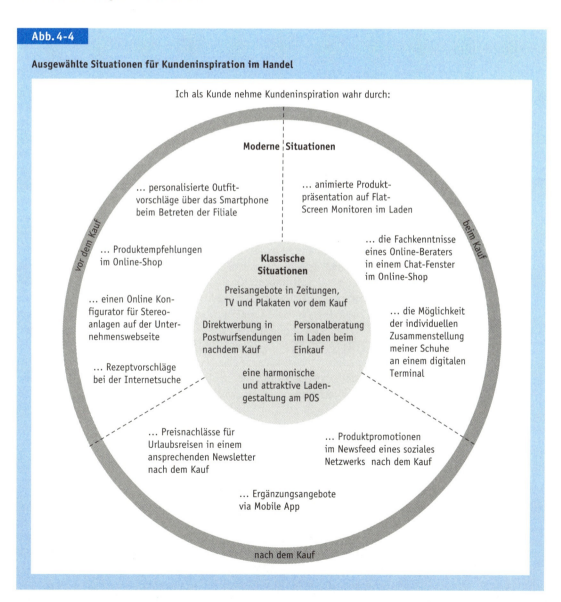

Abb. 4-4 Ausgewählte Situationen für Kundeninspiration im Handel

4.3 Verkaufskompetenz
Handlungswissen

Mit neuen Medien sind zusätzliche Quellen für Kundeninspiration entstanden

Mit den **neuen Medien** sind zusätzliche Quellen für Kundeninspiration entstanden. Inspirierende Websites, wie z. B. von Nike, ermöglichen Kunden einen eigenen Schuh zu designen. Automobilhersteller inspirieren ihre Kunden schon seit Jahren mithilfe von Produktkonfiguratoren oder sprechen sie durch Video-Streams emotional an. Der Online-Händler Amazon präsentiert seinen Kunden auf Basis der individuellen Kaufhistorie personalisierte Produktvorschläge. Mithilfe von Mobile-Marketing erhalten Konsumenten ortsunabhängig Kaufimpulse auf ihr Smartphone. Mit »Augmented Reality« lässt sich das Schaufenster beleben. So macht Diesel in Berlin seine Schaufenster über berührungsempfindliche Bildschirme interaktiv. Kunden können u. a. das Wetter im Schaufenster ändern und per Armbewegung Gewitter mit Blitz und Sturm erzeugen. Der Schweizer Uhrenhersteller Tissot ermöglicht Kunden in einigen europäischen Metropolen, die gesamte Uhren-Kollektion im Schaufenster virtuell am eigenen Handgelenk anzuprobieren. Diese Beispiele verdeutlichen, wie vielfältig die Möglichkeiten zur Kundeninspiration dank neuer Technologien geworden sind.

Aber **auch klassische Medien** wirken inspirierend. Am Point of Sales ergeben sich zahlreiche Kundenkontaktpunkte **für Kundeninspiration**. Das Ladenlayout kann eine starke Wirkung entfalten. Um Kunden emotional zu inspirieren und zum Kauf zu motivieren, sind möglichst alle fünf Sinne anzusprechen. Insbesondere Unternehmen, die für ihre Marken eigene Shops unterhalten, gelingt dies immer besser. Namhafte Beispiele hierfür sind Apple, Abercrombie & Fitch, Desigual, Nespresso, Nike oder Adidas.

Eine andere wirkungsvolle Inspirationsquelle ist das Verkaufspersonal. Verkäufer stehen beratend zur Seite. Sie können bei geplanten, aber auch bei ungeplanten Käufen mit Kombinationsvorschlägen inspirieren. Neben der fachlichen Kompetenz wirkt soziale Kompetenz besonders inspirierend. So bietet Breuninger eine Stilberatung. Das Personal empfängt angemeldete Kunden, stellt eine Auswahl an Anzügen und Hemden bereit und inspiriert mit attraktiven Kombinationsvorschlägen. Der Preis nimmt in Sachen Inspiration eine Sonderstellung ein. Nicht emotionale Momente inspirieren für Neues oder Mehrwert, sondern eher das rationale Argument besonders tiefer Preise. Argumente wie »Das war so billig, da musste ich einfach kaufen.« oder »Ich kaufe so etwas normalerweise nicht, aber das war so günstig, ich probiere das einfach mal aus« beschreiben die inspirative Wirkung tiefer Preise.

Handelsunternehmen sollten sich in stagnierenden Märkten verstärkt mit dem Thema Inspiration befassen, weil es Zusatzumsätze und -erträge in Aussicht stellt.

4.3 Handlungswissen

4.3.1 Sortimentsbreite bestimmen

Sortimentsbreite und -tiefe haben großen Einfluss auf die Rentabilität.

Wie bereits angedeutet, entpuppt sich die ausufernde Sortimentsbreite und -tiefe als Achillesferse vieler Handelsunternehmen. Die Anzahl der gelisteten Produkte nimmt vielerorts ständig zu. Die zusätzliche Ware muss transportiert (Logistikkosten), kommissioniert sowie gelagert (Lagerkosten), präsentiert (Mietkosten) und verkauft (Personalkosten) werden. Personalkosten entstehen übrigens nicht nur in der Ver-

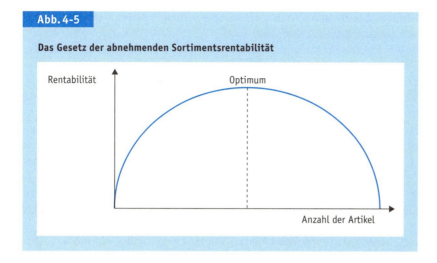

Abb. 4-5

Das Gesetz der abnehmenden Sortimentsrentabilität

kaufsstelle, sondern auch in der Beschaffung und in der Logistik, den beiden anderen Hauptprozessen. Es resultiert eine Kostenlawine, welche ab dem Wendepunkt in Abbildung 4-5 größer als die zusätzlichen Umsätze ausfällt. Nach dem Erreichen des Optimums sinkt die Rentabilität wieder.

Der idealtypische Kurvenverlauf mag in der Realität progressiver (Der Handel erweitert sein Sortiment mit »Hitprodukten«) oder degressiver verlaufen (Der Handel erweitert sein Sortiment mit »Pennerprodukten«). An dieser Stelle steht die Gesetzmäßigkeit im Vordergrund. Unabhängig davon, ob es sich um die Fondspalette einer Bank, die Markenvielfalt eines Autohauses oder die Anzahl unterschiedlicher Joghurtvarianten in einem Supermarkt handelt: Zusätzliche Produkte sollten die Rentabilität nicht verschlechtern.

Inwiefern die Rentabilität (Umsatz minus Kosten bezogen auf einen Sortimentsbereich) sinkt oder steigt, hängt auch von einigen Größen ab, die das Management nicht beeinflussen kann:

> Die Rentabilität hängt auch von nicht beeinflussbaren Größen ab.

- **Konkurrenzaktivitäten** beeinflussen die Erwartungshaltung der Kunden. Tante-Emma-Läden wären ohne Supermärkte mit attraktiven Selbstbedienungssortimenten auch heute noch rentabel. Ohne zusätzliche Konkurrenz wären bis heute die Verkaufspreise gestiegen und kein Sterben dieses Betriebstyps zu beklagen.
- **Verkaufsflächen** sind in der Regel limitiert. Die Artikelanzahl lässt sich daher nur begrenzt steigern. Für immer mehr Ware fehlt schnell der Platz.
- Die begrenzte **Wahrnehmungskapazität** der Kunden spielt auch bei Handelsprodukten eine entscheidende Rolle. Der Kunde erwartet eine gewisse Vorauswahl, die ihm bei seiner Kaufentscheidung hilft. Er will und kann nicht alle Variationsmöglichkeiten wahrnehmen und abwägen (Schweizer/Rudolph 2004).

4.3 Verkaufskompetenz
Handlungswissen

Das Management muss zu umfangreiche Sortimente vermeiden.

Wie kann das Management zu umfangreiche Sortimente vermeiden? Dafür bieten sich die folgenden Maßnahmen an:

- Die jährliche Wachstumsrate für das Sortiment ist in Abhängigkeit von der zur Verfügung stehenden Verkaufsfläche und den Grenzen der Wahrnehmungsfähigkeit zu bestimmen.
- Alle Funktionsbereiche bzw. Abteilungen eines Handelsunternehmens, von der Beschaffung bis hin zum Verkauf, müssen sich an diese Vorgaben halten.
- Die Sortimentspflege muss auch Auslistungen bestehender Produkte vornehmen.
- Jede Sortimentsausweitung sollte in sogenannten Testfilialen erprobt werden.
- Schulungs- und Ausbildungsprogramme sollten auf die Gefahren der Sortimentsausweitung hinweisen.
- Controllingkennzahlen (siehe Kapitel 8 Controllingkompetenz) wie die Umschlaggeschwindigkeit, ABC-Analysen und die Berechnung der Flächenproduktivität helfen, die Tendenz zu ausufernden Sortimenten zu bremsen.

4.3.2 Preislagen unterscheiden

Angenommen, Sie planen, für das Kind von Freunden einen Teddybär zu kaufen: Was würden Sie ausgeben? Dürfen es 19, 24, 29, 34 oder mehr Euro sein? Anschließend stellt sich die Frage, wo Sie den Teddybär kaufen würden. Vielleicht im Fachmarkt, im Verbrauchermarkt, in der Spielwarenabteilung eines Warenhauses oder im Fachgeschäft? Bitte entscheiden Sie sich, bevor Sie weiterlesen.

Ein professionelles Preislagenmanagement vermeidet ein negatives Preisimage.

Fachgeschäfte besitzen bei vielen Kunden fälschlicherweise ein negatives Preisimage. Hauptverantwortlich dafür ist ein nicht optimales Angebot in den unterschiedlichen Preislagen, d. h. die Spannweite und Verteilung der Produktpreise entspricht nicht den Kundenerwartungen oder weicht von den Konkurrenzangeboten erheblich ab. Abhilfe verspricht ein professionelles Preislagenmanagement. Tabelle 4-2 beschreibt diesen Sachverhalt beispielhaft für den Kauf von Teddybären in einem Spielwarenfachgeschäft im Vergleich zu einem Fachmarkt.

Tab. 4-2

Preislagenverteilung Teddybären

Preislage	Verteilung der Produkte auf die Preislagen in %		
	Fachgeschäft	Fachmarkt	Kundenerwartungen
19,99–24,99 €	5	30	25 % Preissensible
25,00–29,99 €	12	59	55 % Optimierer
30,00–34,99 €	60	10	15 % Preisresistente
35,00 € und mehr	23	1	5 % Stark Preisresistente

Im Preiseingangsbereich bis 24,99 Euro bietet der Fachmarkt weit mehr Produkte an. Das Fachgeschäft wirkt teuer, weil sein Sortimentsschwerpunkt auf die Preislage 30,00 bis 34,99 Euro ausgerichtet ist. Das größere Marktsegment, immerhin 80 Prozent der Konsumenten, die sich aus »Preissensiblen« und »Optimierern« zusammensetzen, möchte jedoch weniger ausgeben. Nach den Marktforschungsergebnissen sind lediglich 20 Prozent der Konsumenten bereit, mehr als 30,00 Euro für einen Teddybär zu bezahlen. Das Fachgeschäft sollte deshalb mehr Produkte in den ersten beiden Preislagen anbieten. Insbesondere in der zweiten Preislage bietet das Fachgeschäft viel zu wenig Plüschtiere an. Darunter leiden das generelle Preisimage des Geschäftes und letztlich auch der Umsatz. Viele Fachgeschäfte argumentieren jedoch, es sei unsinnig, Produkte im Preiseingangsbereich anzubieten, weil man sich damit den Verkauf von Artikeln mit einer höheren Marge verbaue. Dieses Argument ist richtig, solange der Preiswettbewerb gering ausfällt. An wettbewerbsintensiven Standorten führt ein derartiges Verhalten jedoch schnell zum Verlust von preissensiblen Kunden, weil diese dann bei der Konkurrenz einkaufen. Bereits 1966 bestätigt Oxenfeldt den hohen Einfluss des Preiseingangsbereiches auf das Preisimage sowie die hohe Merkfähigkeit der Konsumenten in Bezug auf Eingangspreise (Oxenfeldt 1966). Ein effektives Preislagenmanagement basiert auf folgenden vier Faktoren:

1. Kenntnisse über Preisschwellen, welche die Preislagen bzw. Preisklassen markieren. Eine Marktbeobachtung liefert die dafür notwendigen Daten.
2. Informationen zum Ausgabeverhalten für unterschiedliche Preislagen. Der Spielwarenhändler muss beispielsweise den Umsatz aller Plüschabteilungen im Einzugsgebiet für die unterschiedlichen Preislagen abschätzen. Dazu muss er die Konkurrenten kontinuierlich beobachten.
3. Budgetorientiertes und damit konsumentengerechtes Produktangebot in den verschiedenen Preislagen (insbesondere im Preiseingangsbereich).
4. Preislagengerechte Kommunikationspolitik. Nicht nur am Regal müssen die Preislagenschwerpunkte zum Ausdruck kommen; auch in der Werbezeitschrift, im Verkaufsgespräch und im Schaufenster ist darauf zu achten.

Vier Erfolgsfaktoren für ein effektives Preislagenmanagement

Für Fachgeschäfte sind diese Hinweise besonders wichtig. Sie helfen erstens, das Preisimage von Fachgeschäften zu verbessern. Zweitens steigt die Auswahl an preisgünstigen Teddybären aus Sicht von preissensiblen Kunden, die nicht mehr als 19,00 Euro ausgeben möchten.

4.3.3 Anforderungen und Grundformen der Ladengestaltung kennenlernen

Die Bedeutung der Ladengestaltung ist in den vergangenen Jahren gestiegen. Zum einen fordert die zunehmende Wettbewerbsintensität den Handel dazu auf, sich über eine gekonnte Ladengestaltung von der Konkurrenz abzuheben. Zum anderen stiegen die Kosten für Miete, Ladeneinrichtung und Wareneinrichtung kontinuierlich. Die Ladengestaltung sollte drei Anforderungen genügen:

4.3 Verkaufskompetenz
Handlungswissen

1. Die Entwicklung einer attraktiven Ladengestaltung muss sich an die Vorgaben der strategischen Planung halten. Ein Discounter darf z. B. keine Marmorböden und keine vergoldeten Eingangstüren einsetzen, da Kunden sonst an seiner Preiswürdigkeit zweifeln.
2. Die Ladengestaltung muss den Verkauf der angebotenen Waren und Dienstleistungen fördern. Schon viele Händler sind im übertragenen Sinne in »Schönheit« gestorben. Diese Aussage trifft z. B. auf Warenhausbetreiber zu, deren teure und edle Verkaufsraumgestaltung zwar Kunden zum Staunen bringt, aber viel zu geringe Umsätze generiert.
3. Gute Ladengestaltung drückt sich in hoher Flächenproduktivität aus. Sicherlich muss die Ladengestaltung dem Wunsch nach Bequemlichkeit Rechnung tragen. Wird Verkaufsfläche jedoch verschwenderisch, d. h. in zu großem Umfang eingesetzt, dann sinkt die Flächenproduktivität sehr schnell.

Grundsätze der Raumaufteilung und Anordnung der Gänge

Vor dem Hintergrund dieser drei Anforderungen muss sich die Ladengestaltung mit den in Abbildung 4-6 dargestellten Teilaufgaben auseinandersetzen. Bei der Aufteilung des Raumes legt das Personal zunächst fest, wie viel der gesamten Mietfläche für Verkaufsraum und Nebenverkaufsraum eingesetzt werden soll. Für Giovanni-Sport bedeutet dies, genau zu prüfen, wie viel Verkaufsfläche zulasten der Werkstatt und des Lagers hinzukommen kann. Ferner bleibt zu entscheiden, wie viel Fläche für die Funktionszonen, Warenpräsentation, Laufwege der Kunden, Produktberatung/ -demonstration und Kasse zum Einsatz kommen soll. Für die Anordnung der Gänge lassen sich zwei idealtypische Grundformen unterscheiden. Beim Zwangsablauf (z. B.

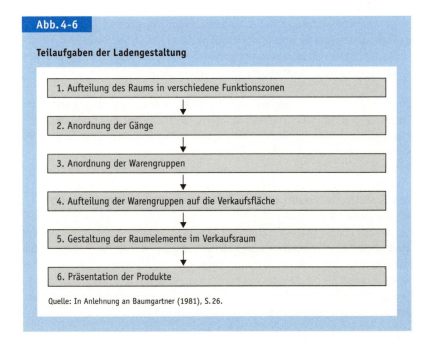

Abb. 4-6

Teilaufgaben der Ladengestaltung

1. Aufteilung des Raums in verschiedene Funktionszonen
2. Anordnung der Gänge
3. Anordnung der Warengruppen
4. Aufteilung der Warengruppen auf die Verkaufsfläche
5. Gestaltung der Raumelemente im Verkaufsraum
6. Präsentation der Produkte

Quelle: In Anlehnung an Baumgartner (1981), S. 26.

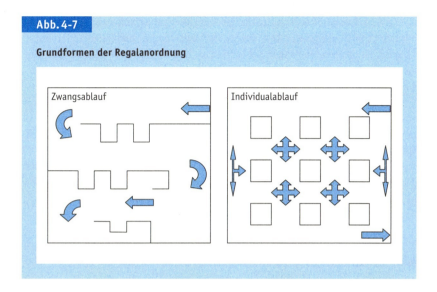

Abb. 4-7

Grundformen der Regalanordnung

Zwangsablauf | Individualablauf

IKEA) muss der Kunde alle Abteilungen durchlaufen. Der Individualablauf eröffnet dem Kunden mehr Freiheiten. Für Giovanni-Sport drängt sich das zweite Grundmuster auf, da Kunden oft nur eine Sportart betreiben und gezielt bestimmte Produkte kaufen (siehe Abbildung 4-7).

Die Anordnung der Regale muss einen kaufstimulierenden Gesamteindruck auslösen. Kunden bevorzugen nach den Erkenntnissen verschiedener Untersuchungen

- die Außengänge des Ladens, Kunden laufen dort entgegen dem Uhrzeigersinn und meiden die Ladenmitte;
- nach dem Betreten zunächst schnell zu laufen, anschließend das Tempo zu verlangsamen und im letzten Drittel wieder schneller zu werden;
- bei mehrstöckigen Verkaufsstellen die unteren Stockwerke;
- rechts stehende Regale und Präsentationen;
- einen Einkauf ohne Unterbrechungen, Kehrtwendungen sind ebenso verpönt wie Ladenecken.

Regalanordnungen, die von Kunden bevorzugt werden

Giovanni-Sport entscheidet sich, die Mittelzone des Ladens als Präsentationsfläche (Fokuspunkt) für Trendsportarten zu nutzen, um daran sternförmig ein umfassendes Sortiment für verschiedene Sportarten anzubieten. Die Höhe der Warenträger in der Ladenmitte soll 1,40 Meter nicht übersteigen. Nur so behält der Kunde die Übersicht.

Die Aufteilung der Warengruppen auf der Verkaufsfläche richtet sich einerseits nach dem Flächenbedarf, andererseits nach den Profilierungszielen. So plant Giovanni-Sport die Tennisabteilung zu verkleinern. Der abklingende Tennisboom sowie der gering ausfallende Flächenbedarf unterstützen diese Absicht. Welcher Sortimentsbereich eine Profilierungswirkung entfalten soll, muss noch entschieden werden. Dafür ist zusätzliche Verkaufsfläche einzuplanen.

Die Gestaltung der Raumelemente im Verkaufsraum befasst sich unter anderem mit der Auswahl geeigneter Warenträger, dem Farb- und Designkonzept, der Gestaltung des Eingangsbereichs samt Schaufenstergestaltung sowie der Kassenzone. Giovanni-Sport möchte viel stärker als zuvor dem Ziel einer naturverbundenen Ladengestaltung über helle Farben und Holzregale Rechnung tragen.

Flexible Präsentationssysteme erlauben eine hohe Flächenproduktivität.

Die Präsentation der Produkte unterliegt aufgrund der hohen Sortimentsdynamik einem ständigen Wandel. Folgerichtig müssen die Präsentationssysteme sehr flexibel sein. Im Mittelpunkt dieser Teilaufgabe steht das Ziel einer hohen Flächenproduktivität. Aufgrund ihrer hohen Umschlaggeschwindigkeit erhalten bei Giovanni-Sport Fußballschuhe mehr Präsentationsfläche. Fußballschuhe werden einzeln und immer frontal präsentiert. Mit gezielten Auswertungen der Kassendaten soll diesem Ziel künftig noch besser entsprochen werden.

4.4 Fallstudie: Giovanni-Sport

Claudio ist Giovannis Sohn und will das Sportgeschäft in ein paar Jahren übernehmen. Zum Ende seines Fachhochschulstudiums drängt der begeisterte Beach-Volleyball-Spieler seinen Vater, die Ausgangssituation von Giovanni-Sport (nachfolgend mit GS bezeichnet) vor dem Umbau systematisch zu analysieren.

Die Macht der Kunden

GS beauftragt ein Marktforschungsinstitut mit der Befragung von Kunden- und Gelegenheitskunden. Die Auswertung deutet auf einen Anteil von 50 Prozent Gelegenheitssportlern unter den GS-Kunden hin. Diese gehören keinem Verein an und suchen in erster Linie Spaß beim Sporttreiben. Die restlichen Kunden betreiben regelmäßig eine Sportart in einem Verein. Bevorzugt kaufen die heutigen Kunden Ballsportsortimente bei GS. Im Bereich der Trendsportarten wie Kitesurfing, Freeriding und Golf bevorzugen die Gelegenheitskunden eher kleinere Spezialgeschäfte. Trendsportler sind weit weniger preissensibel. Dazu zählen insbesondere Jugendliche und Erwachsene im Alter zwischen 12 und 25 Jahren, für die GS allerdings nicht die erste Wahl darstellt. Sie beschreiben das Markenimage von GS als etwas verstaubt, traditionell geprägt und recht langsam beim Aufgreifen neuer Trends. Die Macht der Kunden nimmt mit der steigenden Anzahl neuer Anbieter zu. Immer häufiger kaufen die Kunden ihre Sportartikel im Urlaub, was auf eine abnehmende Kundentreue hindeutet.

Bestehende Konkurrenten

Fortschrittlich, modern und vertrauensvoll beurteilen die befragten Gelegenheitskunden ein anderes Fachgeschäft, das vor fünf Jahren auf einer 50 Prozent größeren Verkaufsfläche eröffnet hat. Die Stärken in der Verkaufsleistung liegen in der Ladengestaltung und in der breiten Auswahl. Die anderen Profilierungsdimensionen werden als durchschnittlich beurteilt. Insgesamt erhält dieser Laden eine bessere Beurteilung als GS. Schlechter fällt das Urteil für ein Warenhaus aus. Die Gelegenheitskunden loben zwar das gute Preis-Leistungs-Verhältnis, kritisieren dort aber die schlechte Beratung.

Neue Konkurrenten

Außerhalb der Stadt soll im kommenden Jahr ein Fabrikverkaufszentrum (Factory Outlet) die Tore öffnen. Dort will ein bekannter Markenhersteller einen Shop eröffnen. Eine direkte Konkurrenz für Fachgeschäfte würde nach den Angaben des Pressesprechers nicht entstehen, da nur Auslaufmodelle oder Produkte der zweiten Wahl das Angebot ausmachen. Giovanni und Claudio erwarten aber durch das Internet mit zahlreichen Webshops eine starke Wettbewerbsverschärfung.

Viele Studien bescheinigen der Sportartikelindustrie ein innovatives Image. Schwitzende Sportler dienen nicht mehr als Werbeträger. Anstrengung im Sport ist passé. Sport wird als Entspannung vom Alltag vermarktet. Neue Zielgruppen haben die Umsätze in den vergangenen Jahren beflügelt. Dem Marketing der Industrie ist es gelungen, starke Marken zu etablieren und neue Trendprodukte zu vermarkten. Die Mehrzahl der über 1.000 Euro teuren Mountainbikes verlässt z. B. nie eine asphaltierte Straße. Der Drang nach Freiheit und Einzigartigkeit wurde geschickt genutzt. Durch die Innovationskraft der Lieferanten hat deren Macht zugenommen. Sie verkaufen heute nicht mehr Produkte für den körperlichen Ausgleich, sondern versprechen mit ihrer Markenwerbung Power, Aufregung und Erlebnis. Die zunehmende Macht kommt auch in dem Bestreben zum Ausdruck, eigene Verkaufsstellen zu eröffnen. Nike und Adidas werden zum Händler. Für Fachhändler ist diese Entwicklung problematisch, zumal auch auf Seiten der Industrie viele kleine Produzenten unter dem Dach der Großen verschwunden sind.

Die Lieferanten und deren Macht

Die Analyse der Marktsituation deutet Chancen und Gefahren für GS an. Vater und Sohn sind sich einig, dass die Zukunft nicht im Preiswettbewerb liegen kann. Sie wollen versuchen, die Rolle des Problemlösers (siehe Kapitel 2 Strategiekompetenz) für Sportbegeisterte auszufüllen und beabsichtigen, diese Zielsetzung zu konkretisieren. Dabei soll das Zonenmodell der Profilierung helfen.

Der Einsatz des Zonenmodells der Profilierung soll helfen, das Unternehmens- bzw. das Verkaufsstellenprofil zu stärken. Das Zonenmodell dient als Planungs- und Führungsinstrument. Bei der Profilplanung sind erstens die relevanten Profilierungsinstrumente zu wählen und zweitens dafür geeignete Profilierungsmaßnahmen zu suchen. Das ausgefüllte Zonenmodell zeigt Mitarbeitern, wie die Verkaufskompetenz am POS und damit auch das Profil verbessert werden sollen. Bevor wir das Arbeiten mit dem Modell detailliert vorstellen, sollen die zentralen Begriffe erklärt werden.

Das Zonenmodell der Profilierung stärkt das Verkaufsstellenprofil.

Acht Profilierungsinstrumente helfen dem Händler Kundenbedürfnisse zu befriedigen. Die Kundenbrücke (vgl. Abbildung 4-2) fordert den Anwender dazu auf, über die Profilierung in allen drei Phasen (Orientierungs-, Kauf- und Nachkaufphase) nachzudenken. Aus den acht Instrumenten sind diejenigen auszuwählen, welche strategiekonform Wettbewerbsvorteile versprechen. Dies können, ja dürfen nur wenige Instrumente sein, weil die Unternehmensressourcen in Form von Kapital, Kenntnissen und Fähigkeiten begrenzt sind. Für einen Discounter bietet es sich lediglich an, das Instrument Preis zur Profilierung auszuwählen. Für die restlichen sieben Instrumente strebt der Discounter keine Differenzierung zum Wettbewerb an. Dort sind lediglich die Mindestanforderungen zu erfüllen. **Profilierungsmaßnahmen** beantworten die Frage, mit welchen konkreten Aktivitäten bzw. Maßnahmen Kunden zu begeistern sind. So bieten sich verschiedene konkrete Maßnahmen für das Profilierungsinstrument Preis an. Beispielsweise Aktionsangebote in der Filiale, ein attraktiver Wochenflyer mit Preisaktionen oder Rabattgutscheine, die mit dem Kundenmagazin verschickt werden. Welche dieser möglichen Maßnahmen zum Profil beitragen sollen, bleibt genau zu prüfen. Der erzielbare Kundennutzen ist den damit

Profilierungsinstrumente und Profilierungsmaßnahmen

4.4 Verkaufskompetenz
Fallstudie: Giovanni-Sport

verbundenen Kosten gegenüberzustellen. Wir sprechen dann von einer Profilierungsmaßnahme, wenn Kunden damit einen Wettbewerbsvorteil des Geschäftes verbinden und bereit sind, diesen zu bezahlen. Falls beispielsweise Rabattgutscheine im Kundenmagazin nicht als Wettbewerbsvorteil wahrgenommen werden, handelt es sich lediglich um Maßnahmen der Sicherheitszone. Solche Maßnahmen zählen zum Pflichtprogramm einer Verkaufsstelle, um die Mindestanforderung der Kunden zu erfüllen. Profilierungsmaßnahmen sichern eine zufriedenstellende Rendite. Sie lösen Kundenbegeisterung aus und machen Gelegenheitskunden zu Stammkunden.

Sicherheitszone, Profilierungszone und Früherkennungszone verdeutlichen die Profilierungsdynamik.

Drei Zonen verdeutlichen die Profilierungsdynamik in der Wahrnehmung von möglichen Maßnahmen. Was heute aus Kundensicht noch Profil besitzt, kann schon morgen nur noch den Mindestanforderungen genügen. Eine spezielle Beleuchtung in der Sportschuhabteilung kann sehr schnell an Profilierungskraft verlieren, wenn alle Konkurrenzgeschäfte darauf setzen. Wir unterscheiden daher drei Zonen:

1. Zur **Sicherheitszone** zählen sogenannte (Muss-)Maßnahmen, welche der Kunde verlangt und alle Konkurrenten anbieten.
2. In die **Profilierungszone** gehören Profilierungsmaßnahmen, welche die Konkurrenten nicht anbieten und für die der Kunde bereit ist zu bezahlen.
3. Der **Früherkennungszone** lassen sich Maßnahmen zuordnen, welche kein Konkurrent heute anbietet und für welche die Kunden heute noch nicht bereit sind zu bezahlen. Maßnahmen in dieser Zone werden entwickelt und getestet, aber noch nicht flächendeckend angeboten.

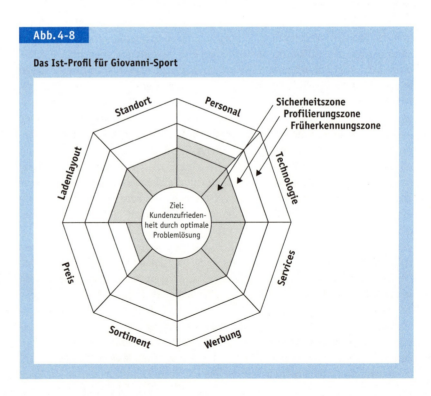

Abb. 4-8

Das Ist-Profil für Giovanni-Sport

Basierend auf einer Kundenbefragung entstand das in Abbildung 4-8 dargestellte Ist-Profil. GS erzielt dementsprechend für sechs Instrumente befriedigende Werte. Die Kunden erkennen für diese Instrumente im Konkurrenzvergleich weder Vor- noch Nachteile. Die Sicherheitszone wird somit erreicht. Beim Preis erhält GS schlechte Noten, weshalb im Modell nur die halbe Sicherheitszone schraffiert ist. Hingegen schätzen die Befragten die gute Beratung. Die Beratungsleistung prägt leicht das Profil, weshalb die Profilierungszone halb ausgefüllt ist.

Nachdem mithilfe der Marktforschung das Ist-Profil gemessen wurde, stellt sich die Frage, welche Instrumente das künftige Profil (Soll-Profil) prägen sollen und welche Profilierungsmaßnahmen sich dafür eignen. Zudem stellt sich die Frage, welche Inspirationsmaßnahmen zur nachhaltigen Profilierung im Wettbewerb unterstützend wirken können. Diese Fragen sind in der nachfolgenden Aufgabenstellung zu beantworten. Mit dem Ausfüllen des Zonenmodells der Profilierung plant der Anwender die künftige Verkaufskompetenz von GS.

Aufgaben zur Fallstudie

1. Schlagen Sie für GS ein Soll-Profil vor. Bestimmen Sie, bei welchen Instrumenten GS sich künftig einen Wettbewerbsvorsprung aufbauen soll. Zeichnen Sie das Soll-Profil in das Zonenmodell der Profilierung ein. Begründen Sie Ihren Vorschlag ausführlich.
2. Überlegen Sie sich für diejenigen Instrumente, welche künftig bei der Profilierung (Profilierungszone) eine wichtige Rolle spielen sollen, jeweils drei überzeugende und konkrete Profilierungsmaßnahmen. Profilierungsmaßnahmen beschreiben konkret das Vorgehen zum Profilaufbau. Beispielsweise könnte sich GS über das Personal im Bereich der Trendsportarten wirkungsvoll profilieren, indem das Unternehmen einen Verkäufer einstellt, der diese Sportart erfolgreich ausübt.
3. Entscheidet sich GS, auch in der Früherkennungszone aktiv zu werden, dann verlangt dies, neue Maßnahmen zu suchen, die in der Zukunft das Unternehmensprofil stärken. Für welches Instrument schlagen Sie die Früherkennungszone vor? Begründen Sie Ihren Vorschlag ausführlich.
4. Welche der von Ihnen ausgewählten Maßnahmen zur Profilierung von GS sind in der Lage Konsumenten zu inspirieren? Entwickeln Sie für maximal zwei Maßnahmen ein inspirierendes Kommunikationskonzept.

Kontrollfragen

- Aus welchen Elementen setzt sich der idealtypische Verkaufsprozess zusammen? Welche Ziele sollte der Händler in den einzelnen Phasen verfolgen?
- Welche Instrumente kann der Händler zur Steigerung der Verkaufskompetenz einsetzen? Welche Aufgaben muss das Personal dabei wahrnehmen?
- Was besagt das Gesetz der abnehmenden Sortimentsrentabilität? Welche Kosten sind dabei von Bedeutung?

4.4 Literatur

- Durch welche Maßnahmen kann das Management die Entstehung zu umfangreicher Sortimente verhindern?
- Welche Faktoren führen zu einem erfolgreichen Preislagenmanagement?
- Aus welchen sechs Teilaufgaben setzt sich der Prozess der Ladengestaltung zusammen und welche dieser Teilaufgaben sind dabei von besonders hoher Bedeutung?
- Was wird unter Kundeninspiration verstanden und welche Ansätze kennen Sie im Hinblick auf die unterschiedlichen Kaufphasen?

Literatur

Baumgartner, R. (1981): Ladenerneuerung: Store Modernization, St. Gallen.
Nagengast, L. (2012): Kunden Erfolgreich Binden: Die Wirkung von Kundenbindungsinstrumenten auf Einstellungen und Kaufverhalten, Dissertation Nr. 3972, St. Gallen: Universität St. Gallen.
Oxenfeldt, A. R. (1966): Product line pricing, in: Harvard Business Review, 44 (3), S. 137–144.
Rudolph, T./Weber, M. (2012): Mehr Profil durch Kundeninspiration, St. Gallen.
Schweizer, M./Rudolph, T. (2004): Wenn Käufer streiken – Mit Profil gegen Consumer Confusion und Kaufmüdigkeit, Wiesbaden.

Vertiefende Literatur zum Thema Profilierung
Rudolph, T. (1993): Positionierungs- und Profilierungsstrategien im Europäischen Einzelhandel, Band 10 der FAH-Schriftenreihe Marketing-Management, St. Gallen.
Rudolph, T. (1997): Profilieren mit Methode – von der Positionierung zum Markterfolg, Frankfurt/New York.
Rudolph, T./Loock, M./Kleinschrodt, A. (2008): Strategisches Handelsmanagement. Grundlagen für den Erfolg auf internationalen Handelsmärkten, Aachen.

Vertiefende Literatur zum Thema Personal und Service in der Verkaufsstelle
Fassnacht, M. (2003): Eine dienstleistungsorientierte Perspektive des Handelsmarketing, Wiesbaden.
Homburg, C./Hoyer, W. D./Fassnacht, M. (2002): Service Orientation of a Retailer's Business Strategy: Dimensions, Antecedents, and Performance Outcomes, in: Journal of Marketing, 66 (4), S. 86–101.
Levy, M./Weitz, B. (2008): Retailing Management, 7. Aufl., New York. Siehe dort das Kapitel »Managing the store«, S. 550–584.

Vertiefende Literatur zum Thema Sortimentspolitik
Ahlert, D./Kenning, P. (2007): Handelsmarketing. Grundlagen der marktorientierten Führung von Handelsbetrieben, Heidelberg, Berlin. Siehe dort das Kapitel »Sortimentspolitik«, S. 195–220.
Berekoven, L. (1990): Erfolgreiches Handelsmarketing: Grundlagen und Entscheidungshilfen, München. Siehe dort das Kapitel »Sortimentspolitik«, S. 74–130.

Koelemeijer, K./Oppewal, H. (1999): Assessing the Effects of Assortment and Ambience: A Choice Experimental Approach, in: Journal of Retailing, Vol. 75 (3), S. 319–345.

Vertiefende Literatur zum Thema Preismanagement

Ahlert, D./Kenning, P. (2007): Handelsmarketing. Grundlagen der marktorientierten Führung von Handelsbetrieben, Heidelberg, Berlin. Siehe dort das Kapitel »Preispolitik«, S. 233–268.

Diller, H. (2008): Preispolitik, 4. Aufl., Stuttgart. Siehe dort insbesondere das Kapitel zur »Preispolitik im Einzelhandel«, S. 499–522.

Oehme, W. (2001): Handelsmarketing, 3. Aufl., München. Siehe dort das Kapitel »Preispolitik«, S. 247–311.

Vertiefende Literatur zum Thema Ladengestaltung

Ahlert, D./Kenning, P. (2007): Handelsmarketing. Grundlagen der marktorientierten Führung von Handelsbetrieben, Heidelberg, Berlin. Siehe dort das Kapitel »Präsentationspolitik«, S. 269–279.

Berekoven, L. (1990): Erfolgreiches Handelsmarketing: Grundlagen und Entscheidungshilfen, München. Siehe dort das Kapitel »Verkaufsraumgestaltung und Warenpräsentation«, S. 283–318.

Koelemeijer, K./Oppewal, H. (1999): Assessing the Effects of Assortment and Ambience: A Choice Experimental Approach, in: Journal of Retailing, 75(3), S. 319–345.

5 Logistikkompetenz

Lernziele

Leitfrage: Welche Stellung nimmt die Logistik im Wertschöpfungsprozess eines Handelsunternehmens ein?

- Welche Aufgaben erfüllt die Handelslogistik traditionell und inwieweit erweitert sich dieses Aufgabenspektrum im Zuge des Supply-Chain-Managements?
- Welche Anforderungen werden an die Handelslogistik gestellt?
- Mit welchen anderen Kompetenzbereichen des Handelsmanagements ist die Logistikkompetenz eng verknüpft?

Leitfrage: Wie kann der Logistikprozess unterteilt und optimiert werden?

- In welche Prozessstufen lässt sich der Logistikprozess aufgliedern?
- Was versteht man unter Zentrallager- und Streckenbelieferung und worin liegen die jeweiligen Vor- und Nachteile?
- Welche Konzepte können zur Verbesserung der Prozesseffizienz angewendet werden?

Leitfrage: Was sollte beim Aufbau eines wirkungsvollen Supply-Chain-Managements in der Handelspraxis beachtet werden?

- In welchen Schritten erfolgt der Aufbau eines integrierten Supply-Chain-Managements?
- Wie ist mit der Herausforderung Warenverfügbarkeit und Regallücken umzugehen?
- Wie lässt sich der Logistikprozess durch den Einbezug von Lieferanten optimieren?

5.1 Einleitung

Wenn Sie in einer Verkaufsstelle von dm-drogerie markt eine Tube Elmex-Zahnpasta kaufen, löst der Kassiervorgang eine Reihe von Informationsprozessen aus. Der vom Scanner gelesene EAN-Code wird sofort an das Regionalverteilzentrum von dm übermittelt. Auch Gaba, der Hersteller von Elmex-Zahnpasta, wird automatisch über den Verkauf der Tube informiert. Übertrifft der Verkauf von Elmex-Zahnpasta an diesem Tag den kritischen Lagerbestand in der Filiale, erteilt das automatische Bestellwesen (Automated Replenishment) einen Bestellauftrag an Gaba. Nach ca. drei bis fünf Tagen trifft eine größere Menge Zahnpasta im dm-Regionalverteilzentrum ein. Zwischenzeitlich wird die Filiale aus dem Lagerbestand des Regionalverteilzentrums beliefert. Noch am selben Tag erreicht die Zahnpasta zusammen mit anderen Produkten die Filiale, in der Sie tags zuvor eine Tube gekauft haben. Diese logistische Meis-

5.2 Grundlagen

Ziele der Logistik und Stellung im Wertschöpfungsprozess

terleistung führt zu niedrigen Lagerbeständen und einer niedrigen Kapitalbindung. Ohne den Einsatz von hoch entwickelten Informationssystemen wäre dieser Quantensprung in der Logistik nicht möglich.

Betrachten wir die Stellung der Logistik im Wertschöpfungsprozess, so lassen sich einige Ziele ableiten, die auf eine enge Verknüpfung mit anderen Kompetenzbereichen hindeuten:
- Stärkung des Verkaufs,
- Reduzierung der Rampenkontakte,
- Entlastung der Filialen von operativen Logistikaufgaben,
- Erleichterung und Verbesserung der Disposition (Bestellung),
- Erhöhte Warenpräsenz in den Filialen,
- Vermeidung von Ausschuss und Retouren,
- Optimierung der Bestände und
- Senkung der Kosten für die gesamte Beschaffungskette.

5.2 Grundlagen

5.2.1 Die Aufgaben der Logistik

Die Logistik organisiert den Warenfluss vom Hersteller zum Kunden.

Ein großer Teil der Handelswertschöpfung resultiert aus der Logistik. Wie mühsam wäre es doch für uns, wenn wir die Milch beim Bauern, den Apfelsaft in der Kelterei, den Käse in der Käserei und das Bier in der Brauerei jeweils separat einkaufen müssten. Ein moderner Supermarkt bietet ca. 15.000 bis 20.000 Produkte auf 1.500 m² Verkaufsfläche und erleichtert uns den Lebensmitteleinkauf ungemein. Voraussetzung für den bequemen Einkauf ist die Logistik, welche den Warenfluss vom Herstel-

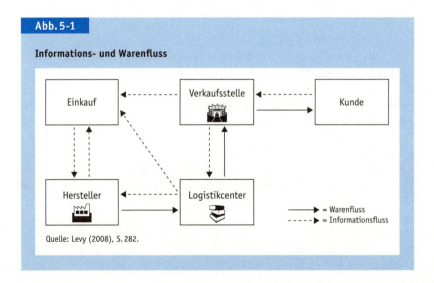

Abb. 5-1 Informations- und Warenfluss

Quelle: Levy (2008), S. 282.

ler über mögliche Großhändler bis zum Kunden organisiert. Bis vor wenigen Jahren bestand die Kernaufgabe der Handelslogistik im Verteilen von Produkten bis hin zur einzelnen Filiale. Mit dem Aufkommen technologischer Neuerungen wie Scanning, technologiebasierten Warenwirtschaftssystemen und intelligenten Softwarelösungen lässt sich die Logistikaufgabe noch effizienter lösen.

Zunehmend muss die Logistik wertschöpfungsstufenübergreifend verstanden werden. Im Zuge eines solchen Supply-Chain-Managements, das auch die Entwicklung neuer Produkte mit berücksichtigt, sind die logistischen Aufgaben von Hersteller, Großhandel und Einzelhandel zu koordinieren. Dadurch soll erreicht werden, dass der Warenbestand sinkt, die Warenbestellzyklen sich verkürzen, die Warenverteilkosten (Logistikkosten) sinken und gleichzeitig die Kundenzufriedenheit mit dem Leistungsangebot steigt. Dieser Kernherausforderung trägt das ECR-Konzept (Efficient Consumer Response) Rechnung, in dem der Informations- und Warenfluss simultan optimiert werden. Wie dies in modernen Handelsunternehmen funktioniert, zeigt das Beispiel dm-drogerie markt im Einleitungskapitel 5.1.

Supply-Chain-Management koordiniert logistische Aufgaben.

Abbildung 5-1 zeigt den Waren- und Informationsfluss zwischen allen Akteuren. Um die Grundlagen der Handelslogistik zu beschreiben, konzentrieren wir uns im nachfolgenden Abschnitt auf den internen Logistikprozess des Handels und blenden dabei vor- und nachgelagerte Logistikaktivitäten weitgehend aus.

5.2.2 Der Logistikprozess und seine Grundformen

Die **Logistik** beschäftigt sich mit dem physischen Prozess der Warenbewegungen vom Produzenten über den Handel bis hin zum Kunden. Betrachten wir den Logistikprozess, so lassen sich zwei Grundformen unterscheiden (vgl. Abbildung 5-2).
▶ Grundform 1: Zentrallagerbelieferung
   Viele Großunternehmen des Handels lassen die bestellten Produkte der Hersteller

Die Zentrallagerbelieferung und die Streckenbelieferung als logistische Grundformen

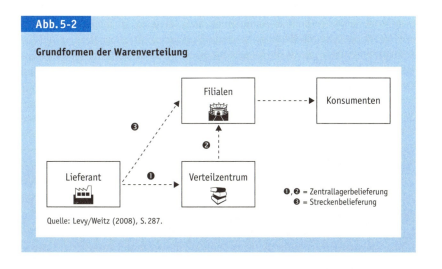

Abb. 5-2 Grundformen der Warenverteilung

❶,❷ = Zentrallagerbelieferung
❸ = Streckenbelieferung

Quelle: Levy/Weitz (2008), S. 287.

5.2 Logistikkompetenz
Grundlagen

Abb. 5-3

Kernaufgaben im Logistikprozess des Handels

Warenanlieferung	Wareneingang	Einlagerung und Crossdocking	Warenauszeichnung	Kommissionierung	Filialbelieferung	Rückführende Logistik
Zeitpunktgenaue Anlieferung	Warenkontrolle und Warenregistrierung	Lagerstandort zuweisen und Waren einlagern	Artikelnummer vergeben und Preise auszeichnen	Zusammenstellung filialspezifischer Warenanlieferung	Routenplanung	Rücktransport fehlerhafter Ware und Leergutentsorgung

in sogenannte Zentrallager bzw. Verteilzentren liefern. Diese zentral gesteuerten Organisationseinheiten lagern zum Teil Ware ein (z. B. bei großen Bestellungen von Spielwaren in Fernost) und stellen den filialspezifischen Warennachschub sicher. Beispielsweise funktionieren Logistikzentren des Lebensmittelhandels in erster Linie als Warenumschlagplätze. Hier entfällt die Lagerhaltungsfunktion. Verderbliche Waren müssen möglichst rasch den einzelnen Verkaufsstellen in der richtigen Menge zugeteilt werden.

▸ Grundform 2: Streckenbelieferung
Handelt es sich um Waren, welche spezielle logistische Prozesse erfordern (z. B. leicht zerbrechliche Produkte), so kann sich die sogenannte Streckenbelieferung vom Lieferanten an die Verkaufsstelle als vorteilhaft erweisen. Im mittelständischen Handel kommt diese Belieferungsform häufig vor.

Logistische Abläufe des Handels stehen im Mittelpunkt der nachfolgenden Betrachtung. Konkret geht es um Warenanlieferung, Wareneingang, Einlagerung und Crossdocking, Auszeichnung der Ware, Kommissionierung, Warenauslieferung und Logistikrückführung. Das nachfolgende Beispiel erklärt diesen Prozess. Es veranschaulicht, wie Coca-Cola-Flaschen an Coop geliefert werden. Bewusst verzichten wir auf eine zeitgemäße Darstellung, um die logistischen Möglichkeiten der Zukunft zu illustrieren. Abbildung 5-3 liefert einen Überblick über die sieben Kernaufgaben im Logistikprozess.

Warenanlieferung

Die Warenanlieferung stellt bei vielen Handelsbetrieben einen Engpassfaktor dar.

Der Warenanlieferung gehen die Verhandlungen der Category Manager auf der Handelsseite mit Verkäufern auf der Herstellerseite voraus. Sie legen die Verkaufsförderungsaktionen, die Logistikkonditionen, die Preise sowie die Belieferungszeiten für das Verteilzentrum fest. Coca-Cola erhält in unserem Beispiel den Auftrag, das Verteilzentrum von Coop am Dienstag zwischen 9:00 Uhr und 9:30 Uhr mit zwei Lkw-Ladungen zu beliefern. Aufgrund eines Staus auf der Autobahn erreicht der Lastwagen das Ziel erst 60 Minuten später. Gemäß Vertrag muss Coca-Cola eine Strafe von einigen hundert Franken bezahlen, denn für Coop bedeutet eine zu späte Anlieferung höhere Kosten. Die Belieferung der Filialen am gleichen Tag ist gefährdet. Zusätzlich können Lkw-Staus an den Warenannahmerampen durch die Verspätung entstehen. Die Just-in-time-Belieferung hilft dem Handel, Lager abzubauen, womit der Kapitalumschlag und letztlich der Return on Investment (ROI) steigt. Die Warenanlieferung entwickelt sich deshalb in vielen Handelsbetrieben zum Engpassfaktor. Einerseits lösen Verspätungen große Probleme wie z. B. Out-of-stock-Situationen in den Filialen aus, andererseits stellt sich die Frage nach der optimalen Belieferungsart. Einige Handelsunternehmen holen heute die Ware in Kooperation mit Logistikdienstleistern direkt beim Lieferanten ab.

Wareneingang

Der Coca-Cola-Lastwagen lädt 24 Paletten des Kultgetränks aus und gibt den Lieferschein ab. Nach der Ablage des Lieferscheines folgt die Kontrolle der bestellten Ware auf Vollständigkeit und Qualität. Bisher war dieser Arbeitsschritt sehr zeitaufwändig und arbeitsintensiv. Heute erhält das Verteilzentrum vor der Warenanlieferung eine detaillierte elektronische Mitteilung über die bevorstehende Anlieferung. Standardisierte Strichcodes auf der angelieferten Ware, die eine elektronische Warenerfassung mithilfe eines Scanners ermöglichen (Electronic Data Interchange, kurz EDI), haben in den vergangenen Jahren zu erheblichen Einsparungen bei den Personalkosten beigetragen. Schon bald wird jedes Produkt mit einem Chip ausgestattet sein, dessen detaillierte Informationen mittels der Radiofrequenztechnik (RFID, Radio Frequency Identification) von speziellen Lesegeräten empfangen werden können. Damit erfolgt nicht nur der Wareneingang vollautomatisch. Die Radiofrequenztechnik führt zu weiteren Einsparungen entlang des gesamten Logistikprozesses. Auch am Point-of-Sale ergeben sich viele Vorteile. Beispielsweise entfällt der klassische Kassiervorgang, da die gekauften Produkte nicht mehr auf das Band an der Kasse gelegt werden müssen. Der Kunde fährt am Lesegerät vorbei und erhält nach zwei Sekunden den Gesamtbetrag angezeigt. Noch ist diese Technologie zu teuer, allerdings sinken die Kosten kontinuierlich.

Elektronische Warenerfassung über Scanner oder RFID

Einlagerung und Crossdocking

Da der Lastwagen 60 Minuten zu spät angeliefert hat, müssen die Paletten einen Tag im Verteilzentrum zwischengelagert werden. Die Auslieferung der Ware an die Filialen kann nicht mehr am selben Tag erfolgen. Das war bis vor wenigen Jahren der Regelfall. Gabelstapler hievten damals die Paletten auf Regalplätze, die der Zentralrechner den Lagermitarbeitern angab. Wäre der Lkw pünktlich eingetroffen, dann hätte das heutige Crossdocking-System funktioniert. Letzteres verkürzt die Lagerzeit auf ein Minimum. Die vom Hersteller bereits filialspezifisch vorkommissionierte Ware kann dann direkt nach der Anlieferung in einen Lkw umgeladen werden, der die Auslieferung an einzelne Filialen vornimmt. Crossdocking-Logistikcenter lassen sich kostengünstiger betreiben, da das Lager weniger Platz benötigt, weniger Regale und Lagerausstattung notwendig sind und die Warenbewegungen weit geringer ausfallen. Allerdings eignen sich die effizienteren Crossdocking-Center nur für Waren, die

Crossdocking senkt die Kosten eines Logistikcenters.

5.2 Logistikkompetenz
Grundlagen

sich schnell umschlagen lassen bzw. sogenannte »Schnelldreher«. Dies betrifft in erster Linie das Food-Sortiment.

Auszeichnung der Ware

Standardisierte EAN-Codes senken die Auszeichnungskosten.

Im Verteilzentrum angekommen, mussten die Waren früher zunächst ausgezeichnet werden. Damit waren insbesondere zwei Ziele verbunden: Erstens erhielt jedes Produkt einen Identifikationscode in Form einer Artikelnummer, damit sich die Ware auch am Point-of-Sale schnell und ohne Aufwand identifizieren ließ. Zweitens zeichneten viele Handelsunternehmen ihre Produkte im Verteilzentrum mit einem Preis aus. Die aufgeklebten, angehängten oder aufgedruckten Preisschilder enthielten oft auch die Artikelnummer. Diese vermeidet aufwändige und störende Preisauszeichnungen in den Filialen. Die Ware kann dadurch verkaufsbereit angeliefert werden. Für Coop entfällt dieser Vorgang heute. Die Cola-Flasche erhält bereits bei der Produktion eine Artikelnummer, die als EAN-Code auf das Etikett gedruckt wird und die der Handel zur Identifizierung nutzt. Die Vergabe von standardisierten EAN-Codes hat maßgeblich dazu beigetragen, die Auszeichnungskosten zu reduzieren. Auch entfällt die Preisauszeichnung im Verteilzentrum von Coop. Der Preis pro Cola-Flasche ist auf einem Server der Coop hinterlegt. Kunden erfahren den Preis über die Preisauszeichnung am Regal und nicht auf dem einzelnen Produkt. An der Kasse wird die Cola-Flasche über den EAN-Code identifiziert und der aktuelle Preis aus dem Zentralrechner zugewiesen. Coca-Cola übernimmt somit für Coop die Auszeichnung. Auch andere Lieferanten übernehmen zunehmend die Auszeichnungsfunktion.

Kommissionierung

Automatische Bestellsysteme und Crossdocking lassen die Kommissionierung zunehmend auf Hersteller übergehen.

Kauft Felix Meyer in einer Zürcher Coop-Filiale 12 Flaschen Cola, dann erhält der Coop-Rayonchef (Abteilungsleiter) in der Filiale automatisch einen Bestellvorschlag. Er prüft den Bestellvorschlag und leitet ihn per Knopfdruck via Computer an das Verteilzentrum weiter, wo ein Kommissionierauftrag ausgedruckt wird. Der Kommissionierauftrag erklärt dem Lagermitarbeiter, wie viele Cola-Flaschen von welchem Lagerort bereitzustellen sind. Der Kommissionierauftrag schlägt computerberechnet die kürzesten Laufwege für Lagermitarbeiter vor und enthält nur Produkte, die tatsächlich im Verteilzentrum sind. Pro Filiale werden die Produkte zusammengestellt und anschließend in einen Lkw verladen. Die Zwischenlagerung der Cola-Flaschen stellt, wie bereits in »Einlagerung und Crossdocking« beschrieben, an diesem Tag eine Ausnahme dar. Üblicherweise wird die Ware vom Hersteller Coca-Cola filialgerecht und nur noch im Zuge des Crossdocking-Prozesses den Filialtransporten zugeteilt. Abschließend lässt sich auch für diesen Schritt im Logistikprozess festhalten, dass mithilfe von automatischen Bestellsystemen (Automated Replenishment) und des Crossdocking-Ansatzes die Kommissionierung für einzelne Filialen zunehmend an den Hersteller übergeht.

Filialbelieferung

Rechtzeitige Filialbelieferung vermeidet Regallücken.

Mit dem Aufkommen von Logistikzentren, die nach dem Crossdocking-Prinzip funktionieren, wurde die Filialbelieferung komplexer. Geringere Bestände in den Filialen und den Logistikzentren verlangen nach einer rechtzeitigen Filialbelieferung, da ansonsten schnell Regallücken auftreten. Daher berechnen Softwareprogramme sorgfältig die Fahrtrouten. Dabei werden u. a. Verkehrsstaus, Ladevorschriften nach Lkw-Typ, die Distanz zu anderen Verkaufsstellen und die gewünschten Lieferzeiten berücksichtigt. In der Filiale findet die sogenannte Instore-Logistik statt. Die angelieferten Produkte müssen schließlich ausgepackt und zu den Regalen gebracht werden. Diesen Prozess haben Sie als Kunde bereits beobachtet, weshalb er nicht näher erklärt werden soll.

Rückführende Logistik

Angenommen, die angelieferten Cola-Flaschen werden bei der Filialanlieferung beschädigt, weil ein Gabelstapler die Palette rammt und die Etiketten etlicher PET-Flaschen nicht mehr lesbar sind. In einem solchen Fall muss die Logistik für den Rücktransport der Produkte zum Lieferanten sorgen. Ebenfalls von großer Bedeutung in dieser Logistikphase ist die Rückführung von Paletten, Leergut und Verpackungsmaterial. Im textillastigen Versandhandel erreicht die Retourenquote bis zu 30 Prozent, wodurch der rückführenden Logistik gerade in diesem Distributionskanal eine große Bedeutung zukommt.

Rückführung von Leergut, Paletten, Verpackungsmaterial und nicht verkaufter Ware

5.2.3 Informationsverarbeitung und Logistik

Die technologische Entwicklung im Bereich der Informationsverarbeitung hat in der Handelsbranche erhebliche Spuren hinterlassen. Sowohl der Beschaffungs-, Logistik- und Verkaufsprozess als auch der Informationsverarbeitungs- und Controllingprozess ist heute ohne den Einsatz moderner Informations- und Kommunikationstechnologien undenkbar. Zwei Einsatzfelder sind zu unterscheiden: Kundenmanagement und Prozessoptimierung entlang der Supply Chain.

Kundenmanagement

Das Kundenverhalten lässt sich aus der Verknüpfung von Scanner- bzw. Abverkaufsdaten und Kundenkarteninformationen immer besser abschätzen. Darauf bauen heute moderne Database-Managementsysteme auf, welche die Grundlage für ein erfolgreiches Kundenbeziehungsmanagement bzw. Customer Relationship Management (CRM) darstellen. Ein Beispiel: Herr Einhorns Vorliebe für geschmackvolle Convenience-Gerichte lässt sich aus der Analyse seiner letzten 20 Einkäufe ablesen und könnte zu einer Einladung zum Convenience-Kochkurs führen.

Das Kundenbeziehungsmanagement wird durch elektronische Informationssysteme gestützt.

Prozessoptimierung entlang der Supply Chain

Auf eine Verbesserung der Prozesseffizienz zielen Konzepte wie Just-in-time (JIT), Efficient Consumer Response (ECR), direkte Ladenbelieferung (DSD, Direct Store Delivery) und die gemeinsame Planung, Prognose und Warenversorgung (Collaborative Planning, Forecasting and Replenishment, CPFR).
- JIT reduziert den Lagerbestand durch Anlieferung von Waren zum Zeitpunkt des Bedarfs.
- ECR sorgt mithilfe von Kommunikationsstandards zwischen Hersteller und Handel für effizientere Ablaufprozesse entlang der Supply Chain. Darüber hinaus soll

Konzepte zur Verbesserung logistischer Prozesse

ECR aber auch ein besseres Leistungsangebot im Handel bewirken. Produkteinführung, Werbung, Sortiments- und Warengruppenmanagement lassen sich nach Überzeugung dieses Ansatzes in Zusammenarbeit zwischen Hersteller und Handel verbessern.

▸ DSD reduziert aufwändige Wareneingangskontrollen, Auszeichnungen und Kommissionierprozesse in Logistikzentren, indem Hersteller Produkte verkaufsbereit auszeichnen und filialgerecht vorkommissionieren (siehe Kapitel 5.2.2). In Crossdocking-Zentren wird die Ware dann nur noch vom Hersteller-Lkw auf den Handels-Lkw umgeladen.

▸ CPFR zielt auf eine gemeinsame Planung der Lagerbestände und des Warennachschubs zwischen Industrie und Handel ab. Als Basis dienen die Abverkaufsdaten. Der Ansatz vermeidet nicht nur Regallücken und senkt Lagerbestände, sondern berücksichtigt auch die sich wandelnden Kundenbedürfnisse.

5.3 Handlungswissen

5.3.1 Herausforderungen im Supply-Chain-Management erkennen

Ein Kunde sucht im Elektronikfachmarkt den neuesten iPOD. »Ich kann das Modell leider nicht im Regal finden«, bemerkt der Kunde gegenüber einem Mitarbeiter. »Kein Problem, ich schau mal in den Computer«, grinst der Verkäufer. Stolz informiert er den Kunden: »Hier sehen wir genau, wo welches Produkt ist. Es sind noch 14 Stück von ihrem iPOD da.« Nur wo – fragt sich der Kunde. Selbst nach gemeinsamer Suche mit mehreren Verkäufern ist nichts zu finden. Liegen die 14 iPODs an einem anderen Ort? Oder wurden Sie gestohlen? Hat die Kassiererin vergessen, beim Kassieren den Barcode zu scannen oder kamen diese gar nie in der Filiale an? Es lassen sich neben den Tücken der Technik viele mögliche Fehlerquellen ausmachen. Nach 10-minütiger Diskussion will das Verkaufsteam dem Kunden eine Antwort geben, doch der ist längst gegangen.

Ziele: Die Warenverfügbarkeit verbessern und gleichzeitig Lagerbestände senken

Regallücken bzw. Out-of-stock-Situationen sind besonders ärgerliche Fehler, da sie Umsatz verhindern. Viele Kunden sind nicht bereit, eine andere Hautcreme, einen anderen MP3-Player oder ein anderes Müsli zu kaufen. Mit verstärktem Technologieeinsatz kann es dem Handel gelingen, seine logistischen Prozesse rentabler zu managen. Im Kern geht es um die Verbesserung der Warenverfügbarkeit bei gleichzeitiger Reduzierung des Lagerbestandes. Wal-Mart hat es Ende der 1990er-Jahre beispielsweise geschafft, den Lagerumschlag (Jahresumsatz dividiert durch den durchschnittlichen Warenbestand) von 5,8 im Jahr 1997 auf ca. 8,2 im Jahre 2001 zu steigern. Dadurch allein wurden bei Wal-Mart 2 Milliarden Dollar Kapital frei (Weber 2002, S. 22 ff.).

Lernen Sie in diesem Kapitel mehr über die Möglichkeiten und den Einsatz derartiger Technologien, die letztlich eine wertschöpfungsübergreifende Zusammenarbeit zwischen Hersteller, Handel und Logistikdienstleistern und somit ein integriertes Supply-Chain-Management erlauben.

Die Idee einer wertschöpfungsübergreifenden Zusammenarbeit zwischen verschiedenen Akteuren stammt aus der Automobilindustrie. Beispielsweise besteht der Mercedes SL 500 Roadster aus 5.715 Einzelteilen, wovon Daimler lediglich 15 Prozent selbst herstellt. Nur unter Einsatz moderner Informationstechnologien gelingt die rechtzeitige Auslieferung und fehlerfreie Montage sämtlicher Einzelteile. Das angesprochene Prinzip der unternehmensübergreifenden Prozessoptimierung – auch als Supply-Chain-Management (SCM) bekannt – hat mittlerweile auch im Handel Anklang gefunden.

Supply-Chain-Management – die unternehmensübergreifende Prozessoptimierung

5.3.2 Aufbau eines wirkungsvollen Supply-Chain-Managements am Fallbeispiel der Metro AG verstehen

Die **Metro Group** hat Mitte der 1990er-Jahre mit dem Aufbau eines umfassenden Supply Chain Managements begonnen. Die Metro Group erzielte 2012 weltweit mit ihren Vertriebsmarken Metro/Makro, Real, Media-Markt/Saturn und Galeria Kaufhof 67 Milliarden Euro Umsatz in weltweit mehr als 2.200 Filialen, die Food- und Non-Food-Sortimente führen. Logistische Unterschiede in den Food-Sortimenten ergeben sich für Sortimentsbereiche wie Frische, Obst und Gemüse, Tiefkühlware, Frischfleisch und Frischfisch sowie das Trockensortiment. Die Logistik in den Non-Food-Sortimenten unterscheidet zwischen palettierfähiger Ware, sperriger Ware und Hängetextilien.

Den mannigfaltigen Sortimenten unterschiedlicher Verkaufsstellengrößen stehen über 8.000 Lieferanten gegenüber. Unterschiedliche Belieferungsvarianten haben sich im Laufe der Zeit etabliert. Metro Cash & Carry setzt z. B. auf die Streckenbelieferung, weil das eingeschränkte Vollsortiment palettenweise in die Großmärkte gelangt und dort die effizienteste Belieferungsart darstellt. Hingegen spielt die Zentralbelieferung des Logistikzentrums immer dann eine große Rolle, wenn die Betriebsgröße der Verkaufsstellen keine Zwischenlagerung erlaubt oder die Waren schnell verderben. Frischeprodukte wie Obst und Gemüse werden daher in kleinen Mengen täglich in die Verkaufsstellen geliefert.

Das schnelle Wachstum der Metro Group hat die Logistikkomplexität zusätzlich verschärft. Mit dem Aufkommen von JIT-Konzepten in Europa führte auch Metro die bedarfsgerechte Bestellung mithilfe von hoch entwickelten Warenwirtschaftssystemen ein. Daraus resultierten höhere Lieferfrequenzen, wobei die Liefermenge entsprechend sank (Just-in-time-Phänomen). In der Vertriebslinie Cash & Carry lieferten rund 80 Prozent aller Lkws nur eine Palette pro Stopp in den C&C Märkten ab. Ferner fehlte Kostentransparenz, da eine Abstimmung zwischen der Metro und den Logistikdienstleistern aufgrund fehlender vertraglicher Bestimmungen unmöglich war. Ein suboptimaler Warenfluss war die Folge. Sowohl die Logistikdienstleister als auch die unterschiedlichen Lieferantenlogistiken trugen dazu bei. Vor diesem Hintergrund suchte die Metro nach einem neuen Logistikkonzept. Drei Ziele standen dabei im Mittelpunkt:

Das neue Logistikkonzept sollte Informationsdefizite beseitigen, Prozesse stärker gestalten und die Wertschöpfung steigern.

1. durch (Metro-)Eigensteuerung Informationsdefizite beseitigen,
2. mehr Einfluss auf die Prozessgestaltung erlangen,
3. eine höhere Wertschöpfung durch Bündelungseffekte erzielen.

5.3 Logistikkompetenz
Handlungswissen

Insgesamt optimierte Metro mit dem neuen Logistikkonzept alle Prozesse vom Lieferanten bis in die Regale. Ohne eine starke Komplexitätsreduktion anhand der Einführung von Standards wäre das nicht gelungen.

Eine handelsgesteuerte Logistik koordiniert Lieferanten, Dienstleister und Vertriebslinien.

Der Aufbau einer handelsgesteuerten Logistik bedingte ein radikales Umdenken aller beteiligten Partner in der Prozesskette. Die Anforderungen aus den Filialen bestimmten von nun an die vorgelagerten Transport- und Informationsprozesse. Die Koordination des Logistikumbaus obliegt seit 1995 der Metro Gruppenlogistik (MGL), einer Querschnittsgesellschaft der Metro Group. Die MGL unterstützt ein vertriebslinienübergreifendes Supply-Chain-Management. Die Gesellschaft übernimmt für ihre Kunden die Vertriebslinien und den Aufbau der Logistiknetzwerke. Die hohe Komplexität dieser Aufgabe war nur mit einer ausgeklügelten Datenverarbeitung zu bewältigen, welche die physische und informatorische Koordination zwischen Lieferanten, Dienstleistern und Vertriebslinien übernehmen.

Um die erwähnten Ziele zu erreichen, wählte die MGL ein Vorgehen, welches sich in sechs Schritte unterteilen lässt und eine permanente Optimierung erfährt. Abbildung 5-4 zeigt einen Überblick; die einzelnen Schritte lassen sich wie folgt beschreiben.

Schritt 1: Systemdesign definieren

An erster Stelle steht die Definition des **Systemdesigns**, damit ist die Definition der logistischen Leistungsanforderungen an die Logistikdienstleister angesprochen. Abbildung 5-5 beschreibt die ausgewählten Speditionssysteme der MGL.

Aus den Logistikanforderungen lassen sich detaillierte Liefermengen für die Logistikdienstleister pro Monat, Woche oder Tag ableiten. Ergebnis dieser Berechnungen ist ein Plan, der festlegt, wann und wo welche Logistikdienstleister benötigt werden. Je besser dieser Plan ist, desto höher ist die Planungssicherheit für die ange-

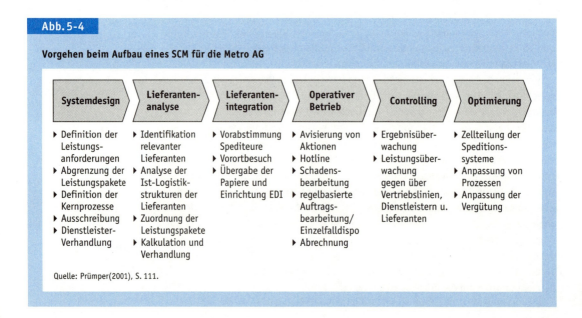

Abb. 5-4
Vorgehen beim Aufbau eines SCM für die Metro AG

Quelle: Prümper(2001), S. 111.

Handlungswissen 5.3

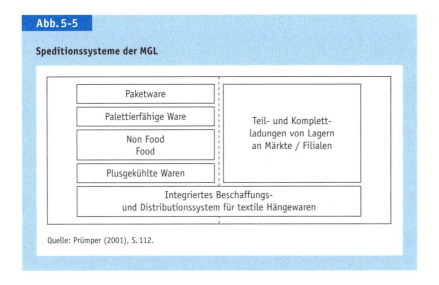

Abb. 5-5
Speditionssysteme der MGL

Quelle: Prümper (2001), S. 112.

schlossenen Logistikdienstleister und desto eher lassen sich Synergien mit der Auslieferung an andere Vertriebslinien oder Handelspartner erzielen.

Anhand von verfügbaren, lieferantenbezogenen Sendungsdaten wie z. B. Umsatz, Sendungsstruktur und Tonnage analysiert die MGL potenzielle **Lieferanten**. Für jeden Lieferanten werden die Ist-Kosten im Logistikprozess berechnet. Damit lassen sich die Logistikdienstleister in unterschiedliche Gruppen einteilen und die Leistungsfähigsten auswählen. Es erhalten diejenigen den Zuschlag, welche dauerhaft und unter Beachtung des Gesamtkostenprinzips die niedrigsten Ist-Kosten verursachen.

Schritt 2:
Lieferanten analysieren

Im Zuge der **Integration** der Lieferanten in das MGL-Speditionssystem sind die operativen Details für einen fehlerlosen Waren- und Datenfluss zu gewährleisten. Dazu zählen Vereinbarungen
- zum Einsatz transportsicherer Verpackungen,
- zum Etikettieren der Packstücke mit EAN 128 und
- zum Einrichten der EDI-Schnittstelle für den beleglosen Datenfluss.

Auch definieren die Partner angemessene Zeitfenster für die Warenanlieferung.

Schritt 3:
Lieferanten integrieren

Nach der Lieferantenintegration beobachtet die MGL kontinuierlich die Logistikleistung aller Lieferanten und Dienstleister im laufenden **Betrieb**. Durch ein ausgefeiltes Qualitätsmanagement soll es gelingen, die Sendungsstrukturen zu optimieren. Hinzu kommen Arbeitskreissitzungen und Qualitätsreports. Letztere basieren auf Daten der MGL und zeigen Terminabweichungen, Teillieferungen, Schäden, Verluste und Mengendifferenzen des jeweiligen Lieferanten an.

Schritt 4:
Operativen Betrieb aufbauen

Ein Leistungs- und Ergebniscontrolling ermöglicht die Vergütungsabrechnung mit den Dienstleistungen. Dafür stehen sämtliche prozess- und strukturbezogenen Kosten und Leistungsinformationen für alle Sendungen und Partner wie Vertriebslinien, Logistikdienstleister und Lieferanten bereit.

Schritt 5:
Controlling installieren

5.4 Logistikkompetenz
Fallstudie: Zappos.com

Schritt 6:
Logistikprozess optimieren

Abschließend versucht die MGL in diesem Prozess eine **Optimierung** der Speditionssysteme, der Prozesse und der Vergütungssysteme hin zum Lieferanten zu erreichen.

Die Umwandlung der unterschiedlichen Lieferantenlogistiken in eine systemgesteuerte MGL-Beschaffungslogistik hat die Logistik der Metro leistungsfähiger gemacht und gleichzeitig die Kosten gesenkt. Die Vertriebslinien freuen sich über eine Entzerrung der Anlieferungen an der Rampe, gesteigerte Anlieferungsqualität und die Möglichkeit, logistische Probleme mit einem einzigen kompetenten Partner, der MGL, lösen zu können.

5.4 Fallstudie: Zappos.com

Das Unternehmen

Das 1999 in San Francisco, Kalifornien, gegründete Unternehmen Zappos.com gehört zu den führenden Online-Bekleidungs- und Schuhhändlern in den USA. Im Jahre 2009 wurde Zappos für geschätzte 1,2 Milliarden US-Dollar vom Online-Händler Amazon.com übernommen. Trotz der Übernahme durch Amazon agiert das Unternehmen noch immer weitgehend eigenständig und unterhält ein eigenes Headquarter sowie eine eigene Logistik. Während Zappos anfangs nur Schuhe verkaufte, entschloss man sich 2008, auch zusätzliche Produktkategorien wie Bekleidung, Elektronikartikel, Schmuck, Gepäck, Sportartikel, Handtaschen, Accessoires und Haushaltsartikel zu führen. Heute bietet Zappos seinen Kunden über 1000 unterschiedliche Marken zur Auswahl. Zusätzlich bietet Zappos mit der Dienstleistung »Powered by Zappos« auch Herstellern die Möglichkeit, den Webshop, die Logistik und die Kunden-Hotline für den Direktvertrieb von Zappos übernehmen zu lassen. Insgesamt erwirtschaftete Zappos mit diesen Aktivitäten 2011 einen Umsatz von über 1,4 Milliarden US-Dollar (Euromonitor 2012). Trotz der Expansion in neue Warengruppen und einem jährlichen Umsatzwachstum von über 30 Prozent in den letzten neun Jahren, ist Zappos dabei seinen Unternehmenswerten treu geblieben. So gehörte das Unternehmen mit seinen über 3.800 Angestellten in den Jahren 2009, 2010, 2011, 2012 und 2013 laut Fortune Magazin zu den 100 beliebtesten Arbeitgebern.

Leistungsversprechen

Der Zappos-Slogan »Powered by Service« ziert als Teil des Logos nicht nur die eigene Webseite, sondern auch jeden einzelnen Karton. Dahinter verbirgt sich das Leistungsversprechen, den bestmöglichen Kundenservice zu bieten, was dem Geschäftsmodell eines Channel-Retailers entspricht (vgl. Kapitel 2 Strategiekompetenz). Folglich definiert sich Zappos selbst nicht als Online-Schuhhändler, sondern als Service-Unternehmen, das Schuhe und andere Artikel online verkauft. Es wird der Anspruch verfolgt, den Kunden durch einen exzellenten Service immer wieder neu zu überraschen. Diese intern als »Wow-Philosophie« bezeichnete Zielsetzung erfasst den gesamten Kaufprozess. Bekannte Beispiele für besondere Serviceleistungen sind der Versand und der Telefon-Support.

Zappos bietet einen kostenlosen Versand aller Bestellungen an und garantiert die Lieferung innerhalb von fünf Werktagen. Geht der Auftrag vor 16.00 Uhr ein, erhalten Kunden in den USA ihre Lieferung häufig schon am kommenden Tag. Außergewöhnlich ist auch die Möglichkeit, Artikel bis zu 365 Tage nach Kauf wieder kostenlos zurückschicken zu können. Zappos nimmt in Kauf, dass ungefähr ein Drittel aller versandten Artikel wieder zurückgesendet werden, was ungefähr 20.000 Artikeln pro Tag entspricht. Dieser Service begeistert.

Auch der Telefon-Support wird als Möglichkeit des persönlichen Kontakts genutzt, um Kunden ein Wow-Erlebnis zu bieten. Über 400 Angestellte sind im Call-Center direkt im Zappos-Hauptsitz in Las Vegas angestellt und beantworten pro Tag über 5.000 Anrufe. Doch nicht die Anzahl der bearbeiteten Anrufe pro Tag ist für die Erfolgsmessung relevant, sondern der Grad, zu dem vom einzelnen Angestellten versucht wurde, das Problem des Kunden zu lösen. So verfügen die Angestellten über keine vorgefertigten Skripts, sondern sind dazu angehalten, auf das individuelle Problem einzugehen und dieses dank weitreichender Entscheidungsbefugnisse bestmöglich zu lösen. Ist beispielsweise ein bestimmter Artikel nicht mehr verfügbar, so suchen die Telefon-Berater auf mindestens drei Konkurrenz-Webseiten nach dem Artikel und führen den Kunden gegebenenfalls zu diesem Angebot. Wie wichtig dieser persönliche Kontakt zum Kunden für Zappos ist, wird auch dadurch deutlich, dass jeder neue Zappos-Mitarbeiter im Rahmen des vierwöchigen Einführungsprogramms zwei Wochen lang im Call-Center beschäftigt ist.

Schließlich wurde auch beim Design der Webseite auf höchste Nutzerfreundlichkeit geachtet. Die Webseite lädt schneller als bei Konkurrenten und dem Kunden wird die Kaufentscheidung dank umfangreicher Produktbeschreibungen und Online-Ratgebern für spezielle Bedürfnisse, zum Beispiel für den richtigen Laufschuh, erleichtert. Zudem zeigen eigens von Zappos beim Wareneingang aufgenommene Fotos den Artikel von verschiedenen Perspektiven und in hoher Auflösung. So wissen Kunden schon vor der Lieferung genau, wie das Produkt in Wirklichkeit aussieht.

Supply Chain
Um bestmögliche Liefertermine zu garantieren, wurde die gesamte Supply Chain von Zappos neu ausgerichtet. Am Anfang orientierte Zappos sich am Drop-Ship-Modell: Bestellungen bei Zappos wurden an die jeweiligen Hersteller weitergeleitet, welche die Bestellungen dann mit ihrer eigenen Logistik abwickelten. Zappos konnte dabei die Marge zwischen Großhandels- und Einzelhandelspreis als Gewinn verbuchen. Obwohl dieses Modell verschiedene Vorteile hatte, wie z. B. geringe Lagerkosten und damit ein geringeres Risiko und kein gebundenes Kapital, brachte das Modell auch einige Nachteile. Aus Sicht von Zappos war das Drop-Ship-Modell inkompatibel mit dem eigenen Leistungsversprechen. So waren die Angaben der Lieferanten im Hinblick auf die Warenverfügbarkeit nur zu ungefähr 95 % zuverlässig, was bei den Kunden immer wieder zu Verärgerung führte. Zudem war das Drop-Ship-Modell mit relativ langen Lieferzeiten verbunden. Schließlich erfuhr Zappos erst von ausbleibenden oder verspäteten Lieferungen, wenn sich der Kunde beim Call-Center beschwerte, da man keine Einsicht in die Logistik der Zulieferer hatte. Auch stellte man fest, dass

5.4 Logistikkompetenz
Fallstudie: Zappos.com

Kunden, die durch das Zappos-Lager bedient wurden, zufriedener waren als Kunden, die ihre Produkte durch Drop Ship erhalten haben.

Im November 2000 begann Zappos deshalb mit einer eigenen Lagerhaltung und richtete zu diesem Zweck ein rund 3.000m² großes Lager 100 km nördlich von Sacramento in Kalifornien ein. Der Standort stellte sich aber schnell als mangelhaft heraus, da kein größerer Flughafen in der Nähe war und Transporte deswegen von UPS über Land erfolgen mussten. Zudem erfolgte die Lagerhaltung und Kommissionierung weitgehend manuell und konnte nicht mit der schnell ansteigenden Anzahl an Bestellungen mithalten. Deshalb stellte Zappos zunächst wieder kurzfristig auf das Drop-Ship-Modell um. Bereits 2002 versuchte Zappos jedoch erneut, das Drop-Ship-Modell einzustellen. Dazu wurde in unmittelbarer Nähe des UPS WorldPort in Louisville, Kentucky, Lagerfläche von einem Drittanbieter namens eLogistics gemietet, der auch die gesamte Logistik übernahm. Die bessere Lage hatte den Vorteil, dass nun zwei Drittel aller Kunden ihre Artikel innerhalb von nur zwei Tagen zugestellt bekamen. Gleichzeitig fielen die Transportkosten und die Kapitalinvestitionen blieben für Zappos gering. Allerdings waren bei Zappos schon damals über 70.000 einzelne Produkteinheiten bestellbar (SKU: Stock Keeping Units), weil jeder Schuh in jeder Farbe und in jeder Größe einzeln erfasst wurde. Ein einzelner Schuh hat bis zu 40 verschiedene SKUs, je nach Farbe und Größe. Diese genaue Produkterfassung war aus Sicht von Zappos nötig, weil dadurch die Datenqualität stieg und für jede Kombination der Produktlebenzyklus genau nachverfolgt werden konnte. Außerdem hilft die individuelle SKU-Erfassung bei einer fehlerfreien Retourenabwicklung. Doch die Systeme des Drittanbieters waren nicht auf eine solch hohe Zahl an SKUs und das schnelle Lieferversprechen ausgelegt. Außerdem hatte man durch die Auslagerung der Logistik noch immer einen beschränkten Einfluss auf der »letzten Meile« zum Kunden. Nach nur acht Wochen wurde deshalb beschlossen, ein eigenes Lagerhaus neben dem UPS WorldPort in Louisville, Kentucky, zu eröffnen und die Logistik selbst zu übernehmen. Laut CEO Tony Hseih eine notwendige Entscheidung, die man schon viel früher hätte treffen sollen. Danach stellte Zappos das Drop-Ship-Modell 2003 komplett ein. Von nun an wurden nur noch Schuhe auf der Webseite von Zappos präsentiert, die auch tatsächlich im eigenen Lager vorrätig waren.

Als das ca. 25.000 m² große Logistikzentrum zu klein wurde, eröffnete Zappos 2006 ein neues, fast 80.000 m² großes Logistikzentrum und bestückte es mit automatischen Kommissionieranlagen wie zum Beispiel Transportbändern und Sorter-Anlagen. Sobald ein Artikel ankommt, lagern High-Speed-Sorter ihn in Regale ein. Angestellte nehmen bestellte Artikel vom Regal, scannen den individuellen Barcode und legen ihn auf ein Förderband. Ein intelligenter Mechanismus befördert die Artikel dann zu der jeweiligen Packstation. Der Sorter kann bis zu 100 Kartons pro Minute verarbeiten und auf dem Förderband verbringt ein Artikel nur maximal 5 Minuten. Einen Einblick liefert das folgende Video: https://www.youtube.com/watch?v=_iSwFVMtn-g. Dadurch ist der Artikel nur eine Stunde nach Eingang der Kundenbestellung bereits ausgelagert. Das ganze System kann bis zu 300.000 Artikel pro Tag versenden. Damit sich bei diesem hohen Volumen auch vor dem Lager keine Staus bilden, erhalten Lieferanten ein Zeitfenster, in dem sie die Artikel an das Lager liefern müssen.

Ein weiterer Schritt zur Effizienzsteigerung erfolgte 2008, als Zappos sich entschloss, die Lagerführung und Kommissionierung durch Roboter unterstützen zu lassen. Die Roboter arbeiten selbstständig, können miteinander kommunizieren und organisieren sich als Schwarm selbst. Sie fahren zu den einzelnen Regalen und bringen einzelne Regalmodule selbstständig zu den Angestellten. Nachdem der Angestellte die bestellten Artikel aus dem Regalmodul entnommen hat, werden die restlichen Artikel wieder automatisch eingelagert. Dabei optimiert das System die Einlagerung so, dass Schnelldreher näher bei den Angestellten gelagert werden, während Langsamdreher weiter hinten im Lager platziert sind. Zur Navigation verwenden die Roboter ein preisgünstiges, auf dem Boden verlegtes Raster aus Kabeln. Die Angestellten müssen sich also nicht mehr zu den einzelnen Regalen laufen, sondern die Regale werden in der genau richtigen Reihenfolge von den Robotern am Arbeitsplatz angeliefert. Dank der Roboter sind die Artikel bereits nur 12 Minuten nach Eingang der Kundenbestellung ausgelagert und können auf die Lastwagen verladen werden. Die Arbeitseffizienz konnte damit gemäß Zappos verdoppelt werden. Zudem kann in den ausschließlich von den Robotern verwendeten Bereichen des Lagers auf künstliches Licht und Klimatisierung verzichtet werden, was die Energiekosten um bis zu 50 Prozent senken kann. Die Arbeitsweise der Roboter zeigt folgendes Video: https://www.youtube.com/watch?v=Fdd6sQ8Cbe0.

Zappos verspricht den bestmöglichen Service gegenüber Kunden, Mitarbeitern und Lieferanten. Das Unternehmen versteht sich als Partner seiner Lieferanten. So arbeiten im Einkauf von Zappos über 100 Angestellte, die nicht nur Verhandlungen mit Lieferanten führen, sondern auch versuchen, die Zusammenarbeit zu stärken. Zudem können Lieferanten über das Zappos-Extranet den Lagerbestand, Umsatz und Profitabilität von Zappos-Artikeln in Echtzeit einsehen. Durch diese enge Zusammenarbeit können die Lieferanten ihre Produktion besser steuern. Auch die Gefahr von Lieferengpässen bei Zappos sinkt. Durch die guten Beziehungen wird Zappos häufig zuerst mit knappen Artikeln beliefert. Manche Markenartikel sind zudem exklusiv nur bei Zappos erwerbbar.

Ausblick

Seit Juni 2009 ist Zappos ein Teil der Amazon-Gruppe. Das Unternehmen operierte aber noch längere Zeit weitgehend unabhängig von Amazon. Erst im November 2012 wurden die Logistiksysteme von Zappos mit denjenigen von Amazon zusammengelegt. Der damalige CEO, Tony Hsieh, begründete den Schritt mit dem weiteren Wachstum von Zappos. Um dem steigenden Raumbedarf gerecht zu werden, hätte Zappos in naher Zukunft ein weiteres Lager eröffnen müssen. Da Amazon aber bereits über ein ausgereiftes Logistik-Netzwerk verfügt, entschied man sich stattdessen, die Logistik von Zappos in diejenige von Amazon zu integrieren und so von den Erfahrungen Amazons zu profitieren.

Gleichzeitig plant Zappos auch in der Zukunft Sortimentsergänzungen. Der Unternehmenskultur entsprechend verlässt sich Zappos bei der Auswahl neuer Produktkategorien nicht nur auf Marktanalysen, sondern sucht nach Kunden und Mitarbeitern, die eine Leidenschaft für die Produktkategorie haben. Nur falls sich solche leidenschaftlichen Mitarbeiter und Kunden finden lassen, erwägt Zappos die Einführung zusätzlicher Warengruppen.

Schließlich ist auch eine internationale Expansion nicht ausgeschlossen. Schon heute können einzelne Bestellungen auch aus dem Ausland aufgegeben werden, sofern sie über die Telefon-Hotline eingehen. Besonders in Kanada verfügt Zappos bereits über einige Kunden. Trotzdem stand das Unternehmen der internationalen Expansion bisher skeptisch gegenüber. So wird befürchtet, man könne in fremden Ländern nicht das hohe Niveau an Kundenservice bieten, ohne die entsprechenden Call-Center und Logistikzentren. Ein Aufbau dieser Infrastruktur hätte für Zappos alleine einen höheren Investitionsaufwand bedeutet. Zudem müsste sich Zappos an die unterschiedlichen kulturellen Kontexte anpassen. Deshalb sah man bisher von einer Expansion zum Beispiel nach Europa ab.

Aufgaben zur Fallstudie

1. *Vergleichen Sie das Drop-Ship-Modell mit dem integrierten Ansatz (Logistik durchgeführt durch Zappos selbst). Beschreiben Sie Vor- und Nachteile beider Systeme.*
2. *Zeigen Sie, wie die Supply Chain von Zappos das Geschäftsmodell (siehe Kapitel 2) unterstützt. Welche Entscheidungen in der Supply Chain wurden zugunsten des Leistungsversprechens getroffen?*
3. *In 2007 kaufte Zappos den Online-Schuh-Discounter 6pm.com. Inwiefern kann Zappos mit 6pm Synergien nutzen? Wo sehen Sie mögliche Konflikte zwischen den unterschiedlichen Geschäftsmodellen und wie äußern sich diese in der Supply Chain? Lesen Sie hierzu den Blog-Eintrag vom damaligen CEO Tony Hsieh auf http://bit.ly/cg6TsN*
4. *Nach der Übernahme durch Amazon wurde die Lagerhaltung von Zappos in 2012 in diejenige von Amazon integriert. Möglicherweise könnte Zappos somit in Zukunft auf das internationale Logistik-Netzwerk von Amazon zugreifen. Wie beurteilen Sie vor diesem Hintergrund eine mögliche internationale Expansion von Zappos? Welche Hürden sehen Sie und wie könnte man sie überwinden?*

Kontrollfragen

- *Welche zwei Grundformen unterscheidet man in der Handelslogistik?*
- *Welche Stufen umfasst der Logistikprozess im Handel?*
- *Was versteht man unter dem Begriff »Crossdocking«?*
- *Was bedeutet die Abkürzung ECR in Bezug auf die Handelslogistik?*
- *Mithilfe welcher Methoden lässt sich ein effizienter Warennachschub sichern?*
- *Was gibt es beim Aufbau eines wirkungsvollen Supply-Chain-Managements zu beachten?*

Literatur

de Koster, M. B. M./Neuteboom, A. J. (2000): The logistics of supermarket chains – A comparison of seven chains in the Netherlands, Doetinchem.
Levy, M./Weitz, B. (2008): Retailing Management, 7. Aufl., New York.
Prümper, W. (2001): Vom Paradigmenwechsel zur Systemnormalität, in: Arnold, U. et al. (Hrsg.): Supply Chain Management, Bonn.
Weber, J. (2002): Logistik- and Supply Chain Controlling, 5. Aufl., Stuttgart.

Vertiefende Literatur zum Thema Supply-Chain-Management
Fawcett, S. E./Ellram, L. M./Odgen, J. A. (2007): Supply Chain Management – From Vision to Implementation, Upper Saddle River, NJ.
Finne, S./Sivonen, H. (2008): The Retail Value Chain: How To Gain Competitive Advantage through Efficient Consumer Response (ECR) Strategies, London.
Gustaffson, K./Jönson, G./Smith, D./Sparks, L. (2009): Retailing Logistics and Fresh Fruit Packaging, London.
Hertel, J./Zentes, J./Schramm-Klein, H. (2005): Supply Chain Management und Warenwirtschaftssysteme im Handel, Berlin.
Kotzab, H./Bjerre, M. (2005): Retailing in a SCM-Perspective, Copenhagen.
Liebmann, H.-P./Zentes, J./Swoboda, B. (2008): Handelsmanagement, München.
Schmickler, M./Rudolph, T. (2001): Erfolgreiche ECR-Kooperationen – Vertikales Marketing zwischen Industrie und Handel, Neuwied/Kriftel.
Stölzle, W./Heusler, K./Karrer, M. (2004): Erfolgsfaktor Bestandsmanagement, Zürich.
Stölzle, W./Otto, A. (2003): Supply Chain Controlling in Theorie und Praxis, Wiesbaden.
Thonemann, U./Behrenbeck, K./Küpper, J./Magnus, K-H. (2005): Supply Chain Excellence im Handel – Trends, Erfolgsfaktoren und Best-Practice Beispiele, Wiesbaden.
Zentes, J./Morschett, D./Schramm-Klein, H. (2007): Strategic Retail Management – Text and International Cases, Wiesbaden.

6 Beschaffungskompetenz

Lernziele

Leitfrage: Welche Bedeutung hat die Beschaffung für Handelsunternehmen?

- Warum stellt die Beschaffung für Handelsunternehmen einen zentralen Erfolgsfaktor dar?
- Wodurch ist der Beschaffungsprozess eines Handelsunternehmens gekennzeichnet und welche Herausforderungen sind mit der Beschaffung im Handel verbunden?
- Welche Beschaffungskonzepte und -aktivitäten verbessern die Zusammenarbeit zwischen Industrie und Handel?

Leitfrage: Was sind die Besonderheiten einzelner Warengruppen für die Beschaffungsplanung?

- Welchen Einfluss hat der Produktlebenszyklus auf die Beschaffungsplanung?
- Wie lassen sich Sortimente eines Handelsunternehmens unterteilen und zur Beschaffungsplanung analysieren?
- Welche Strategien in der Lieferantenbeziehung werden für unterschiedliche Sortimentsbereiche verfolgt?

Leitfrage: Welche Vorgehensweise eignet sich zur Lieferantenbeurteilung?

- Welche Verfahren können bei der Lieferantenbeurteilung unterschieden werden?
- Welche Kriterien sind zur Leistungsbeurteilung verschiedener Lieferanten relevant?

6.1 Einleitung

Im Einkauf liegt der Erfolg, das sagt ein altes Handelssprichwort. Heute trifft diese »Weisheit« stärker zu als je zuvor. Ohne Beschaffungskompetenz kann ein Unternehmen nicht florieren. Beschaffungskompetenz resultiert aus der Fähigkeit, Produkte

- zum richtigen Preis
- vom richtigen Lieferanten
- entsprechend den festgelegten Spezifikationen
- in der richtigen Menge
- zum richtigen Zeitpunkt
- für ausgewählte Zielkunden zu beschaffen.

6.1 Beschaffungskompetenz
Einleitung

Die Einkaufsaufgabe umfasst daher weit mehr als das Aushandeln guter Beschaffungskonditionen. Dennoch stehen die Beschaffungskonditionen aufgrund ihrer Bedeutung für die Gewinnspanne eines Handelsunternehmens noch immer im Mittelpunkt der Beschaffungsaktivitäten. Die niedrige Umsatzrendite des Handels erklärt die harten Preisverhandlungen. Gelingt es beispielsweise dem Einkauf im Handel, eine Beschaffungskostenreduktion von nur einem Prozent auszuhandeln, dann hätte nach Berechnungen von Koppelmann eine 19-prozentige Umsatzsteigerung die gleiche Gewinnwirkung (vgl. Koppelmann 2004, S. 7). In der Chemiebranche wäre dafür lediglich eine Umsatzsteigerung von 8 Prozent notwendig, was mit der höheren Wertschöpfung dieses Industriezweiges zusammenhängt. Beschaffungskompetenz ist deshalb ein zentraler Erfolgsfaktor für den Handel. Die hohe Beschaffungskomplexität beschreiben die nachfolgenden Branchenbeispiele.

Gezielte Beschaffung und effiziente Beschaffungslogistik in der Lebensmittelbranche

Ein moderner Supermarkt führt heute rund 20.000 Artikel, die der Einkauf bei ca. 500 Lieferanten beschafft. Jährlich ergeben sich bis zu 5.000 Sortimentsveränderungen. Wöchentlich laufen bis zu 500 Preisaktionen, deren Produkte teilweise gezielt für diesen Anlass zu beschaffen sind. Beschaffungskompetenz bedeutet somit weit mehr als Konditionenverhandlungen: Trendartikel sind frühzeitig zu erkennen und mit den Lieferanten zu entwickeln. Auch hängt der Beschaffungserfolg wesentlich von einer guten Beschaffungslogistik ab. Halb verschimmelte Erdbeeren bewegen Kunden nicht zum Kauf, auch wenn der Einkaufspreis sehr niedrig liegt.

Schnelle Beschaffung und Wertschöpfungsnetzwerke in der Textilbranche

Die Schnelllebigkeit in der Textilbranche hat in der Vergangenheit stetig zugenommen. Filialisten wie Hennes & Mauritz oder Zara kreieren eine neue Kollektion pro Monat. Trendartikel wie z. B. bauchfreie T-Shirts verschwinden vom Markt fast so schnell, wie sie aufgetaucht sind. Der Einkauf muss schnell und flexibel reagieren. Neue Materialien und Produktionsverfahren sind innerhalb kürzester Zeit ausfindig zu machen und aufeinander abzustimmen. Zara, eine weltweit tätige Modekette aus Spanien, schafft es, in wenigen Tagen geeignete Stoffe und Materialien zu beschaffen, bevor diese in der firmeneigenen Produktion weiterverarbeitet werden können. Kontinuierliche Beschaffungsmarktforschung, eingespielte Lieferantenbeziehungen und eine schnelle Beschaffungslogistik garantieren Zara seit Jahren Beschaffungserfolge. Hervorzuheben ist in dieser Branche die große Bedeutung von Wertschöpfungsnetzwerken entlang der Supply Chain. Zara kauft 50 Prozent des Sortiments von Lieferanten in Fernost ein. Die restlichen 50 Prozent (modische Ware) entwirft und schneidet Zara zwar selbst zu, nutzt aber ein Netzwerk von selbstständigen Nähereibetrieben zur Weiterverarbeitung. Die enge Zusammenarbeit mit Lieferanten und Nähereibetrieben ist Voraussetzung, um innovative Bekleidungsideen innerhalb von nur sieben Tagen zu entwerfen, zu produzieren und auf die Filialen zu verteilen. Branchenspezifische Besonderheiten warnen vor der Ableitung allgemein gültiger Aussagen zum Beschaffungsmanagement im Handel. Um dem Grundsatz dieses Buches zu entsprechen, versucht das vorliegende Kapitel wichtige Grundlagen zu vermitteln und erste Gestaltungshinweise zum Aufbau von Beschaffungskompetenz zu unterbreiten.

6.2 Grundlagen

6.2.1 Der Beschaffungsprozess

Der Beschaffungsprozess lässt sich, chronologisch betrachtet, in fünf Phasen unterteilen (vgl. Abbildung 6-1). Die **Warenbedarfsermittlung und Sortimentsbildung** setzen eine Analyse der benötigten Leistungen sowie Sortimentswissen voraus. In Phase zwei, der **Lieferantensuche**, werden potenzielle Lieferanten gesucht und anschließend nach deren Eignung beurteilt. Es verbleiben danach nur wenige geeignete Lieferanten, von denen die Beschaffungsabteilung eine Offerte bzw. ein Angebot einholt. Die Offerte bildet schließlich die Grundlage für die **Lieferantenselektion**. Nachdem die Entscheidung für einen Lieferanten gefallen ist, beginnt die Geschäftsbeziehung. Der Einkauf legt mit der **Warenbestellung** fest, wie viele Produkte zu welcher Qualität und zu welchem Zeitpunkt zu liefern sind. Nach der Auslieferung folgt schließlich die **Lieferantenbeurteilung.** Diese letzte Phase soll die Zusammenarbeit zwischen Lieferant und Handelsunternehmen verbessern. Die Bedeutung einzelner Phasen hängt vom zu beschaffenden Produkt ab. Geht es um die Beschaffung von neuartigen Produkten, so stehen die ersten drei Phasen im Mittelpunkt der Beschaffungsaktivitäten. Bei der Beschaffung von Routineprodukten sind es hingegen eher die letzten beiden Phasen, was im nachfolgenden Beispiel zum Ausdruck kommt.

Fünf Phasen im Beschaffungsprozess

Der Handel mit Mobiltelefonen bzw. Handys hat sich als ein wichtiges Handelsgeschäft entwickelt. Jährlich werden in Europa Millionen von Handys verkauft. Ein neuer Wirtschaftszweig mit vielen Arbeitsplätzen ist in wenigen Jahren entstanden. Bei der Beschaffung spielen zwei Komponenten eine wichtige Rolle: das Telefongerät und die SIM-Karte. Letztere ermöglicht das Telefonieren über einen Mobilnetzanbieter. Der folgende Abschnitt illustriert den Beschaffungsprozess für SIM-Karten ausführlich und erklärt Besonderheiten in der Beschaffung von Mobiltelefonen.

Der Beschaffungsprozess von SIM-Karten
Warenbedarfsermittlung und Sortimentsbildung. Im ersten Schritt des Beschaffungsprozesses ermittelt der Einkauf unter Berücksichtigung von Aktionsplänen und der Absatzstatistik des Vorjahres den Karten- und Finanzbedarf (Sales- und Finanzplan). Die erste Beschaffungsphase ist mit der Warenbedarfsermittlung abgeschlossen.

Abb. 6-1

Der Beschaffungsprozess

Warenbedarfsermittlung und Sortimentsbildung → Lieferantensuche → Lieferantenselektion → Warenbestellung → Lieferantenbeurteilung

Quelle: In Anlehnung an Monczka/Trent/Handfield (1998), S. 25.

Lieferantensuche. Der Einkauf erstellt zusammen mit den technischen Verantwortlichen der SIM-Karten eine Liste potenzieller und bisheriger Lieferanten. Diesen wird eine Informationsanfrage zugestellt, um festzustellen, ob die wichtigsten Produktanforderungen erfüllt werden können.

Lieferantenselektion. Der Einkauf erstellt zusammen mit dem Verantwortlichen des technischen Bereichs eine Liste mit den Lieferanten, welche die wichtigsten Anforderungen erfüllen können. Diesen wird eine umfassende Angebotsanfrage mit einem detaillierten Anforderungsprofil für die SIM-Karte zugestellt. Die angeschriebenen Lieferanten reichen Angebote bzw. Offerten ein, die vom Einkauf eingehend geprüft und mittels einer Nutzwertanalyse beurteilt werden. Bei der Entscheidung für einen bestimmten Lieferanten ist das Preis-/Leistungsverhältnis maßgebend. Bei neuen Lieferanten wird während der Lieferantenselektion eine Lieferantenbeurteilung und eine Auditierung vorgenommen. Eine zwingende Voraussetzung für Lieferanten ist der Besitz von Zertifikaten, welche die Einhaltung eines strengen Sicherheitsstandards garantieren. Das Resultat der Nutzwertanalyse liefert die Entscheidungsgrundlage für die Lieferantenselektion. Die entsprechenden Jahresbedarfsmengen werden pro Lieferant zugeteilt. Es erfolgen eine letzte Preisverhandlung, der Abschluss einer Rahmenvereinbarung und die Erstellung eines Abrufkontraktes.

Warenbestellung. Auf Basis der Materialwirtschaftsdaten und unter Berücksichtigung des Sicherheitsbestandes von drei Monaten erfolgt eine Abrufbestellung an den entsprechenden Lieferanten. Die gelieferten SIM-Karten werden quantitativ sowie qualitativ geprüft und bei geeignetem Zustand freigegeben. Nach dem Wareneingang erfolgt die kaufmännische Abwicklung der Rechnung.

Lieferantenbeurteilung. Die kontinuierliche Beurteilung der Lieferantenleistungen sichert die eigene Wettbewerbsfähigkeit. Die Lieferanten werden mittels der bereits erwähnten Lieferantenbeurteilung und Auditierung geprüft, welche auch eine allgemeine Unternehmensbewertung umfasst. Hauptsächliche Kriterien sind die Einhaltung der Liefertermine, die Kartenqualität, die Lieferflexibilität und die Innovationsfähigkeit. Dieses Vorgehen erlaubt neben der Prüfung auch die Weiterentwicklung der Lieferanten.

Besonderheiten in der Beschaffung von Telefongeräten

Ganz anders verläuft der Beschaffungsprozess für Mobiltelefongeräte. Hier bestehen z. B. zwischen Swisscom und ca. sechs Lieferanten sogenannte E-Procurement-Point-to-Point-Anbindungen, die gewährleisten, dass Warenbestellungen kurzfristig der Kundennachfrage angepasst werden können. Die Hersteller erhalten wöchentlich Bestellungen, die innerhalb von zwei bis drei Tagen geliefert werden. Swisscom verfolgt das Just-in-time-Prinzip (JIT): Angelieferte Waren werden direkt für den Verkauf bereitgestellt, sodass sich keine kostspieligen Lagerbestände bilden können. Dafür müssen die Logistikprozesse hocheffizient funktionieren. Um Preisvorteile im Einkauf zu realisieren, kooperiert Swisscom auch im Jahr 2009 wieder mit der internationalen Einkaufsallianz von Vodafone. Diese Allianz beschafft jährlich rund 50 Millionen Mobiltelefongeräte, davon bezieht Swisscom rund 1,2 Millionen Geräte.

6.2.2 Der Einfluss von Produktspezifika auf den Beschaffungsprozess

Die Beschaffung von Handelsprodukten verläuft recht unterschiedlich. Etwas vereinfacht dargestellt lassen sich zwei Extreme unterscheiden. Einerseits Standardprodukte, die unabhängig von ihrer Wirkung auf andere Produkte zu beschaffen sind. Dazu zählen beispielsweise die SIM-Karten der Swisscom. Andererseits Trendprodukte, die modischen Strömungen folgen und in einer Wechselbeziehung mit anderen Produkten stehen. Zu dieser Produktkategorie gehören Mobiltelefone. Analysieren wir die Sortimente klassischer Handelsunternehmen, so fällt die Komplexität im Vergleich zur Swisscom weit größer aus. Denken Sie nur an die Vielzahl der Produkte eines Textilhändlers, eines Unterhaltungselektronikhändlers oder eines Lebensmittelanbieters. Oft sind es mehrere tausend Produkte, die eine Gesamtattraktivität ausstrahlen sollen. Für den Einkauf stellt sich die Herausforderung, den Lebenszyklus einzelner Produkte richtig einzuschätzen. Die Struktur des Lebenszyklus verläuft je nach Sortimentsbereich recht unterschiedlich, wie Abbildung 6-2 zum Ausdruck bringt. Nur wenige folgen dem klassischen Lebenszykluskonzept.

Trend-, Mode-, Basis- und Saisonartikel bedingen unterschiedliche Beschaffungsprozesse.

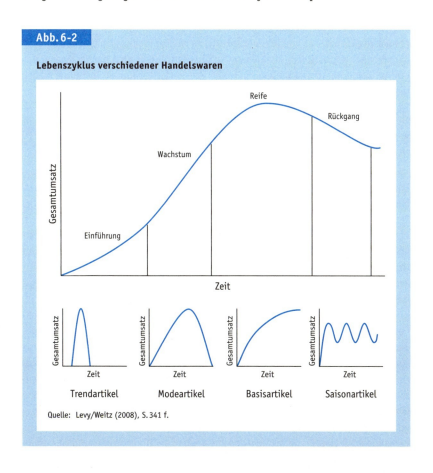

Abb. 6-2
Lebenszyklus verschiedener Handelswaren

Quelle: Levy/Weitz (2008), S. 341 f.

- **Trendartikel** wie Pokémon-Karten, Spielfiguren oder Filmaccessoires von Disney, stehen oft nur wenige Wochen in der Gunst von Kindern und Teenagern. Ohne Trendkompetenz und ein gutes »Feeling« für die Dauer der Produktattraktivität scheitert der Einkauf für diese Produktkategorie.
- **Modeartikel** wie Stilettos, Zweireiher-Anzüge oder Jeans mit weiten Hosenschlägen sind teilweise länger als eine Saison gefragt. Der Einkauf muss die Aktualität dieser Produkte kontinuierlich prüfen. Sinkt das Kundeninteresse, so ist der Warennachschub rechtzeitig zu drosseln.
- **Basisartikel** wie Büroklammern, Socken und Blue Jeans müssen kontinuierlich beschafft werden. Optimale Bestellrhythmen und Bestellmengen helfen, Regallücken zu vermeiden und gleichzeitig die Lagerkosten niedrig zu halten.
- **Saisonartikel** wie Spargel, Skiausrüstungen oder Tennisschläger verkaufen sich über das gesamte Jahr betrachtet mit erheblichen Schwankungen. Vorteilhaft an dieser Produktgruppe ist die regelmäßig wiederkehrende Nachfrage, wobei die tatsächlich absetzbare Menge beispielsweise in einem schneearmen Winter abweicht.

Nachfrageschwankungen sind schwer vorherzusagen.

Die Komplexität des Beschaffungsmanagements liegt insbesondere in der Tatsache begründet, dass neue Produkte sich nur schwer einordnen lassen. Beispielsweise gab es nach der Einführung von Inlineskates viel zu wenige Produkte in den Regalen. Als dann endlich ausreichende Mengen zur Verfügung standen, sank die Nachfrage. Den großen Nachfrageschwankungen muss die Beschaffungsplanung Rechnung tragen (vgl. Kapitel 6.3.5 Optimale Warenbestände planen).

6.2.3 Die Bedeutung von Category-Management in der Beschaffung

Category-Manager verfügen über umfassende Kompetenzen in der Beschaffung.

Etliche Handelsunternehmen beschaffen mehrere tausend Produkte. Um den Überblick im Einkauf zu behalten und der verkürzten Zeitspanne zwischen Einkauf und Verkauf gerecht zu werden, haben diese Unternehmen in den vergangenen Jahren hocheffiziente Beschaffungsorganisationen aufgebaut. Die breiten (Anzahl Produktlinien bzw. Marken) und tiefen (Anzahl Varianten einer Produktline bzw. Marke) Sortimente mit tausenden von Produkten werden von Beschaffungsteams eingekauft. Jedes Beschaffungsteam ist für ein Teilsortiment verantwortlich, auch Warengruppe bzw. Category genannt. Während früher der Beschaffungsmarkt die Sortimentsstruktur bestimmte, ist es heute der Absatzmarkt. Kundenerwartungen stehen im Mittelpunkt der Beschaffungsplanung und legen die Sortimentsstruktur fest. Diese kundenorientierte Denkhaltung in der Sortimentsbildung bringt der Begriff »Category« zum Ausdruck. Category-Manager besitzen sehr gute Produktkenntnisse. Sie managen aber nicht nur die Beschaffung der Waren, sondern sind immer öfter für die Rentabilität einer ganzen Warengruppe verantwortlich. Mit dieser Verantwortung sind die Kompetenzen im Vergleich zu einem traditionellen Einkäufer erheblich gestiegen. Category-Manager entscheiden heute über den Produkt-Mix einer Warengruppe, verhandeln mit Lieferanten, planen den Preisaufbau der Warengruppe und koordinieren Sonderverkäufe mit der Werbeabteilung und dem Verkauf. Erfolg und Misserfolg liegen somit in ihren Händen. Fehler lassen sich eindeutig zuordnen, während früher eine Abteilung der anderen die Schuld zuwies.

Die Aufteilung des Sortiments richtet sich in erster Linie nach dem Konsumverhalten. Produkte werden dann zu einer Category zusammengefasst, wenn der Kunde diese als miteinander verwandt ansieht. Zu den Frühstücksprodukten zählen z. B. Konfitüren, Frühstücksflocken, Toastbrote und Honigsorten. Der Category-Manager plant ein für den Kunden attraktives Sortimentsangebot und ist für den Erfolg dieser Warengruppe verantwortlich. Er wird häufig von einem Team unterstützt, bestehend aus Vertretern der Industrie sowie Funktionsverantwortlichen aus der Logistik und dem Verkauf. Folgende Voraussetzungen sind für ein gut funktionierendes Category-Management unumgänglich:

> *Eine Category besteht aus Produkten, die der Kunde als miteinander verwandt ansieht.*

- Hersteller und Handel passen strategisch zueinander und glauben an die Vorteile der Zusammenarbeit.
- Die Sortimentsrolle der Category ist festzulegen. Handelt es sich um eine Category, die dem Unternehmen Profil geben soll oder rundet die Warengruppe das Sortiment ab?
- Der Category-Manager verfügt sowohl über das notwendige Know-how entlang der gesamten Wertschöpfungskette als auch über die Kompetenzen, um Veränderungen durchzusetzen.
- Logistikabläufe und Informatikschnittstellen zwischen Industrie und Handel sind aufeinander abgestimmt.
- Das Warenwirtschaftssystem stellt wichtige Informationen zur Category zur Verfügung. Automatisch erstellt das System Bestellprognosen, unterstützt E-Procurement (damit ist der elektronische Einkauf gemeint) und hilft dem Category-Manager bei der Bestellabwicklung.

6.2.4 Die Bedeutung von E-Procurement

E-Procurement (elektronische Beschaffung) bezeichnet den Einkauf von Gütern und Dienstleistungen über das Internet. Mit E-Procurement können alle Phasen des Beschaffungsprozesses abgewickelt werden. Durch den Einsatz von E-Procurement erzielen Unternehmen deutliche Einsparungen bei Prozesskosten, da eine zeitaufwändige Übermittlung von Bestellungen, Offerten und Rechnungen in Papierform entfällt. Weitere Motivationsgründe liegen in der Senkung von Einstandspreisen und Verbesserung der Servicequalität des Einkaufs. Der Einsatz von E-Procurement-Tools hat in den vergangenen Jahren kontinuierlich zugenommen. Am weitesten verbreitet ist der Einkauf über elektronische Kataloge. Katalogsysteme sind elektronische Abbildungen von angebotenen Gütern und Dienstleistungen eines oder mehrerer Lieferanten (Bogaschewsky/Müller 2008).

> *E-Procurement bedeutet Einkauf von Gütern und Dienstleistungen über elektronische Kataloge.*

6.3 Handlungswissen

Der Beschaffungsprozess zielt darauf ab, sowohl attraktive Produkte zu günstigen Konditionen als auch in der richtigen Menge einzukaufen. Gelingt es dem Unternehmen nicht, die eingekauften Sortimente wie geplant abzuverkaufen, dann entstehen teure Lagerbestände. Zu hohe Lagerbestände lassen sich oftmals nur mit hohen Preisabschlägen abbauen, was den Warenrohertrag der betroffenen Warengruppe schmälert. Beschaffungsbedingte Erlösminderungen versuchen Händler mit ausgefeilten Tools bzw. Planungsinstrumenten zu verhindern. Dieser Abschnitt stellt einige Tools vor, welche in vielen Handelsunternehmen zum Einsatz kommen. In Anlehnung an den Beschaffungsprozess aus Kapitel 6.2.1 konzentrieren wir uns nachfolgend auf die Phasen Lieferantenselektion, Warenbestellung und Lieferantenbeurteilung.

Lieferantenselektion, Warenbestellung und Lieferantenbeurteilung im Beschaffungsprozess

Nicht unerwähnt dürfen an dieser Stelle Einkaufstaktiken bleiben, die eher machtpolitischer Art sind. In der Regel erzielt der Handel bedeutsame Konditionenverbesserungen, z. B. über das Einfordern von Werbekostenzuschüssen (WKZ), Jubiläumsboni, Listungsgebühren oder die Verlängerung von Zahlungszielen. Das »Arsenal« dieser Forderungen ist groß und ständig kommen neue hinzu. Sie belasten die Zusammenarbeit zwischen Industrie und Handel erheblich, weshalb dieses Buch auf eine Vertiefung dieser Praktiken verzichtet.

6.3.1 Beschaffungsportfolio zur Sortimentsanalyse bestimmen

In vielen Handelsunternehmen ist die Einsicht gewachsen, gemeinsam mit Lieferanten an der Entwicklung attraktiver Sortimente zu arbeiten. Dieses Ziel steht im Mittelpunkt verschiedener ECR-Aktivitäten. ECR bedeutet Efficient Consumer Response. Unter dem Primat der Kundenorientierung zielt das ECR-Konzept darauf ab, sowohl die Kosten- als auch die Ertragsposition zu verbessern. Zur Verbesserung der Sortimentsattraktivität muss es den Partnern gelingen, einzelne Warengruppen zu überprüfen und zu verbessern. Das Beschaffungsportfolio hilft bei dieser Herausforderung.

Das Beschaffungsportfolio fasst ähnliche Produkte in Warengruppen zusammen.

Beschaffungsmanager sollten die Bedeutung einzelner Warengruppen und deren Einfluss auf den Markterfolg kennen. So lassen sich Schwerpunkte in der Beschaffungspolitik bestimmen. Voraussetzung dafür ist die Einteilung sämtlicher Produkte in sogenannte Warengruppen, die ähnliche Produkte zusammenfassen. Das Beschaffungsportfolio aus Abbildung 6-3 umschreibt die Situation für einen Verbrauchermarktanbieter, der neben Lebensmitteln auch Near-Food-Sortimente wie Putz- und Reinigungsmittel, aber auch Non-Food-Sortimente wie Unterhaltungselektronik und Textilien führt.

Die Überprüfung und Verbesserung von Warengruppen erhöht die Sortimentsattraktivität.

Nach den Ergebnissen der Marktforschung wählen Schweizer Kunden den Einkaufsort für Lebensmittel in erster Linie nach der Attraktivität des Frischesortimentes aus. Es handelt sich bei Obst und Gemüse um einen komplexen Sortimentsbereich, der hohe Anforderungen an die Logistik stellt. Frischeprodukte müssen sehr schnell und in der richtigen Menge in die Verkaufsstellen gelangen. Auch der große Einfluss auf den Markterfolg rechtfertigt die Einordnung dieser Warengruppe als **strategisches Sortiment**, das eine besondere Aufmerksamkeit vom Einkauf erfordert.

Abb. 6-3

Beschaffungsportfolio

Einfluss auf den Markterfolg		Beschaffungsmarktrisiko	
		gering	**mittel / hoch**
hoch		**Schlüsselsortimente** z. B. Convenience-Sortiment ▸ Produktentwicklung ▸ Beschaffungsmarketing	**Strategische Sortimente** z. B. Obst und Gemüse ▸ Langfristige Partnerschaften ▸ Zusammenarbeitsverträge mit Landwirtschaft
mittel			
gering		**Standardsortimente** z. B. Schreibutensilien ▸ Vereinfachung der Abläufe ▸ Single/Dual Sourcing	**Engpasssortimente** z. B. regionale Produkte ▸ Neue Lieferanten suchen ▸ Lieferantenbindung durch Abnahmegarantien

Quelle: In Anlehnung an Boutellier/Locker (1998), S. 11.

Die Frische soll durch langfristige Partnerschaften mit Großhändlern für Zitrusfrüchte gestärkt werden. Ferner soll das Bio-Label durch Zusammenarbeitsverträge mit ausgewählten Landwirten ausgebaut werden.

Hingegen erzielt der Verbrauchermarkt mit Schreibutensilien einen sehr geringen Umsatz. Das Sortiment trägt kaum zum Erfolg bei und lässt sich problemlos beschaffen. Der Einkauf verlässt sich auf Sortimentsvorschläge von zwei Großhändlern. Es handelt sich somit um ein **Standardsortiment**. Ziel der Beschaffungsabteilung ist es, die Warenverfügbarkeit und damit die Abläufe weiter zu vereinfachen. Künftig soll ein Großhändler den Warennachschub eigenverantwortlich sichern.

Einen immer größeren Einfluss auf den Markterfolg erzielt die Warengruppe der Convenience-Produkte. Kunden mit kurzen Pausenzeiten und geringen Kochkenntnissen sind bereit, hierfür überdurchschnittlich viel Geld auszugeben. Die Beschaffungskomplexität ist gering, da verschiedene Lieferanten geschmackvolle Produkte in die Regale liefern können, weshalb wir von einem **Schlüsselsortiment** sprechen. Die Geschäftsleitung versucht, das Unternehmensprofil über diese Warengruppe zu schärfen. Ein ausgefeiltes Beschaffungsmarketing soll Aufschluss über das veränderte Konsumverhalten und neue Produkttrends geben sowie als Basis für eine gemeinsame Produktentwicklung mit Lieferanten dienen.

Eine hohe Beschaffungskomplexität besteht für die Warengruppe der regionalen Produkte aus der Landwirtschaft. Der saisonalen Nachfrage nach bestimmten Produkten kann kaum entsprochen werden. So ist die regionale Kartoffelernte im Vorjahr sehr gering ausgefallen. Dementsprechend niedrig war der Einfluss auf den Markterfolg. Aus diesem Grund sprechen wir von **Engpasssortimenten**. Die Suche nach neuen Lieferanten sowie höhere Garantieabnahmemengen mit bestehenden Lieferanten werden helfen, die heutigen Lieferengpässe zu reduzieren.

6.3 Beschaffungskompetenz
Handlungswissen

Das Beschaffungsportfolio bestimmt erfolgsentscheidende und wachstumsstarke Sortimente und setzt Schwerpunkte.

Erstens hilft das Beschaffungsportfolio dem Beschaffungsmanagement bei der Bestimmung erfolgsentscheidender Sortimente. Für die genannten vier Kategorien sind Lieferanten besonders sorgfältig auszuwählen. Zweitens identifiziert der Anwender wachstumsstarke Sortimente. Drittens hilft das Tool, Schwerpunkte zu setzen und damit vorhandene Beschaffungsressourcen gezielter einzusetzen.

6.3.2 ABC-Analyse zur Analyse einzelner Warengruppen planen

Die ABC-Analyse unterscheidet umsatzstarke von weniger umsatzstarken Produkten.

Die ABC-Analyse eignet sich im Handel insbesondere für die Beschaffungsplanung einzelner Warengruppen. Das Tool hilft, wichtige von weniger wichtigen Produkten zu unterscheiden und daraus entsprechende Beschaffungsmaßnahmen abzuleiten. In vielen Handelsunternehmen stellt sich die Frage, ob einzelne Warengruppen weiterhin mit zusätzlichen Produkten zu ergänzen sind. Dagegen spricht die Erfahrung, dass mittlerweile nur 20 Prozent der Produkte für 80 Prozent des Umsatzes verantwortlich sind. Auch fühlen sich viele Konsumenten von der Vielfalt der Optionen verwirrt. Die Qual der Wahl wird größer und verlangt nach mehr Übersichtlichkeit.

Für die Herrentextilabteilung unseres Verbrauchermarktes ergeben sich aus der ABC-Analyse vier Produktkategorien (vgl. Abbildung 6-4). **A-Produkte** sind besonders beliebt. Das sind gerade einmal 10 Prozent aller Bekleidungsstücke, wie z. B. Unterwäsche. Aus ihnen resultiert 70 Prozent des Umsatzes. Eine Out-of-stock-Situation bzw. Regallücken für A-Produkte ziehen gravierende Umsatzrückgänge nach sich. A-Produkte müssen folglich immer im Regal zu finden sein. Der Einkauf sollte überdurchschnittliche Lagerbestände tolerieren. **B-Produkte** wie z. B. Socken sind für 20 Prozent des Umsatzes verantwortlich. Nur 20 Prozent aller Produkte sind im Beispielunternehmen B-Produkte. Vor diesem Hintergrund kommt B-Produkten eine wichtige Bedeutung zu. Auch B-Produkte sollten verfügbar sein, wobei keine Reservelager aufzubauen sind. Kunden sind bereit, statt der kurzfristig nicht verfügbaren grauen auch schwarze Socken zu kaufen. 60 Prozent der Produkte wie z. B. Hosen, Hemden und T-Shirts zählen in unserem Verbrauchermarkt zu den **C-Produkten**, die lediglich 10 Prozent des Umsatzes auslösen. Die geringe Bedeutung dieser Produktkategorie fordert das Beschaffungsmanagement dazu auf, über Sortimentsreduktionen nachzudenken. Schließlich existieren in jeder Warengruppe auch noch sogenannte **D-Produkte** (10 Prozent aller Produkte). D-Produkte konnten in der Beurteilungsperiode nicht verkauft werden. Das waren z. B. T-Shirts in bestimmten Farben oder einige Krawatten, die farblich nicht mehr der Mode entsprechen. D-Produkte sind konsequent und schnell aus den Warengruppen zu nehmen, da es sich um Ware handelt, die nicht mehr verkauft werden kann. Abschließend ist davor zu warnen, nur A- und B-Produkte zu führen. Entsprechende Feldversuche sind am Wunsch der Kunden nach einem abgerundeten Sortiment gescheitert. Wer einen Anzug kauft, erwartet auch eine ansprechende Auswahl an Business-Hemden sowie Krawatten und Manschettenknöpfen. Insgesamt liefert die ABC-Analyse dem Einkauf wichtige Hinweise, um die Sortimentsrentabilität zu verbessern.

Eine ABC-Analyse kann unter Berücksichtigung unterschiedlicher Beurteilungskriterien vorgenommen werden. Neben dem Umsatz kann auch die Marge, der Waren-

Handlungswissen 6.3

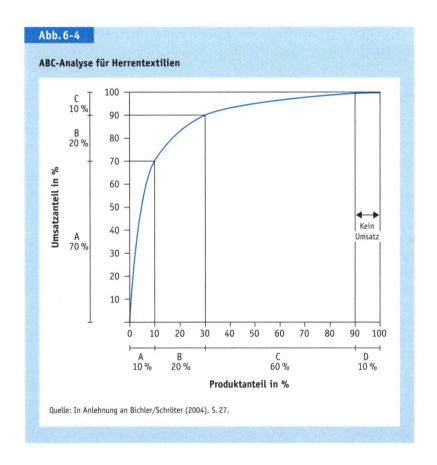

Abb. 6-4

ABC-Analyse für Herrentextilien

Quelle: In Anlehnung an Bichler/Schröter (2004), S. 27.

rohertrag (dieser berechnet sich aus dem Absatz multipliziert mit der Marge) oder der Deckungsbeitrag pro Quadratmeter die relevante Bezugsgröße sein (siehe Kapitel 8). Die isolierte Betrachtung des Umsatzes kann sich dann als irreführend erweisen, wenn z. B. zur Präsentation der Produkte viel Platz benötigt wird. Das trifft beispielsweise für den Verkauf von großen Kürbissen im Herbst zu. Das ungünstige Verhältnis zwischen geringen Durchschnittsumsätzen und hohen Verkaufsflächenkosten pro Kürbis ließe sich in einer Verhältniszahl wie dem Deckungsbeitrag pro Quadratmeter besser ablesen. Im Vergleich zu anderen Wirtschaftszweigen kommt der Flächenproduktivität im Handel eine große Bedeutung zu. So lassen sich beispielsweise Krawatten aufgrund ihres geringen Flächenbedarfs eher rechtfertigen – auch weil die Umsätze pro Krawatte bis zu 100 Euro erreichen – als der Verkauf voluminöser Kunstdaunenmäntel zu Aktionspreisen.

Marge, Warenrohertrag und Deckungsbeitrag können auch Kriterien einer ABC-Analyse sein.

6.3.3 ABC-/XYZ-Portfolio zur Ableitung beschaffungslogistischer Konzepte aufstellen

Das ABC-/XYZ-Portfolio ordnet Warengruppen nach ihrer Bedeutung für den Umsatz und die Genauigkeit der Verkaufsprognose.

Zwischen einzelnen Warengruppen unseres Verbrauchermarktes bestehen große Unterschiede. Während Obst- und Gemüseprodukte mehrmals täglich angeliefert werden, verläuft der Warennachschub in der Do-it-yourself-Abteilung eher schleppend. Nägel, Schrauben und Werkzeuge werden der Filiale einmal pro Woche geliefert, was mit der niedrigen Umschlaggeschwindigkeit zusammenhängt. Die Genauigkeit der Bedarfsprognose fällt für das Schraubensortiment der Do-it-yourself-Abteilung hoch aus. Das Kundenverhalten lässt sich basierend auf den Verkaufszahlen aus dem Vorjahr sehr gut prognostizieren. Als weit schwieriger entpuppt sich die Bedarfsprognose in den Frischesortimenten. Der Beschaffungsbedarf an Grillsteaks ist stark wetterabhängig. Zudem generieren Frischesortimente einen Großteil des Umsatzes. Daher steht das Beschaffungsmanagement vor der Herausforderung, Warengruppen mit einer geringen Genauigkeit in der Bedarfsprognose und großen Auswirkungen auf den Unternehmenserfolg besonders aufmerksam zu planen. Die Warenbestellung derartiger Sortimentsbausteine erweist sich als erfolgskritisch: Mengen, die sich nicht abverkaufen lassen, sind Auslöser hoher Verluste. Das Ergebnis für unseren Verbrauchermarkt beschreibt Abbildung 6-5. Die Abbildung liefert zentrale Hinweise zum Aufbau der Beschaffungslogistik. 10 Prozent aller Produkte wie z. B. Brot bedürfen einer fast stündlichen Nachbelieferung. Aufbackstationen im Laden backen frisches Brot bis kurz vor Ladenschluss. Das Frischeimage profitiert hiervon beachtlich. Ebenfalls gut vorhersehbar ist der Bedarf an Milchprodukten und bestimmten Gemüsearten wie Kartoffeln. Diese werden täglich angeliefert. Weniger häufig, aber eben-

Abb. 6-5

ABC-/XYZ-Portfolio

Genauigkeit der Verkaufsprognose		A = hoch	B = mittel	C = gering
	Z = gering	3 z. B. Gartengrill	4 z. B. Sandwich	4 z. B. Grillfleisch
	Y = mittel	2 z. B. Milch	3 z. B. Kinderwindeln	4 z. B. Softeis
	X = hoch	1 z. B. Brot	2 z. B. Kartoffeln	3 z. B. Essiggurken

Umsatzbedeutung

Beispiel

Art der Belieferung	% der Produkte
1 JIT Stundentakt	10
2 JIT Tagestakt	40
3 Programmgesteuert (alle 2–3 Tage)	35
4 In enger Kooperation mit Produzent (auf Abruf)	15

Quelle: In Anlehnung an Koppelmann (2004), S. 184.

falls programmgesteuert erfolgt die Warenbestellung von Kinderwindeln oder Essiggurken, die zweimal pro Woche per Lkw geliefert werden. Lediglich saisonale und wetterabhängige Produkte wie Grillfleisch oder belegte Sandwiches beschafft der Einkauf in enger Kooperation mit lokalen Lieferanten. Diese garantieren einen schnellen Warennachschub, sobald das Wetter sich ändern sollte.

Mittlerweile steuern in vielen Handelsunternehmen Softwareprogramme den Warennachschub. Ziel ist der bedarfsgerechte Warennachschub, der im Englischen auch als CPFR (Collaborative Planning, Forecasting and Replenishment) bezeichnet wird. Es handelt sich um eine gemeinsame Initiative zwischen Industrie und Handel, die den Warenfluss entlang der Wertschöpfungskette zu optimieren versucht. Einen guten Einblick vermittelt die Fallstudie am Ende des Kapitels 6.

6.3.4 Multiattributbewertung zur Lieferantenbeurteilung vornehmen

Verschiedene Methoden der Lieferantenbewertung bieten sich an. Neben quantitativen Verfahren wie z. B. der Bilanzanalyse lassen sich zahlreiche qualitative Verfahren unterscheiden, wie z. B. die Lieferantenbewertung nach Checklisten, Polaritätenprofile oder Punktbewertungsverfahren. Punktbewertungsverfahren kombinieren quantitative und qualitative Beurteilungskriterien und werden aus diesem Grund anhand des Verbrauchermarktbeispiels näher vorgestellt. Dort steht die Beschaffungsabteilung in der Unternehmenszentrale vor der Herausforderung, sämtliche Lieferanten für Kosmetikprodukte zu beurteilen. Die Lieferantenbeurteilung lässt sich in fünf Schritte unterteilen.

Quantitative und qualitative Verfahren der Lieferantenbewertung

- **Schritt 1: Beurteilungskriterien auflisten**
  Der zuständige Einkäufer listet zunächst verschiedene Beurteilungskriterien auf, die er mit Kollegen aus der Logistik und dem Verkauf erarbeitet. Tabelle 6-1 beschreibt das Ergebnis dieser Diskussion. Insgesamt handelt es sich um acht Entscheidungskriterien.
- **Schritt 2: Gewichtungsfaktoren festlegen**
  Für jedes Beurteilungskriterium legt der Einkäufer in Absprache mit dem Lieferanten einen Gewichtungsfaktor fest. Der Einkaufsabteilung ist es besonders wichtig, über E-Procurement beim Lieferanten beschaffen zu können. Lieferanten sollten daher über Kompetenz in der Bearbeitung und Abwicklung elektronischer Aufträge verfügen. Mit der elektronischen Bestellung soll es gelingen, die Beschaffungsgeschwindigkeit zu erhöhen.
- **Schritt 3: Beurteilung vornehmen**
  Einkäufer beurteilen die Lieferanten anhand von acht Beurteilungskriterien. Grundlage der Beurteilung ist die gemeinsame Geschäftsbeziehung in den zurückliegenden Monaten. Dazu holt der Einkäufer Informationen von anderen Abteilungen ein. So meldet beispielsweise das Filialpersonal für Lieferant B eine hohe Unzuverlässigkeit der Außendienstmitarbeiter.

Tab. 6-1

Multiattributbewertung zur Lieferantenbewertung

Beurteilungs-kriterium (i)	Gewich-tungs-faktor	Lieferant A Beurteilung	Lieferant A Punktwert	Lieferant B Beurteilung	Lieferant B Punktwert	Lieferant C Beurteilung	Lieferant C Punktwert
Preisentwicklung	8	5	40	3	24	8	64
Reaktionszeit auf Fehler	8	6	48	4	32	9	72
Reklamationsquote	6	5	30	7	42	8	48
E-Procurement-Kompetenz	10	4	40	6	60	10	100
Termintreue der Lieferungen	8	6	48	4	32	9	72
Wiederbeschaffungszeit	7	6	42	4	28	8	56
Zuverlässigkeit des Personals	6	8	48	1	6	9	54
Garantie-/Kulanzverhalten	9	6	54	3	27	9	81
Lieferantenindexwert $\sum_{i=1}^{n} G_i \times B_{ij}$			350		251		547

Legende:
G_i = Gewichtungsfaktor entsprechend zum i-ten Beurteilungskriterium
B_{ij} = Beurteilungswert des j-ten Lieferanten im Hinblick auf das i-te Beurteilungskriterium

$\sum_{i=1}^{n}$ = Summe aller Werte

1 = unwichtig bzw. sehr schlecht
10 = sehr wichtig bzw. sehr gut

▸ **Schritt 4: Gewichtungsfaktoren mit Beurteilungskriterien multiplizieren**
Aus der Multiplikation der Gewichtungsfaktoren mit den Beurteilungskriterien ergibt sich pro Beurteilungsdimension ein Punktwert, der über die Leistungsfähigkeit des Lieferanten Auskunft gibt. Maximal kann ein Lieferant pro Beurteilungskriterium 100 Punkte erreichen. In unserem Beispiel hat sich der Einkäufer dafür entschieden, ein vertiefendes Gespräch mit seinem Lieferanten zu führen, wenn die Leistungsbeurteilung eines Kriteriums unter dem Wert 6 und der Gewichtungsfaktor über dem Wert 4 liegt.

▸ **Schritt 5: Punktwerte aufsummieren**
Nun addieren wir alle Punktwerte und erhalten pro Lieferant einen Indexwert. Besonders gut schneidet Lieferant C ab. Mit 547 von 620 möglichen Punkten ergibt sich kein akuter Handlungsbedarf. Hingegen erreicht Lieferant B nur 251 von 620 Punkten. Unser Einkäufer fordert daher den Lieferanten auf, seine Leistung für mehrere Beurteilungskriterien stark zu verbessern. Sollte dies nicht gelingen, so hat er sich vorgenommen, den Lieferanten zu ersetzen.

Die Tabelle 6-1 fasst das Ergebnis einer solchen Lieferantenbewertung zusammen.

6.3.5 Optimale Warenbestände planen

Eine zentrale Aufgabe des Category-Managements besteht in der Beschaffungsplanung. Dahinter steht die Frage, wie viele Produkte zu welchem Zeitpunkt vom Lieferanten zu bestellen sind. Die Herausforderung ist komplex. Bestellt der Einkauf große Mengen, so fallen die Transportkosten pro Lieferung aufgrund voller Lkws niedrig aus. Gleichzeitig entstehen aber hohe Lagerbestände, die Kapital binden und möglicherweise schwer absetzbar sind. Andererseits lösen kleine Bestelleinheiten hohe Transportkosten aus, auch wenn sich damit Überbestände vermeiden lassen. Vor diesem Hintergrund sammelt das Beschaffungsteam mehrere Sortimentsinformationen, um den optimalen Warenbestand pro Produkt oder SKU (Stock Keeping Unit) zu planen.

> Das Category-Management benötigt Sortimentsinformationen, um Transport- und Lagerhaltungskosten zu optimieren.

▸ **Geplanter Absatz**
Mittels einer Prognose der absetzbaren Produkte- bzw. Stückzahl schätzt das Beschaffungsteam den künftigen Absatz. Für Trendprodukte fallen diese Prognosen häufig falsch aus. Modetrends lassen sich eben nur sehr schwer vorhersagen. Dennoch muss der Einkauf in Absprache mit dem Verkauf/Marketing eine Prognose vornehmen. Der geplante Absatz bildet die Grundlage für die Bestandsplanung.

▸ **Geplanter Warenumschlag**
Dieser Wert gibt die Verkaufshäufigkeit des Produktes für eine Verkaufsperiode an und beeinflusst die optimale Bestellmenge unmittelbar. Die geplante Umschlaghäufigkeit resultiert bei Basisprodukten aus Erfahrungswerten. Auch finanzwirtschaftliche Ziele beeinflussen die Festlegung. Falls der geplante Warenumschlag nicht erreicht werden kann, kommen Sonderangebote zum Einsatz. Dadurch lassen sich zu hohe Lagerbestände abbauen.

▸ **Kritischer Warenbestand**
Wird der kritische Warenbestand erreicht, dann besteht die Gefahr von Regallücken. Bei Unterschreitung ist davon auszugehen, dass nachbestellte Ware zu spät eintrifft und der Kunde leere Regale antrifft. Je länger der Warentransport dauert, desto frühzeitiger sind größere Mengen zu bestellen. Umgekehrt liegt der kritische Warenbestand für eine Zeitung an einem Kiosk nur bei zwei Exemplaren, da der Pressegroßhandel ihn dreimal pro Tag beliefert. So kann innerhalb weniger Stunden eine drohende Regallücke abgewendet werden.

▸ **Optimale Bestellmenge**
Der Einkauf muss Ware ordern, wenn der kritische Warenbestand unterschritten ist. Die optimale Bestellmenge garantiert Warenverfügbarkeit bis zur darauffolgenden Bestellung, ohne ein allzu großes Reservelager anzulegen. Zur Berechnung kommen komplexe Softwareprogramme zum Einsatz. Neigt der Einkauf dazu, den Warenbestand zu tief zu planen, so kommt es unausweichlich zu Regallücken. Zara nimmt dies bewusst in Kauf. Kunden lernen, öfters mal vorbeizuschauen und sich schnell zu entscheiden, da am nächsten Tag das Produkt womöglich nicht mehr erhältlich ist.

▸ **Produktverfügbarkeit**
Moderne Informatiklösungen zur Bestandsplanung im Handel berechnen die Produktverfügbarkeit. Ein Prozentwert von 92 zeigt beispielsweise an, mit welcher Wahrscheinlichkeit das Produkt für Kunden verfügbar ist. Für strategische Sortimente und Schlüsselsortimente sollte die Produktverfügbarkeit 100 Prozent erreichen, weil ansonsten Kunden zur Konkurrenz abwandern. Eine hohe Produktverfügbarkeit verlangt nach entsprechend großzügig ausgelegten Lagerbeständen.

▸ **Reservelager**
Dieser Wert zeigt an, wie viele Produkte noch im Zentrallager vorhanden sind, falls die geplante Nachlieferung nicht wie geplant eintrifft oder die Kundennachfrage unerwartet stark steigt. Bei modischen Produkten sind Reservelager teuer und stark risikobehaftet. Ist der Trend vorbei, so lässt sich die Ware auch nicht mehr über Sonderangebote absetzen.

Die gemeinsame Planung des Beschaffungsbedarfs zwischen Industrie und Handel im Rahmen der bereits erwähnten CPFR-Projekte steht im Mittelpunkt unserer Fallstudie.

6.4 Fallstudie: CPFR bei Douglas und L'OREAL

Ziele der ECR-Initiative

Bei der Warenbeschaffung setzt Douglas auf eine enge Kooperation mit seinen Lieferanten, deren Grundsätze im Rahmen der Efficient Consumer Response (ECR)-Initiative definiert sind. Ziel von ECR ist es, durch die Weitergabe von Informationen die gesamte Wertschöpfungskette zwischen Lieferanten und Händlern optimal auf Konsumentenbedürfnisse abzustimmen. Neben organisatorischen Verbesserungen in der Zusammenarbeit wurden auch gemeinsame IT-Standards entwickelt. Diese ermöglichen Douglas einen weitgehend automatisierten Bestellvorgang und ein permanentes Verkaufs- und Erfolgsmonitoring.

Der traditionelle Bestellvorgang bei Douglas

Der Standard-Bestellprozess folgt bei Douglas dem Ablaufschema aus Abbildung 6-6. Jeder Artikel wurde sorgfältig ausgewählt. Dieser muss Kundenbedürfnisse ansprechen, das Sortiment stärken und von den besten Lieferanten hergestellt werden. Regelmäßig werden die Lieferanten vom Einkaufsgremium bewertet. Nachfolgend beschreiben wir den Standard-Bestellprozess in den Filialen. Der Bestellprozess sorgt für einen lückenlosen Warennachschub. Dazu berechnet eine Bestellsoftware einen Bestellvorschlag. Grundlage sind die Abverkaufsdaten der letzten 24 Monate, unter Berücksichtigung aller Feiertage, Sonderaktionen und sonstigen Faktoren, welche den Absatz beeinflussen. Dieser Bestellvorschlag kann von den Mitarbeitern entweder angenommen oder korrigiert werden. Über das Internet (per EDI und VPN) wird die Bestellung digital an die Lieferanten und das Cross-Docking-Center übermittelt (①). Lieferanten liefern die Bestellungen filialsortiert an (②). Im Cross-Docking-Center angekommen wird die Ware ins System eingescannt und mit tagesaktuellen Preisen versehen. Auch erfolgt dort die Kommissionierung. Große Warenmengen (z. B. Weihnachtsware oder Neuheiten) werden in einem zweistufigen Cross-Docking-Prozess filialspezifisch sortiert (③). Schließlich werden die Waren an die Filialen ausgeliefert (④).

Neben dem Management bereits gelisteter Artikel befasst sich der Einkauf auch mit der Listung neuer Produkte. Hierzu zählt zum Beispiel die Entscheidung, ob ein neues Produkt in das Sortiment aufgenommen werden soll. Die Listung neuer Produkte übernimmt das zentrale Einkaufsgremium. Mitarbeiter aus Einkauf, Vertrieb, Marketing, E-Commerce und Controlling arbeiten gemeinsam in diesem Gremium. Bei der Produktneueinführung folgt das Einkaufsgremium den Grundsätzen des Category-Managements (CM): Dazu werden alle Produkte, die aus Sicht des Kunden zusammengehören, zu einer Warengruppe (Category) zusammengefasst. Ziel ist es, das Produktportfolio optimal auf die Kundenbedürfnisse abzustimmen und somit den Ertrag der ganzen Warengruppe zu maximieren. Entscheidungen hinsichtlich des Sortiments, der Preise und Promotionen innerhalb einer Warengruppe werden weitgehend faktenbasiert getroffen und durch EDV-gestützte Planungs-, Analyse- und Controlling-Tools unterstützt. Erfahrung, umfangreiches intuitives Kundenwissen

Die Listung neuer Produkte wird zentral gesteuert

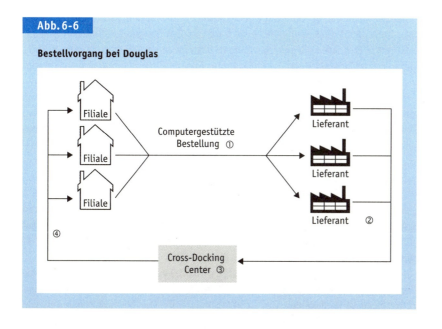

Abb. 6-6 Bestellvorgang bei Douglas

und ein Gespür für Markttrends haben dennoch eine große Bedeutung bei der Sortimentsentscheidung. Nachfolgend wird ein fiktiver Beschaffungsprozess für ein neues Produkt bei Douglas beschrieben.

»Endlich!«, denkt sich Anne, »Darauf habe ich schon lange gewartet!«. Katia, die neue Key-Account-Managerin von L'ORÈAL, hat gerade angerufen und ihr von der BB-Creme erzählt, die nun endlich auch auf den europäischen Markt kommen wird. Anne kennt das Produkt bereits von ihren Reisen nach Asien. Dort ist die Gesichtscreme, welche die Eigenschaften einer Grundierung, Feuchtigkeitspflege, Sonnenschutz und Anti-Aging-Creme in einem vereint, schon der absolute Verkaufsschlager. In Europa war das Produkt jedoch bislang noch nicht erhältlich. Das soll sich jetzt ändern. Damit die Gesichtscreme möglichst schnell bekannt wird, möchte L'ORÈAL zusammen mit Douglas eine umfangreiche Werbekampagne starten. Anne soll diese in ihrer Funktion als Category-Managerin im Bereich Beauty koordinieren. Alle Douglas-Filialen sollen mit der Listung die neue Gesichtscreme in ihr Aktionssortiment aufnehmen. Einführungsangebote, Gutscheine, Gewinnspiele, spezielle Beratungsstände, Flugblätter und TV-Spots sind geplant. In Anne's Augen eine Riesenchance für Douglas und auch für ihre eigene Karriere.

Douglas war seit der Gründung 1862 langsam aber stetig zu einem international agierenden Lifestyle-Unternehmen aufgestiegen. Von der Unternehmenszentrale in Hagen werden derzeit 1.171 Filialen in 22 Ländern koordiniert. Über 14.000 Mitarbeiter erwirtschafteten 2012 einen Umsatz von 1,9 Milliarden Euro. Das Sortiment umfasst qualitativ hochwertige Parfümerie-Artikel, Pflegeprodukte und Lifestyle-Accessoires wie Schmuck, Wohndekorationen, Handtücher und Taschen. Zudem bieten manche Filialen auch diverse Day-Spa-Services wie Nagel- oder Haarstudios an. Die Tatsache, dass L'ORÈAL die BB-Creme zusammen mit Douglas vermarkten möchte, spricht für die Marktposition des Handelsunternehmens aus Hagen.

Klare Richtlinien stärken das Kernsortiment

Anne ist aufgeregt, da sie die Neueinführung der Gesichtscreme verantworten soll. Doch damit die Gesichtscreme auch wirklich bei Douglas in die Regale kommt, muss sie zuerst ihre Kollegen überzeugen. Das Einkaufsgremium trifft sich alle vier Wochen um Werbeaktionen, neue Produkte, Absatzzahlen, Verkaufsrichtlinien und vieles mehr zu besprechen. Anne beginnt fleißig Daten und Fakten zu der neuen Gesichtscreme zu sammeln. Wenn sie das Gremium überzeugen möchte, dann muss sie ihre Argumente belegen können. Gerade für die wichtigsten Marketing-Tools bei Douglas – Beilagen in Zeitungen und TV-Spots – gibt es klare Richtlinien. Der Platzanteil verschiedener Warengruppen in der Beilage ist festgelegt. Sehr viel Platz beansprucht die Warengruppe Parfum. Doch auch Kosmetikartikel, Accessoires und Dekorationsmaterial sprechen die Kunden von Douglas an. Basierend auf Umsatzanteilen verteilt sich der Platzanteil in der Beilage wie folgt: 60% Duft, 20% Pflege und 20% Dekomaterial. Unter Berücksichtigung saisonaler Schwankungen, Innovationen und Trends erstellt das Einkaufsgremium daher für jede Beilage einen Belegungsplan. Anhand dieses Plans arbeiten Einkäufer zusammen mit den Lieferanten die konkreten Angebote und legen den Platzanteil fest.

Datenaustausch führt zu mehr Planungssicherheit

Anne muss mit Zahlen belegen können, dass bei den Kunden Bedarf für die Gesichtscreme besteht. Da keine internen Daten für dieses neue Produkt vorliegen, nutzt Anne Verkaufszahlen von L'ORÈAL. Katia, die Key Account-Managerin von

6.4 Fallstudie: CPFR bei Douglas und L'ORÈAL

L'ORÈAL, stellt Anne Zahlen und Fakten zum Erfolg des Produkts in Asien und Amerika zur Verfügung, die das Einkaufsgremium aufgrund der hohen Wachstumsraten überzeugen.

Nach der Entscheidung für die Produkteinführung müssen die Bestellmengen festgelegt und die Werbemaßnahmen bestimmt werden. Vor ein paar Jahren begann man bei Douglas mit ersten Ansätzen einer CPFR (collaborative planning, forecasting and replenishment) -Initiative. Auf der Basis von gemeinsamen Geschäftszielen und eines umfassenden Informationsaustauschs von Abverkaufs- und Bestandszahlen, sollen die Planungs-, Prognose- und Nachlieferungsprozesse zielorientierter und partnerschaftlicher gesteuert werden. Durch die Zusammenarbeit können Händler wie Lieferanten ihr Wissen zu Shopperverhalten und Produktnutzung erweitern. Ziel dieser Initiative von Douglas und L'ORÈAL war es, mit verbesserten Marktinformationen eine gemeinsame Bedarfsplanung zu erstellen. Da viele Artikel im Sortiment von Douglas vergleichsweise langsam drehen, versucht man die Lagerbestände in den Filialen so niedrig wie möglich zu halten. Durch die verbesserte Zusammenarbeit mit den Lieferanten sollen die Logistikkosten sinken, Produktion bzw. Lagerhaltung optimiert und Verkaufsförderungsmaßnahmen aufeinander abgestimmt werden. Am Anfang waren die Mitarbeiter äußerst skeptisch. Es gab Bedenken wie zum Beispiel: »Was passiert, wenn der Lieferant die Informationen weitergibt und uns damit die Preise in die Höhe treibt? Wie soll man da noch ordentliche Einstandspreise verhandeln?« In den ersten Meetings wurden die grundsätzlichen Rahmenbedingungen und Ziele der Zusammenarbeit festgelegt. Inzwischen werden Meetings mit den Key Account-Managern der größten Lieferanten als hilfreich empfunden. Anne und Katia treffen sich regelmäßig, um über Marktentwicklungen, Absatzzahlen, Bestände und Lieferschwierigkeiten zu diskutieren sowie Bedarfs- bzw. Bestellprognosen zu erstellen. Das war zu Beginn noch eine echte Herausforderung, da es große Diskrepanzen zwischen den Prognosen von Douglas und L'ORÈAL gab. Seither wurde eine eigene Datenbank aufgebaut. Aus dieser können die Lieferanten selbstständig wichtige Kennzahlen zu ihren Produkten und Leistungen abfragen. Die gemeinsame Datenbasis hat die Vorbereitung auf die Treffen von Anne und Katia enorm erleichtert. Durch die zusätzlichen Kundeninformationen vom Point-of-Sale kann L'ORÈAL Schwankungen im Absatz besser antizipieren. Auch sank bei Dougals die Out-of-Stock-Rate in den Filialen deutlich.

Zwei Monate später kam die Gesichtscreme von L'ORÈAL in Deutschland auf den Markt. Die Einführung lief gut. Die Kombination aus Feuchtigkeitspflege und Make-up kam bei den Kunden an. Nach einer Weile flaute die Nachfrage jedoch merklich ab. Anne besprach die sinkenden Absatzzahlen mit der Key-Account-Managerin Katia von L'ORÈAL.

Katia stellte anhand einer Analyse fest, dass nach der bundesweiten Aktionseinführung etliche Filialen die Gesichtscreme auslisteten. Aus der Erfahrung von L'ORÈAL muss eine Innovation am Point-of-Sale (POS) intensiv beworben werden und längere Zeit im Angebot sein. Dies war nach Ansicht von Katia bei Douglas nicht der Fall. Sie schlug Anne vor, die Gesichtscreme per Anweisung in allen Filialen wieder einzuführen. Doch Anne kann auf die Sortimentsbildung der Filialen nur bedingt Einfluss nehmen. Vor allem Sonderaktionen werden von der Zentrale in Hagen Deutsch-

Das dezentrale Bestellsystem lässt den Filialen große Freiheiten und stellt Herausforderungen an das Management.

6.4 Beschaffungskompetenz
Fallstudie: CPFR bei Douglas und L'OREAL

landweit gesteuert. So wird sichergestellt, dass der Kunde die beworbenen Produkte in allen Filialen finden kann. Welche Produkte aber langfristig geführt werden, kann jede Filiale selbst entscheiden. Katia ist erst seit Kurzem für Douglas zuständig und kennt dieses System noch nicht. Sie ist überrascht: »Jede Filiale bestellt einzeln? Ja aber das ist ja vollkommen ineffizient!«. »Naja, das kommt darauf an«, entgegnet Anne. »Für uns funktioniert das System sehr gut. Die Mitarbeiter kennen die lokalen Gegebenheiten genau und wissen aus dem täglichen, unmittelbaren Kontakt, was die Kunden wollen. Außerdem sind die gleichen Personen für Bestellung und Verkauf zuständig. Hat ein Filialleiter beispielsweise die Nachfrage überschätzt, ist er auch dafür verantwortlich, absatzfördernde Maßnahmen zu ergreifen. Zudem sind die Mitarbeiter bei Ihrer Bestellung ja nicht ganz auf sich alleine gestellt. Unser Bestellsystem kennt das filialspezifische Sortiment und die Abverkaufsdaten der letzten 24 Monate, inklusive aller Feiertage, Sonderaktionen und sonstiger Faktoren, welche den Absatz beeinflussen. Durch die Umstellung des gesamten Bestellprozesses auf E-Procurement fiel die fehleranfällige und zeitaufwendige Bestellung in Papierform weg. Alles ist genauestens aufeinander abgestimmt. Die Lieferanten erhalten alle Bestellungen der Filialen immer am selben Wochentag und liefern die Waren gebündelt an das Cross-Docking-Center. Das Cross-Docking-Center beliefert wiederum die Filialen immer am gleichen Wochentag und erleichtert somit die Personalplanung enorm. Nach der Lieferantenbestellung vergehen circa 10 Tage bis die Ware wieder in der Filiale im Regal steht. Du siehst also, das System ist nicht ineffizient. Ich habe leider nur wenig Einfluss auf die Bestellungen der Filialen«.

»Und was ist dann deine Aufgabe als Category-Managerin?« fragt Katia. »Nun ja, auch meine Aufgaben fallen bei Douglas etwas anders aus als im klassischen Category-Management. Ich bin einerseits für die Zusammenarbeit mit den Key-Account-Managern unserer Partner im Bereich »Beauty« zuständig. Wie mit dir, bespreche ich auch mit den anderen Key-Account-Managern Marktveränderungen, Abverkaufsdaten, Lieferzeiten, Optimierungspotenziale, plane Promotionen und Produkteinführungen. Zusammen mit den anderen Mitgliedern des Einkaufsgremiums habe ich Einfluss auf deutschlandweite Promotionen und die Listung neuer Produkte in unserem Sortiment. Andererseits bespreche ich Marktveränderungen, Absatzzahlen, Probleme und Verkaufsziele mit den Filialleitern. Anders als im klassischen Category-Management habe ich aber keinen unmittelbaren Einfluss auf die einzelnen Bestellungen der Filialen oder die tagtägliche, filialspezifische Warenpräsentation am POS. Dies hat einerseits den Nachteil, dass die Optimierung der Sortimente und des Ladenlayouts etwas langsamer vonstattengeht und andererseits den Vorteil, dass unsere Filialleiter schnell auf regionale Kundenwünsche und Gegebenheiten reagieren können.«

Anne schlägt Katia vor, die Außendienstmitarbeiter von L'ORÈAL auf den schleppenden Verkauf aufmerksam zu machen. Sie stehen in direktem Kontakt mit den Filialen, kennen die Kundenstruktur der einzelnen Regionen und haben deshalb bessere Chancen, die Douglas-Filialleiter für das Produkt zu begeistern. Sollte das nicht funktionieren, kann man sich immer noch über weitere Werbemaßnahmen Gedanken machen.

Tatsächlich gelingt es den L'ORÈAL-Außendienstmitarbeitern in den darauffolgenden Wochen, eine Vielzahl von Douglas-Filialleitern von der Wirksamkeit der

Gesichtscreme zu überzeugen. Daraufhin springen die Absatzzahlen erneut in die Höhe. Anne und Katia freuen sich über die positive Entwicklung sehr, da sie zusammen deutliche Mehrumsätze für ihre Unternehmen realisieren konnten.

Aufgaben zur Fallstudie

1. Beschreiben Sie den Bestellprozess für Standardprodukte sowie für die Listung neuer Produkte im Sortiment von Douglas.
2. Zeigen Sie die Stärken und Schwächen im Bestellprozess von Douglas für Standard- und Neuprodukte auf.
3. Erläutern Sie die Vorteile von CPFR und erklären Sie die Voraussetzungen für einen fehlerfreien CPFR-Prozess.
4. Erklären Sie die Auswirkungen von CPFR und moderner Bestellsoftware auf die Aufgaben der Beschaffungsmanager bzw. Einkäufer.

Kontrollfragen

- Wie ist der Beschaffungsprozess aufgebaut?
- Was versteht man unter einem Beschaffungsportfolio und welche Sortimentsbereiche lassen sich daraus ableiten?
- Was versteht man unter einer ABC-Analyse und welche Bedeutung hat sie für die Sortimentsplanung?
- Wie lassen sich mit einem ABC-/XYZ-Portfolio beschaffungslogistische Konzepte aufstellen?
- Welche Schritte durchlaufen Handelsunternehmen bei der Lieferantenbeurteilung?
- Inwiefern können Handelsunternehmen die Lagerhaltungsmenge optimieren?

Literatur

Bichler, K./Schröter, N. (2004): Praxisorientierte Logistik, 3. Aufl., Stuttgart.
Bogaschewsky, R./Müller, H. (2008): Stand und Weiterentwicklung des E-Procurement in Deutschland, in: Bundesverband Materialwirtschaft, Einkauf und Logistik: Best Practice in Einkauf und Logistik, 2. Aufl., Wiesbaden.
Boutellier, R./Locker, A. (1998): Beschaffungslogistik: mit praxiserprobten Konzepten zum Erfolg, München/Wien.
Koppelmann, U. (2004): Beschaffungsmarketing, 4. Aufl., Heidelberg.
Levy, M./Weitz, B. (2008): Retailing Management, 7. Aufl., New York.
Monczka, R./Trent, R./Handfield, R. (1998): Purchasing and Supply Chain Management, Cincinnati/OH.

6.4 Literatur

Vertiefende Literatur zum Thema Beschaffungsmanagement

Arnold, U. (2000): Beschaffungsmanagement, 3. Aufl., Stuttgart.

Belz, C./Mühlmeyer, J. (2001): Key Supplier Management, St. Gallen/Kriftel-Neuwied.

Boutellier, R./Wagner, S. M./Wehrli, H. P. (2003): Handbuch Beschaffung: Strategien, Methoden, Umsetzung, München/Wien.

Dobler, D./Burt, D. (1996): Purchasing and Supply Management: Text and Cases, 6. Aufl., Columbus, OH.

Hahn, D./Kaufmann, L. (Hrsg.) (2001): Handbuch Industrielles Beschaffungsmanagement – Internationale Konzepte, Innovative Instrumente, Aktuelle Praxisbeispiele, 2. Aufl., Wiesbaden.

Kauffmann, R./Cavinato, J. (1999): The Purchasing Handbook: A Guide for the Purchasing and Supply Professional, Columbus/OH.

Varley, R. (2006): Retail Product Management: Buying und Merchandising, 2. Aufl., London.

Wagner, S./Wehrli, H. P. (2003): Handbuch Beschaffung: Strategien, Methoden, Umsetzung, München/Wien.

Vertiefende Literatur zum Thema Kooperation und Efficient Consumer Response

Schmickler, M./Rudolph, T. (2002): Erfolgreiche ECR-Kooperationen, München.

Schröder, H. (2003): Category Management – Aus der Praxis für die Praxis, Frankfurt am Main.

Zentes, J./Swoboda, B./Morschett, D. (2004): Internationales Wertschöpfungsmanagement, München.

7 Finanzierungskompetenz

Lernziele

Leitfrage: Welche Bedeutung hat die Finanzierung für die Sicherstellung des langfristigen Unternehmenserfolgs?

- Wie ist der Begriff Finanzierung definiert und welche Herausforderungen sind mit der Finanzierung eines Handelsunternehmens verbunden?
- Wodurch ist der Finanzierungsprozess eines Handelsunternehmens in seinen unterschiedlichen Lebensphasen gekennzeichnet?

Leitfrage: Wie lässt sich der Kapitalbedarf eines Handelsunternehmens ermitteln?

- Was sind die Erfolgsfaktoren des Business-Plans und welche Rolle spielt der Business-Plan bei der Beschaffung von Finanzmitteln?
- Welchen Zweck verfolgen Erfolgsrechnung und Planbilanz?
- Was versteht man unter Anlage- und Umlaufvermögen und welche Faktoren beeinflussen die beiden Vermögensarten?

Leitfrage: Welche Finanzierungsformen eignen sich für Handelsunternehmen in unterschiedlichen Lebensphasen?

- Welche Möglichkeiten der Mittelbeschaffung existieren?
- Welche Vor- und Nachteile weisen unterschiedliche Finanzierungsformen auf?
- Welche Schritte müssen Handelsunternehmen bei der Finanzierungsplanung beachten?

Leitfrage: Welche Kriterien zeichnen eine optimale Finanzierungsstruktur aus?

- Was versteht man unter der optimalen Ausgestaltung der Kapitalstruktur?
- Auf welche Kennzahlen können Handelsunternehmen bei der Beurteilung ihrer finanziellen Stabilität, ihrer Liquidität und ihrer Rentabilität zurückgreifen?

7.1 Einleitung

Investition, Finanzierung und Controlling sind wesentliche unternehmerische Aufgaben, die sich gegenseitig bedingen. Ohne Finanzierung ist eine Investition nicht möglich und ohne ein Controlling gäbe es keine langfristige Sicherung der finanziellen Stabilität und Überprüfung der Wertschöpfungsaktivitäten im Unternehmen. In diesem Kapitel lernen Sie Grundprinzipien der Finanzierung kennen. Das Kapitel erklärt die Finanzierung am Beispiel eines Start-up-Unternehmens, das sich mittlerweile zum internationalen Großkonzern entwickelt hat.

Grundprinzipien der Finanzierung eines Start-up-Unternehmens

7.2 Finanzierungskompetenz
Grundlagen

Anfang der 1980er-Jahre eröffnete in einem Gewerbegebiet der erste Elektro Markt. Das großflächige Fachmarkt-Konzept für Unterhaltungselektronik war damals eine Neuheit. Zuvor führten kleine Fachgeschäfte und Warenhausabteilungen ein begrenztes Sortiment. Vom Rasierapparat bis zum Fernseher deckte das umfassende Angebot des Elektro Marktes nun alle Kundenbedürfnisse ab. Die zentrale Idee der jungen Unternehmensgründer war die folgende: Breite Auswahl an Markenprodukten zu Dauertiefstpreisen, gute Beratung, kompetenter Reparaturservice und zusätzlich konnte jeder Kunde seinen Kauf rückgängig machen, falls er beim Wettbewerb ein günstigeres Angebot fand. Diese Grundidee gilt heute noch.

Drei zentrale Fragen zur Finanzierung

Die vier Gründer waren vom Erfolg ihres Vorhabens überzeugt. Die Suche nach der notwendigen Finanzierung gestaltete sich jedoch schwierig. Banken und Lieferanten waren gegenüber der neuen Geschäftsidee eher skeptisch eingestellt. Oft gestellte Fragen waren: Welcher Kunde würde freiwillig seinem bewährten Fachhändler den Rücken kehren? Wie soll die riesige Verkaufsfläche Rentabilität abwerfen? Und welcher Lieferant unterstützt aktiv einen Preiskrieg mit dem Fachhandel? Nach mehreren Expertengesprächen erkannten die Gründer die Notwendigkeit, drei Fragen möglichst präzise zu beantworten:

1. Wie groß ist der Finanzierungsbedarf für das erste Jahr?
2. Welche Finanzierungsform ist am besten geeignet, um den Finanzierungsbedarf zu decken?
3. Welche Kriterien helfen, eine geeignete Finanzierungsstruktur zu wählen?

7.2 Grundlagen

7.2.1 Begriffliche Definitionen

Unter **Finanzierung** verstehen wir sämtliche betrieblichen Maßnahmen zur Beschaffung und Bereitstellung von Zahlungsmitteln für unternehmerische Aktivitäten in ausreichendem Maße und zum richtigen Zeitpunkt. Die Finanzierung wird als Zufluss von Kapital, typischerweise in Form einer Einzahlung (z. B. Ausschöpfung eines Bankkredites) oder einer vermiedenen Auszahlung (z. B. Verzicht einer Dividendenauszahlung) definiert (Spremann 2005, S. 17).

Drohende Liquiditätsengpässe beeinflussen die Finanzierung.

Die Finanzierung ist deshalb von hoher Relevanz, weil unsere Wirtschaftsordnung bereits bei vorübergehenden Zahlungsschwierigkeiten fundamentale Eingriffe in die Autonomie von Unternehmen vorsieht. Erkennen Banken oder Lieferanten einen Liquiditätsengpass, passen diese Kreditzusagen, -limits und -zinssätze zulasten des Kreditnehmers an. Bei absehbarer Zahlungsunfähigkeit wird dem Unternehmen entweder auf Antrag von Gläubigern oder dem überschuldeten Unternehmen selbst ein Insolvenzverfahren (Konkurs, Vergleich, Reorganisation) eröffnet (Spremann 1996, S. 197). In der Weltwirtschaftskrise 2009, aber auch in den Jahren danach, wurden zahlreiche Insolvenzverfahren für Handelsunternehmen eröffnet.

7.2.2 Der Finanzierungsprozess

Grundsätzlich lässt sich der Finanzierungsprozess in vier Phasen unterteilen (vgl. Abbildung 7-1). Zu Beginn einer jeden Investition steht die Frage nach dem Finanzierungsbedarf. Unter Berücksichtigung des Finanzierungsanlasses ist eine adäquate Finanzierungsform zu wählen, bevor in der vierten Phase die Finanzierungsstruktur zu optimieren ist.

Dieses Kapitel stellt den Finanzierungsprozess ausführlich vor. Grundlagenwissen und Tools werden für jede Phase anhand des Fallbeispiels Elektro Markt vorgestellt.

Vier Phasen eines Finanzierungsprozesses

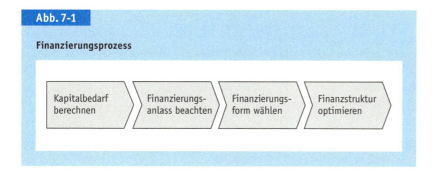

Abb. 7-1 Finanzierungsprozess

7.3 Handlungswissen

7.3.1 Kapitalbedarf berechnen

Die Gründer von Elektro Markt hatten einschlägige Erfahrungen in der Elektrobranche gesammelt. Sie akzeptierten allmählich den Widerstand der gesamten Branche und beschlossen daher, ihre Geschäftsidee im stillen Kämmerlein weiterzuentwickeln. Sie hofften, damit den aufkeimenden Widerstand nicht unnötig zu schüren und doch noch eine bezahlbare Finanzierung zu finden. Zunächst galt es, den Kapitalbedarf abzuschätzen. Um hier zu einem fundierten Ergebnis zu kommen, erstellten die drei Freunde einen Business-Plan.

Ein guter Business-Plan, welcher die Ausgangslage und das Entwicklungspotenzial des Unternehmens beschreibt sowie die geplanten Maßnahmen zur Zielerreichung und ein ausführlich kommentiertes Budget enthält, stellt die beste Voraussetzung für die Finanzierung durch Dritte dar. Ziel des Business-Plans ist es, die strategische Stoßrichtung darzustellen und den Partnern (Banken, Aktionäre, Lieferanten etc.) Vertrauen in die Erfolgschance der Geschäftsidee zu vermitteln.

Der Business-Plan stellt die Strategie prägnant dar und soll Partnern Sicherheit vermitteln.

Zentrale Punkte des Business-Plans sind ein Portrait des Unternehmens, die Ausformulierung der Geschäftsidee, die Darlegung der (Wachstums-)Strategie, die Ermittlung des Net Present Values (NPV) und Break-even-Punktes (Gewinnschwelle), die Berechnung des Cashflows und schließlich die Prognose der Eigenkapitalrendite

Abb. 7-2

Checkliste Business-Plan

Business-Plan	
1. Zusammenfassung Ausgangslage und Grundidee (Unternehmenszweck) Zielsetzungen Finanzbedarf und Verwendungszweck **2. Initiant(en)/Rechtsform** Persönliche Angaben Ausbildung Beruflicher Werdegang Referenzen Rechtsform inkl. Beteiligungsverhältnisse **3. Markt- und Unternehmensanalyse (Ist-Situation und Trends)** Marktstruktur und -entwicklung Analyse wichtiger potenzieller Kunden Konkurrenzanalyse Analyse relevanter Umweltfaktoren Analyse vorhandenes Know-how, vorhandene Infrastruktur, heutiger Standort **4. Unternehmens- und Marketingkonzept** Vision Geografischer Markt Produkt- und Dienstleistungsangebote Zielgruppen Profilierungs- und Positionierungsziele Umsatz- und Wachstumsziele Meilensteine (Terminplanung) **5. Marketingplanung/Marketinginstrumente** Zusatzdienstleistungen (Beratung, Service, Garantie etc.) Preisgestaltung Verkauf Werbung, Verkaufsförderung, PR Vertrieb/Distribution	**6. Infrastrukturplanung** Organisation und Infrastruktur Personalplanung und -führung Risk Management Innovation und Entwicklung Beschaffung und Einkauf Fertigung (Produktion, Maschinen etc.) Controlling Qualitätssicherung **7. Planrechnungen mit Erläuterungen** Umsatzplanung Investitionsplanung Planerfolgsrechnungen Planbilanzen Liquiditätsplanung Kapitalbedarfsplan **8. Finanzierung** Eigenkapital Benötigtes Fremdkapital Leasingobjekte Sicherheiten **9. Schlussfolgerungen/Anträge** Erfolgsaussichten/Risikobetrachtung Anträge an die Finanzierungspartner **10. Beilagen zum Business-Plan** Detaillierte Planrechnungen Auftragsbestand Detaillierte Analysen und Konzepte Umsetzungsplanung Firmenportrait Auszüge aus dem Strafregister Lebensläufe Wichtige Verträge

Quelle: In Anlehnung an Abrams (2003), S. 391ff.

(vgl. auch Abbildung 7-2). Der Business-Plan kann und soll auch nach dem Aufbau einer Neuunternehmung Gültigkeit behalten.

Der Business-Plan prognostiziert Einnahmen, Ausgaben und Gewinne.

Mit dem Business-Plan werden künftige Einnahmen, Ausgaben und Gewinne prognostiziert. Daraus lässt sich die Höhe des Kapitalbedarfs ableiten, welcher von den folgenden Faktoren abhängt (Thommen 2007):

- interne Faktoren
  (z. B. Verkaufsfläche, Einrichtung, Zahlungsbedingungen mit Lieferanten, Verkaufskonzept, vorhandenes Kapital, Liquidität und Expansionsplan),
- externe Faktoren
  (z. B. Bedingungen des Kapital- und Geldmarktes, Inflationsrate, allgemeines Lohnniveau, Preisniveau der eingesetzten Güter, Zahlungsgewohnheiten der Kunden, technologische Entwicklung, rechtliche Aspekte wie das Baurecht und das Konkurrenzverhalten).

Die aufgestellte Erfolgsrechnung fasst sämtliche Prognosen und Annahmen über den Geschäftsverlauf im ersten Jahr zusammen (vgl. Abbildung 7-3). Wie bei vielen anderen Start-up-Unternehmen übertrafen die tatsächlichen Kosten die prognostizierten Kosten des Business-Plans. Betrachten wir die Abweichungen genauer, so fallen die Mietkostensteigerungen auf. Obwohl der erste Standort in einem Gewerbegebiet lag, waren monatlich 5.000 Schweizer Franken Miete fällig. Der Vermieter war nicht zu erweichen. Er kalkulierte mit einer Miete von 5 Schweizer Franken pro Quadratmeter und Monat. Zusätzlich verlangte er eine Kaution von 55.000 Schweizer Franken, da der Geschäftserfolg ungewiss war (Die Kaution ist nicht erfolgswirksam und somit kein Bestandteil der Erfolgsrechnung; sie wird als Forderung in der Planbilanz verbucht; vgl. Abbildung 7-4). So wäre er in der Lage gewesen, notwendige Renovierungskosten für die 1.000 Quadratmeter große Verkaufsfläche im Falle einer kurzfristigen Geschäftsaufgabe zu finanzieren. Die tatsächlichen Mietkosten lagen fast doppelt so hoch wie im Business-Plan prognostiziert. Da Elektro Markt sich als Preisführer gegenüber der Konkurrenz positionierte, fiel die Investition in Regale und

Erfolgsrechnung für das erste Jahr

Abb. 7-3

Erfolgsrechnung für das erste Jahr (in Schweizer Franken)

	Erstes Jahr	Business-Plan
Umsatz	7.000.000	5.000.000
Warenkosten	5.600.000	4.000.000
Warenrohertrag	1.400.000	1.000.000
Operative Kosten		
– Allgemein[1]	305.000	245.000
– Miete	60.000	35.000
– Personal	600.000	500.000
– Werbekosten	200.000	225.000
Gewinn	235.000	–5.000

[1] Enthält Abschreibungen auf Ladeneinrichtung, sonstige Raumkosten wie z. B. Reinigung (mit 0,3 % vom Umsatz geplant), Energiekosten (mit 0,3 % vom Umsatz geplant) und Versicherungsgebühren (mit 0,3 % vom Umsatz geplant). Tatsächlich betrugen die drei genannten Kostenblöcke jeweils 0,5 % vom Umsatz und somit jeweils 35.000 CHF.

7.3 Finanzierungskompetenz
Handlungswissen

Abb. 7-4

Bilanz für das erste Jahr (in Schweizer Franken)

Anlagevermögen		**Eigenkapital**	
– Betriebs- und Geschäftsausstattung	1.000.000	– gezeichnetes Kapital	1.200.000
		– Gewinnreserve	0
Umlaufvermögen		**Fremdkapital**	0
– Sonstige (Kaution)	55.000	– Rückstellungen/	
– Barmittel		Verbindlichkeiten	0
– Bankguthaben		– Finanzschulden	
	85.000		
	60.000		
	1.200.000		1.200.000

andere Einrichtungsgegenstände wie Kassen und Präsentationssysteme gering aus. Ein Großteil der Waren wurde palettenweise in der Verkaufsstelle angeboten. Die Einrichtungsinvestition (siehe Bilanz) lag wie geplant bei 1.000.000 Schweizer Franken, wovon 20 Prozent abgeschrieben wurden und in die allgemeinen Kosten einflossen. Hingegen entwickelte sich der Raumkostensatz mit 0,5 Umsatzprozentpunkten weit höher als geplant. Dazu trugen insbesondere nicht kalkulierte Versicherungsgebühren, Reinigungsgebühren und Telefonkosten bei. Auch die Energiekosten und Versicherungsgebühren schlugen mit insgesamt 70.000 Schweizer Franken erheblich stärker zu Buche, so dass sich letztendlich allgemeine Kosten in Höhe von 305.000 Schweizer Franken ergaben.

Den mit Abstand größten Kostenblock bildeten die Personalkosten mit insgesamt 600.000 Schweizer Franken im ersten Jahr. Gerade an umsatzstarken Tagen wie an Samstagen musste mehr Personal, als im Business-Plan vorgesehen, eingestellt werden, sodass Elektro Markt acht Vollzeit- und fünf Teilzeitkräfte beschäftigte. Gemäß dem Business-Plan sollte im ersten Jahr ein geringer Verlust erwirtschaftet werden. Dass tatsächlich die Kostensteigerung durch einen proportional weit höheren Umsatz mehr als kompensiert werden konnte, war bei Bestimmung des Finanzierungsbedarfs nicht abzusehen. Den Business-Plan beurteilten einige Fachleute als möglich, auch wenn die meisten am Umsatzziel zweifelten. Daher beschlossen die Gründer, eine erste Bilanz aufzustellen, um den Finanzbedarf noch besser abschätzen zu können.

In der Bilanz wird zwischen Anlage- und Umlaufvermögen unterschieden.

Bei der Ermittlung des Kapitalbedarfs (Kapitalvolumens) wird in der Bilanz zwischen zwei Vermögensarten unterschieden, nämlich zwischen dem Anlage- und Umlaufvermögen. Diese Aufteilung entspricht der heutigen Bilanzierungspraxis (vgl. Abbildung 7-4). Die Berechnung des Anlagevermögens erfolgte im Wesentlichen durch die Ermittlung der Umbau- und Einrichtungskosten. Das Umlaufvermögen wurde maßgeblich durch den Tagesumsatz und die Kapitalbindung beeinflusst. Letztere bestimmt sich aus der durchschnittlichen Lagerzeit der Waren und dem Zahlungsziel, welches mit den Lieferanten verhandelt wurde.

Bei der Berechnung des Umlaufvermögens spielt der Tagesumsatz eine wichtige Rolle. Über alle Warengruppen betrachtet erwarteten die Gründer von Elektro Markt eine durchschnittliche Lagerzeit am Point-of-Sale von 20 Tagen. Das würde auf einen erheblichen Kapitalbedarf hindeuten. Dieser errechnet sich durch Multiplikation des durchschnittlichen Tagesumsatzes (zu Einstandspreisen) mit 20 Lagertagen. Die Gründer von Elektro Markt handelten allerdings in den Lieferantengesprächen ein Zahlungsziel von ebenfalls 20 Tagen aus. Da sie den Abverkauf mit Ablauf der Zahlungsfrist planten, war der Kapitalbedarf für die Warenbeschaffung gleich null und tauchte in der Bilanz nicht auf. Im Vergleich zu Elektro Markt bilanziert der Fachhandel ein eher hohes Umlaufvermögen: Die durchschnittliche Lagerzeit übertrifft die gewährten Zahlungsziele bei weitem.

Tagesumsatz und Zahlungsziel bestimmen die Höhe des Umlaufvermögens.

Vor diesem Hintergrund ermittelten die Gründer einen Finanzbedarf von 1,2 Millionen Schweizer Franken. Erste Gespräche mit Finanzinstituten verliefen zäh, weshalb die Planbilanz ein Eigenkapital von 1,2 Millionen Schweizer Franken ausweist. Woher soll dieses Geld kommen?

7.3.2 Finanzierungsanlass beachten

Die Gründer informierten sich über unterschiedliche Finanzierungsformen bei einem Verein namens Challenge, der Unternehmungsgründungen unentgeltlich unterstützt. Die Mitglieder des Vereins sind Jungunternehmer mit einschlägigen Erfahrungen. Dort erfuhren unsere Gründer, dass die optimale Finanzierungsform wesentlich davon abhängt, in welcher Lebensphase sich ein Unternehmen befindet und welche Rechtsform (Einzelunternehmen, Aktiengesellschaft, GmbH etc.) Elektro Markt anstrebt (vgl. Abbildung 7-5). Grundsätzlich ist der Bedarf an Eigenkapital umso grö-

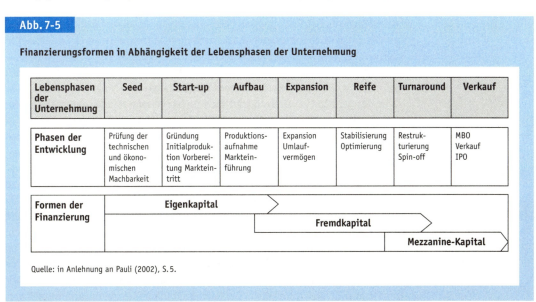

Abb. 7-5 Finanzierungsformen in Abhängigkeit der Lebensphasen der Unternehmung

Quelle: in Anlehnung an Pauli (2002), S. 5.

ßer, je höher das Risiko des Geschäftsmodells und damit das Finanzierungsrisiko ausfällt (Pauli 2002).

Für die Startphase eines Unternehmens kann in der Regel kein Fremdkapital gewonnen werden, weil das Finanzierungsrisiko sehr hoch ist. Unsere Jungunternehmer konnten wenig bis gar keine Sicherheiten aufweisen, da der Business-Plan lediglich auf ersten Ideen basiert. Deshalb überwiegt in der Gründungsphase eines Unternehmens die Finanzierung aus eigenen Mitteln. Dieses Eigenkapital wird oft durch Zuschüsse der Familie oder durch sogenannte »Business Angels« ergänzt. Bei Letzteren stellen erfahrene Unternehmer den Start-ups ihr Netzwerk, ihre Erfahrung und eventuell Kapital zur Verfügung. Jedoch können nur solche Projekte mit der Unterstützung eines Investors rechnen, die ein überdurchschnittliches Wachstum erwarten lassen, innovativ und sehr überzeugend sind. In den vergangenen Jahren hat die Bedeutung von Beteiligungsfinanzierungen im Rahmen von Neugründungen (Venture Capital) zugenommen. Dieses sogenannte Risikokapital kann als eine stille Beteiligung am Unternehmen oder als Einlage in Form von Stammkapital erfolgen. Der Geldgeber wird zum Mitunternehmer und bringt außerdem seine Expertise ins Start-up-Unternehmen ein. Diese Erfahrungen des Eigenkapitalpartners sind insbesondere für den Markteintritt in dynamische Branchen besonders wichtig. Die Verflechtung wird oft nach einer gewissen Aufbauphase wieder aufgehoben, indem das Kapital zurückbezahlt wird oder die Anteile der Venture-Capital-Gesellschaft an andere, etwa in Form von Aktien, verkauft werden.

In der Phase der Expansion und der Reife kommen insbesondere traditionelle Finanzierungsinstrumente zur Anwendung. Bankkredite sind dabei nach wie vor die zentrale Beschaffungsform von finanziellen Mitteln. Dabei unterliegen die Kreditlimits einer jährlichen Überprüfung des Kreditgebers. Maßgebend für die Beurteilung sind dabei u. a. die Bilanz, die Erfolgsrechnung, das Budget und der Liquiditätsplan. Alternativ zu Bankkrediten bietet das Leasing eine liquiditätsschonende und flexible Finanzierung von Betriebs- und Geschäftsausstattung. Dabei wird dem Leasingnehmer ermöglicht, Betriebs- und Geschäftsausstattung zu nutzen, ohne deren Eigentümer zu werden. Bei größeren Expansionsschritten wird oft der Börsengang in Erwägung gezogen. Der Börsengang ist für mittelgroße Wachstumsunternehmen jedoch ungleich schwerer als für ein vergleichbar kleines Unternehmen, obwohl das Risiko eines Totalverlustes geringer ist. Deshalb wird für mittelständische Handelsunternehmen der Gang an die Börse kaum attraktiv erscheinen.

Der Turnaround und die Ablösung beziehungsweise der Verkauf von Unternehmen erfordern hybride Finanzierungsinstrumente. Zu diesen Mischformen zwischen Eigen- und Fremdkapital zählen insbesondere Partizipationsscheine, Wandel- und Optionsanleihen, Genussscheine und nachrangige Darlehen. Diese Finanzierungsformen sind v. a. für Unternehmen interessant, die bereits eine hohe Schuldenquote ausweisen.

Die Gründungsphase von Elektro Markt, das revolutionäre Verkaufskonzept und die geringe Erfahrung der Gründer schreckten Kreditinstitute ab, Kredite zu erteilen. Die Gründer entschlossen sich notgedrungen, ihr gesamtes Erspartes in einen Topf zu werfen. Auch war die Familie eines der Gründungsmitglieder bereit, den restlichen Kapitalbedarf für den Unternehmensstart bereitzustellen. Nach zwei Monaten eröffnete schließlich die erste Filiale. Der Geschäftsverlauf übertraf die kühnsten Erwartungen. Bereits nach fünf Jahren konnte die fünfte Filiale eröffnet werden. Der Markt nahm das Geschäftsmodell mit Begeisterung auf. Auch die anfänglich recht skeptische Konkurrenz begann, Elektro Markt zu fürchten. Die schnelle Expansion und der weit überdurchschnittliche Umsatz pro Verkaufsstelle ermunterten schon bald erste Nachahmer. Daher beschlossen die Gründer, die Expansion stark zu beschleunigen. Schon bald standen die Banken Schlange. Sie witterten lukrative Kreditgeschäfte. Die Gründer hatten nun die Qual der Wahl. Welche Finanzierungsstruktur ist für die bevorstehende Expansionsphase optimal, lautete die viel diskutierte Frage.

7.3.3 Finanzierungsform wählen

Die Optimierung der Finanzierungsstruktur ist eine Kernaufgabe des Treasurers. Dabei sind insbesondere die Form und der Umfang der Finanzierung zentrale Aspekte der Unternehmensentwicklung. Die Finanzierungsform ist ein Instrumentarium, welches die vertraglichen Modalitäten der Zahlungsmittelbeschaffung zwischen Kapitalnehmer und Kapitalgeber regelt.

Die Finanzierungsform regelt die Modalitäten der Zahlungsmittelbeschaffung.

Das Kapital zur Unternehmensgründung resultiert in der Regel aus der Zuführung von finanziellen Mitteln oder Sacheinlagen (z. B. Firmenwagen, Immobilien) und bezeichnet die Herkunft derselben. Im Verlauf der Unternehmensentwicklung wird die Herkunft der eingebrachten Einlagen nicht mehr unterschieden. Das Kapital verkörpert dann in Form von Eigen- und Fremdkapital lediglich noch die Ansprüche der Kapitalgeber.

Das Fremdkapital (= Gläubigerkapital) wird dem Unternehmen von Dritten für eine begrenzte Nutzungsdauer zugesprochen und deckt denjenigen Kapitalbedarf, für den die Eigentümer nicht aus eigener Kraft aufkommen können oder wollen. Der Kapitalgeber hat dabei den Rechtsanspruch auf Rückzahlung und in der Regel auf Verzinsung des überlassenen Kapitals. Als Eigenkapital (= Beteiligungskapital) werden das von den Eigentümern zur Verfügung gestellte Kapital und die vom Unternehmen nicht ausgeschüttete Gewinne bezeichnet. Das Eigenkapital stellt dabei ein Sicherheitspolster für Gläubiger dar und dient in erster Linie der Deckung allfälliger Verluste aus der Geschäftstätigkeit. Es steht dem Unternehmen meistens auf unbegrenzte Zeit zur Verfügung. Die Verflüssigungsfinanzierung setzt zuvor in Anlagen gebundenes Kapital wieder frei.

Fremdkapital: von Dritten zur Verfügung gestellte Mittel

Nachdem in der Gründungsphase von Elektro Markt ausschließlich eigene Mittel in Form von Privateinlagen das Eigenkapital stärkten, ging es in der bevorstehenden Finanzierungsrunde um die Frage, welche Form von Fremdkapital wohl am besten geeignet sei. Der begrenzte Zufluss von Eigenkapital machte die Aufnahme von Fremdkapital notwendig. Nur so ließ sich das angestrebte Expansionstempo realisieren. Betrachten wir aber zunächst die grundsätzlichen Alternativen der Kapitalzuführung, bevor wir die Entscheidung von Elektro Markt vorstellen.

Eigenkapital: von Eigentümern zur Verfügung gestellte Mittel und einbehaltene Gewinne

Eine breit anerkannte Einteilung der Finanzierungsformen folgt der Unterscheidung nach Mittelherkunft (Innen- und Außenfinanzierung) und nach dem Finanzierungsvorgang (Eigen- und Fremdkapital sowie Vermögensverflüssigung). Die zwei Gliederungen ergänzen sich gegenseitig (vgl. Abbildung 7-6).

Mittelherkunft und Finanzierungsvorgang

7.3 Finanzierungskompetenz
Handlungswissen

Abb. 7-6

Möglichkeiten der Mittelbeschaffung

	Fremdkapital	Eigenkapital	Vermögensverflüssigung
Außenfinanzierung	Kreditfinanzierung	Einlagen- bzw. Beteiligungsfinanzierung	Vermögensliquidation (Desinvestition)
Innenfinanzierung	Finanzierung durch Pensionsrückstellungen	Finanzierung aus Gewinn (Selbstfinanzierung)	Abschreibungsrückflüsse

Vermögenszuwachs (Unternehmensfinanzierung i.e.S.) [umfasst Kreditfinanzierung, Einlagen-/Beteiligungsfinanzierung, Finanzierung durch Pensionsrückstellungen und Finanzierung aus Gewinn]

Quelle: Spremann (1996), S. 204, Volkart (1998), S. 117 und Boemle/Stolz (2002), S. 33.

Außenfinanzierung und Leverage-Effekt

Bei der Außenfinanzierung werden dem Unternehmen neue Zahlungsmittel von extern stehenden Personen oder Institutionen zugeführt (z. B. Kredit- oder Kapitalmarkt). Diese Gelder oder dazu äquivalente Güter fließen dem Unternehmen zusätzlich zu den Umsatzerlösen zu. Das Kapital kann dem Unternehmen für eine bestimmte Dauer überlassen werden (Lieferanten- und Bankkredite, Darlehen, Anleihen etc.). Dieser Finanzierungsvorgang wird als Kreditfinanzierung bezeichnet. In kurzfristiger Form bieten die Lieferantenkredite (Einräumung einer Zahlungsfrist oder Ratenzahlung) Unternehmen eine wichtige Quelle zusätzlicher Liquidität aufgrund des verzögerten Abflusses der Zahlungsmittel. Weiteres Fremdkapital kann beschafft werden, indem Kredite (Betriebs- oder Investitionskredite) durch Hypotheken grundpfandrechtlich gesichert werden. Die externe Fremdkapitalbeschaffung ist mit einer regelmäßigen und direkten Kostenbelastung (Zins- und Tilgungszahlungen) verbunden. Dieser Kostenbelastung stehen ein Steuervorteil (Abzugsfähigkeit der Fremdkapitalzinsen) und eine (bis zu einem gewissen Punkt) positive Rentabilitätswirkung (Leverage-Effekt) gegenüber. Der Leverage-Effekt tritt dann auf, wenn die Gesamtkapitalrentabilität höher ausfällt als der Zinssatz für das Fremdkapital. Im Gegensatz zur Beteiligungsfinanzierung bleibt bei der Kreditfinanzierung die Unabhängigkeit der Unternehmung weitestgehend unangetastet.

Einlagen- bzw. Beteiligungsfinanzierung durch Eigentümer

Lassen die Eigentümer zusätzliches Kapital in das Unternehmen fließen, spricht man von Einlagen- bzw. Beteiligungsfinanzierung (z. B. stille Beteiligung). Bei großem Kapitalbedarf bleibt der Börsengang oft die einzig Erfolg versprechende Finanzierungsalternative. Hier werden Anteile am Unternehmen in Form von Aktien verkauft. Der Wert der Anteile ist dabei abhängig vom Unternehmenswert. Somit lassen die Aktionäre (engl. Shareholder) mit dem Erwerb der Aktien dem Unternehmen Kapital zufließen. Viele private Unternehmen scheuen sich jedoch, die Firma einem breiteren Publikum zu öffnen und ihre Unabhängigkeit (partiell) aufzugeben. Darunter fallen of auch Handelsunternehmen.

Und schließlich handelt es sich um eine Vermögensliquidation, wenn Vermögenswerte veräußert werden. Letzterer Vorgang besitzt keine Auswirkungen auf den Kapitalstock des Unternehmens.

Demgegenüber findet die Innenfinanzierung durch die Kapitalfreisetzung (KF) aus Verflüssigung des Anlagevermögens statt. Einerseits kann dies durch die Finanzierung aus bereits vollzogenen Rückstellungen erfolgen. Rückstellungen sind Verbindlichkeiten gegenüber Dritten, mit denen später zu rechnen ist, wobei deren Höhe und Fälligkeit nicht bekannt sind (z. B. Pensionsrückstellungen oder Steuerrückstellungen).

Innenfinanzierung durch Kapitalfreisetzung oder durch Zurückbehaltung von Gewinnanteilen

Andererseits ist die Innenfinanzierung auch durch die Zurückbehaltung von erzielten Gewinnanteilen oder durch Gelder aus dem betrieblichen Leistungsprozess möglich. Diese sogenannte Selbstfinanzierung erfolgt zum Beispiel durch den (partiellen) Verzicht auf eine Dividendenausschüttung. Die Gelder werden direkt reinvestiert und als Gewinnreserven in der Bilanz verbucht.

Abbildung 7-7 fasst die Überlegungen zu den Vor- und Nachteilen verschiedener Finanzierungsformen zusammen.

Schließlich ist auch die Finanzierung aus Abschreibungsrückflüssen zu erwähnen. Hier kommt ein Finanzierungseffekt dadurch zustande, dass Abschreibungen Kostenbestandteile der veräußerten Produkte sind und folglich dem Unternehmen über den Umsatz wieder zurückfließen. Da Abschreibungen im Gegensatz zu anderen Kostenarten (z. B. Personalkosten) zu keiner tatsächlichen Auszahlung führen, stehen die durch den Umsatzprozess generierten Mittel dem Unternehmen für andere

Abb. 7-7

Finanzierungsformen – Vorteile und Nachteile

Finanzierungsform	Vorteile	Nachteile
Kreditfinanzierung	▸ Steuerliche Abzugsfähigkeit der Fremdkapitalzinsen ▸ Leverage-Effekt möglich	▸ Fixe Zahlungsverpflichtungen schränken die Flexibilität ein ▸ Einschränkende Kreditbedingungen der Banken
Einlagenfinanzierung	▸ Leichte Beschaffbarkeit von langfristigem Eigenkapital ▸ Gute Risikodiversifikation	▸ Steuerliche Nachteile ▸ Abhängig von der Verfassung des Kapitalmarktes ▸ Eingeschränkte Autonomie
Innenfinanzierung durch KF	▸ Niedrige Transaktions-, Informations- und Kontrollkosten ▸ Beibehaltung bisheriger Mehrheitsverhältnisse	▸ Zeitlich und umfangmäßig begrenzte Finanzierungswirkung
Innenfinanzierung aus Gewinn	▸ Bewahrung der Selbstständigkeit und Unabhängigkeit ▸ Langfristigkeit ▸ Keine oder geringe Kostenbelastung (keine Zins- oder Dividendenzahlungen)	▸ Mittel stammen aus dem betrieblichen Leistungsprozess und können deshalb starken Schwankungen ausgesetzt sein.

7.3 Finanzierungskompetenz
Handlungswissen

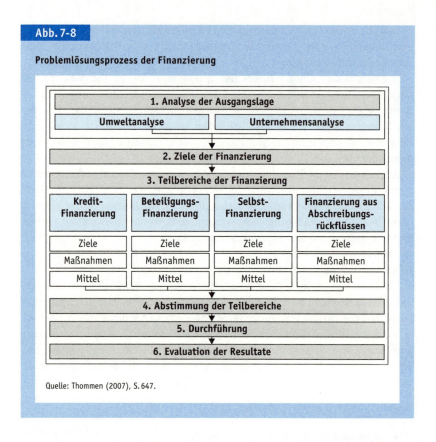

Abb. 7-8
Problemlösungsprozess der Finanzierung

Quelle: Thommen (2007), S. 647.

Zwecke zur Verfügung, sofern keine Ersatzinvestitionen getätigt werden. Des Weiteren kann Kapital durch Desinvestition freigesetzt werden. Letzteres ist allerdings nur dann möglich, wenn tatsächlich auch Vermögenswerte vorhanden sind, die nicht betriebsnotwendig sind und veräußert werden können. Unsere Gründer prüften verschiedene Alternativen und entschlossen sich, systematisch eine Entscheidung herbeizuführen. Ihre Vorgehensweise richtete sich nach dem in Abbildung 7-8 dargestellten Schema.

Auch zur Finanzierungsplanung konnte der »Challenge«-Verein Anregungen bieten. Der folgende Problemlösungsprozess zeigt zusammenfassend und skizzenhaft auf, welche sechs Schritte bei der Finanzierungsplanung zu durchlaufen sind, um einen optimalen Aufbau eines Unternehmens zu gewährleisten (zu den einzelnen Schritten vgl. auch Abbildung 7-8):

Sechs Schritte der Finanzierungsplanung bedingen einen optimalen Aufbau des Unternehmens.

1. Mit der Umwelt- und Unternehmensanalyse sei nochmals auf die bereits angesprochenen internen und externen Faktoren hingewiesen. Neben der Analyse der Geld- und Kapitalmarktsituation ist dabei auch die Unternehmensstrategie zu berücksichtigen.
2. Aus den grundsatzstrategischen Überlegungen lassen sich konkrete Leitmotive für die Finanzierung ableiten. So zum Beispiel:

a) Gewinnerzielung,
b) jederzeitige Aufrechterhaltung der Liquidität,
c) optimale Kapitalstruktur,
d) Anlagemöglichkeiten für Risikokapital,
e) Bewahrung der Unabhängigkeit.
3. Für jeden Teilbereich der Finanzierung werden Ziele, Maßnahmen und Mittel bestimmt.
4. Die Ziele und Maßnahmen aller Teilbereiche müssen aufeinander abgestimmt werden.
5. Die Durchführung erfolgt je nach Finanzierung kontinuierlich (z. B. Bankkredite) oder einmalig (z. B. Spin-off).
6. Insbesondere an der Stabilität, der Sicherstellung der Liquidität und der Rentabilität kann der Erfolg der Finanzierung gemessen werden.

Die Analyse der Ausgangssituation forderte eine schnelle Expansion mit dem Ziel, strategisch wichtige Standorte rasch zu erschließen. Als Ziel für diese zweite Finanzierungsrunde vereinbarten die Gründer, die Selbstständigkeit in ihrem unternehmerischen Handeln zu wahren. Verschiedene Finanzierungsformen konnten relativ schnell ausgeschlossen werden. Dazu zählten die Einlagenfinanzierung sowie die Finanzierung über Abschreibungsrückflüsse. Die vorhandenen Vermögenswerte fielen zum damaligen Zeitpunkt viel zu gering aus. Auch war es nicht möglich, über eine Selbstfinanzierung (z. B. durch die Auflösung von Pensionsrückstellungen und stillen Reserven) den notwendigen Kapitalbedarf bereitzustellen. In den vorangegangenen fünf Jahren finanzierten die Gründer ihre Expansion getreu dem Motto: Jeder Franken Gewinn wird unverzüglich in die Expansion investiert. Daher entschied sich die damalige Unternehmensleitung für die langfristige Kreditfinanzierung. Es gelang, ein Kreditinstitut zu finden, das einen Zehn-Jahres-Kredit zu guten Konditionen zur Verfügung stellte. Die neuen Mittel halfen, gemietete Ladenlokale umzubauen und einzurichten. Die Gründer realisierten einen Leverage-Effekt.

7.3.4 Finanzierungsstruktur optimieren

Finanzierungsregeln ermöglichen eine optimale Ausgestaltung der Kapitalstruktur. Dabei geht es insbesondere um das Verhältnis zwischen Eigen- und Fremdkapital sowie um die Beachtung der Fristen des Fremdkapitals. Bei der Finanzierung existieren drei zentrale Grundsätze, welche zu beachten sind: Stabilität, Liquidität und Rentabilität.

> Die Grundsätze der Stabilität, Liquidität und Rentabilität sind für die Finanzierung zentral.

Stabilität
Der Unternehmung wird Stabilität und Sicherheit bescheinigt, wenn in Krisenzeiten der Eigenkapitalanteil höher ausfällt als jener des Fremdkapitals. Eine solche Kapitalstruktur bewahrt insbesondere die Interessen der Gläubiger, da allfällige Verluste – zumindest vorübergehend – durch das Unternehmen aufgefangen werden können. Außerdem ist ein hoher Eigenkapitalbestand die beste Voraussetzung zur Aufnahme von neuem Kapital auf dem Kapitalmarkt (das Kreditpotenzial steigt mit

dem Eigenkapitalanteil) und stellt die Handlungsfreiheit und damit die Unabhängigkeit des Unternehmens sicher.

Je stärker jedoch das Eigenkapital gegenüber dem Fremdkapital überwiegt, desto geringer ist die Eigenkapitalrentabilität. Dieses Ungleichgewicht werden Eigentümer versuchen abzuwenden. In diesem Zusammenhang fällt oft der bereits erwähnte Begriff Leverage-Effekt. Erwirtschaftet ein Unternehmen über dem Fremdkapitalzins liegende Renditen, macht es Sinn, vermehrt Fremdkapital aufzunehmen. Daraus resultiert eine erhöhte Eigenkapitalrentabilität. Das Risiko einer solchen Praxis darf jedoch keinesfalls unterschätzt werden. Denn sinkt die Gesamtkapitalrendite unter den Zinssatz für das Fremdkapital, dann sinkt auch die Eigenkapitalrendite. Dieser Sinkflug ist umso stärker, je höher der Fremdkapitalanteil ist. Im Extremfall kann dies zu einer Schuldenspirale führen; nämlich dann, wenn die Fremdkapitalzinsen mit Eigenkapital gedeckt werden müssen. Die Anwendung eines Leverage-Effekts ist deshalb nur zu empfehlen, wenn die Geschäftstätigkeit erfolgreich ist – aber auch dann nur in dosiertem Ausmaß.

Folgende zwei Kennzahlen fassen die Aussagen zur Kapitalstruktur zusammen:

Leverage-Effekt: Ist die Rendite höher als der Fremdkapitalzins, steigt die Eigenkapitalrentabilität mit zunehmender Verschuldung.

$$\text{Eigenfinanzierungsgrad} = \frac{\text{Eigenkapital} \times 100}{\text{Gesamtkapital}}$$

Der optimale Eigenfinanzierungsgrad bei Industriebetrieben entspricht ca. 60 Prozent, bei Handelsbetrieben ca. 30 Prozent (in Anlehnung an Rüegg-Stürm 1996, S. 109). Je höher der Anteil des Eigenkapitals am Gesamtkapital, desto stabiler präsentiert sich das Unternehmen in Zeiten unvorhergesehener Verluste. Verluste können dann absorbiert werden, ohne das Unternehmen (kurzfristig) zu gefährden. Je höher die eingegangenen operativen Unternehmensrisiken sind und/oder je höher das Anlagevermögen ausfällt, desto höher sollte der Eigenkapitalanteil sein.

Die Stabilität eines Unternehmens steigt mit zunehmendem Eigenkapitalanteil.

$$\text{Verschuldungsgrad} = \frac{\text{Fremdkapital} \times 100}{\text{Gesamtkapital}}$$

Der optimale Verschuldungsgrad bei Industriebetrieben ist kleiner als 40 Prozent, bei Handelsbetrieben ist er kleiner als 70 Prozent (Rüegg-Stürm 1996, S. 109). Der Verschuldungsgrad ist eine Kennzahl für das Konkursrisiko und spiegelt das finanzielle Risikoengagement des Unternehmens wider. Je höher der Anteil des Fremdkapitals am Gesamtkapital, desto größer ist das Risiko, in Liquiditätsschwierigkeiten zu geraten (z. B. infolge eines konjunkturellen Einbruchs).

Der Verschuldungsgrad ist ein Indikator für das Risikoengagement eines Unternehmens.

In der Gründungsphase von Elektro Markt realisierten die Gründer keinen Leverage-Effekt, da die geliehenen Finanzmittel als Eigenkapital in der Bilanz verbucht wurden. Hätten die Gründer die Finanzmittel als Kredit von einer Bank erhalten, wäre ein positiver Leverage-Effekt entstanden. Das neue Betriebsformenkonzept war dem klassischen Fachhandel überlegen. Die Gesamtrentabilität lag weit über dem Zinssatz für Fremdkapital. Mit der Kreditaufnahme im zweiten Geschäftsjahr konnte dann ein Leverage-Effekt realisiert werden. Durch ähnliche Fachmarktkonzepte erhöhte sich jedoch der Wettbewerb für Elektro Markt.

Liquidität

Um eine Zahlungsunfähigkeit zu vermeiden, müssen die zur Verfügung stehenden Mittel dem tatsächlichen Finanzierungsbedarf entsprechen. Das Unternehmen muss in der Lage sein, die eingegangenen Verbindlichkeiten bei Fälligkeit zu erfüllen. Zur Liquidität, welche die fristengerechte Begleichung von Verbindlichkeiten sicherstellen muss, wurden zwei zentrale Grundsatzregeln formuliert (Schenkel/Volkmer 2000):

- **»Goldene« Bilanzregel**
  Das langfristig im Unternehmen befindliche Anlagevermögen muss auch langfristig finanziert werden (Eigenkapital und langfristiges Fremdkapital).
- **»Goldene« Finanzierungsregel**
  Das Umlaufvermögen bindet nur kurzfristig Kapital, es sollte deshalb auch durch kurzfristiges Fremdkapital finanziert werden.

Unternehmen sind dann im Stande, die Liquidität zu sichern, wenn dem Fremdkapital in genügendem Maße Vermögenspositionen gegenüberstehen, welche auch rechtzeitig in liquide Mittel umgewandelt werden können. Die Liquiditätsgrade (1 bis 3) stellen dazu stufenweise das kurzfristige Fremdkapital des Unternehmens mit den einzelnen Bestandteilen des Umlaufvermögens ins Verhältnis (Spremann 1996, S. 220).

> Die Liquiditätssicherung gelingt, wenn Vermögen rechtzeitig in liquide Mittel umgewandelt werden kann.

$$\text{Liquidität 1. Stufe (Cash Ratio)} = \frac{\text{Flüssige Mittel} \times 100}{\text{Kurzfristiges Fremdkapital}}$$

Richtwert ca. 30–40 %

$$\text{Liquidität 2. Stufe (Quick Ratio)} = \frac{(\text{Flüssige Mittel} + \text{Forderungen}) \times 100}{\text{Kurzfristiges Fremdkapital}}$$

Richtwert 100 %

$$\text{Liquidität 3. Stufe (Current Ratio)} = \frac{\text{Umlaufvermögen} \times 100}{\text{Kurzfristiges Fremdkapital}}$$

Richtwert 200 %

Heute erfüllt Elektro Markt sämtliche Finanzierungsregeln. Mit zunehmender Unternehmensgröße und Abhängigkeit vom Kapitalmarkt wurde es wichtiger, den Erwartungen des Kapitalmarktes zu entsprechen. In der Gründungsphase bestand hierzu keine Notwendigkeit und auch gar keine Möglichkeit. Der Kapitalmarkt stattete die Gründer nicht mit Fremdkapital aus. Das Unternehmen war zum damaligen Zeitpunkt schlichtweg zu riskant.

Rentabilität

Die Eigentümer erwarten für ihr eingesetztes Kapital eine marktgerechte Verzinsung. Diesbezüglich erweist sich die Rentabilität als zentrale Kennzahl, da diese dem Analysten aufzeigt, wie wirtschaftlich das Unternehmen agiert. Die Unternehmensrentabilität wird wie folgt ermittelt:

> Die Rentabilität ist die zentrale Kennzahl für die Wirtschaftlichkeit des Unternehmens.

$$\text{Eigenkapitalrentabilität (ROE)} = \frac{\text{Reingewinn (nach Steuern und Zinsen)} \times 100}{\text{Eigenkapital}}$$

Der Return on Investment (ROI, siehe Kapitel 8 Controllingkompetenz) zeigt die Rentabilität des gesamten investierten Kapitals an.

$$\text{Gesamtkapitalrentabilität (ROI)} = \frac{(\text{Reingewinn} + \text{Fremdkapitalzinsen}) \times 100}{\text{Gesamtkapital}}$$

Anhand der Größen ROE und ROI lassen sich einerseits Vergleiche zu alternativen Anlagemöglichkeiten (unter Berücksichtigung des Anlagerisikos) ziehen und andererseits ein Benchmarking mit der Konkurrenz beziehungsweise dem Branchendurchschnitt durchführen.

Elektro Markt konnte die Forderungen des international geprägten Kapitalmarktes in den vergangenen Jahren durchweg übertreffen. So war es mittlerweile möglich, mit großem Erfolg in viele europäische Länder zu expandieren. Regelmäßige Treffen mit Analysten stehen heute im Pflichtenheft der Geschäftsleitung. Mittlerweile ist das Unternehmen an die Börse gegangen und berichtet quartalsweise über die Geschäftsentwicklung. Die Gründer haben sich teilweise aus dem Unternehmen zurückgezogen.

Aufgaben zur Fallstudie

1. *Beschreiben Sie Vor- und Nachteile der gewählten Finanzierung beim Start des Unternehmens Elektro Markt.*
2. *Welche Finanzierungsform bietet sich in welcher Unternehmenszyklusphase an? Bitte unterbreiten Sie jeweils einen Vorschlag und begründen Sie diesen.*
3. *Stellen Sie eine Bilanz sowie eine Erfolgsrechnung für Elektro Markt vor der zweiten Finanzierungsrunde auf. Beides soll helfen, den Banken einen Einblick in das Unternehmen zu geben. Im Vergleich zur Erfolgsrechnung nach Abschluss des ersten Geschäftsjahres ist der Umsatz bei fünf Verkaufsstellen um das Siebenfache gestiegen. Begründen Sie Ihre Annahmen.*
4. *Machen Sie für Elektro Markt einen Vorschlag für eine langfristig optimale Kapitalstruktur und diskutieren Sie Ihren Lösungsvorschlag vor dem Hintergrund der Aspekte Stabilität, Liquidität und Rentabilität. Gehen Sie in ihrer Diskussion explizit auf den Leverage-Effekt ein und beschreiben Sie, welche Chancen und Risiken mit diesem Effekt verbunden sind.*
5. *Nach erfolgreicher Expansion in zahlreiche europäische Länder steht Elektro Markt bereits vor der nächsten Herausforderung. Während viele Konkurrenten seit mehreren Jahren auf eine Mehrkanal-Strategie setzen und ihre Produkte nun auch über das Internet vertreiben, konnte sich das Management von Elektro Markt lange Zeit nicht darüber einigen, ob man ebenfalls in den Aufbau eines Online-Stores investieren soll. Mittlerweile hat man sich dazu entschlossen, ebenfalls den Schritt in die virtuelle Welt zu machen und überlegt nun, welche Strategie beim Aufbau des Online-Stores verfolgt werden soll. Diskutieren Sie, welche Möglichkeiten es für Elektro Markt gibt, den geplanten Online-Store organisatorisch an den Konzern*

anzuschließen (z. B. als integrierte Geschäftseinheit, neugegründete Tochtergesellschaft) und welche Vor- und Nachteile in Bezug auf die Finanzierung mit den unterschiedlichen Alternativen verbunden sind. Welche Lösung schlagen Sie dem Management von Elektro Markt vor?

Kontrollfragen

- Welche zentralen Bestandteile enthält der Business-Plan und welchen Zweck verfolgt er?
- Wie heißen die unterschiedlichen Unternehmenszyklusphasen und wodurch sind diese gekennzeichnet?
- Wodurch unterscheiden sich Eigen- und Fremdkapital und welche Rechtsansprüche sind mit den beiden Finanzierungsformen verbunden?
- Was versteht man unter Innen- und Außenfinanzierung?
- Was bedeutet der Begriff Leverage-Effekt?
- Was besagen die »Goldene Bilanzregel« und die »Goldene Finanzierungsregel«?

Literatur

Abrams, R. (2003): The Successful Business Plan: Secrets & Strategies, 4th Edition, Palo Alto.
Boemle, M./Stolz, C. (2002): Unternehmensfinanzierung: Instrumente – Märkte – Formen – Anlässe, 13. Aufl., Zürich.
Pauli, R. (2002): Maßgeschneiderte Unternehmensfinanzierung, in: UBS Outlook, 1/2002.
Rüegg-Stürm, J. (1996): Controlling für Manager. Grundlagen, Methoden, Anwendungen, 2. Aufl., Zürich.
Ross, S./Westerfield, R./Jaffe, J. (2011): Corporate Finance, 9th Edition, New York.
Schenkel, M./Volkmer, Ch. (2000): Betriebswirtschaftslehre im Einzelhandel, 5. Aufl., Köln.
Spremann, K. (1996): Wirtschaft, Investition und Finanzierung, 5. Aufl., München/Wien.
Spremann, K. (2005): Modern Finance, 2. Aufl., München/Wien.
Stiefl, J. (2008): Finanzmanagement: unter besonderer Berücksichtigung von kleinen und mittelständischen Unternehmen, 2. Aufl., München.
Thommen, J.-P. (2007): Betriebswirtschaftslehre, 7. Aufl., Zürich.
Volkart, R. (1998): Finanzmanagement: Beiträge zu Theorie und Praxis, 7. Aufl., Zürich.

7.3 Literatur

Vertiefende Literatur zum Thema Unternehmensfinanzierung

Brealey, R./Myers, S./Allen, F. (2010): Principles of Corporate Finance, 10th Edition, New York.

Hering, T. (2006): Unternehmensbewertung, 2. Aufl., München

Olfert, K./Reichel, C. (2005): Finanzierung, 13. Aufl., Ludwigshafen.

Prätsch, J./Schikorra, U./Ludwig, E. (2007): Finanzmanagement, 3. Aufl., Berlin.

Wöhe, G./Bilstein, J. (2002): Grundzüge der Unternehmensfinanzierung, 9. Aufl., München.

Zantow, R. (2004): Finanzierung: Die Grundlagen modernen Finanzmanagements, München.

8 Controllingkompetenz

Lernziele

Leitfrage: Welche Besonderheiten weist das Handelscontrolling im Vergleich zum Controlling eines Industriebetriebs auf?

- Welchen Zweck verfolgt das Handelscontrolling und welchen Beitrag leistet es zur Steigerung des Unternehmenserfolgs?
- Worin unterscheiden sich die Aufgaben des strategischen Handelscontrollings und des operativen Handelscontrollings?
- Welche Prozessschritte muss ein Handelsunternehmen beim Aufbau eines effektiven Controllingsystems durchlaufen?
- Wie ist das Controlling in der Organisation eines Handelsunternehmens verankert?

Leitfrage: Welche Anforderungen stellt die Handelspraxis an ein sinnvolles und aussagekräftiges Kennzahlensystem?

- Was versteht man unter qualitativen und quantitativen Kennzahlen?
- Welche Kennzahlen erweisen sich aus Sicht eines Handelsunternehmens als besonders relevant?
- Welche Kennzahlen existieren, um unterschiedlichen Bezugsobjekten im Handelscontrolling (z. B. Unternehmen, Filiale, Warengruppe, Produkt etc.) gerecht zu werden?

Leitfrage: Welche Bedeutung hat das Controlling im Hinblick auf die Sortimentspolitik eines Handelsunternehmens?

- Welche Formen der Deckungsbeitragsrechnung gibt es und welche Kostenarten gilt es auf den unterschiedlichen Deckungsbeitragsstufen zu berücksichtigen?
- Welche Rolle spielt die Deckungsbeitragsrechnung bei der Sortimentsevaluation?
- Wie lässt sich mithilfe des Controllings der Sortimentsmix eines Handelsunternehmens optimieren?

Leitfrage: Welche Bedeutung kommt der Kennzahl Economic Value Added (EVA) in der Handelspraxis zu?

- Wie definiert sich EVA?
- Inwiefern wird EVA zur Unternehmenssteuerung herangezogen?
- Welche Vor- und Nachteile sind mit EVA verbunden?

8.1 Einleitung

Während Industriebetriebe ihr Controlling überschaubar in Subsysteme aufteilen, wie z. B. in ein Marketing-, Produktions- und Einkaufscontrolling, ist diese Aufteilung für Handelsunternehmen wenig Erfolg versprechend. Interdependenzen zwischen den

Handelscontrolling konzentriert sich auf Prozessabläufe und Filialleistungen.

8.2 Controllingkompetenz
Grundlagen

Entscheidungsfeldern Einkauf und Verkauf, aber auch die hohe Dynamik in Form neuer Vertriebsformen, Sortimentsangebote und Filialstandorte sorgen für eine hohe Komplexität. Die Artikelanzahl ist im Vergleich zu einem Industriebetrieb in der Regel um ein Mehrfaches höher. So führt beispielsweise ein durchschnittlicher Verbrauchermarkt (mit einer Verkaufsfläche zwischen 1.500m^2 und 2.500m^2) circa 10.000–15.000 Artikel alleine im Lebensmittelbereich. Darüber hinaus verfolgen viele Handelsunternehmen heute bereits eine sogenannte Mehrkanal-Strategie. In fast allen Branchen gewinnt das Internet als Verkaufskanal zunehmend an Bedeutung und liefert einen maßgeblichen Beitrag zum Umsatz vieler Handelsunternehmen. Vor allem die Koordination, Planung und Kontrolle vieler handelsspezifischer Prozesse wird deshalb immer komplexer und stellt auch das Controlling vor neue Herausforderungen. Ein modernes Handelscontrolling konzentriert sich auf Prozessabläufe und Filialleistungen. Das betrifft sowohl operative als auch strategische Managementaufgaben. Das nachfolgende Fallbeispiel erläutert handelsspezifische Controllingherausforderungen.

Der Fall Women's Wear

Michael betreibt 44 Textilfilialen in mehreren Großstädten unter dem Namen Women's Wear. Sein Unternehmen hat sich in den vergangenen Jahren prächtig entwickelt. Dank seiner Freundin Susanne, die 15 Jahre lang für den Wareneinkauf zuständig war, schätzten die Kundinnen bis vor zwei Jahren das stets modische Sortiment. Eine Kundenbefragung bestätigte diese Stärke. Kurz nach der Kundenbefragung kam es jedoch zu einer gravierenden Beziehungskrise, die zum Ausscheiden seiner Lebenspartnerin aus dem Unternehmen führte. Michael war nicht bereit, Susanne gebührend am Unternehmen zu beteiligen. Daraufhin beschloss Susanne, ihr Glück mit einer eigenen Fashion-Kette zu versuchen. Sie eröffnete mehrere Filialen, teilweise in unmittelbarer Nähe der Women's Wear-Filialen. Michael war sich zunächst sicher, den Einkauf selbst übernehmen zu können, stellte aber nach einigen Fehltritten sehr schnell eine kompetente Einkaufschefin ein. Der zunächst realisierte Umsatzrückgang konnte erst in diesem Jahr gestoppt werden. Michael musste überdurchschnittlich viel der nicht verkauften Ware abschreiben. Das in den vergangenen Jahren aufgebaute Eigenkapital hat mittlerweile merklich an Substanz verloren. Die schwierige wirtschaftliche Entwicklung seines Unternehmens hat ihn dazu bewogen, ein wirkungsvolles Controlling aufzubauen. Dieses soll frühzeitig Fehlerquellen identifizieren, um drohende Verluste klein zu halten.

Das vorliegende Kapitel erklärt die Besonderheiten eines Handelscontrollings, beschreibt den Controllingprozess und vermittelt das notwendige Grundlagenwissen, um ein wirkungsvolles Controllingsystem zu konzipieren. Zur Illustration dient der Fall Women's Wear.

8.2 Grundlagen

Definition des Begriffs Controlling

Controlling bezeichnet »die Beschaffung, Aufbereitung und Analyse von Daten zur Vorbereitung zielsetzungsgerechter Entscheidungen« (Berens/Bertelsmann 2002, S. 280). Als Subsystem der Unternehmensführung übernimmt das Controlling (1) Planungs-, (2) Kontroll-, und (3) Koordinationsfunktionen, welche darauf ausgerichtet sind, die Entscheidungsqualität des Managements in Hinsicht auf die Unternehmensziele zu verbessern. Grundlage hierfür ist eine methodisch gestützte sowie faktenbasierte Analyse des Leistungserstellungsprozesses. Gelingt es dem Controller, die Wertschöpfung transparent darzustellen, so lassen sich geeignete Ziele definieren und prüfen, ob diese erreicht werden.

8.2.1 Zweck des Controllings

Der Controllingzweck besteht in der Versorgung von Entscheidungsträgern mit relevanten Informationen, der Bewertung von Projektalternativen hinsichtlich deren Erfolgsaussichten, der beratenden Begleitung der Projektumsetzung und der Überprüfung der Wertschöpfungsaktivitäten auf ihren Beitrag zur Erzielung eines Wertzuwachses (Rüegg-Stürm 1996). Diese Aufgaben fördern die Koordination sämtlicher Maßnahmen, welche zum Unternehmenserfolg, zu einem attraktiven Image, zu effizienten Prozessen und zu einem effektiven Marketing beitragen (vgl. Abbildung 8-1).

Controllingzwecke: Information, Bewertung von Alternativen, Beratung, Überprüfung

Im Vergleich zu anderen Wirtschaftszweigen weist das Controlling in der Handelsbranche eine hohe Dynamik auf. Insbesondere die Entwicklungen in der Sortiments-

Mögliche Bezugsobjekte des Handelscontrollings

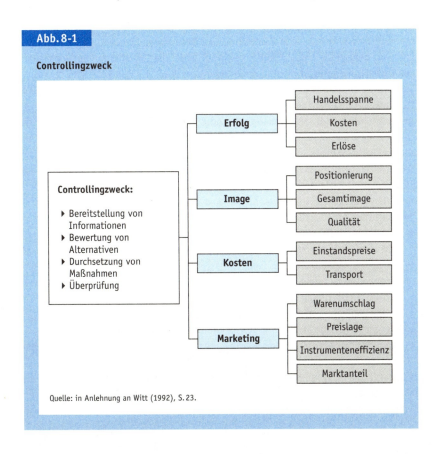

Abb. 8-1 Controllingzweck

Quelle: in Anlehnung an Witt (1992), S. 23.

8.2 Controllingkompetenz
Grundlagen

gestaltung, der Standort- und Betriebstypenplanung tragen dazu bei, dass die Controllingobjekte sich häufig ändern. Auswertungen konzentrieren sich beispielsweise auf bestimmte Warengruppen, wie Lebensmittel oder Unterhaltungselektronik. Aber auch Teilsortimente, z. B. Molkereiprodukte, oder einzelne Produkte, z. B. der Biojoghurt Natur im 150-Gramm-Becher, stehen im Zentrum von Controllingauswertungen. Neben der produktorientierten Unterteilung nach Controllingobjekten findet auch die organisationsorientierte Systematik Anwendung. Dabei können einzelne Funktionsbereiche, unterschiedliche Betriebstypen, Verkaufsregionen oder das gesamte Unternehmen als Bezugsobjekt dienen (Schröder 1999). Kennzahlensysteme und zahlreiche andere Instrumente helfen, diese Dynamik zu managen. Dabei ist der periodischen Situations- und Abweichungsanalyse, der Entwicklungsprognose und vor allem der finanziellen Transparenz im Unternehmen eine hohe Priorität zuzuschreiben. Im Vordergrund steht die Versorgung des Managements mit relevanten Informationen zur Entscheidungsunterstützung.

Strategisches versus operatives Controlling

Grundsätzlich lassen sich zwei unterschiedliche Ausrichtungen des Controllings unterscheiden: das strategische und das operative Controlling. Das strategische Controlling zielt darauf ab, das Unternehmen als Ganzes zu analysieren. Der Planungshorizont fällt langfristig aus. Typische Controllinginstrumente sind die Planbilanz, Cashflow-Berechnungen oder die Balanced Scorecard. Die Ergebnisse sind für den Budgetierungsprozess und die Aufsichtsorgane von hoher Relevanz. Darüber hinaus unterstützt das strategische Controlling das Management beim Ausbau vorhandener oder neuer Filialnetze. Hierbei spielt vor allem die Optimierung der rückwärtigen Dienste wie Logistik, Informatik und Einkauf eine wichtige Rolle. Das operative Controlling befasst sich mit einzelnen Funktionsbereichen des Unternehmens. Der Planungshorizont geht selten über einen Monat hinaus. Im Zentrum steht das Tagesgeschäft. Insbesondere der Filialerfolg und die damit verbundenen Marketingmaßnahmen am Point of Sale sind für die Verantwortlichen des Tagesgeschäfts (z. B. Filialleiter) von großem Interesse. Hierfür bieten sich Instrumente an, welche spezifische Kostenarten (z. B. Preisabschläge, Lagerkosten, Werbekosten etc.) analysieren oder die Produktivität der eingesetzten Ressourcen (z. B. Verkaufsfläche, Personal) bestimmen. Der folgende Abschnitt beschreibt typische Fragestellungen, welche das operative Controlling regelmäßig beantworten muss.

- Welche Verkaufsstellen schneiden bzgl. Mietkosten, Gebäudekosten etc. im Rahmen eines internen Benchmarkings besonders schlecht ab?
- Gelingt es, filialspezifische Personalkosten durch eine optimierte Personaleinsatzplanung zu senken?
- In welchen Sortimentsbereichen werden variable Kosten nicht mehr gedeckt?
- An welchen Standorten werden die Kosten steigen?
- Wie lassen sich die Finanzierungskosten für das Fremdkapital senken?
- Lässt sich mit der Investition A eine angemessene Rendite für das Unternehmen erzielen?
- Um wie viel Prozent könnten die Logistikkosten gesenkt werden?
- Welche Kosten sind tatsächlich fix und können in den kommenden zwei Jahren nicht reduziert werden?

8.2.2 Der Controllingprozess

Vier Phasen charakterisieren den Controllingprozess. In Phase eins steht das Management vor der Aufgabe, die Controllingziele festzulegen. Darauf aufbauend lassen sich in Phase zwei spezifische Controllingaufgaben ableiten. Je konkreter ein Unternehmen in der Lage ist, die Ziele und Aufgaben des eigenen Controllings zu definieren, desto einfacher fällt es im nächsten Schritt, ein wirkungsvolles Controllingsystem zu entwickeln. Stehen die Werkzeuge eines handelsspezifischen Controllingsystems erst einmal fest, so gilt es, die Controllingorganisation zu optimieren. Abbildung 8-2 beschreibt den Prozessverlauf.

Controllingprozess: Ziele festlegen, Aufgaben ableiten, System entwickeln, Organisation optimieren

Die Festlegung der Controllingziele

Controllingziele lassen sich aus den strategischen Zielen des Unternehmens ableiten. Ein Discountanbieter zielt mit seinem Controlling in erster Linie auf die Einhaltung niedriger Personal-, Logistik- und Verkaufskostensätze ab. Ein Content Retailer (Produktführer) achtet mit seinem Controlling hingegen stärker auf die Innovationsrate, die Produktqualität und einwandfreie Logistikprozesse. Die Unternehmensstrategie (vgl. Kapitel 2 Strategiekompetenz) und das den Kunden kommunizierte Leistungsversprechen bildet den Leitstern für die Festlegung der Controllingziele.

Generell soll das Controlling helfen, Planungsprozesse zu unterstützen, die Zusammenarbeit zwischen den Funktionsbereichen zu fördern und die wirtschaftlichen Ergebnisse zu kontrollieren. Wie bereits angedeutet, spielt im Handel das Kontrollziel eine besonders wichtige Rolle, wobei auch die beiden anderen Zieldimensionen – Planung und Koordination – an Bedeutung gewinnen. Mithilfe moderner Informatiklösungen entstehen Werkzeuge, die antizipativ Fehlentwicklungen signalisieren. Dennoch beziehen sich die Zielinhalte schwerpunktmäßig auf die Wirtschaftlichkeit in Form des Erfolges, der Rentabilität, der Produktivität und der Liquidität.

Controllingziele beziehen sich schwerpunktmäßig auf wirtschaftliche Zielvorgaben.

Die Controllingaufgaben festlegen

Unter Controllingaufgaben sind Soll-Leistungen zu verstehen, die der Erfüllung der Controllingziele dienen (Richter 1987, S. 126 f.). Grundsätzlich besteht die Aufgabe des Handelscontrollings in der Anpassung des Rechnungswesens an den Informationsbedarf der Entscheidungsträger (Chmielewitz 1974–1976, Sp. 3343 ff.). Um diesem

Aus den Zielen sind spezifische Aufgaben abzuleiten

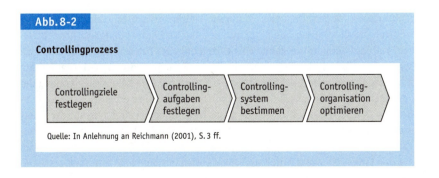

Abb. 8-2

Controllingprozess

Controllingziele festlegen → Controllingaufgaben festlegen → Controllingsystem bestimmen → Controllingorganisation optimieren

Quelle: In Anlehnung an Reichmann (2001), S. 3 ff.

grundsätzlichen Rollenverständnis zu entsprechen, dem übrigens nichts anderes als die Idee der marktorientierten Unternehmensführung zu Grunde liegt, müssen ausgehend von den Controllingzielen spezifische Controllingaufgaben formuliert werden.

Der neu eingestellte Controller des Fashion-Anbieters Women's Wear sollte nach den Vorgaben der Geschäftsleitung insbesondere drei Controllingaufgaben nachgehen. Zur Verbesserung der Ertragssituation waren diese: Kosten optimieren, Wettbewerbsvorteile beobachten und die Kundenbindung analysieren (vgl. Abbildung 8.3). Jede Kernaufgabe fokussiert auf eine andere Erfolgsdimension. Diese betreffen die internen Leistungserstellungsprozesse (z. B. die Analyse der Einkaufsprozesse), das Konkurrenzumfeld (z. B. Preisvergleiche mit Wettbewerbern) und die bestehenden Kunden (z. B. die Analyse von Zielgruppen). Die festgelegten Controllingaufgaben verdeutlichen die Wahl eines modernen Controllingansatzes, der nicht nur auf die Reduzierung von Kosten abstellt, sondern auch das Wettbewerbsumfeld und vor allem den Kunden und seine Bedürfnisse berücksichtigt. Allerdings ist es in vielen Unternehmen üblich, die Controllingaufgaben lediglich auf die zentralen Kostentreiber auszurichten. In einem Konkurrenzunternehmen beispielsweise zählen die Umsatzsteigerung, die Verbesserung der Handelsspanne, die Reduzierung von Inventurverlusten und die Reduzierung der Personalkosten zu den Hauptaufgaben.

Zur Erfüllung dieser unternehmensspezifischen Controllingaufgaben benötigen Handelscontroller Fähigkeiten im Hinblick auf die Informationsbeschaffung, die Informationsaufbereitung, die Datenanalyse und die Ergebnisinterpretation. Das damit angesprochene Grundwissen entwickelt jedoch nur dann Wirkung, wenn die Ergebnisse verständlich und einprägsam mit geeigneten Instrumenten an das Management und die Mitarbeiter kommuniziert werden.

Das Controllingsystem bestimmen
Nachdem die Controllingaufgaben von der Unternehmensleitung festgelegt wurden, muss der verantwortliche Controller geeignete Controllinginstrumente auswählen. Diese Aufgabe ist nicht einfach, denn eine Vielzahl von Controllingwerkzeugen bietet sich an. Nicht jedes dieser Werkzeuge eignet sich jedoch. Die Auswahl der richtigen Controllinginstrumente ist aus diesem Grund sorgfältig vorzunehmen. Es muss gelingen, wenige Instrumente auszuwählen, die helfen, die vorgegebenen Controllingaufgaben zu erledigen.

Die Auswahl der Instrumente sollte sich an den Aufgaben orientieren.

Hilfreich bei der Auswahl von Controllinginstrumenten ist die Orientierung an den Controllingaufgaben. Die Controllingaufgabe(n) sollte(n) möglichst präzise umschrieben werden. Geht es z. B. darum, Wettbewerbsvorteile auszubauen oder soll sich das Controlling in erster Linie auf den Beschaffungsprozess konzentrieren? Falls das Gesamtunternehmen im Mittelpunkt der Betrachtung steht (strategisches Controlling), sollte ein breit angelegter Benchmarking-Ansatz zum Einsatz kommen. Dieser fordert das Controlling auf, verschiedene Kennzahlen entlang der gesamten Wertschöpfungskette im Konkurrenzvergleich zu erheben. Resultiert der heutige Wettbewerbsnachteil von Women's Wear hingegen eindeutig aus den überdurchschnittlich hohen Warenabschreibungen, so wäre es ratsam, nur den Einkaufsprozess im Rahmen eines Benchmarkings zu vergleichen. Die Konzentration auf den Einkaufsprozess würde es Women's Wear ermöglichen, aufgrund stark be-

Grundlagen 8.2

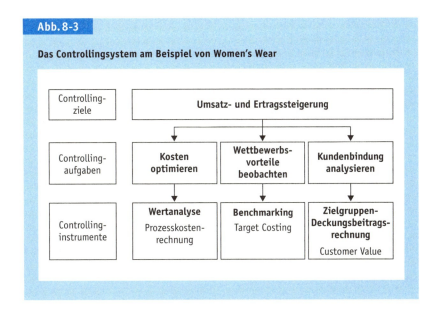

Abb. 8-3

Das Controllingsystem am Beispiel von Women's Wear

grenzter Controllingressourcen, nicht nur effektiv, sondern auch sehr effizient vorhandene Schwächen auszumerzen.

Eine präzise Umschreibung der Controllingaufgaben trägt dazu bei, geeignete Instrumente auszuwählen und somit vorhandene Controllingressourcen effektiv einzusetzen. Zu empfehlen bleibt die Auswahl weniger, aber wirkungsvoller Controllinginstrumente. Das hängt insbesondere mit der späteren Kommunikation der Ergebnisse gegenüber anderen Funktionsbereichen im Unternehmen zusammen. Wenige Ergebnisse lassen sich prägnanter kommunizieren als eine Vielzahl verschiedener Controllingresultate. Wenn das Controlling alle Vorgänge im Unternehmen mit langatmigen Controllingberichten kommentiert, besteht die große Gefahr des »Controlling-Overload«, d.h. die Controllingerkenntnisse entfalten eine nur sehr begrenzte Wirkung. Eine Übersicht zu möglichen Controllinginstrumenten liefert Abbildung 8-4.

> Es gilt, nur wenige, aber wirkungsvolle Controllinginstrumente auszuwählen

Die Controllingorganisation optimieren

Nachdem Women's Wear zentrale Controllinginstrumente ausgewählt hat (vgl. Abbildung 8-3), gilt es, die Controllingorganisation zu optimieren. Darunter sind alle Maßnahmen zu verstehen, die DV-technisch und organisatorisch eine erfolgreiche Controllingarbeit ermöglichen. Es handelt sich um die Sicherstellung der Controllingvoraussetzungen. Gerade der Informatik kommt in dieser Hinsicht eine Schlüsselrolle zu. Je größer und je internationaler Unternehmen agieren, desto wichtiger wird die Informatik für das Controlling.

> Optimieren der Controllingorganisation ermöglicht eine erfolgreiche Controllingarbeit

Im Jahr 2002 startete das Nestlé-Controlling ein weltweites Optimierungsprogramm, das auf einem internen Best-Practice-Ansatz beruhte. Durch die Harmonisierung interner Datenverarbeitungsstandards gelang es Nestlé, ein innovatives IT-System zu implementieren, welches den Ländergesellschaften und ihren Mitarbeitern ermöglicht, alle wichtigen Geschäftsprozesse, z.B. Einkauf, Produktion,

> Best Practice: Nestlé Globe

8.2 Controllingkompetenz
Grundlagen

> **Abb. 8-4**
>
> **Übersicht zu möglichen Controllinginstrumenten im Handel**
>
> | Klassische Controllinginstrumente | Moderne Controllinginstrumente |
> |---|---|
> | Kostenorientierte Ansätze
▸ Kostenrechnung
▸ Betriebsvergleich

Erlösorientierte Ansätze
▸ Kontrolle der Umsatzentwicklung
▸ Kontrolle der Kundenzufriedenheit

Bereichsspezifische Ansätze
▸ Personalcontrolling
▸ Logistikcontrolling
▸ Sortimentscontrolling | ▸ Auditing
▸ Balanced Scorecard
▸ Benchmarking
▸ Best Practice
▸ Cashflow-Berechnung
▸ Customer Value
▸ Planbilanz
▸ Prozesskostenrechnung
▸ Target Costing
▸ Wertanalyse
▸ Zielgruppen-Deckungsbeitrags-
rechnung |
>
> Quelle: In Anlehnung an Liebmann/Zentes (2001), S. 800.

Vertrieb oder Logistik, weltweit abzurufen und zu vergleichen. Der Zugang zu historischen und aktuellen (real-time) Daten aller teilnehmenden Ländergesellschaften unterstützt Manager in wichtigen Entscheidungsprozessen und ermöglicht es, Trends zu identifizieren, Prozesse effizienter zu gestalten und darauf basierend gezielte Verbesserungen einzuleiten. Nestlé Globe ist heute in fast allen Länderorganisationen des Konzerns ausgerollt. Alleine in Europa zählt Nestlé Globe nahezu 200.000 Nutzer.

Zuständigkeit für die Controllingaufgaben im Unternehmen klären

Aber auch bezüglich der Organisation bleibt zu entscheiden, wer die Controllingaufgaben wahrnimmt. Soll eine eigenständige Abteilung diese Funktion wahrnehmen? Das Management von Women's Wear diskutierte diese Frage kontrovers. Bei der Festlegung der zweiten und dritten Controllingaufgabe (vgl. Abbildung 8-3) war umstritten, ob diese Aufgaben nicht primär von der Marketingabteilung wahrzunehmen sind. In vielen Unternehmen ist das Marketing nur für die Ausarbeitung von Wettbewerbsstrategien und Kundenbindungsmaßnahmen, nicht aber für das Controlling verantwortlich. Die Geschäftsleitung von Women's Wear entschied sich dafür, die Controllingaufgaben der Marketingabteilung zu übertragen. Die Eingliederung im Marketing verspricht eine schnelle Umsetzung der Erkenntnisse.

8.2.3 Verankerung des Controllings im Unternehmen

Management-Informationssysteme liefern den Entscheidungsträgern wichtige Informationen zur Steuerung des Tagesgeschäftes. Controlling ist dementsprechend nicht ausschließlich Aufgabe der Unternehmenszentrale, sondern gehört ins Pflichtenheft eines jeden Managers. Sowohl Filialleiter, Produkt(gruppen)manager als auch Abteilungsleiter sind gut beraten, sich bei anstehenden Aufgaben (Budgeterstellung, Festlegung der Einkaufsmenge und Aktionspreise etc.) mit den bereitgestellten Informationen auseinanderzusetzen.

Die Aufgabe der Controllingabteilung besteht darin, Voraussetzungen zu schaffen, damit alle betroffenen Abteilungen ein sinnvolles Controlling betreiben können. Dazu gehören neben einem transparenten Informationssystem die Ausbildung von Führungskräften, die Entwicklung eines aussagekräftigen Kennzahlensystems und die Durchführung von Ursachen- und Abweichungsanalysen sowie Planungsrechnungen. Für spezifische Einzelfragen sind aussagekräftige Informations- und Auswertungssysteme erforderlich. Hilfreich erweisen sich anwendungsorientiert konfigurierte Data-Warehouse-Systeme, welche die Vielzahl an Informationen übersichtlich zusammenführen. Abfrageroutinen erlauben, Abhängigkeiten zwischen verschiedenen Einflussfaktoren, z. B. Umsatzentwicklung und Wettersituation, zu ermitteln. In Verkaufsregionen mit verlässlichen Wetterprognosen lässt sich der Warennachschub genauer planen, wodurch Bestands- und Logistikkosten sinken.

Die Controllingabteilung schafft die Voraussetzungen für ein sinnvolles Controlling.

Weil die Erhaltung der optimalen Liquidität und die Aufgabe der Kostenoptimierung zentrale Herausforderungen der Unternehmung darstellen, sollte die Verantwortung in den Händen eines Geschäftsleitungsmitgliedes liegen (hier als Finanzdirektor bezeichnet). Dem Finanzdirektor, welcher insbesondere Repräsentations- und Koordinationsaufgaben übernimmt, sind zwei Instanzen angegliedert. Zum einen ist dies der Treasurer, der die Steuerung sämtlicher Zahlungsvorgänge verantwortet, und zum anderen der Controller, der die Rechnungsverantwortung übernimmt. Abbildung 8-5 beschreibt die Abhängigkeit beider Funktionen.

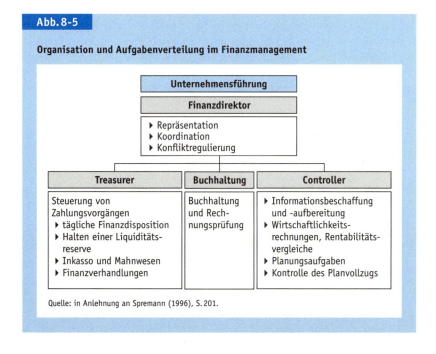

Abb. 8-5

Organisation und Aufgabenverteilung im Finanzmanagement

Quelle: in Anlehnung an Spremann (1996), S. 201.

8.3 Handlungswissen

8.3.1 Innerbetrieblicher Kennzahlenvergleich

Kennzahlen stellen wichtige Informationen für das Management und die Mitarbeiter dar, um die wirtschaftliche Situation des Handelsunternehmens zu beurteilen. Ohne jegliche Bezugsgröße besitzen Kennzahlen jedoch nur eine geringe Aussagekraft und lassen kaum Rückschlüsse auf die eigentliche Entwicklung des Betriebs zu. Um aussagekräftige Situations- und Abweichungsanalysen durchführen zu können, bieten sich drei Arten des innerbetrieblichen Vergleichs an: der Zeitvergleich, der Soll-Ist-Vergleich und der Norm-Soll-Vergleich (Siegwart et al. 2010).

Zeitvergleich, Soll-Ist-Vergleich und Norm-Soll-Vergleich

Beim Zeitvergleich stellt der Controller gleiche Kennzahlen verschiedener Zeitperioden einander gegenüber. Beispielsweise bildet er die Umsatzrendite des Handelsunternehmens im Zeitablauf ab, um sich einerseits ein Bild von der Rentabilität und andererseits von der Entwicklung des Kerngeschäfts zu machen. Über den Zeitvergleich gelingt es zudem, Negativentwicklungen frühzeitig zu erkennen (Frühwarnung), um rechtzeitig geeignete Gegenmaßnahmen einzuleiten. Der Soll-Ist-Vergleich stellt Soll- und Ist-Kennzahlen der laufenden Periode (z. B. laufendes Geschäftsjahr, Quartal, Monat) einander gegenüber. Er übernimmt in erster Linie eine Kontrollfunktion und gibt Auskunft darüber, inwiefern sich aktuelle Kennzahlen von den Zielvorgaben des Managements unterscheiden. Bei unerwünschten Abweichungen, welche eine vordefinierte Toleranzgrenze überschreiten, gilt es, Gegenmaßnahmen einzuleiten. Somit ist es möglich, negative Konsequenzen zu vermeiden und gleichzeitig das Handelsunternehmen wieder »auf Kurs zu bringen«. Für Controller gilt beim Soll-Ist-Vergleich insbesondere die Vergleichbarkeit der Kennzahlen sicherzustellen. Grundvorraussetzung für einen aussagekräftigen Vergleich ist ein konsistentes Vorgehen bei der Ermittlung der Ist- und der Soll-Werte, um einen Vergleich von »Äpfeln mit Birnen« zu vermeiden. Der Norm-Soll-Vergleich stellt die Plankenn-

Abb. 8-6

Drei Arten des innerbetrieblichen Vergleichs

Innerbetrieblicher Vergleich

Zeitvergleich	Soll-Ist-Vergleich	Norm-Soll-Vergleich
Vergleich von Istzahlen eines Unternehmens aus verschiedenen Zeitpunkten bzw. Zeiträumen	Vergleich von Istzahlen eines Unternehmens mit betrieblichen Sollwerten	Vergleich zwischen Vorgabewerten unterschiedlicher Führungsstufen

Quelle: Siegwart/Reinecke/Sander (2010), S. 27.

zahlen verschiedener Führungsebenen einander gegenüber und dient primär dazu, ein konsistentes Zielsystem zu entwickeln. Auf Basis von unternehmenspolitischen Normkennzahlen (z. B. branchenübliche Werte für zentrale Kennzahlen) werden Zielvorgaben definiert und die daraus resultierenden Plankennzahlen (Soll-Werte) konsistent auf allen Führungsebenen des Handelsunternehmens kommuniziert.

8.3.2 Kennzahlensysteme entwickeln

Ein Kennzahlensystem dient als Cockpit und Frühwarnsystem. Es reicht nicht aus, sich auf eine oder sehr wenige Kennzahlen zu konzentrieren. Wie bereits angedeutet, entsteht dann die Gefahr, den so wichtigen Blick für das Ganze zu verlieren. Auch sollten Kennzahlen nicht wahllos Informationen verdichten, sondern vorrangig zur echten Problemerkennung beitragen (Palloks-Kahlen 2001).

Insgesamt benötigt man ein System mit einander sinnvoll ergänzenden Kennzahlen. Diese Kennzahlen ermöglichen ein schnelles und konzentriertes Verständnis über komplexe betriebliche Sachverhalte und geben Anhaltspunkte zur wirtschaftlichen Verbesserung der betrieblichen Prozesse. Ein weit verbreitetes Analyseinstrument bildet das in Abbildung 8-7 dargestellte Du Pont-Renditeschema. Dieses Kennzahlensystem ist insbesondere deshalb von großer Bedeutung, weil sowohl die ROI-Einflussgrößen der Bilanz als auch der Erfolgsrechnung berücksichtigt werden. Das Kennzahlenschema hilft Michael, Ansatzpunkte zur Steigerung der Rentabilität ausfindig zu machen.

> Das Du Pont-Renditeschema berücksichtigt die ROI-Einflussgrößen der Bilanz und der Erfolgsrechnung.

Michael verwendet das Kennzahlensystem, bestehend aus einer Plan-Erfolgsrechnung und einer Plan-Bilanz, um eine detaillierte Planungsrechnung für sein Unternehmen aufzustellen. Daraus lassen sich schließlich einzelne Renditeziele (Steuerungs- und Leistungskennzahlen) formulieren. Außerdem dient das System als ideale Basis für den Budgetierungsprozess. Michael beginnt mit den erwarteten absoluten Aufwandsgrößen. Dazu gehören insbesondere die Aufwendungen für die Ware (Textilien), den Verkauf bzw. Vertrieb (Verkaufspersonal, Ladenmiete etc.) und die Verwaltung (Büroräume, Verwaltungspersonal etc.). Aggregiert ergibt sich daraus der betriebliche Aufwand. Im weiteren Verlauf versucht Michael, den Umsatz für das Geschäftsjahr zu schätzen. Dazu betrachtet er die Verkaufszahlen vergleichbarer Handelsunternehmen und berücksichtigt situative Faktoren (z. B. Lage, Einzugsgebiet, Kaufkraft, Konkurrenzsituation etc.). Die Differenz zwischen den prognostizierten Umsatzerlösen und dem geschätzten betrieblichen Aufwand ergibt den erwarteten Gewinn. Wird dieser wiederum durch die Umsatzerlöse geteilt, erhält man schließlich die Umsatzrendite. Zur Ermittlung der Gesamtkapitalrentabilität sind nun noch absolute Bestandsgrößen der Bilanz beizuziehen. Diese werden in einem ersten Schritt in ein Umlaufvermögen (Flüssige Mittel, Debitoren, Vorräte) und Anlagevermögen (Anlagen, Gebäude, Beteiligungen etc.) zusammengefasst. Die Summe dieser zwei Vermögensarten ergibt das investierte Kapital. Teilt man die Umsatzerlöse durch das investierte Kapital, erhält man den Kapitalumschlag. Werden nun die Kennzahlen aus der Bilanz- respektive Erfolgsrechnung multipliziert, erhält man die Gesamtkapitalrentabilität.

Abb. 8-7

Du Pont-Renditeschema

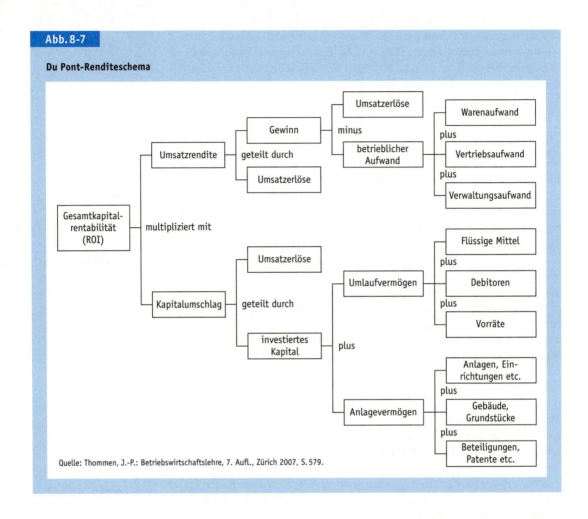

Quelle: Thommen, J.-P.: Betriebswirtschaftslehre, 7. Aufl., Zürich 2007, S. 579.

Das Du Pont-Renditeschema lässt sich auch für Teilfragen anwenden.

Das Du Pont-Renditeschema vermittelt eine wertvolle Übersicht und erklärt die Zusammenhänge verschiedener Größen aus der Bilanz- und Erfolgsrechnung. Das Schema lässt sich auch für Teilfragen (z. B. Sortimentsbereiche, Abteilungen, Filialen) anwenden, wobei es nicht immer leicht fallen wird, die Gemeinkosten (z. B. Strom, Personal etc.) verursachungsgerecht aufzuteilen. In solchen Situationen ist eine Näherungslösung der effektiven Kostenzuteilung vorzuziehen. Bestehen Schwachpunkte, welche die Gesamtkapitalrentabilität schmälern, drängt sich eine detaillierte Analyse einzelner Kennzahlen auf.

Das Du Pont-Renditeschema hilft Michael, zwei zentrale Schwachstellen seiner Gesamtkapitalrentabilität zu erkennen. Erstens erkennt er in den stark angestiegenen Einkaufskosten (Warenaufwand) einen Hauptgrund der unbefriedigenden Umsatzrendite von nur 1 Prozent. Zweitens zeigen seine Analysen einen nach wie vor überdurchschnittlich hohen Warenbestand. Die Reduzierung würde ihm helfen, den Kapitalumschlag und damit auch den ROI maßgeblich zu verbessern. Michael fokussiert mit dem Du Pont-Renditeschema seine Controllingarbeit und identifiziert die beiden zentralen Stellhebel zur Verbesserung der Gesamtkapitalrentabilität.

8.3.3 Zentrale Handelskennzahlen auswählen

Kennzahlen des Handelscontrollings lassen sich in qualitative und quantitative Größen unterteilen. Zu den qualitativen Kennzahlen, welche intersubjektiv nur bedingt verglichen werden können, zählen beispielsweise die Kundenzufriedenheit, die Kundenloyalität oder die Kundenwahrnehmung des Sortiments und der Dienstleistungsqualität des Händlers. Qualitative Kennzahlen finden mittlerweile zwar mehr Beachtung, fristen in den meisten Handelsbetrieben jedoch ein Schattendasein. Dabei sind es insbesondere die qualitativen Kennzahlen, welche dem Management Einblicke in die Kundenperspektive auf das Handelsunternehmen liefern. Sie lassen Rückschlüsse auf das Image des Händlers zu. Da es sich bei den qualitativen Kennzahlen jedoch meist um theoretische Konstrukte handelt, besteht die Schwierigkeit primär in deren Definition und Messung. Was versteht man konkret unter Kundenloyalität? Handelt es sich hierbei um den Umsatz des Kunden, dessen Einkaufsfrequenz oder um eine subjektive Einstellung gegenüber der Einkaufsstelle? Alle drei angeführten Antworten sind korrekt – sie stellen lediglich drei unterschiedliche Formen der Messung dar. Beim Umsatz des Kunden und der Einkaufsfrequenz spricht man von der sogenannten verhaltensbasierten Kundenloyalität (engl. Behavioral Loyalty). Letztere kann der Händler beispielsweise mit Hilfe von Daten aus einem Kundenkartenprogramm (z. B. Betrag des Kassenbons, Besuchshäufigkeit des Kunden) ermitteln. Im Gegensatz dazu spricht man von der sogenannten einstellungsbasierten Kundenloyalität (engl. Attitudinal Loyalty), wenn Konsumenten die Absicht äußern, den Anbieter bzw. die Filiale wieder zu besuchen und dort erneut einzukaufen. Die einstellungsbasierte Loyalität können Handelsunternehmen beispielsweise im Rahmen von Kunden- oder Passantenbefragungen ermitteln.

Qualitative Kennzahlen im Handel

Zahlreiche wissenschaftliche Studien im Bereich der Retail-Image-Forschung haben gezeigt, dass insbesondere die Kundenwahrnehmung der Profilierungsinstrumente Preis, Sortiment und Dienstleistung maßgeblich die Zufriedenheit und Loyalität der Kunden bestimmen. Für Händler gilt es folglich, einstellungs- und wahrnehmungsbezogene Kennzahlen im Rahmen von Befragung regelmäßig (z. B. halbjährlich oder jährlich) zu ermitteln und zu kontrollieren. Im Zeitvergleich lassen sich dann Negativentwicklungen von zentralen qualitativen Kennzahlen und deren Ursachen identifizieren. Droht beispielsweise eine Verschlechterung der Kundenzufriedenheit aufgrund von Änderungen in der Sortimentspolitik, so gilt es, gezielte Gegenmaßnahmen einzuleiten, welche die Kundenwahrnehmung positiv beeinflussen (z. B. Einführung einer neuen Marke, um dem Kundenwunsch nach mehr Varietät nachzukommen). Die Aufrechterhaltung einer hohen Kundenzufriedenheit stellt die Grundvoraussetzung dar, um Kunden langfristig an das Handelsunternehmen zu binden. Die acht Profilierungsinstrumente (vgl. Kapitel 4 Verkaufskompetenz) wiederum sind die Stellhebel, mit denen das Management die Kundenzufriedenheit und -loyalität aktiv beeinflussen kann. Wichtig ist in diesem Zusammenhang, dass die Maß-

Die regelmäßige Messung und Kontrolle qualitativer Kennzahlen hilft Handelsunternehmen, Kunden langfristig zu binden.

Controllingkompetenz
Handlungswissen

Customer Lifetime Value und Customer Equity als wertorientierte Controlling- und Steuerungsgrößen

nahmen des Händlers im Einklang mit dem kommunizierten Leistungsversprechen sind. Ist dies nicht der Fall, kann es passieren, dass Kunden den Händler als unglaubwürdig wahrnehmen.

Viele Manager haben erkannt, dass langfristige und profitable Kundenbeziehungen ein wichtiges Erfolgsrezept im Handel darstellen. Wissenschaftliche Studien zeigen, dass es bis zu fünfmal teurer sein kann, einen neuen Kunden zu gewinnen als einen bestehenden Kunden zu binden. Insbesondere deshalb hat Customer Relationship Management (CRM) im letzten Jahrzehnt in der Handelspraxis massiv an Bedeutung gewonnen. Viele Händler sind dementsprechend von einer produktorientierten zu einer kundenorientierten Strategie übergegangen. In Bezug auf das Controlling eines Handelsunternehmens erfordert dieser Paradigmenwechsel, dass die Effektivität der Marketingaktivitäten an neuen Erfolgsgrößen gemessen werden muss. In der Wissenschaft und Praxis haben sich insbesondere zwei Konzepte etabliert: Customer Lifetime Value und Customer Equity (vgl. Blattberg/Deighton 1996, Rust et al. 2010). Customer Lifetime Value ist definiert als der Kapitalwert (engl. Net Present Value) aller zukünftigen Einnahmen, welche aus der Beziehung des Händlers mit einem Kunden realisiert werden, abzüglich derjenigen Kosten, welche das Unternehmen für

Abb. 8-8

Quantitative Kennzahlen zur allgemeinen Betrachtung der Unternehmensentwicklung

Kennzahl	Definition	Alternativbezeichnung
Umsatz	Absatzmenge x Verkaufspreis	Umsatzkraft Bruttoverkaufserlös
Warenaufwand	Absatzmenge x Einstandspreis Der Einstandspreis (auch Beschaffungspreis, Bezugspreis) entspricht dem Einkaufspreis der Waren zuzüglich aller direkt zurechenbaren Beschaffungskosten (Fracht, Versicherung, Zoll etc.) abzüglich gewährter Nachlässe (Rabatt, Skonti etc.) und der Vorsteuer (falls Vorsteuerabzug möglich ist).[1]	Wareneinsatz
Warenertrag	Umsatz (bereinigt um MwSt.) abzüglich Erlösminderungen Erlösminderungen sind z. B. Rabatte, Debitorenverluste, Verderb etc.	Nettoverkaufserlös
Bruttogewinn	Warenertrag abzüglich Warenaufwand	Deckungsbeitrag I
Betriebsgewinn	Bruttogewinn abzüglich aller fixen und variablen Kosten (sowohl Einzel- als auch Gemeinkosten)	Betriebsergebnis Managementerfolg
Bruttogewinnquote	$\dfrac{\text{Bruttogewinn} \times 100}{\text{Warenertrag}}$	Marge Handelsmarge (in Prozent)
Bruttogewinnzuschlag	$\dfrac{\text{Bruttogewinn} \times 100}{\text{Warenaufwand}}$	
Umsatzrentabilität	$\dfrac{\text{Betriebsgewinn} \times 100}{\text{Warenertrag}}$	Umsatzrendite Rendite des Kerngeschäfts (Einzelhandel)

→

Kennzahl	Definition	Alternativbezeichnung
Warenertrag je Mitarbeiter	$\dfrac{\text{Warenertrag}}{\text{Anzahl Mitarbeiter}}$ Für die Anzahl Mitarbeiter wird in der Praxis auch die Anzahl an 100%-Stellen oder die Aktivstundenleistung herangezogen.	Umsatz je Mitarbeiter
Warenertrag je m²	$\dfrac{\text{Warenertrag}}{\text{Anzahl m}^2\text{ Verkaufsfläche}}$	Umsatz je m²
Warenertrag je Kunde	$\dfrac{\text{Warenertrag}}{\text{Anzahl Kunden}}$	Kundeneuro Kundenfranken
Personalkostenziffer	$\dfrac{\text{Personalkosten} \times 100}{\text{Warenertrag}}$	Personalkostenquote
Warenverlustquote	$\dfrac{\text{Warenverluste} \times 100}{\text{Warenertrag}}$ Warenverluste entstehen z. B. durch Diebstahl, Verderb, Beschädigungen etc.	
Cashflow-Investitions-Verhältnis	$\dfrac{\text{Cashflow}}{\text{Nettoinvestitionen}}$ Nettoinvestitionen = Investitionen – Desinvestitionen	
Liquidität zweiter Stufe	$\dfrac{(\text{Flüssige Mittel} + \text{Forderungen}) \times 100}{\text{Kurzfristiges Fremdkapital}}$	

[1] Zusammenhang zwischen Umsatzsteuer, Vorsteuer und Mehrwertsteuer: Die Mehrwertsteuer ist eine Konsumsteuer, die der Endkonsument allein trägt. Die darin enthaltenen Umsatzsteueranteile, welche auf vorgelagerten Stufen der Wertschöpfungskette angefallen sind (z. B. durch empfangene Lieferungen und Leistungen anderer Unternehmen), können von den beteiligten Unternehmen gegenüber der Finanzbehörde als Vorsteuer geltend gemacht werden.

die Gewinnung und Bindung dieses Kunden trägt. Customer Lifetime Value kann folglich als der gegenwärtige Gewinnrückfluss eines Kunden aus Unternehmensperspektive interpretiert werden. Im Gegensatz dazu stellt Customer Equity eine aggregierte Kennzahl dar und entspricht der Summe aller individuellen Lifetime Values des gesamten Kundenstamms. Insbesondere Kundengewinnung, Kundenbindung und Cross-Selling gelten als die maßgeblichen Treiber von Customer Lifetime Value und Customer Equity. Wenn beispielsweise das Management eines Handelsunternehmen entscheiden möchte, ob sich die Investition in ein Kundenkartenprogramm aus Unternehmenssicht lohnt, sollten die Entscheidungsträger zunächst folgende Frage beantworten: Trägt diese Maßnahme zur Steigerung des Customer Equity unseres Handelsunternehmens bei? Falls es gelingt, diese Frage zu bejahen, wird sich die Investition auch langfristig für den Händler auszahlen. Das Bespiel verdeutlicht, dass das Konzept Customer Equity auf der Idee des wertorientierten Managements basiert. Demnach sind Investitionen genau dann vorteilhaft, wenn sie über ihre Lebensdauer hinweg maßgeblich zur Steigerung des Unternehmenswerts beitragen (vgl. auch Exkurs EVA: Wertsteigerung als Managementaufgabe).

8.3 Controllingkompetenz
Handlungswissen

Quantitative Kennzahlen im Handel

Im Gegensatz zu den qualitativen Kennzahlen stellen die quantitativen Kennzahlen die »harten Fakten« dar und ermöglichen einen abteilungs- und sogar unternehmensübergreifenden Vergleich der Leistungserstellung (unter Berücksichtigung der Rahmenbedingungen versteht sich). Die in Abbildung 8-8 dargestellte Übersicht stellt erste Controllingkennzahlen vor, welche die Unternehmensentwicklung insgesamt charakterisieren.

Zentrale Handelskennzahlen für eine ganzheitliche Analyse der Wertschöpfungsaktivitäten

Im Mittelpunkt dieser ganzheitlichen Betrachtung stehen Controllinginformationen, welche die Beziehungen zwischen dem Umsatz, den (Gesamt-)Kosten und dem Gewinn des Unternehmens aufzeigen. Die Kennzahlen **Warenertrag, Bruttogewinn** und **Betriebsergebnis** stellen unterschiedliche Stufen der sogenannten Deckungsbeitragsrechnung dar (vgl. auch Abbildung 8-10). Sie geben Aufschluss darüber, welche Kostenarten durch das Kerngeschäft des Unternehmens gedeckt werden. Die Bruttogewinnquote und Umsatzrentabilität wiederum verschaffen dem Unternehmen einen allgemeinen Überblick zur Entwicklung seiner Performance. Während der **Umsatz** die Verkaufsanstrengung des Händlers widerspiegelt, sind die **Bruttogewinnquote** und die **Umsatzrentabilität** Indikatoren dafür, wie profitabel das Unternehmen am Markt agiert. Der **Warenertrag** in Relation zur Anzahl der Mitarbeiter, der Kunden und der Verkaufsfläche gibt dem Unternehmen Aufschluss über die Produktivität seiner Ressourcen. Diese Kennzahlen stellen wichtige Größen für den Konkurrenzvergleich dar. Während das **Cashflow-Investitions-Verhältnis** angibt, inwiefern Investitionen aus eigener Kraft getätigt werden können, dient die **Liquidität zweiter Stufe** dazu, die Zahlungsfähigkeit des Unternehmens zu sichern. Die aufgeführ-

Abb. 8-9

Quantitative Kennzahlen zur differenzierteren Betrachtung unterschiedlicher Bezugsobjekte

Kennzahl	Definition	Alternativbezeichnung
(Handels-)Spanne	a) Betragsspanne = absolute Differenz von Umsatz (bereinigt um MwSt.) und Wareneinsatz der abgesetzten Artikel b) Prozentual als Abschlagsspanne c) Prozentual als Aufschlagsspanne	Bruttoertrag Ertragskraft Warenrohertrag
Umschlagshäufigkeit	$\frac{\text{Umsatz zu Einstandspreisen (EP)}}{\text{durchschnittlicher Warenbestand (zu EP)}}$	Umschlagsgeschwindigkeit Lagerumschlag
Kapitalumschlag	$\frac{\text{Umsatz zu Verkaufspreisen}}{\text{durchschnittlicher Warenbestand (zu EP)}}$	Produktivität des investierten Kapitals
Bruttorentabilität	$\frac{\text{Betragsspanne (Bruttoertrag)}}{\text{durchschnittlicher Warenbestand (zu EP)}}$ = Aufschlagsspanne (in %) x Umschlagshäufigkeit	Brutto-Rentabilitätskraft Brutto-Nutzen
Nettorentabilität	$\frac{\text{Deckungsbeitrag x 100}}{\text{durchschn. Warenbestand (zu EP)}}$	
Direkte Produktrentabilität	$\frac{\text{Deckungsbeitrag eines Produktes}}{\text{Gemeinkosten}}$	Direkter Produktprofit (DPP)

Quelle: Müller-Hagedorn (2002), S. 169.

ten Kennzahlen helfen dem Unternehmen dabei, einen globalen Überblick über seine Wertschöpfungsaktivitäten zu erlangen. Sie liefern die Basis für einen Vergleich mit Wettbewerbern sowie für zukünftige Zielvorgaben. Wenige Aussagen lassen sich jedoch zur produkt- oder warengruppenspezifischen Rentabilität treffen. Dazu ist eine differenzierte Systematik an Kennzahlen notwendig. Abbildung 8-9 berücksichtigt insbesondere Kennzahlen, die sich für die produkt- und warengruppenspezifische Analyse eignen.

Die **(Handels-)Spanne** als Differenz zwischen dem Umsatz (bereinigt um die MwSt.) und dem Wareneinsatz dient als Kennzahl für die Ertragskraft des Produktes oder der Warengruppe. Die **Umschlagshäufigkeit** ist ein Indikator dafür, wie schnell sich das investierte Kapital des Unternehmens am Markt wieder absetzen lässt. Auf Basis der Umschlagshäufigkeit gelingt es Handelsunternehmen, sogenannte Schnell- bzw. Langsamdreher im Sortiment zu identifizieren. Letztgenannte gilt es eventuell auszulisten. Die Kennzahlen **Kapitalumschlag**, **Brutto-** und **Nettorentabilität** geben an, welchen Umsatz bzw. Bruttoertrag und Deckungsbeitrag das Handelsunternehmen pro Schweizer Franken investiertes Kapital erzielt. Diese Kennzahlen stellen wichtige Größen dar, um den Erfolgsbeitrag einzelner Warengruppen zu beurteilen. Auf Produktebene gibt die **Direkte Produktrentabilität** Aufschluss darüber, inwiefern einzelne Produkte zur Deckung der Gemeinkosten beitragen.

> Zentrale Handelskennzahlen für die produkt- und warengruppenspezifische Analyse

Michael konzentriert sich auf drei Kennzahlen. Die Handelsspanne liefert Hinweise für die Produktplatzierung. Produkte mit hoher Marge platziert Michael in den Hochfrequenzzonen seines Ladens. So maximiert er den Warenrohertrag. Mittels der Umschlaghäufigkeit erkennt er, welche Produkte sich langsam drehen und neuen Produkten weichen müssen. Schließlich hilft der Deckungsbeitrag bei der Optimierung einzelner Sortimentsbereiche.

8.3.4 Deckungsbeiträge verbessern

Die Deckungsbeitragsrechnung im Handel unterstützt in erster Linie die Sortimentsoptimierung. Im Zentrum der Deckungsbeitragsrechnung stehen einzelne Warengruppen bzw. Categories. Das einzelne Produkt dient nur selten als Bezugsobjekt, weil sich Gemeinkosten auf Produktebene nur recht oberflächlich zuordnen lassen. Da Michael durchschnittlich nur eine Verkäuferin in seinen Filialen beschäftigt und sich nicht nachvollziehen lässt, wie viel Zeit diese für einzelne Produkte einsetzt, verzichtet er auf die Berechnung eines Produktdeckungsbeitrages. Einfacher lassen sich die Mietkosten auf die verschiedenen Sortimentsbereiche umlegen, da diese räumlich konzentriert angeboten werden.

> Die Deckungsbeitragsrechnung unterstützt die Sortimentsoptimierung auf Warengruppenebene.

In der Handelspraxis lässt sich eine Vielzahl unterschiedlicher Varianten der Deckungsbeitragsrechnung beobachten. Je nach Handelsbranche und Unternehmungssituation beobachten wir große Unterschiede. Am Beispiel Women's Wear beschreiben wir eine mögliche Variante. Michael hat sich für eine differenzierte Form der Deckungsbeitragsrechnung entschieden, um die Konsequenzen größerer Umsatzschwankungen besser vorhersagen zu können.

> Die Ausgestaltung der Deckungsbeitragsrechnung richtet sich nach Branche und Situation.

8.3 Controllingkompetenz
Handlungswissen

Ausgangspunkt dieser differenzierten Deckungsbeitragsrechnung ist der Bruttoverkaufserlös. Von dieser Größe werden die dem Sortimentsbereich direkt zurechenbaren Erlösminderungen (Rabatte, Debitorenverluste etc.) abgezogen. Der Deckungsbeitrag I ergibt sich aus der Differenz zwischen dem Nettoverkaufserlös und dem Wareneinsatz. Er deutet an, welche Warengruppen zur Deckung der anfallenden Gesamtkosten den größten Beitrag zu leisten vermögen (vgl. Abbildung 8-10). Ziehen wir davon die variablen Einzelkosten ab, z. B. Diebstahlsicherungskosten, so erhalten wir den Deckungsbeitrag II (DB II). Wird der DB II um die fixen Einzelkosten (z. B. Abschreibungen auf Warenträger) reduziert, dann ergibt sich der Deckungsbeitrag III (DB III). Der DB III berücksichtigt alle direkt zurechenbaren Kosten der Warengruppe. Vermindern wir den DB III zusätzlich um die variablen Gemeinkosten so resultiert daraus der Deckungsbeitrag IV (DB IV). Ziehen wir von diesem wiederum die fixen Gemeinkosten ab, dann erhalten wir den Managementerfolg bzw. das Betriebsergebnis. Dieser Erfolgsausweis stellt den Überschuss nach einer risikogerechten Verzinsung des investierten Kapitals dar.

Abb. 8-10

Deckungsbeitragsstufen

	Umsatz bzw. Bruttoverkaufserlös
−	Erlösminderungen (z. B. Rabatte, Debitorenverluste, Verderb etc.)
=	**Nettoverkaufserlös (auch Warenertrag)**
−	Wareneinsatz (auch Warenaufwand)
=	**Deckungsbeitrag I (auch Bruttogewinn)**
−	Proportionale Kosten bzw. variable Einzelkosten (z. B. Diebstahlsicherungskosten)
=	**Deckungsbeitrag II**
−	Direkte Fixkosten bzw. fixe Einzelkosten (z. B. Abschreibungen)
=	**Deckungsbeitrag III**
−	Variable Gemeinkosten (z. B. Werbekosten und Personalkosten)
=	**Deckungsbeitrag IV**
−	Fixe Gemeinkosten (z. B. Verwaltung)
=	**Betriebsergebnis bzw. Managementerfolg (auch Betriebsgewinn)**

Quelle: In Anlehnung an Rüegg-Stürm (1996), S. 160; Müller-Hagedorn (1998), S. 608.

Die vorgestellte Form einer differenzierten Deckungsbeitragsrechnung unterscheidet vier unterschiedliche Kostenausprägungen, die zwei Hauptdimensionen folgen. Letztere sind erstens die Zurechenbarkeit der Kosten auf einzelne Warengruppen und zweitens die Abhängigkeit der Kostenhöhe von der Ausbringungsmenge bzw. dem Umsatz. Im Hinblick auf die Hauptdimension Zurechenbarkeit sind zwei Kostenausprägungen wichtig:

1. **Einzelkosten bzw. direkte Kosten** einer Warengruppe kann der Controller zweifelsfrei zuordnen. Typische Einzelkosten einer Warengruppe sind beispielsweise die Warenbeschaffungskosten.
2. **Gemeinkosten**, z. B. die Personalkosten für eine Warengruppe, lassen sich nicht eindeutig zuordnen, weil die eine Verkäuferin unregelmäßig auch in anderen Abteilungen bedient. Ebenfalls Gemeinkostencharakter haben die Werbeaufwendungen, weil sich z. B. die Werbekosten für den Jubiläumsverkauf nicht eindeutig auf die einzelnen Warengruppen umlegen lassen.

Zurechenbarkeit der Kosten auf Warengruppen: Einzelkosten und Gemeinkosten

Mit diesen beiden Kostenausprägungen ließe sich auch eine vereinfachte zweistufige Deckungsbeitragsrechnung erstellen. Von den Erlösen der zu untersuchenden Warengruppe würden in einem ersten Schritt die warengruppenspezifischen Einzelkosten abgezogen. Der resultierende Deckungsbeitrag zeigt dann auf, in welchem Ausmaß die Warengruppe über die Einzelkosten hinaus zur Deckung der Gemeinkosten beiträgt. Im zweiten Schritt stünde der Anwender vor der teilweise schwierigen Aufgabe, auch die Gemeinkosten zu bestimmen und abzuziehen. Schließlich resultiert daraus das Betriebsergebnis.

Eine differenziertere Form der Deckungsbeitragsrechnung unterscheidet zusätzlich zwischen zwei weiteren Kostenkategorien. Sowohl Einzel- als auch Gemeinkosten können auf einer tieferen Analyseebene als fix oder variabel eingestuft werden. Das zentrale Kriterium für diese Unterscheidung ist die Ausbringungsmenge bzw. die Umsatzhöhe. Auch für diese Hauptdimension sind zwei Ausprägungen zu unterscheiden:

1. **Fixe Kosten** entstehen unabhängig vom Umsatz. Verwaltungskosten zählen beispielsweise zu den fixen Gemeinkosten. Sie fallen auch für den Fall eines 20-prozentigen Umsatzrückgangs an. Ihnen muss aufgrund ihres fixen Charakters besondere Aufmerksamkeit zukommen. Michael hat nach dem Weggang von Susanne viel Geld wegen zu hoher Fixkosten verloren.
2. **Variable Kosten** variieren in Abhängigkeit vom Umsatz. Beispielsweise stuft Michael Werbekosten als variable Gemeinkosten ein. Falls der Umsatz steigt, könnte er die Werbeausgaben erhöhen, was aber nicht unbedingt notwendig ist.

Abhängigkeit der Kosten von der Ausbringungsmenge: fixe und variable Kosten

Michael entscheidet sich, den Deckungsbeitrag IV für alle Warengruppen berechnen zu lassen. Insbesondere die Verrechnung der Personalkosten seiner Verkaufsmitarbeiterinnen über die variablen Gemeinkosten besitzt große Auswirkungen, weshalb Michael in fünf Filialen den Personalaufwand pro Warengruppe beobachten lässt. So erkennt er beispielsweise aus der Analyse einen sehr hohen Personalaufwand für die Warengruppen Jeans und Regenbekleidung. In beiden Warengruppen verbringen die Verkäuferinnen sehr viel Zeit mit Aufräumarbeiten, was den Deckungsbeitrag stark schmälert.

8.3.5 Sortimentsmix optimieren

Deckungsbeitrag I unterstützt die Sortimentsplanung.

Der Deckungsbeitrag I kann als Steuerungsgröße für die Sortimentsplanung genutzt werden. Abbildung 8.11 veranschaulicht diese Evaluationsmöglichkeit. Bei Warengruppen bzw. Sortimenten, die zwar einen hohen Deckungsbeitrag erwirtschaften, aber nur einen unterdurchschnittlichen Umsatz generieren (auch Potenzialträger genannt), lohnt sich eine Intensivierung der Absatzförderung. Unter Umständen muss auch bei der Preispolitik über die Bücher gegangen werden. Ursache für den geringen Umsatz kann einerseits eine zu hohe Preissetzung sein oder andererseits unbekannte Sortimente. Letzteres kann z. B. durch Preisaktionen verbessert werden.

Die sogenannten Rennersortimente, wie z. B. eine neue Modeschmucklinie, generieren sowohl einen überdurchschnittlich hohen Deckungsbeitrag als auch Umsatz. Dieser Sortimentsbereich könnte zum Beispiel durch eine intensivierte Werbetätigkeit, Kombinationsangebote (z. B. in Kombination mit einem Potenzialträger wie der neu eingeführten Hutmode), einem noch zentraleren Ladenstandort und Zweitplatzierungen unterstützt werden. Routinesortimente (meistens Produkte zur Befriedigung von Grundbedürfnissen, z. B. Jeans) bescheren dem Unternehmen zwar einen hohen Umsatz, wegen häufigen Preisaktionen fällt der Deckungsbeitrag jedoch niedrig aus. Für Routinesortimente sind Preiserhöhungen zu prüfen (falls sich das

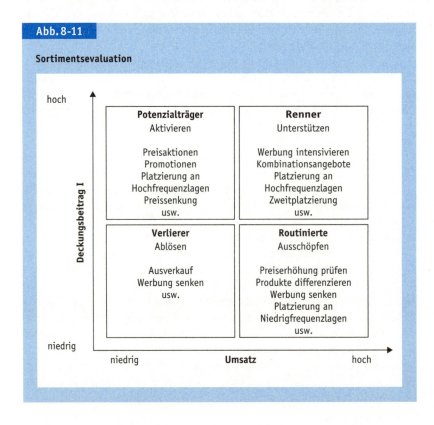

Abb. 8-11
Sortimentsevaluation

Produkt von den Konkurrenzprodukten abhebt). Die Werbeaktivitäten fallen niedrig aus und ein frequenzschwacher Standort bietet sich im Laden an. »Niederfrequenzzonen«, z. B. im ersten Stock, gewinnen möglicherweise so an Rentabilität (Routineprodukte werden sowieso gekauft – auch wenn Kunden das erste Verkaufsgeschoss aufsuchen müssen). Warengruppen mit geringen Deckungsbeiträgen und geringen Umsätzen, sogenannte Verlierer, gilt es aus dem Sortiment zu nehmen. Regenbekleidung zählte im vergangenen Jahr zu dieser Kategorie.

Exkurs

EVA: Wertsteigerung als Managementaufgabe

Die langfristige Wertsteigerung (bzw. die Maximierung des Marktwertes des Eigenkapitals) stellt ein zentrales Ziel von Unternehmen dar. In diesem Zusammenhang gewann vor allem das Konzept der wertorientierten Unternehmenssteuerung immer stärker an Bedeutung. Insbesondere eine Kennzahl der wertorientierten Unternehmenssteuerung rückte im vergangenen Jahrzehnt in den Mittelpunkt des Interesses vieler Manager: der Economic Value Added, abgekürzt EVA. Der EVA-Ansatz wurde von der US-amerikanischen Unternehmensberatung Stern Stewart vorgestellt. Ziel war es, eine Kennzahl zu entwickeln, welche periodenbezogen (z. B. jährlich oder monatlich) den Beitrag der Unternehmensaktivitäten zur Steigerung des Unternehmenswertes angibt. Folglich ermittelt EVA die »periodenbezogene Differenz zwischen dem durch das eingesetzte Kapital erwirtschafteten betrieblichen Gewinn (vor Kapitalkosten) und den mit dem Kapitaleinsatz verbundenen Kosten des Unternehmens« (Weber et al. 2004, S. 55). Somit ist es möglich, die Leistung von Managern anhand ihres jährlichen (oder monatlichen) Beitrags zur Steigerung des Unternehmenswerts zu beurteilen und zu vergüten.

Auch die Metro Group setzt seit dem Jahr 2000 auf wertorientierte Kennzahlen in der Unternehmensführung und Leistungsbeurteilung ihres Managements. Unter Wertsteigerung versteht die Metro Group Folgendes: »Ein positiver Wertbeitrag ist erreicht, wenn das Ergebnis vor Zinsen und Steuern über den Kapitalkosten, die für die Finanzierung des durchschnittlich gebundenen Geschäftsvermögens erforderlich sind, liegt« (Metro Group 2013). Dies soll insbesondere durch drei Vorgehensweisen erreicht werden. Erstens, die Steigerung der operativen Effizienz. Dazu zählt beispielsweise das Ziel der Metro Group, den Umsatz der Warenhaustochter Galeria Kaufhof durch die Anpassung der Sortimente auf lokale Kundenbedürfnisse zu steigern. Die Optimierung filialspezifischer Kostenstrukturen soll darüber hinaus zu Effizienzverbesserungen führen. Zweitens, das Tätigen zusätzlicher wertsteigernder Investitionen. Damit ist die Expansion in neue Märkte angesprochen. So standen beispielsweise renditestarke Wachstumsmärkte in Osteuropa und Asien im Mittelpunkt der Geschäftstätigkeit der vergangenen Jahre. Drittens, das Stoppen von Investitionen, welche unterdurchschnittliche Erträge erzielen (Stern et al. 1994, S. 40). In diesem Zusammenhang verkaufte die Metro Group 2009 ihre Adler-Textilmärkte.

A. T. Kearney Deutschland, bezeichnet EVA als »eine Verlockung und zugleich eine Bedrohung« (Kröger 2005, S. 14). Einerseits bietet der EVA-Ansatz den Vorteil, dass er das langfristige Ziel der Unternehmenswertsteigerung in periodische Beiträge aufgliedert. Jährliche (oder monatliche) Leistungsvorgaben und -messungen bilden die Basis für die periodische Unternehmenssteuerung. Ein weiterer Vorteil von EVA besteht darin, dass die Kennzahl eine Residualgröße darstellt, die den Übergewinn als absolute Zahl angibt. Somit werden Probleme vermieden, welche mit prozentualen Rentabilitätsmaßen einhergehen (Hirsch 2007, S. 67 f.). Neben ihrer Funktion als wichtige Steuerungsgröße dient EVA in vielen internationalen Unternehmen als Basis des Bonus- und Vergütungssystems. Ziel des Managements soll es sein, den Unternehmenswert nachhaltig zu steigern. Doch gerade in zuletzt genanntem Zusammenhang setzt die Kennzahl EVA oftmals die falschen Anreize. Das kurzfristige Ergebnisoptimieren, welches durch ein EVA-basiertes Vergütungssystem begünstigt wird, kann strategisch sinnvolle Investitionen verhindern. Es besteht die Gefahr, dass langfristig orientiertes, unternehmerisches Handeln vernachlässigt wird. Dies zeigt auch eine Studie der Unternehmensberatung A. T. Kearney. Sie kommt zu dem Ergebnis, dass EVA sogar Wert vernichtet. In der Untersuchung konnte nachgewiesen werden, dass die Aktienkurse derjenigen Unternehmen, welche dem EVA-Ansatz folgten, am Ende des Untersuchungszeitraums von 1998 bis 2005 um ca. 10 Prozent

Fortsetzung auf Folgeseite

Fortsetzung von Vorseite

niedriger lagen als diejenigen der nicht EVA-basierten Vergleichsgruppe (Kröger 2005). Ein weiterer Nachteil des EVA-Ansatzes besteht darin, dass stille Reserven wie Grundstücke und Gebäude in wirtschaftlichen Aufschwungphasen aufgelöst werden, da die Reinvestition dieser Gelder – beispielsweise für Expansionsvorhaben – einen höheren EVA-Wert erzielt. In Zeiten wirtschaftlichen Abschwungs fehlen dann allerdings solche stillen Reserven. Die zum Teil fatalen Auswirkungen lassen sich beispielsweise in der Weltwirtschaftskrise 2009 beobachten.

Die angeführten Nachteile von EVA machen den Hauptkritikpunkt der Kennzahl deutlich, welcher im fehlenden Bezug zu einer übergeordneten Strategie begründet liegt. Es wird deutlich, dass die Fokussierung auf die Kennzahl EVA alleine nicht ausreicht, um den Unternehmenswert langfristig zu steigern. Vielmehr müssen Kennzahlen- und Vergütungssysteme im Einklang mit der Strategie des Unternehmens sein. Neben einer Fokussierung auf den Unternehmenswert gilt es vor allem Wachstumspotenziale des Unternehmens auszuschöpfen (Kröger 2005).

Literatur
Hirsch, B. (2007): Der Economic Value, in: WiSt, Heft 2, S. 62–68.
Kröger, F. (2005): EVA vernichtet Wert, in: Harvard Business Manager, 8, S. 14–16.
Metro Group (2013b): http://www.metrogroup.de/internet/site/annual2011/node/260641/Lde/index.html, Zugriff am 14.05.2013.
Stern, J.M./Stewart, G.B./Chew, D.H. (1994): The EVATM financial management system, in: Journal of Applied Corporate Finance, 8(2), S. 32–46.
Weber, J./Bramsemann, U./Heineke, C./Hirsch, B. (2004): Wertorientierte Unternehmenssteuerung. Konzepte – Implementierung – Praxisstatements, Wiesbaden.

8.4 Fallstudie: Women's Wear

Das Controlling liefert eine ungünstige Ergebnisprognose.

Michael realisierte bereits im vergangenen Jahr einen erheblichen Verlust, den er aus seinem Privatvermögen ausglich. Nachdem der Controller nun seit einigen Wochen die Filialkette untersucht, sehen die ersten Ergebnisprognosen für das laufende Geschäftsjahr alles andere als rosig aus. Controlling war bisher kein wichtiges Thema für Michael. Solange die Umsätze kontinuierlich stiegen, sah er keine Notwendigkeit für umfangreiche und kostspielige Datenanalysen. Mittlerweile ist er vom Gegenteil überzeugt. Die schlechte Umsatzentwicklung fordert ihn auf, gezielt nach den Ursachen zu suchen.

Aufgaben zur Fallstudie

1. Beschreiben Sie eine geeignete Vorgehensweise für eine gezielte Controllinganalyse, anhand derer Sie in den kommenden zwei Wochen konkrete Lösungsvorschläge zur Rentabilitätsverbesserung erarbeiten wollen.
2. Angenommen, der Sortimentsbereich Abendkleider schneidet bei der Berechnung des Deckungsbeitrages I besonders schlecht ab. Können Sie diesen Sortimentsteil ohne weiteres weglassen?
3. Michael überlegt, Bademoden in sein Sortiment aufzunehmen. Bitte beschreiben Sie die ideale Vorgehensweise, um eine Entscheidung für oder gegen die Aufnahme zu treffen.

Kontrollfragen

- Welcher Zusammenhang besteht zwischen der strategischen Ausrichtung des Handelsunternehmens und der Definition seiner Controllingziele? Welche Controllingziele verfolgen der Global Discounter, der Content Retailer und der Channel Retailer?
- Was ist der Unterschied zwischen qualitativen und quantitativen Kennzahlen?
- Wodurch unterscheiden sich die unterschiedlichen Stufen der Deckungsbeitragsrechnung?
- Wodurch unterscheiden sich Einzelkosten von Gemeinkosten bzw. fixe Kosten von variablen Kosten?
- Welche Maßnahmen eignen sich jeweils für die Sortimentsbereiche Potenzialträger, Renner, Verlierer und Routinierte?
- Wie wird die Kennzahl EVA in der Handelspraxis eingesetzt, um die Leistung von Managern zu beurteilen?

Literatur

Berens, W./Bertelsmann, R. (2002): Controlling, in: Küpper, H.-U./Wagenhofer, A. (Hrsg.) Handwörterbuch Unternehmensrechnung und Controlling, Enzyklopädie der Betriebswirtschaftslehre, Band III, 4. Aufl., Stuttgart, S. 280–288.

Blattberg, R. C./Deighton J. (1996): Manage Marketing by the Customer Equity Test, in: Harvard Business Manager, 74(4), S. 136–144.

Chmielewitz, K. (1976): Rechnungswesen, in: Grochla, A./Wittmann, W. (Hrsg.): Handwörterbuch der Betriebswirtschaftslehre, 4. Aufl., 3 Bände, Stuttgart, Sp. 3343–3361.

Liebmann, H.-P./Zentes, J. (2001): Handelsmanagement, München.

Müller-Hagedorn, L. (1998): Der Handel, Stuttgart.

Müller-Hagedorn, L. (2002): Handelsmarketing, 3. Aufl., Stuttgart.

Palloks-Kahlen, M. (2001): Kennzahlengestütztes Controlling im kundenorientierten Vertriebsmanagement, in: Reinecke, S./Tomczak, T./Geis, G. (Hrsg.): Handbuch Marketing Controlling, Frankfurt a. M./Wien.

Reichmann, Th. (2001): Controlling mit Kennzahlen und Managementberichten, 6. Aufl., München.

Richter, H. (1987): Theoretische Grundlagen des Controlling, Frankfurt a. M./Bern.

Rüegg-Stürm, J. (1996): Controlling für Manager. Grundlagen, Methoden, Anwendungen, 2. Aufl., Zürich.

Rust, R. T./Moorman, C./Bhalla, G. (2010): Rethinking Marketing, in: Harvard Business Review, 88(1), S. 94–101.

Schröder, H. (1999): Anforderungen und konzeptionelle Grundlagen des Controllings im Handel, in: Reinecke, S./Tomczak, T./Dittrich, S. (Hrsg.): Marketingcontrolling, St. Gallen.

Siegwart, H./Reinecke, S./Sander, S. (2010): Kennzahlen für die Unternehmensführung, 7. Aufl., Bern et al.

Spremann, K. (1996): Wirtschaft, Investition und Finanzierung, 5. Aufl., München/ Wien.
Thommen, J.-P. (2007): Betriebswirtschaftslehre, 7. Aufl., Zürich.
Witt, F. J. (1992): Handelscontrolling, München.

Vertiefende Literatur zum Thema Controlling und Performance Measurement
Becker, J./Winkelmann, A. (2006): Handelscontrolling – Optimale Informationsversorgung mit Kennzahlen, Berlin et al.
Gleich, R. (2002): Performance Measurement – Grundlagen, Konzepte und empirische Erkenntnisse, in: Controlling, Heft 8/9, S. 447–454.
Horváth, P. (2003): Controlling, 9. Aufl., München.
Küpper, H.-U. (2001): Controlling: Konzeption, Aufgaben und Instrumente, 3. Aufl., Stuttgart.
Müller-Hagedorn, L./Toporowski, W. (2002): Unternehmensrechnung im Handel, in: Küpper, H.-U./Wagenhofer, A. (Hrsg.): Handwörterbuch Unternehmensrechnung und Controlling, 4. Aufl., Stuttgart, S. 657–667.
Weber, J. (2004): Einführung in das Controlling, 10. Aufl., Stuttgart.
Ziegenbein, K. (2004): Controlling, 8. Aufl., Ludwigshafen.

Vertiefende Literatur zum Thema Balanced Scorecard
Eschenbach, R./Haddad, T. (1999): Die Balanced Scorecard, Wien.
Horvarth & Partners (2004): Balanced Scorecard umsetzen, 3. Aufl., Stuttgart.
Kaplan, R. S./Norton, D. P. (2007): Using the Balanced Scorecard as a Strategic Management System, in: Harvard Business Review, 85(7/8), S. 150–161.

9 Personalkompetenz

> **Lernziele**
>
> **Leitfrage: Welche Rolle kommt dem Personalmanagement im modernen Handelsmanagement zu?**
>
> ▸ Warum ist das Personalmanagement ein wichtiger Aspekt für das moderne Handelsmanagement?
>
> **Leitfrage: Was kennzeichnet eine erfolgreiche Mitarbeiterführung im Handel?**
>
> ▸ Welche Formen der Mitarbeiterführung gibt es?
>
> ▸ Wie lassen sich Mitarbeiter motivieren?
>
> **Leitfrage: Wie verbessern Handelsunternehmen ihre Mitarbeiter-Basis?**
>
> ▸ Wie lassen sich gute Mitarbeiter gewinnen?
>
> ▸ Was kennzeichnet eine erfolgsorientierte Personalentwicklung im Handel?

9.1 Einleitung

»Je innovativer ein Unternehmen im sozialen Miteinander ist, desto erfolgreicher wird das Unternehmen in seiner Leistungsgenerierung und damit im Wettbewerb sein.« (Götz W. Werner, Gründer von dm-drogerie markt). Fast jeder von uns hat wohl schon einmal negative Erfahrungen mit Verkäuferinnen oder Verkäufern gemacht, die unfreundlich waren, unter Zeitdruck standen oder keine fachlich und persönlich gute Beratung leisten konnten (oder wollten). Wir haben in solchen Situationen erlebt, dass unmotivierte Mitarbeiter die Kundenzufriedenheit negativ beeinflussen. Kunden bevorzugen jedoch Einkaufsstätten mit persönlicher Ausstrahlung, in denen freundliche und kompetente Mitarbeiter überzeugen. Kunden sind dann zufrieden, wenn die Mitarbeiter zufrieden und hoch motiviert sind, was verschiedene wissenschaftliche Untersuchungen bestätigen (Wiley 1991). Daher fördert die Personalkompetenz im Handel den Unternehmenserfolg nachhaltig.

9.2 Grundlagen

Damit einem Handelsunternehmen eine hohe Personalkompetenz zugesprochen werden kann, sind verschiedene Aktivitäten notwendig. Das Personalmanagement darf sich nicht mit dem Verwalten des Produktionsfaktors Arbeit begnügen. Folgende Aktivitäten beschreiben die heutige Aufgabenvielfalt:

1. die Personalbedarfsbestimmung und die Planung des Personaleinsatzes,
2. die Personalveränderung (Einstellung und Freisetzung),
3. das Personalkostenmanagement,
4. die Personalführung,
5. das Personalmarketing (Akquisition von künftigen und Bindung von gegenwärtigen Mitarbeitern) und
6. die Personalentwicklung (Aus- und Weiterbildung, Karrierebegleitung).

Aufgabenvielfalt des Personalmanagements

Die ersten drei Aufgaben zählen zum Tagesgeschäft vieler Personalabteilungen. Mit der Personalbedarfsbestimmung, der Einstellung und Freisetzung von Mitarbeitern sowie dem permanenten Personalkostenmanagement findet eine fortlaufende Anpassung der Mitarbeiterzahl an das marktseitige Leistungsversprechen statt. Die Anzahl an Arbeitskräften muss ausreichen, um das Leistungsversprechen gewinnbringend umzusetzen. Damit ist aber noch nichts über die längerfristige Personalentwicklung gesagt. Diesem langfristig besonders erfolgsentscheidenden Ziel nehmen sich die letzten drei Aufgaben an und bilden den Schwerpunkt in diesem Abschnitt.

Abbildung 9-1 beschreibt die wichtigsten Erfolgsfaktoren für das Personalmanagement. Einerseits muss es den Personalmitarbeitern und Führungskräften gelingen, z. B. die Mitarbeitermotivation zu verbessern, was den Unternehmenserfolg unmittelbar beeinflusst. Andererseits tangiert z. B. die Förderung einer strategiekonformen Vision durch die Personalabteilung den Erfolg mittelbar. Die Früchte der Personalarbeit lassen sich im zweiten Beispiel allerdings nicht so schnell ernten.

Personalmanagement beeinflusst den Unternehmenserfolg unmittelbar und mittelbar.

Welche Erfolgsfaktoren verbessern die Personalkompetenz und letztlich auch den Unternehmenserfolg? Neben der Mitarbeitermotivation zählen die Qualität und die Produktivität der Mitarbeiter sowie die erfolgreiche Mitarbeiterakquisition zu den unmittelbaren Erfolgsfaktoren. Darüber hinaus kommt der Mitarbeiterführung und der Gewinnung, Entwicklung und Bindung von Mitarbeitern eine wichtige Rolle zu. Mittelbare Erfolgswirkung lösen neben einer strategiekonformen Vision Maßnahmen der Organisations- und Managemententwicklung aus. Letztere verbessern die Entwicklung der Organisation und des Managements, die Kommunikationsqualität, die Verantwortungsbereitschaft und das eigenverantwortliche Handeln: Ein Abteilungsleiter in einem Warenhaus, der regelmäßig Zeit im Verkaufsraum verbringt, wird nicht nur das Kundenverhalten, sondern auch die Anliegen des Verkaufspersonals besser verstehen. Mitarbeiter, die offen kommunizieren, geben Erfahrungen besser weiter und lernen schneller aus Fehlern. Aber auch Faktoren wie die Arbeitskräfteflexibilisierung und die Kundenorientierung gehören zu den mittelbaren Erfolgsfaktoren des Personalmanagements. Die Arbeitsflexibilität spielt gerade im Handel eine große Rolle, wo die Öffnungszeiten immer länger werden und zu bestimmten Stoßzeiten sehr viele Kunden bedient werden müssen. Es ist eine sehr wichtige Aufgabe

Erfolgsfaktoren der Personalkompetenz

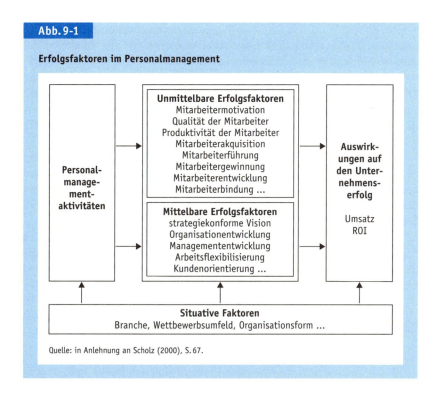

Abb. 9-1
Erfolgsfaktoren im Personalmanagement

Quelle: in Anlehnung an Scholz (2000), S. 67.

für die Personalabteilung, Arbeitszeitmodelle zu entwickeln, die Kunden- und Mitarbeiterbedürfnisse gleichermaßen berücksichtigen. Ferner sollten Führungskräfte ihre Mitarbeiter als Kunden betrachten. Die so verstandene interne »Kundenorientierung« folgt dem Leitsatz: Zufriedene Mitarbeiter sind die Voraussetzung für zufriedene Kunden.

Entscheidend für die Wahl geeigneter Personalmanagementaktivitäten ist die spezielle Unternehmenssituation, welche neben der Branchenzugehörigkeit und der Wettbewerbssituation auch die Organisationsform umfasst.

Aufgrund ihrer großen Bedeutung für eine erfolgreiche Personalarbeit im Handel werden im Folgenden die Mitarbeitermotivation, die Mitarbeiterführung und die Gewinnung, Entwicklung und Bindung von Mitarbeitern ausführlich thematisiert.

9.3 Handlungswissen

9.3.1 Mitarbeiter motivieren

Die Entwicklung eines Unternehmens wird von Menschen getragen. Für deren Handeln ist entscheidend, ob sie motiviert sind. Motivation bedeutet nicht, die Mitarbeiter regelmäßig zu loben oder durch Lohnerhöhungen zu besseren Leistungen zu ani-

Aus dem Zusammenspiel einer motivierten Person mit einer motivierenden Situation ergibt sich Mitarbeitermotivation.

9.3 Personalkompetenz
Handlungswissen

mieren. Motivation ist vielmehr ein wichtiges und unverzichtbares Grundprinzip für eine hohe Leistungsbereitschaft. Motivation ergibt sich aus dem Zusammenspiel einer motivierten Person mit einer motivierenden Situation (Comelli/von Rosenstiel, 2009, S. 1). Wie aber kommt ein Unternehmen zu motivierten Mitarbeitern, die ihre Arbeit gerne tun und damit wesentlich dazu beitragen, dass sich das Unternehmen positiv von der Konkurrenz abhebt? Was macht Mitarbeiter zufrieden und inspiriert sie in ihrer Tätigkeit? Es sind im Wesentlichen sechs Dimensionen, die als Quellen für Mitarbeitermotivation zu beachten sind (vgl. Abbildung 9-2).

Erfolgsbeispiel für Mitarbeitermotivation: die Einzelhandelskette Nordstrom

Sehr erfolgreich stellt die amerikanische Einzelhandelskette Nordstrom die Bedürfnisse ihrer Mitarbeiter neben Kundenbedürfnissen in den Mittelpunkt der Unternehmenstätigkeit (Spector/McCarthy 1995, S. 4 ff. und S. 97 ff.). Nordstrom ist ein Textil- und Schuhhändler, der in den USA mit 169 (eigenen und geleasten) Filialen im Geschäftsjahr 2012 einen Nettojahresumsatz von 11,8 Milliarden Dollar erwirtschaftet (Nordstrom 2013). Das Management setzt alles daran, seine Mitarbeiter aktiv zu fördern und eine positive Einstellung zur Arbeit zu schaffen. Kunden schätzen die daraus resultierende angenehme Einkaufsatmosphäre genauso wie den exzellenten und persönlichen Kundenservice. Jane Seller ist Verkäuferin im 22.800 m² großen

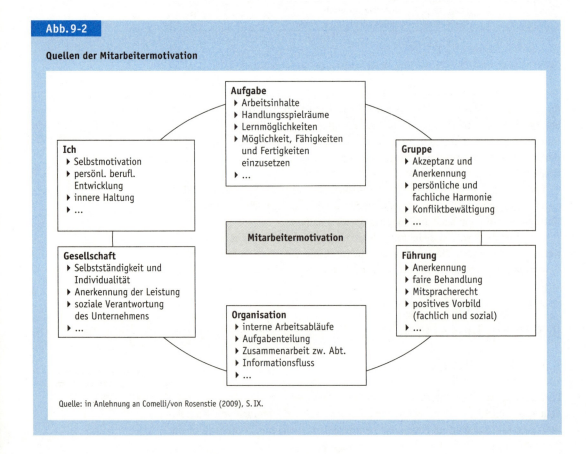

Abb. 9-2 Quellen der Mitarbeitermotivation

Quelle: in Anlehnung an Comelli/von Rosenstie (2009), S. IX.

Flagship-Store in der Innenstadt von Seattle und stellvertretende Abteilungsleiterin in der Damenoberbekleidung »Encore« für Übergrößen. Jedes Jahr verkauft sie modische Bekleidung und Accessoires im Wert von mehr als 1 Million Dollar. Ihre Aufgabe im Unternehmen ist so beschaffen, dass sie ihre Fähigkeiten und Fertigkeiten optimal zum Einsatz bringen kann. »Ich wollte schon immer soziale Kontakte im Beruf haben, denn ich kann sehr gut mit Menschen umgehen und es gefällt mir, wenn ich anderen helfen und Probleme lösen kann: Ich kann meine Kunden so bedienen, wie ich es für richtig halte, führe eine abwechslungsreiche Tätigkeit aus und ich lerne über den engen Kontakt zu verschiedenen Kunden ständig dazu.«

Gemeinsam mit ihrer Chefin und ihren Kolleginnen veranstaltet Jane regelmäßig besondere Events und Promotions. »Letzte Woche führte bei uns die Schauspielerin Marianne Sägebrecht die neue Sommermode vor. Diese exklusive Modenschau haben wir hier in der Abteilung selbstständig geplant und organisiert.« Das Management bei Nordstrom wünscht und fördert solche Aktivitäten. Jim Nordstrom aus der dritten Generation der Nordstrom-Familie, der seine Karriere als Schuhverkäufer im Familienunternehmen begann und in den 1970er-Jahren als 31-Jähriger zusammen mit seinen beiden Brüdern das operative Management des Einzelhandelskonzerns übernahm, sagte einmal zur Mitarbeiterführung: »Die Leute werden hart arbeiten, wenn man ihnen die Freiheit gibt, ihren Job so zu machen, wie sie es selbst für richtig halten, wenn sie die Kunden so behandeln, wie sie selbst gerne behandelt werden wollen. Wenn man anfängt, ihnen Anreize zu nehmen und ihnen ständig Regeln vor die Nase setzt, tötet man die Kreativität.« (Spector/McCarthy 1995, S. 99). In diesem Sinne bedeutet gute Führung bei Nordstrom, dass Vorgesetzte Verantwortung delegieren und die Eigeninitiative der Mitarbeiter fördern. Jane lobt das gute Verhältnis zu den Vorgesetzten: »Gerda und auch die Chefs, die ich vorher hatte, haben mir von Anfang an Freiheiten gelassen und mir geholfen, meine Potenziale zu entwickeln. Ich hatte immer gute Mentoren, die mir ihr Wissen vermittelten und mich motivierten, dazuzulernen. So konnte ich von der Aushilfe, die Regale auffüllte und Etiketten anbrachte, bis hin zur Chefverkäuferin und stellvertretenden Abteilungsleiterin Karriere im Unternehmen machen. Heute gebe ich meine Erfahrungen an jüngere Kolleginnen weiter.«

Janes Chefin, Gerda Boss, berichtet: »Es gibt bestimmte Budgetbeschränkungen für meine Abteilung, die das Management vorgibt, ansonsten bestehen kaum feste Regeln. Jeder hier bei Nordstrom kann seinen Verkaufsbereich sehr individuell betreuen.« Eine wichtige Motivationsquelle ist die gut funktionierende Gruppe, in der Gerda, Jane und ihre Kolleginnen sowie Kollegen zusammenarbeiten. »Charakteristisch für unsere Abteilung ist ein sehr familiärer und freundschaftlicher Umgang miteinander, wir mögen und respektieren uns gegenseitig und achten bei Neueinstellungen darauf, dass neue Mitarbeiter ins Team passen«, so Gerda. Gemeinsam setzt sich das Team regelmäßige Erfolgsziele, so wie es sich das Nordstrom-Management für alle Abteilungen wünscht. »Da wir die Verkaufszahlen anderer Abteilungen und Filialen einsehen können, wissen wir immer, wo wir stehen. Das ist wie ein sportlicher Wettkampf und wir tun gemeinsam alles dafür, unter den Besten zu sein.«

Die Organisation und alle organisatorischen Regeln sind eine entscheidende Motivationsquelle. So gibt Jane Trends und Entwicklungen, die sie im Gespräch mit den Kunden erkennt, an die Abteilungsleitung und den Einkauf weiter. Das ist wichtig,

Eine wichtige Motivationsquelle ist ein funktionierendes Team.

Entscheidende Motivationsquellen sind die Organisation und Regeln.

weil über das Angebot an Moderichtungen, Farben und Größen bei Nordstrom abteilungsübergreifend entschieden wird. Je besser die organisationalen Ausgangsbedingungen, desto eher entsteht eine produktive organisationale Energie. Letztere erlaubt Unternehmen Veränderungsprozesse vital, schnell und erfolgreich anzugehen (Bruch/Vogel 2005, S. 1 ff.). Die Organisation bei Nordstrom wird durch eine auf den Kopf gestellte Pyramide beschrieben (vgl. Abbildung 9-3), was der Unternehmensphilosophie entspricht: Alle Mitarbeiter unterstützen das Verkaufspersonal und den Verkaufsprozess. An oberster Stelle stehen die Kunden.

Nicht zuletzt spielt bei Jane die Motivation aus dem Ich eine große Bedeutung. »Ich wollte von Anfang an gerne bei Nordstrom im Verkauf arbeiten, ein Bürojob wäre für mich nie infrage gekommen. Im Lauf der Zeit habe ich mir nicht nur ein sehr großes Wissen über Kleidung und Mode angeeignet, sondern auch eine sehr gute Menschenkenntnis.« In Kursen, die Nordstrom ihr zu großen Teilen finanzierte, hat sie sich zur Trend- und Farbenberaterin ausgebildet, regelmäßig liest sie einschlägige Fach- und Modezeitschriften, besucht Modeschauen und Messen und bleibt so immer auf dem neuesten Stand. Viele von Janes Freunden und Bekannten kaufen selbst gerne bei Nordstrom ein und sie ist stolz, für ein Unternehmen zu arbeiten, das auch in der Gesellschaft anerkannt ist. Die Anerkennung erreicht Nordstrom

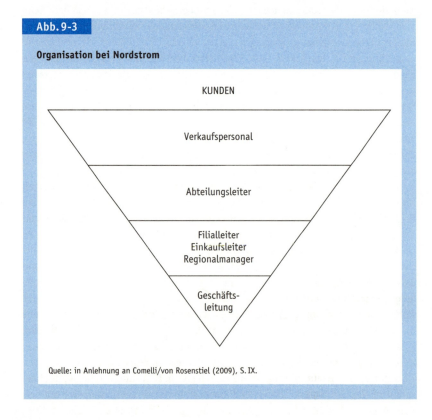

Abb. 9-3

Organisation bei Nordstrom

Quelle: in Anlehnung an Comelli/von Rosenstiel (2009), S. IX.

nicht zuletzt durch soziales Engagement, zum Beispiel bei Nachbarschaftsvereinigungen oder im Umweltschutz.

Auch mit der Entlohnung ihrer Arbeit sind Jane und Gerda zufrieden. Alle Verkäufer und auch die Abteilungsleiter werden bei Nordstrom erfolgsabhängig bezahlt. Für jeden Verkauf gibt es eine Verkaufsprovision und für jährliche Verkaufszuwächse gewährt das Unternehmen Bonuszahlungen. Außerordentliche Leistungen werden aber auch mit besonderen Preisnachlässen auf Nordstrom-Ware, Geschenken und Ehrungen (»Verkäufer des Monats« etc.) belohnt. Aber beide sind sich einig, dass es nicht vorrangig die Eingänge auf dem Gehaltskonto sind, die sie bei der Arbeit motivieren. »Natürlich ist es wichtig, dass sich das Engagement auch in finanzieller Hinsicht lohnt, aber das ist nur ein Faktor von vielen, die für mich Nordstrom zum idealen Arbeitgeber machen«, sagt Gerda. Diese Aussage Gerdas zeigt, dass Geld zwar eine Grundvoraussetzung für die Arbeitszufriedenheit ist, aber nur im Zusammenspiel mit den anderen beschriebenen Motivationsquellen leistungsfördernd wirken kann.

Die Rolle der Entlohnung als Motivationsquelle

9.3.2 Mitarbeiter führen

Fragt man die Verantwortlichen in Handelsunternehmen nach den zentralen Herausforderungen, so wird häufig das Thema »Führung« genannt. Das Verhältnis zwischen Mitarbeiter und Führungskraft gilt es mithilfe geeigneter Methoden der Personalführung zu verbessern. Dabei sollten Führungskräfte durch ihr Führungsverhalten eine möglichst große Schnittmenge zwischen Unternehmenszielen und individuellen Mitarbeiterzielen anstreben. Mitarbeiter setzen sich für ein Unternehmen motiviert ein, wenn die eigenen Zielvorstellungen mit den Unternehmenszielen im Einklang stehen (Scholz 2000, S. 775).

Eine Führungskraft, die in einem Handelsunternehmen Mitarbeiter betreut, hat nicht nur die Aufgabe, aus fachlicher Sicht Weisungen zu geben. Es sind im Wesentlichen fünf darüber hinausgehende Anforderungen, denen Verantwortliche in Führungspositionen gerecht werden müssen (Regnet 1995, S. 48 ff.):

Fünf Anforderungen an das Führungsverhalten

1. **Mitarbeiter motivieren:** Führungskräfte haben die wichtige Aufgabe, ihren Beitrag für motivierende Arbeitsbedingungen im Unternehmen zu leisten. Viele der in Kapitel 9.3.1 beschriebenen Motivationsfaktoren können positiv beeinflusst werden.
2. **Aufgeschlossenheit und Sensibilität gegenüber Mitarbeitern zeigen:** Führungskräfte müssen sich bei ihren Mitarbeitern auf verschiedene Charaktere, Werthaltungen und Kulturen einstellen. Das verlangt großes Einfühlungsvermögen. Angesichts der fortschreitenden Internationalisierung im Einzelhandel gewinnt diese Herausforderung in Zukunft an Bedeutung.
3. **Teamarbeit fördern:** Prozessorientierung, funktionsübergreifende Aufgaben und die Tendenz zur Kooperation entlang der Wertschöpfungskette fördern die Teamarbeit. Führungskräfte müssen deshalb nicht nur Individuen, sondern auch Gruppen führen können. Ziel ist dabei, die Steigerung der Teamleistung, die Stärkung des Zusammenhalts in der Gruppe, die Verbesserung der Kooperation und das Ausnutzen von Synergien.

9.3 Personalkompetenz
Handlungswissen

4. **Kommunikative Kompetenz zeigen und fördern:** Motivation, Begeisterung und Arbeitsfreude werden kaum erreicht, wenn die Führungskraft lediglich Befehle erteilt und erwartet, dass diese kommentarlos von den Mitarbeitern ausgeführt werden. Eine effektive Zusammenarbeit mit den Mitarbeitern hängt wesentlich davon ab, dass die Kommunikation nicht nur von oben nach unten funktioniert, sondern in beide Richtungen und auch abteilungsübergreifend. Vorgesetzte sollten offen für das Feedback ihrer Mitarbeiter sein.
5. **Konflikte managen:** Überall wo Menschen zusammenarbeiten sind schwierige Situationen im Arbeitsalltag unvermeidbar. Im Handel arbeiten in der Regel sehr viele Personen zusammen. Spannungen auf der Verhaltensebene auszugleichen, gehört deshalb zu den wichtigen Aufgaben einer Führungskraft.

Die fünf beschriebenen Herausforderungen sprechen die sogenannten »weichen« Managementkompetenzen an. Auf dieser Ebene erleichtern Kompetenzen wie Toleranz, Einfühlsamkeit, Menschenkenntnis etc. die Führungsarbeit wesentlich. Verschiedene Führungsstile sind möglich. Von der autoritären Führung, bei der die Führungskraft alle Entscheidungen allein trifft und den Mitarbeitern lediglich An-

Die Angemessenheit von autoritärem und partizipativem Führungsstil richtet sich nach der Situation.

Abb. 9-4
Verhalten bei verschiedenen Führungsstilen

Menschenorientierung: hoch

- **»Glacéhandschuh-Management«**
Rücksichtnahme auf die Bedürfnisse der Mitarbeiter nach zufrieden stellenden zwischenmenschlichen Beziehungen bewirkt ein gemächliches und freundliches Betriebsklima und Arbeitstempo.

- **»Team-Management«**
Hohe Arbeitsleistung von engagierten Mitarbeitern; Interdependenz im gemeinschaftlichen Einsatz für das Unternehmensziel verbindet die Menschen in Vertrauen und gegenseitiger Achtung.

- **»Organisations-Management«**
Eine angemessene Leistung wird ermöglicht durch die Herstellung eines Gleichgewichts zwischen der Notwendigkeit, die Arbeit zu tun, und der Aufrechterhaltung einer zufrieden stellenden Betriebsmoral.

- **»Überlebensmanagement«**
Minimale Anstrengung zur Erledigung der geforderten Aufgaben genügt gerade noch, sich im Unternehmen zu halten.

- **»Befehl-Gehorsam-Management«**
Der Betriebserfolg beruht darauf, die Arbeitsbedingungen so einzurichten, dass der Einfluss persönlicher Faktoren auf ein Minimum beschränkt wird.

Menschenorientierung: niedrig
Sachorientierung: niedrig → hoch

Quelle: Blake/Mouton (1986), S. 27.

weisungen gibt, ist die partizipative Führung zu unterscheiden, bei der die Führungskraft Mitarbeiter aktiv einbindet. Der partizipative Führungsstil setzt auf die gemeinsam vorangetriebene Problemdefinition, Alternativensuche und Entscheidung. Autoritäre Führung ist im Handel selten geeignet, um Probleme zu meistern. Generell partizipativ zu führen, fördert aber auch nicht automatisch positive Resultate. Daher muss der Führende erkennen, in welcher Situation welcher Führungsstil angemessen ist (von Rosenstiel 2009, S. 19).

Die Vielzahl möglicher Führungsstile lässt sich anhand der beiden Dimensionen »Menschenorientierung« und »Sachorientierung« beschreiben (Blake/Mouton 1986, S. 27). Mit Menschenorientierung ist das Verhalten zu den Mitarbeitern angesprochen, welches sich in Verständnis, Unterstützung und im Bemühen um Zuneigung gegenüber Mitarbeitern äußert. Die Sachorientierung spricht die strikte Ausrichtung auf die Aufgabe an und betont eine sachorientierte Leistungserfüllung. Vor diesem Hintergrund lassen sich fünf Führungsstile identifizieren (vgl. Abbildung 9-4).

> Führungsstile lassen sich durch die Dimensionen Sach- und Menschenorientierung beschreiben.

9.3.3 Mitarbeiter gewinnen und entwickeln

Instrumente des Personalmarketing

Im Vergleich zu anderen Branchen schneidet der Handel als Wunscharbeitgeber eher schlecht ab. Viele junge Menschen schrecken vor einer beruflichen Karriere im Handel zurück. Das hängt teilweise mit ungünstigen Arbeitszeiten und angeblich unterdurchschnittlichen Lohnzahlungen zusammen. Diesem negativen Branchenimage muss mit adäquaten Maßnahmen begegnet werden. Das Personalmarketing sollte die Instrumente nutzen, die die Abbildung 9-5 zeigt.

Äußerst wichtig für die Akquise von Nachwuchs ist der direkte Kontakt zu den arbeitssuchenden Personen und zu verschiedenen Ausbildungsinstitutionen wie Schulen und Universitäten. Praktika, Stipendien, Kooperationsprojekte und Diplomarbeiten bieten die Möglichkeit, wertvolle und intensive Kontakte zu potenziellen künftigen Arbeitnehmern zu knüpfen. Spezielle Veranstaltungen und Messen für Hochschulabsolventen oder zukünftige Auszubildende sind ein effektives Mittel, um das Unternehmen bekannt zu machen und gezielt über konkrete Karrieremöglichkeiten zu informieren. So veranstaltet die deutsche Metro AG z. B. jedes Jahr einen »Metro Day« und lädt interessierte Jugendliche und junge Erwachsene ein, das Unternehmen kennen zu lernen und mit Führungskräften und Personalverantwortlichen ins Gespräch zu kommen. Imageanzeigen, verschiedene Sponsoring-Aktivitäten, Firmenbroschüren oder auch die innerbetriebliche Werbung am »Schwarzen Brett« sind Beispiele dafür, wie ein Unternehmen auf sich aufmerksam machen kann. Ähnlich wie bei der Werbung für ein Produkt ist es wichtig, Aufmerksamkeit zu wecken. Durch visuelle Präsenz alleine wird zwar noch kein Nachwuchs akquiriert, Maßnahmen in diesem Bereich haben aber eine wichtige unterstützende Wirkung.

> Der direkte Kontakt zum Nachwuchs ist äußerst wichtig.

Das Personalmarketing ist natürlich nicht nur darauf ausgerichtet, zukünftige Mitarbeiter zu akquirieren. Weiterführendes Ziel ist die langfristige Bindung guter Arbeitskräfte an das Unternehmen. Beispiele für Instrumente der Mitarbeiterbin-

> Personalentwicklung ist ein zentrales Instrument der Mitarbeiterbindung.

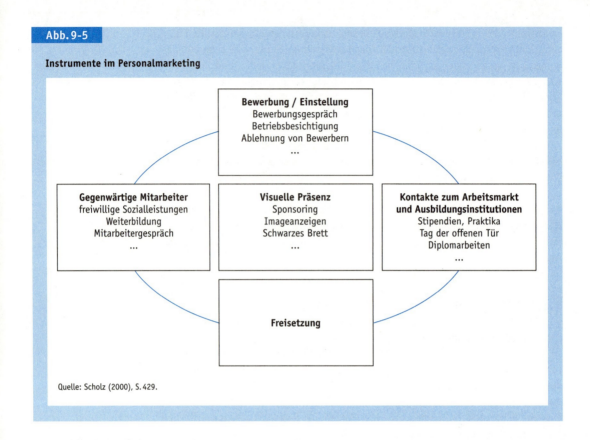

Abb. 9-5
Instrumente im Personalmarketing

Quelle: Scholz (2000), S. 429.

dung sind gute Sozialleistungen, verschiedene materielle und nicht-materielle Anreize und regelmäßige Mitarbeitergespräche. Eine herausragende Rolle nimmt hier die Personalentwicklung ein. Auch der Ablauf von Bewerbung und Einstellung gehört zum Personalmarketing. Es ist wichtig, Bewerber im Verlauf des Bewerbungsverfahrens für das Unternehmen zu begeistern. Auch die Formulierung von Stellenausschreibungen hat einen Einfluss auf das Bild, das sich ein Bewerber über das Unternehmen macht. Schließlich beeinflusst die Art und Weise, wie ein Unternehmen die Trennung von Mitarbeitern gestaltet, das Unternehmensimage.

Personalentwicklung

Unternehmensziele bestimmen die wesentlichen Maßnahmen der Personalentwicklung.

Ein Unternehmen, das seine Mitarbeiter aktiv in ihrer persönlichen Entwicklung unterstützt, gewinnt nicht nur auf dem Arbeitsmarkt an Attraktivität. Eine gute Personalentwicklung ist vor allem auch Voraussetzung für den Unternehmenserfolg, denn sie gewährleistet, dass Diskrepanzen zwischen Fähigkeiten und Anforderungen auf Mitarbeiterebene ausgeglichen werden. Angesichts vieler neuer Herausforderungen und Veränderungen, die auf den Einzelhandel in den nächsten Jahren zukommen werden, nimmt diese Aufgabe im zukünftigen Personalmanagement eine wichtige Rolle ein. Schwerpunkte der Personalentwicklung leiten sich aus den Unternehmenszielen ab. Für den Problemlöser bildet die Entwicklung einer ausgeprägten Servicekultur den Ausbildungsschwerpunkt, während Discounter mehr Wert auf die Vermittlung effizienter Arbeitstechniken legen. Beispielsweise scannen Kassiererinnen bei Aldi häufig schneller, als Kunden ihre Ware auf das Kassenband legen können. In Anlehnung an die strategische Ausrichtung sollten Führungskräfte gemeinsam mit Personalverantwortlichen Fähigkeitslücken und Entwicklungspotenziale bei den Mitarbeitern identifizieren und daraus Entwicklungsmaßnahmen bestimmen. Die Auswahl der Entwicklungsmaßnahmen richtet sich nach den folgenden Aktivitätszielen (vgl. Abbildung 9-6):

▸ Personalentwicklung **into the job** bereitet auf neue Aufgaben und Tätigkeiten vor. Beispiel sind Einführungskurse für neu eingestelltes Verkaufspersonal, spezielle Veranstaltungen für die Auszubildenden im Betrieb oder auch Traineeprogramme, in deren Verlauf Hochschulabgänger auf Managementaufgaben vorbereitet werden.
▸ Personalentwicklung **on the job** betrifft die Weiterqualifizierung direkt am Arbeitsplatz. Häufig werden Instrumente wie Projektarbeiten, Wechsel der Arbeitstätigkeit oder besonders qualifizierende Sonderschulungen eingesetzt.
▸ Alle Maßnahmen für die laufbahnbezogene Personalentwicklung fallen unter den Begriff **along the job**. Hier geht es um die Planung der persönlichen Karriere und um eine systematische Festlegung von Weiterbildungs- und Entwicklungszielen.

Abb. 9-6

Personalentwicklungsmaßnahmen

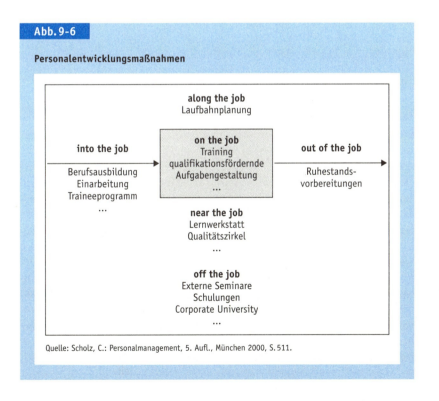

Quelle: Scholz, C.: Personalmanagement, 5. Aufl., München 2000, S. 511.

9.3 Personalkompetenz
Handlungswissen

- Die Personalentwicklung **near the job** umfasst arbeitsplatznahe Aktivitäten wie zum Beispiel Lernwerkstätten, Erfahrungsaustauschgruppen oder Qualitätszirkel.
- Unter Personalentwicklung **off the job** werden Weiterbildungsmaßnahmen zusammengefasst, die fern vom Arbeitsplatz stattfinden. Beispiele sind Seminare, die Bearbeitung von Fallstudien oder auch der Besuch einer (firmeneigenen) Universität.
- Arbeitnehmer, die vor dem Ruhestand stehen, werden mit Maßnahmen **out of the job** auf den Ruhestand vorbereitet.

Unternehmenskultur, Herausforderungen und Selbstinitiative der Mitarbeiter beeinflussen die Personalentwicklungsmaßnahmen.

Bei der Ausgestaltung von Entwicklungsmaßnahmen gilt es, folgende Grundsätze zu beachten:
1. Entscheidend für eine erfolgreiche Aus- und Weiterbildung ist eine Unternehmenskultur, die das Lernen fördert. Gelingt es, diese Lernkultur nicht nur im Unternehmensleitbild zu verankern, sondern auch zu leben, dann nimmt die einseitige Kostenkritik an der Ausbildung ab.
2. Die Aus- und Weiterbildungsziele sollten sich an den Mitarbeiterherausforderungen orientieren. Handlungsorientiertes Lernen gewährleistet, dass Mitarbeiter ihre persönlichen Fähigkeitslücken schließen können und Personalentwicklungsmaßnahmen gleichzeitig den Unternehmenserfolg steigern.
3. Eine erfolgreiche Aus- und Weiterbildung hängt wesentlich von der Selbstinitiative der betroffenen Mitarbeiter ab. Es ist kaum möglich, jemanden zum Lernen zu zwingen. Hilfreich kann es in diesem Zusammenhang sein, die Mitarbeiter an der Planung von Maßnahmen der Personalentwicklung zu beteiligen.

Angesichts der hohen Arbeitsbelastung und eines sehr beschränkten Zeitbudgets bei vielen Mitarbeitern im Handel ist es wichtig, dass Aus- und Weiterbildungsmaßnahmen modular aufgebaut werden und flexibel einsetzbar sind. Computerbasierte Lerntechnologien (E-Learning) helfen, zeit- und ortsunabhängig Lerninhalte zu vermitteln.

Ausbildung als Erlebnis

dm bietet langfristige Entwicklungsmöglichkeiten – sowohl fachlich als auch persönlich.

dm-drogerie markt betreibt über 2.800 Drogeriemärkte in Deutschland und im europäischen Ausland. Im Geschäftsjahr 2011/12 wurden 6,87 Milliarden Euro Umsatz erwirtschaftet (dm 2013). Die dm-drogerie markt-Gruppe beschäftigt insgesamt 46.000 Mitarbeiter. Derzeit erlernen knapp 2.900 Auszubildende im Unternehmen einen Beruf – die Palette reicht von Drogist/-in über Kaufmann/-frau im Einzelhandel und Bürokaufmann/-frau bis hin zum IT-Systemelektroniker. Charismatischer Gründer des Unternehmens ist Götz Werner, der das Unternehmen mit außergewöhnlichen Geschäfts- und Managementmethoden zum Erfolg brachte. So zeichnet sich die Geschäftspolitik zum Beispiel durch eine kooperative und langfristige Zusammenarbeit mit Lieferanten aus. Was die Personalpolitik betrifft, werden die Mitarbeiter intensiv in die Weiterentwicklung des Unternehmens einbezogen. Die Unternehmensphilosophie betont die Herausforderung »den zusammenarbeitenden Menschen Entwicklungsmöglichkeiten zu bieten« (http://www.dm-drogeriemarkt.de). Über das Fachwissen hinaus wird bei dm sehr großen Wert auf Menschlichkeit gelegt. Neben dem Besuch der Berufsschule und Berufsakademien baut die Ausbildung bei dm-drogerie markt auf zwei weiteren wichtigen Säulen auf, dem Lernen bei der Arbeit und dem Abenteuer Kultur. Berufsschulen und Berufsakademien vermitteln Nachwuchskräften die für die einzelnen Berufe wichtigen fachlichen Grundlagen. Lernen bei der Arbeit macht den Arbeitsplatz zum Lernplatz. Die Auszubildenden sollen nicht ihre Vorgesetzten nachahmen, sondern selbst aktiv entdecken. Fehler und Umwege sind erlaubt, denn es geht darum, dass die Auszubildenden lernen, Aufgaben einzuschätzen, sich Probleme bewusst zu machen und eigene Lösungswege zu finden. Die Vorgesetzten sind bei dm-drogerie markt Lernbegleiter. Sie haben die Aufgabe, die Arbeitssituationen lernförderlich zu gestalten und Weiterbildungsbedürfnisse weitgehend in die tägliche Arbeit zu integrieren. Götz Werner nennt dies »Fördern durch Fordern«.

9.4 Fallstudie: dm-drogerie markt

Nina und Marc sind Absolventen der Universität St. Gallen. Nach ihrem Studium fanden beide bei ihrem Wunscharbeitsgeber dm-drogerie markt eine Stelle. Zur Zeit durchlaufen die beiden ein internes Ausbildungsprogramm, welches sie auf eine Führungsposition im Unternehmen vorbereiten soll. Während Nina später in der Personalabteilung Kommunikationsaufgaben übernehmen möchte, strebt Marc die Position eines Gebietsleiters an. Beide waren vom ersten Tag an fasziniert von dm. Schon beim Vorstellungsgespräch waren erstaunlich viele Personen involviert, die sich für sie interessierten. Auch bei der Einstellung eines Filialleiters sind vier Personen beteiligt: ein Gebietsleiter, ein Betriebsratsmitglied, ein Filialleiter aus einer benachbarten dm-Filiale sowie ein Mitarbeiter der betroffenen Filiale. Zwar können manche Entscheidungen dadurch länger dauern. Aber die Akzeptanz ist bei allen Beteiligten höher.

Als Teil ihrer Fortbildung dürfen und sollen die beiden immer wieder an internen Fortbildungen und Workshops teilnehmen, sowie in den Filialen auf der Fläche Erfahrungen sammeln. Das Kursangebot der Fortbildungen reicht von Lehrgängen zur Hautpflege und Projektmanagement bis hin zur Firmenphilosophie. Zusätzlich gibt es Theater-Workshops, Wahrnehmungslehrgänge und Kreativitätstrainings. All diese Weiterbildungsmöglichkeiten können in einem Lernpass gesammelt werden, welcher dann eine gute Übersicht über erlernte Zusatzqualifikationen bietet. Der Lernpass ist eine durch stufenweises Erlernen von Bestandteilen einer Arbeitstätigkeit zusammengestellte Liste. Besser ausgebildete und besser bezahlte Mitarbeiter sind die Voraussetzung einer Unternehmensstrategie, die auf höherwertigen Service setzt.

Nina spricht gerne mit Menschen und hat kein Problem in den Filialen auf die Kunden zuzugehen. Dank ihrer hervorragenden Arbeitsweise durfte sie auch schon mal eine Filiale leiten. Besonders positiv empfand Nina die autonomen Handlungsmöglichkeiten der Filialmitarbeiter. Entscheidungen zu Preisen und Sortiment werden generell von jeder Filiale selber getroffen. Dies fiel Nina am Anfang etwas schwer. Mit Unterstützung ihrer Vorgesetzten machte es jedoch schnell Spass. Auch schriftliche Anweisungen, etwa zu den Öffnungszeiten der Filialen, zu den Dienstplänen oder zum Umgang mit Kundenreklamationen, wurden bei dm abgeschafft. Durch diese Flexibilität konnte Nina etwas frischen Wind in die bisherige Vorgehensweise brin-

9.4 Personalkompetenz
Fallstudie: dm-drogerie markt

gen. Nun können die Mitarbeiter bei schlecht verkaufter Ware selbstständig die Preise reduzieren. Ob die Kalkulation aufgeht, erkennen die Mitarbeiter sehr schnell. Zwar greift eine Filialleiterin in die Preispolitik nur selten ein, dafür informiert sie alle Mitarbeiter regelmäßig über die Umsatzziele und die Monatsresultate der Filiale. Mitarbeiter sollen bei dm Beteiligte und keine Betroffenen sein.

Marc beschäftigt sich mit Verbesserungen im Logistikprozess. Diese Aufgabe gefällt ihm besonders gut. Er zeigte an dieser Aufgabe großes Interesse. Hochmotiviert entwickelt er ein Konzept zur schnelleren Verpackungsentsorgung in Filialen. Es dauert immer noch sehr lange bis die ganzen Verpackungen beim Einräumen der Regale aus dem Laden gebracht werden. Hier setzt sein Konzept an. Fehler hat er nur wenige gemacht. Diese sind sogar ausdrücklich erwünscht, da sie den Lernprozess fördern.

Da Marc in Zukunft gerne die Verantwortung für mehrere Filialen übernehmen möchte, sich aber noch schwer tut auf Leute zuzugehen, darf er als nächste Weiterbildungsmaßnahme einen Theaterkurs besuchen. Dieser soll sein Selbstvertrauen erhöhen und ihm dabei helfen, besser und offener auf Leute zugehen zu können. In Theaterworkshops üben professionelle Schauspieler und Regisseure mit den Mitarbeitern ein Theaterstück, das vor Kollegen, Freunden und Familie aufgeführt wird. In diesem »Abenteuer Kultur« soll die Fähigkeit, mit Sprache umzugehen, sich in der Gruppe darzustellen und das Wort zu ergreifen, geübt werden. In seinem Theater-Workshop werden verschiedene Szenen und Charaktere in einer S-Bahn nachgestellt. Marc wird eine Business-Frau spielen. Die Texte können die Mitarbeiter individuell an die Rollen anpassen. Durch Improvisation und andere Übungen werden die Konzentrationsfähigkeit und die Sprache trainiert. Diese Erfahrungen werden Marc in der Filiale beim Umgang mit Kunden helfen. Ehemalige Teilnehmer berichten häufig, dass ihr Selbstbewusstsein gestärkt wurde oder sie Dinge geschafft haben, die sie sich im Vorfeld nie zugetraut hätten. Zudem lernt man Mitarbeiter aus anderen Bereichen und mit anderem Hintergrund kennen.

Erste Erfahrungen in der Personalverantwortung hatte Marc schon bei der Führung von sogenannten »Lernlingen« gemacht. Nach dem ersten Jahr wurde er Assistent vom Lernlingsverantwortlichen in der Personalabteilung. Er lernte von seinem Chef, dass Lehrlinge, »Lernlinge« heißen. Dies ist so weil sie aktiv lernen und sich aktiv entfalten sollen. Das Ausbildungsprogramm »LidA« (Lernen in der Arbeit) sieht keine Arbeitsanweisungen, sondern Aufgabenziele vor. Marc durfte gleich seine erste Idee zusammen mit einem Team umsetzten. Jeder Lernling sammle verschiedene, gepresste Kräuter und Pflanzen in einem Buch und lerne so die Inhalte der Tuben und Cremes kennen, die er bei dm verkauft. Sein zweites Projekt war die Unterstützung der Lernlinge in ihrer Berufslaufbahn. Diese sollen sich bei dm verwirklichen können. An Tagen vor einem Test dürfen sie für die Berufsschule lernen. Zur Unterstützung im Verkauf wurde ein neuer dm-Multimediakiosk eingeführt an dem alle Mitarbeiter nach Produktinformationen recherchieren dürfen, um somit ihre Verkaufskompetenz erhöhen können.

Zwei Punkte die Nina bis jetzt besonders positiv auffallen, sind zum einen die Förderung der intrinsischen Motivation (aus eigenem Antrieb) und das Führungsverhalten der Geschäftsführung. Bei dm gibt es für alle nur fixe Einkommen. Es gab noch nie andere Leistungsanreize. Die Mitarbeiter arbeiten arbeitsteilig und keiner reklamiert die Leistung für sich alleine. Es wird auf intrinsische Motivation gesetzt. Die Menschen, die für dm arbeiteten, müssen sich für Ziele, die dm hat – und jene, die sie sich selbst setzen, selbst motivieren. Sobald es Leistungsanreize gibt, wird intrinsische Motivation verhindert. Bei dm ist man der Auffassung, dass Menschen, die sich selbst ihre Ziele setzen können, sich mit ihrer Arbeit viel stärker identifizieren, als diejenigen, denen der Chef die Ziele vorgibt. In Bezug auf das Führen von Mitarbeitern hat Götz Werner, der Gründer von dm, schon sehr früh die Weichen gestellt. Ninas Vorgesetzter erzählte ihr von einer prägenden Weiterbildung. Dieser hat in seiner 32-jährigen dm-Karriere zahlreiche Weiterbildungen durchlaufen, etwa 1988 in Spanien. »Wir haben dort im Freien übernachtet und uns selbst verpflegt«, erinnert sich der Manager. In einem Kloster wurde meditiert und gesungen. Nach ihrer Rückkehr zogen sich die Teilnehmer für eine Woche in eine Bibliothek zurück und diskutierten die Zukunft des Unternehmens. Bald darauf, Anfang der 1990er-Jahre, krempelte Götz Werner die schnell gewachsene Drogeriemarktkette um und schaffte bis auf Geschäftsführung, Gebietsverantwortliche und Filialleiter sämtliche Hierarchiestufen ab. Aufgefallen ist Nina auch, dass sich das Büro des derzeitigen dm Chefs nicht von dem seiner Sekretärin unterscheidet. Dies zeigt die Bescheidenheit, die immer noch in der Geschäftsführung vorherrscht und ein gutes Vorbild für alle Mitarbeiter ist.

Aufgaben zur Fallstudie

1. Welche Möglichkeiten hat Marc als zukünftige Führungskraft seine Mitarbeiter zu motivieren? Erarbeiten Sie konkrete Maßnahmen, welche die Leistungsbereitschaft und die Zufriedenheit der Mitarbeiter fördern.
2. Erläutern Sie Maßnahmen, die dazu beitragen, Servicemitarbeiter in den Filialen langfristig an dm zu binden?
3. Welchen Führungsstil sollten sich Nina und Marc als zukünftige Führungskräfte bei dm aneignen? Begründen Sie Ihren Vorschlag.
4. Welche Maßnahmen sollen Nina und Marc umsetzen, um Servicemitarbeiter in den einzelnen Filialen zum unternehmerischen Denken und Handeln zu motivieren?
5. Wie kann es dm gelingen, die attraktiven Arbeitsbedingungen von dm nach außen zu kommunizieren.

Kontrollfragen

- Welchen fünf Basisanforderungen müssen Führungskräfte gerecht werden?
- Welche Quellen der Mitarbeitermotivation lassen sich am Beispiel Nordstrom nachvollziehen?
- Wie lässt sich die Organisation bei Nordstrom beschreiben?
- Welche fünf Führungsstile kennen Sie und wie lassen sich diese charakterisieren?
- Welche Instrumente im Personalmarketing gibt es?

Literatur

Bartlett, C./Ghoshal, S. (2002): Building Competitive Advantage Through People, MIT Sloan Management Review, 43(2), S. 34–41.

Blake, R. R./Mouton, J. S. (1986): Verhaltenspsychologie im Betrieb. Das neue Grid-Management-Konzept?, 2. Aufl., Düsseldorf.

Bruch, H./Vogel, B. (2008): Organisationale Energie – Wie Sie das Potenzial Ihres Unternehmens ausschöpfen, Wiesbaden.

Comelli, G./von Rosenstiel, L. (2009): Führung durch Motivation. Mitarbeiter für Unternehmensziele gewinnen, 4. Aufl., München.

dm (2013): online unter http://www.dm.de/de_homepage/unternehmen/zahlen-fakten/unternehmenszahlen/, Zugriff am: 28.04.2013.

Nordstrom (2013): online unter: http://interactivedocument.labrador-company.com/Labrador/US/Nordstrom/2012AnnualReport/, Zugriff am: 28.05.2013.

Regnet, E. (1995): Der Weg in die Zukunft – Neue Anforderungen an die Führungskraft, in: von Rosenstiel, L. (Hrsg.): Führung von Mitarbeitern, Handbuch für erfolgreiches Personalmanagement, 3. Aufl., Stuttgart.

Scholz, C. (2000): Personalmanagement, 5. Aufl., München.

Spector, R./McCarthy, P. D. (1995): The Nordstrom Way, New York.

von Rosenstiel, L. (2009): Grundlagen der Führung, in: von Rosenstiel, L. (Hrsg.): Führung von Mitarbeitern, Handbuch für erfolgreiches Personalmanagement, 6. Aufl., Stuttgart.

Wiley, J. W. (1991): Customer Satisfaction. A Supportive Work Environment and it's Financial Costs, in: Human Resource Planning, 14(2), S. 117–127.

Vertiefende Literatur zum Thema Personalmanagement (allgemein)
Scholz, C. (2000): Personalmanagement, 5. Aufl., München.
Wunderer, R./Dick, P. (2001): Personalmanagement – Quo vadis?, 2. Aufl., Neuwied.

Vertiefende Literatur zum Thema Personalmanagement im Handel
Levy, M./Weitz, B. (2011): Retailing Management, 8. Aufl., New York. Siehe dort das Kapitel »Human Resource Management«.
Liebmann, J./Zentes, J. (2012): Handelsmanagement, München. Siehe dort das Kapitel »Human Resource Manangement im Handel«.
Müller-Hagedorn, L./Toporowski W./Zielke, S. (2012): Der Handel, Stuttgart. Siehe dort das Kapitel »Personalpolitik und Organisation«.

Vertiefende Literatur zum Thema Mitarbeitermotivation und Arbeitszufriedenheit
Bruch, H./Vogel, B. (2008): Organisationale Energie – Wie Sie das Potenzial Ihres Unternehmens ausschöpfen, Wiesbaden.
Frey, B./Osterloh, M. (Hrsg.) (2002): Managing Motivation – Wie Sie die neue Motivationsforschung für Ihr Unternehmen nutzen können, Wiesbaden.

Sprenger, R. K. (2002): Mythos Motivation. Wege aus einer Sackgasse. Frankfurt am Main.

Vertiefende Literatur zum Thema Mitarbeiterführung
Domsch, M./Regnet, E./von Rosenstiel, L. (Hrsg.) (2009): Führung von Mitarbeitern, Handbuch für erfolgreiches Personalmanagement, Stuttgart.

10 Informationskompetenz

Lernziele

Leitfrage: Welche Informationsquellen sind in einem Handelsbetrieb von zentraler Bedeutung?

- Welches Informationssystem gibt Auskunft über den Warenfluss und was sind die Erfolgsfaktoren bei der Implementierung?
- Welche relevanten Informationen können aus dem Rechnungswesen bzw. Controlling herangezogen werden und wie können diese auf Filialebene ausgewertet werden?
- Aus welchen Bestandteilen besteht ein Kunden- und Marktinformationssystem?

Leitfrage: Wie sollten Informationen aus unterschiedlichen Informationsquellen integriert werden?

- Wie können die unterschiedlichen Informationen auf Filial- und Sortimentsebene kombiniert werden, sodass sie die Funktion der Führungsunterstützung ganzheitlich erfüllen?
- Wie lässt sich der Ansatz der Balanced Scorecard auf das Management von Informationen übertragen?

Leitfrage: Auf welche Art und Weise kann die Nutzung von Informationen in der Unternehmenspraxis sichergestellt werden?

- Was unterscheidet die Informationsvermittlung von einem Informationsmanagement?
- Was zeichnet ein gutes Informationssystem im Handel aus?

10.1 Einleitung

Stellen Sie sich Tante Emma in ihrem Laden vor. Sie wusste, dass Herr Schmid jeden Donnerstag ein Kilo Fleisch und zwei Dosen Bohnen kaufte. Sie kannte außer seinem Geburtstag auch seine Schwäche für Süßigkeiten. Sie plante mit diesen Informationen erstens ihre Bestellmengen für Bohnen und Fleisch. Zweitens schenkte sie Herrn Schmid an seinem Geburtstag eine kleine Pralinenschachtel und verstärkte mit dieser Aufmerksamkeit die Bindung von Herrn Schmid an ihren Laden. Falls einmal ein Unbekannter montags alle Bohnen kaufte, rief Tante Emma sofort den Lieferanten an, um neue Ware zu bestellen. Abends kontrollierte die Ladeninhaberin außerdem die wichtigsten Bestände, um rechtzeitig nachzuordern. Die Verkaufspreise und Einkaufspreise der meisten Waren hatte Tante Emma im Kopf. Sie kannte zudem die Produkte, an denen sie am meisten verdiente. Dennoch musste Tante Emma ihren Laden irgendwann aufgeben, da große Supermärkte ein standardisiertes Angebot zu viel günstigeren Preisen anboten. Diese Märkte wussten nichts über Herrn Schmid und seine

Erhebung und Bereitstellung von Informationen in Unternehmen – ein kurzer Abriss

Gewohnheiten. Es konnte sehr leicht vorkommen, dass ausgerechnet am Donnerstagabend nicht mehr das bevorzugte Fleisch im Kühlregal lag. Die Supermärkte der 1970er- und 1980er-Jahre hatten Probleme zu wissen, wer wann wie viel gekauft hatte. Das änderte sich mit der Einführung von Scannerkassen, Kundenkarten und dem Internet. Selbst Hypermärkte mit vielen tausend Produkten und Kunden können nun wieder Informationen über ihre Stammkunden sammeln. Es gibt jedoch Unterschiede zum Laden von Tante Emma. Der Geburtstag von Herrn Schmid steht auf der Kundenkarte, Informationen über sein Kaufverhalten kommen über den Scanner – ebenso wie Informationen über die verkaufte Menge und den Preis. Bohnen in der Dose liefern unterschiedliche Hersteller aus mehreren Ländern, in verschiedenen Qualitäten. Herr Schmid kauft nicht mehr ganz so regelmäßig Bohnen. Er probiert häufig neue Gerichte aus. Die entsprechenden Informationen lagern in großen Datenbanken, die unterschiedliche Stellen im Unternehmen nutzen. Logistiker interessieren sich für den Zeitpunkt der Nachlieferung, die Marketingabteilung möchte wissen, was Herr Schmid sonst noch kauft und zu welchem Preis. Die Controller fragen, ob es sich lohnt, Herrn Schmid regelmäßig zum Geburtstag eine Schachtel Pralinen zu senden. Ein Lieferant sucht Antwort auf die Frage, warum Herr Schmid die Bohnen der Konkurrenz kauft. Informationen, die Tante Emma noch in Personalunion erfuhr, interpretierte und nutzte, werden heute an verschiedenen Stellen erhoben bzw. genutzt. Damit verbinden sich aufgabenspezifische Erwartungen an die Bereitstellung von Informationen im Unternehmen. Menge und Verschiedenartigkeit stellen den Handel vor die Herausforderung einer effektiven Koordination der Informationen.

10.2 Grundlagen

Das Informationsmanagement im Handel ist vielschichtig und hochkomplex.

Informationskompetenz hilft, Daten in aussagekräftige Informationen zu überführen, die im Idealfall einen Wissensvorsprung gegenüber der Konkurrenz ermöglichen. Gutes Informationsmanagement unterstützt den Lernprozess in Unternehmen. Das Informationsmanagement koordiniert relevante Informationen und kanalisiert Erfolg versprechende Handlungen. In diesem Kapitel konzentrieren wir uns auf das Informationsmanagement, weil dieser Prozess gerade im Handel vielschichtig und hochkomplex ausfällt. Informationsmanagement soll letztlich dazu beitragen, sämtliche Organisationseinheiten mit den notwendigen Informationen zu versorgen (Picot et al. 2003, S. 561). Da gerade für Handelsunternehmen noch immer viele Informationsquellen aus dem Controlling stammen, sollte der zuständige »Informationsmanager« über eine hohe Controllingkompetenz verfügen.

10.2.1 Informationsprozess

Die Bedürfnisse der Zielkunden sollten die Planung von Informationssystemen leiten.

Selbstverständlich hängt die Planung des Informationsprozesses von den Möglichkeiten und der Unterstützung der Informatik ab. Dennoch sollte eine marktorientierte und somit an den Kundenbedürfnissen ausgerichtete Vorgehensweise die Planung von Informationssystemen leiten. »Warum denn das?«, werden Sie fragen. Gelingt es Unternehmen, ihren Kunden einen Mehrwert zu bieten, dann profitieren über Mehrkäufe alle Beteiligten davon – auch die Informatiker. Ein Informationsprozess, der nur nach den neuesten Errungenschaften der Informationstechnologie gestaltet ist, läuft Gefahr, dem Wohle der Kunden nur bedingt zu dienen. Aus diesem Grund sollten über die Ausgestaltung des Informationsprozesses maßgeblich die anvisierten Zielkundenbedürfnisse entscheiden, wozu selbstverständlich Informatik-Know-how benötigt wird.

Diese Regel beeinflusst bereits die erste Phase des in Abbildung 10-1 aufgeführten Informationsprozesses. Zunächst stellt sich nämlich die Frage nach dem notwendigen Informationsbedarf. Dieser fällt, je nach anzusprechender Zielgruppe, recht unterschiedlich aus. Z. B. versucht ein Discounter die Effizienz seiner Geschäftsprozesse informationstechnisch abzubilden, während ein Content Retailer (siehe Kapitel 2 Strategiekompetenz) stärker die produktionstechnische und vor allem vom Kunden wahrgenommene Qualität in den Mittelpunkt seines Informationssystems stellen wird. Die Fokussierung auf den relevanten – und nicht den technologisch möglichen – Informationsbedarf ist sinnvoll, ansonsten besteht die große Gefahr, zu viele Daten zu sammeln. In der Literatur ist oft von Information-Overload die Rede, ein Phänomen, das aus dem unkoordinierten Sammeln von Daten resultiert und zu Entscheidungsproblemen führen kann.

Die Zielgruppe bestimmt den Informationsbedarf.

In der zweiten Phase sind die wichtigen Informationsquellen zu bestimmen. Sollen beispielsweise Abverkaufsdaten mit Kundendaten aus der Marktforschung kombiniert werden? Das macht für einen Produktführer sicherlich Sinn, um Verbesserungspotenziale für die schnell drehenden Artikel zu erfahren. Diese Informationen sind in der dritten Phase zu erheben und zu verarbeiten. Im Kern geht es dabei um die Frage der Datenkonfiguration. Aus der intelligenten Kombination von wenigen, aber relevanten Daten entstehen aussagekräftige Informationen, die in der nächsten Phase an die Entscheidungsträger zu verteilen sind. Zeitpunkt, Aussagekraft und Relevanz der Daten entscheiden maßgeblich über den Lernfortschritt. Erkennen Mitarbeiter aus diesen Daten einen Handlungsbedarf, so wird das daraus entstehende Wissen rasch und nachhaltig implementiert. Da der Nutzen von Informationssystemen fortlaufend zu prüfen ist, schließt sich der Kreis: Der Informationsbedarf muss von Zeit zu Zeit neu definiert werden.

Werden wenige relevante Daten kombiniert, ergeben sich aussagekräftige Informationen.

Abb. 10-1

Der Informationsprozess

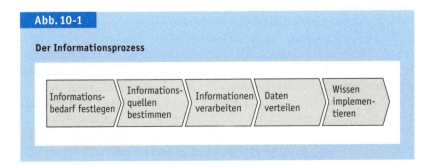

10.2.2 Informationsquellen im Handel

Frau Müller ist Leiterin eines Verbrauchermarktes. Zu ihren Aufgaben gehören die Personalbedarfsplanung, die Sicherung der Warenverfügbarkeit, die Verbesserung des Ladenlayouts und die Einhaltung der Kostenvorgaben. Da sie nicht mehr wie Tante Emma alle Kunden, Waren und Kosten überschauen kann, verlässt sich Frau Müller auf das Informationssystem des Unternehmens. Drei Informationsquellen bieten sich in dieser Hinsicht an:

- Warenwirtschaftssystem,
- Rechnungswesen und Controlling und
- Kunden- und Marktinformationssystem.

Drei mögliche Informationsquellen in einem Unternehmen

Warenwirtschaftssystem

Das Warenwirtschaftssystem (WWS), das alle warengerichteten Informations- und Entscheidungsprozesse umfasst, informiert Frau Müller über den Warenfluss. Daraus erkennt sie, welche Produkte zu welchem Preis täglich verkauft werden. Frau Müller erfährt aus dem WWS außerdem, wie viel Ware im Regal bzw. im Lager liegt und für welchen Termin die nächste Lieferung geplant ist. Natürlich kann Frau Müller nicht mehr alle 55.000 Artikel ihrer Filiale im Überblick haben. Intelligente Software warnt sie, wann kritische Bestandsmengen erreicht sind oder wenn besonders viel Ware in kurzer Zeit verkauft wird.

Zusammenwirken von Hard- und Softwarekomponenten sorgt für eine zeitgerechte Integration aller Daten.

Die sofortige Verfügbarkeit all dieser Informationen ist das Ergebnis des Zusammenwirkens verschiedener Hard- und Softwarekomponenten. Dazu erfolgt eine elektronische Registrierung der Ware beim Wareneingang, im Lager und beim Verkauf. Das geschieht mit Scannergeräten, welche den Strichcode auf den Waren erfassen. Um Frau Müller aktuell und genau zu informieren, werden die Waren nicht nur an der Kasse beim Warenausgang gescannt, sondern auch im Zentrallager und beim Transport in die Filialen. Das bedeutet einen entsprechenden Aufwand bei jedem Prozessschritt. Nach der Erfassung der Waren werden die Daten in einen großen Datenspeicher übertragen, ein sogenanntes Data Warehouse. Wichtig dabei ist die zeitgerechte Integration aller Daten. Dazu müssen sämtliche Daten und Softwaresysteme kompatibel sein, um den Weg eines Artikels (z. B. eines T-Shirts) vom Wareneingang bis zum Verkauf lückenlos beobachten zu können. Gelingt dies, so spricht man von einem geschlossenen WWS (vgl. Abbildung 10-2). Handelsunternehmen gliedern sich oft in unterschiedliche regionale Einheiten und verschiedene Vertriebswege. Die Herausforderung an ein geschlossenes WWS besteht darin, dass trotz dieser Zersplitterung die Datenerhebung, -pflege und -nutzung an verschieden Orten gleichermaßen möglich ist, z. B. in einem Markt in Zürich genauso wie in einem Markt in St. Gallen oder im Zentrallager in Basel. Ein WWS, dass unabhängig von der Struktur des Handelsunternehmens seine Bestände artikelgenau und zeitnah führen kann, heißt verteiltes WWS (Becker et al. 2000, S. 101). Die bereits mehrfach in diesem Buch erwähnte RFID-Technologie unterstützt in der Zukunft maßgeblich beide genannten Ziele.

Höchstmögliche Genauigkeit in der Datenerfassung ist erforderlich.

Eine weitere wichtige Softwarevoraussetzung ist die Detailgenauigkeit der Erfassung. Waren können z. B. auf der Artikelebene oder gar nach unterschiedlichen Varianten (z. B. nach der Packungsgröße) erfasst werden (vgl. Tabelle 10-1). Die Waren-

Abb. 10-2

Arten von Warenwirtschaftssystemen

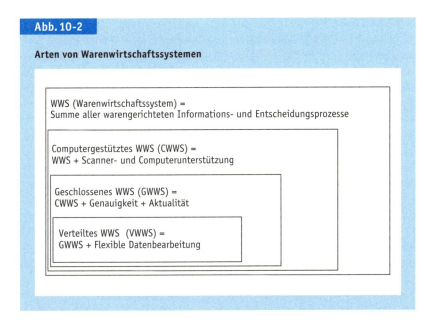

hierarchien weichen, je nach Handelsbranche, stark voneinander ab. Es ist einleuchtend, dass ein Warenhaus eine andere Logik anwenden muss als ein Elektronikfachmarkt oder eine Drogerie. Gemeinsam ist allen jedoch, dass Artikel stufenweise mit anderen zusammengefasst werden, um die Übersicht zu behalten. Die Anzahl von 500.000 verschiedenen Artikelvarianten in einem Warenhaus kann niemand mehr überblicken. Dennoch ist für eine exakte Bestandsführung die höchstmögliche Genauigkeit erforderlich. Wenn ein Kunde ein T-Shirt nicht in seiner Größe findet, wird

Tab. 10-1

Warenhierarchie am Beispiel eines Schweizer Warenhauses

Name der Hierarchieebene	Beispiel 1	Beispiel 2	Anzahl verschiedener Objekte auf der Hierarchieebene
Artikelvariante	T-Shirt Boss Größe XL blau	Barilla Spaghetti Nr. 8, 500 g	500.000
Artikel	T-Shirt Boss	Barilla Spaghetti	100.000
Kategorie	Boss	Teigwaren trocken	1.000
Warengruppe	Marken Herren	Kolonialwaren	100
Rayon (Sortimentsbereich)	Herrenbekleidung	Lebensmittel/Getränke	30
Metier (Abteilung)	Bekleidung	Supermarkt	8
Sektor	Non Food	Food	2

Quelle: Müller-Hagedorn (2002), S. 169.

er es bei einem Konkurrenten suchen. Daher ist es notwendig, dass das Informationssystem kritische Warenbestände rechtzeitig erkennt. Ohne leistungsfähige Software und ausreichende Hardwarekapazität gelingt dies nicht. Allein die Daten aus den Scannerkassen eines großen Schweizer Händlers belegen mehr als 3 Terabyte (diese 3.000.000.000.000 Byte entsprechen ca. 3 Milliarden DIN-A4-Seiten). Die Software muss nicht nur schnell riesige Datenmengen verarbeiten, sondern auch zuverlässig künftige Verkäufe prognostizieren.

Frau Müller interessiert sich als Filialleiterin jedoch nicht für den Verkauf eines einzelnen Artikels. Sie orientiert sich am Tagesumsatz der gesamten Filiale und in einigen wichtigen Rayons (Abteilungen). Außerdem verantwortet Frau Müller die Einhaltung der Budgetplanung für die Filiale, wozu auch die Abteilungskosten zählen. Information aus dem WWS genügen dafür nicht. Es werden außer den Wareninformationen auch Finanzinformationen benötigt.

Rechnungswesen und Controlling

Das Rechnungswesen liefert Daten zur Finanz- und Ertragssituation.

Aus dem Rechnungswesen erhält Frau Müller Informationen zur Finanz- und Ertragssituation. Dazu gehören Umsätze und Kosten. Diese Größen überwacht sie regelmäßig. Abbildung 10-3 zeigt die wichtigsten Informationsaufgaben des Rechnungswesens. Täglich erhält Frau Müller eine E-Mail, welche ihr außer dem Filialumsatz des Vortages auch Umsätze ausgewählter Rayons zeigt. Damit hat Frau Müller kontinuierlich die Entwicklung ihrer Filiale im Blick. Einmal im Monat vergleicht sie die Ist-Umsätze mit den Sollgrößen und mit den Umsätzen des gleichen Monats in früheren

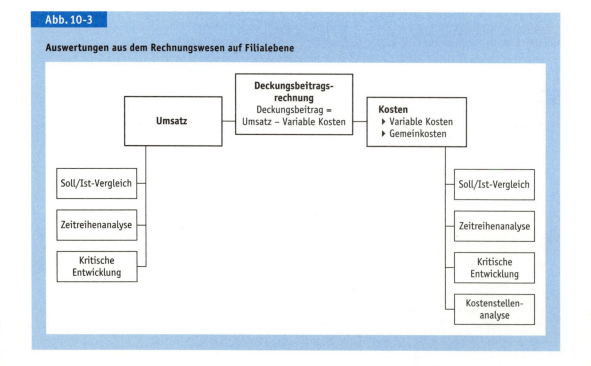

Abb. 10-3

Auswertungen aus dem Rechnungswesen auf Filialebene

Jahren. Bei negativem Geschäftsverlauf wird sie automatisch gewarnt, z. B. wenn der Umsatz mehrere Tage hintereinander einbricht, ohne dass saisonale Einflüsse dafür verantwortlich gemacht werden können. Die Kosten kontrolliert Frau Müller einmal im Monat. Auch hier vergleicht sie Ist- und Sollwerte für die Filiale und ihre Entwicklung im Jahresvergleich. Neben den Kosten für die gesamte Filiale prüft Frau Müller auch die Entwicklung wichtiger Kostenstellen (siehe Kapitel 8 Controllingkompetenz). Um die Rentabilität ihrer Filiale einzuschätzen, informiert sich Frau Müller außerdem monatlich über den Deckungsbeitrag.

Umsätze, Kosten und Rentabilität einzelner Sortimentsbereiche helfen Frau Müller, den Erfolg ihrer Filiale noch besser zu planen. Dazu werden Informationen aus dem Rechnungswesen und dem WWS zusammengeführt (vgl. Abbildung 10-4). Das erfordert Datenkompatibilität, d. h. die gleiche Logik der Warenklassifikation und die gleichen Artikelstammdaten, sowohl im WWS als auch im Rechnungswesen. Die Artikelstammdaten enthalten alle wichtigen Angaben zu den Artikeln, die ein Unternehmen führt (vgl. Tabelle 10.2). Wenn ein T-Shirt im WWS zur Kategorie »Boss« und zum Artikel »T-Shirt Boss« gehört, jedoch im Rechnungswesen in die Kategorie »T-Shirts« und zum Artikel »T-Shirt blau« gehört, funktioniert der Datenaustausch und damit die Integration von WWS und Rechnungswesen nicht. Frau Müller könnte

> Datenkompatibilität erlaubt die Zusammenführung von Daten aus dem Rechnungswesen und dem Controlling.

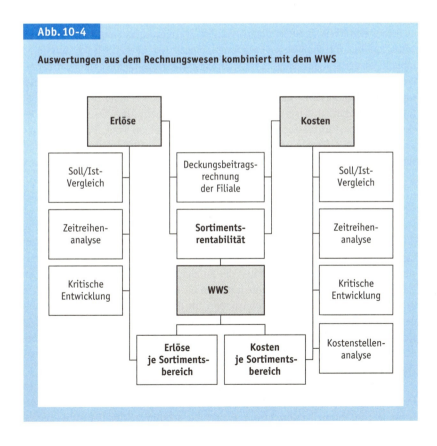

Abb. 10-4

Auswertungen aus dem Rechnungswesen kombiniert mit dem WWS

Tab. 10-2

Auswahl wichtiger Artikelstammdaten
Artikelstammdaten
Lieferantennummer
Artikelnummer
Artikelbezeichnung
Warenkategorie
Verpackungseinheit
Nettopreis

dann nicht prüfen, bei welchem Aktionspreis sie den restlichen Lagerbestand an T-Shirts von Boss ohne Verlust verkaufen kann. Das Beispiel deutet auch auf die Abhängigkeit zwischen Informations- und Controllingkompetenz hin. Beide Kompetenzen sollten sich ergänzen.

Integrierte WWS- und Rechnungswesendaten ermöglichen Frau Müller genauere und schnellere Entscheidungen über Waren, Umsatz und Gewinn, als dies ohne eine Integration der Systeme möglich wäre. Auf Basis der WWS- und Rechnungsweseninformation entscheidet Frau Müller, 30 verschiedene Varianten Barilla-Teigwaren sowie die gesamte T-Shirt-Kollektion von Boss ins Regal zu nehmen. Nach den bisherigen Informationen verspricht diese Entscheidung hohe Umsätze und hohe Deckungsbeiträge. Für die zusätzliche Regalfläche verkleinert Frau Müller die Gänge und erhöht einige Regale. Sie fragt sich, ob die Kunden mit der verringerten Übersichtlichkeit zugunsten einer vergrößerten Auswahl zufrieden sind. Diese Frage lässt sich mithilfe von Informationen aus WWS und Rechnungswesen nicht beantworten.

Kunden- und Marktinformationssystem

Ein Kunden- und Marktinformationssystem ist die Grundlage für die Bindung und Gewinnung von Kunden.

Frau Müller steht vor der Aufgabe, nicht nur gegenwärtig, sondern auch zukünftig Umsatz- und Gewinnziele zu erreichen. Die Bindung bestehender Kunden und die Gewinnung neuer Kunden sind dafür wichtige Voraussetzungen. Frau Müller interessiert sich daher für die Zufriedenheit der Kunden, für die Stellung ihrer Filiale am Markt und für Markttrends. Außerdem möchte sie – wie schon Tante Emma vor vielen Jahren – treue Kunden besser kennen lernen, um diese stärker an ihre Filiale zu binden. Für diese Aufgaben steht Frau Müller ein Kunden- und Marktinformationssystem zur Verfügung. Dieses besteht im Wesentlichen aus Kunden- und Passantenbefragung, Kundenkarteninformationen und externen Informationen über den Markt (vgl. Abbildung 10-5).

Regelmäßige Kundenbefragungen zeigen Frau Müller die Stärken und Schwächen ihrer Filiale. Sie sieht, in welchen Profilierungskategorien ihre Kunden deutlich zufriedener sind als mit der Konkurrenz. Frau Müller erkennt aus den Befragungsergeb-

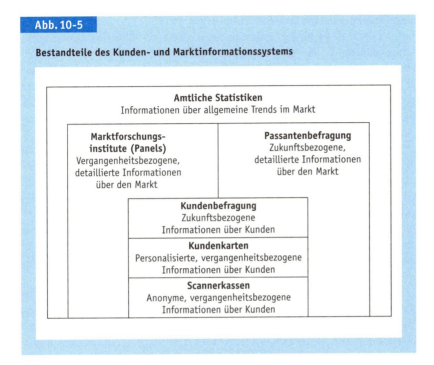

Abb. 10-5

Bestandteile des Kunden- und Marktinformationssystems

nissen auch Nachholbedarf und die Reaktion der Kunden auf Veränderungen. Zum Beispiel bemerkt sie nach der zuvor erwähnten Sortimentserweiterung, dass die Kunden das Sortiment nicht besser bewerten, das Ladenlayout jedoch schlechter. Die Vertiefung des Sortiments in den Kategorien »Boss« und »Teigwaren trocken« steigerte die Zufriedenheit der Kunden nicht. Den geringeren Platz in den Gängen aufgrund der vergrößerten Regalflächen empfinden die Kunden jedoch als störend. Die Sortimentsveränderung allein auf Basis der Rechnungswesen- und WWS-Daten verringerte also insgesamt die Kundenzufriedenheit. Die Filiale läuft damit Gefahr, enttäuschte Kunden zu verlieren. Dank der Kundenbefragung erkennt Frau Müller solche Fehlentwicklungen rechtzeitig. Nicht immer bedeutet eine gesunkene Kundenzufriedenheit, dass die Leistung der eigenen Filiale sich im Vergleich zum Vorjahr verschlechterte. Es ist auch möglich, dass ein Konkurrent seine Leistung verbessert hat und dadurch die Erwartungen der Konsumenten gestiegen sind. Daher benötigt sie zur Interpretation der Zufriedenheitsentwicklung Informationen über das Konkurrenzverhalten. Diese erhält sie aus einer regelmäßigen Passantenbefragung im Einzugsgebiet. Aus dieser Befragung leitet Frau Müller außerdem ab, mit welchen Maßnahmen sie neue Kunden gewinnen kann. Wird zum Beispiel kein Konkurrent beim Service an den Kassen besonders gut beurteilt, kann das eine Chance für Frau Müllers Filiale sein.

Frau Müller weiß, dass Zufriedenheit eine wichtige Voraussetzung für die Treue der Kunden ist. Dennoch möchte sie nichts dem Zufall überlassen und treue Kunden belohnen, um einer Abwanderung zur Konkurrenz vorzubeugen. Zur Erkennung

10.2 Informationskompetenz
Grundlagen

treuer Kunden muss sie diese identifizieren, z. B. durch die Ausgabe von Kundenkarten. Bei der Analyse der Kundenkarten-Daten stellt Frau Müller fest, dass es unterschiedlich treue Kunden gibt. Sie möchte diese Gruppen in geeigneter Weise belohnen. Frau Müller kann dafür nicht das Kaufverhalten ihrer vielen tausend Kunden prüfen. Das ist Aufgabe intelligenter Software. Diese registriert, zu welcher Gruppe ein Kunde gehört und reagiert auf bestimmte Ereignisse, wie z. B. den Geburtstag. Die Software erkennt treue Kunden beim Bezahlen an der Kasse und gewährt automatisch einen Rabatt.

Kundenkarten als Grundlage für Informationen über Kundengruppen

Frau Müller interessiert sich nicht für Daten einzelner Kunden, sondern für Informationen, die große Gruppen von Kunden betreffen, z. B. Jugendliche oder Berufstätige. Die Kundenkarten bieten durch ihre verschiedenen Antwortkategorien zahlreiche Möglichkeiten zur Bildung solcher Kundengruppen (vgl. Tabelle 10-3). Außer nach Alter und Wohnort kann Frau Müller Kunden auch nach ihrem Einkaufsverhalten gruppieren, z. B. danach, ob sie Bioprodukte kaufen. Für jede Kundengruppe lassen sich dann die in Tabelle 10-3 gezeigten Fragen stellen. Allgemeine Trends für diese Gruppen kann Frau Müller jedoch erst aufgrund von Informationen über allgemeine Entwicklungen und Trends am Markt erkennen.

Externe Informationsquellen für allgemeine Entwicklungen und Markttrends

Zwei wichtige Quellen für solche externen Informationen sind amtliche Statistiken (z. B. vom Bundesamt für Statistik der Schweiz) und nichtamtliche Statistiken von Marktforschungsinstituten (z. B. von AC Nielsen oder IHA-GfK). Amtliche Statistiken bieten Informationen über allgemeine Trends der Bevölkerung, Einkommen, Ausgaben sowie Preis- und Umsatzentwicklungen (vgl. Tabelle 10-4). Ihre Detailgenauigkeit ist jedoch juristisch und praktisch beschränkt. Unternehmens- oder produktspezifische Marktanteile erfährt Frau Müller aus diesen Informationsquellen nicht.

Tab. 10-3

Mögliche Fragen an Daten aus Kundenkarten

Frage	Antwortkategorie
Wer kauft?	Name, Straße, Postleitzahl, Ort, Dauer der Kunden(karten)-Beziehung (evtl. Haushaltsgröße, Alter, Einkommen, Beruf etc.)
Was?	Produkt, Produktgruppe, Marke, Label (Fair-Trade, Bio, Budget, Gourmet etc.)
Wo?	Einkaufsstätte, Kanal
Wann?	Saison, Jahr, Woche, Tag, Uhrzeit
Wie oft?	pro Woche, Monat, Jahr
Womit?	andere Produkte, Produktgruppen, Marken, Label
Zu welchem Preis?	Preis, Aktionspreis, Kreditkarte, Ratenzahlung
Aus welchem Anlass?	Direct Mailing, Zeitungsanzeige, TV-Spot etc.

Tab. 10-4

Wichtige Informationen aus amtlichen Statistiken

Themengebiet	Informationen
Bevölkerungsstatistik	Bevölkerungsstruktur nach Alter, Geschlecht, Zivilstand, Wohnort
Haushaltsbudgets und -ausgaben	Angaben über Einkommen, Vermögen, Ausstattung mit langlebigen Konsumgütern, Ausgabenstruktur nach Sortimentsbereichen
Preise	Preisentwicklung insgesamt und nach Sortimentsbereichen
Umsatzstatistiken	Preisentwicklung im Groß- und Einzelhandel

Marktforschungsinstitute erheben Informationen z. B. aus Haushaltspanels. In diesen Panels führt eine repräsentative Auswahl an Haushalten regelmäßig Buch über all ihre Ausgaben. Dabei wird festgestellt wann, wo und zu welchem Preis ein ganz konkretes Produkt gekauft wird (z. B. 500 g Barilla Spaghetti Nr. 8 in der Filiale von Frau Müller). Aufgrund der repräsentativen Auswahl an Haushalten lassen sich somit Marktanteile für Produkte und Händler berechnen und Marktentwicklungen erkennen (vgl. Tabelle 10-5). Anhand der externen Informationen kann Frau Müller einschätzen, ob ihre Kunden älter sind als der Durchschnitt der Bevölkerung und ob ihre Umsatzentwicklung hinter der allgemeinen Entwicklung am Markt zurückbleibt. Sie kann so Gefahren und Möglichkeiten des Marktes erkennen.

Externe Informationsquellen für Marktanteile und -entwicklungen

Zur erfolgreichen Führung ihrer Filiale benötigt Frau Müller nützliche Informationen aus WWS, Rechnungswesen sowie aus Kunden- und Marktinformationssystemen. Dabei ist für sie zunächst nicht wichtig, aus welchen Informationsquellen die dazu erforderlichen Daten stammen. Frau Müller erwartet, dass sie schnell und um-

Tab. 10-5

Wichtige Informationen von Marktforschungsinstituten

Themengebiet	Informationen
Marktentwicklung	Umsatzentwicklung, Preis- und Mengenentwicklung, Marktanteile für Produkte, Marken und Händler
Kaufmerkmale	Ort, Produkt, Marke, Zeit
Konsumentenmerkmale	Wohnort, Einkommen, Alter, Haushaltsgröße
Konsumentenreaktion	Reaktion auf Werbung und Preisänderungen
Konsumentenpräferenzen	Präferenzen für Produkte, Marken, Händler

fassend informiert wird. Sie geht davon aus, dass die Informationen vollständig, zuverlässig und aktuell sind. Frau Müllers Ansprüche an die Qualität des Informationssystems sind sehr hoch, da man auch von ihr die bestmögliche Erfüllung ihrer Aufgaben erwartet.

10.2.3 Informationsmanagement

Die Aufgaben des Informationsmanagements bestehen in der Planung, Führung, Koordination und Kontrolle eines Informationssystems, das die Aufgaben der Mitarbeiter effektiv unterstützt und Ressourcen effizient einsetzt.

Unternehmensziele bestimmen die strategischen Aufgaben des Informationsmanagements.

Die konkreten strategischen Aufgaben des Informationsmanagements leiten sich aus den Unternehmenszielen ab. Ein Unternehmen, das z. B. als Innovator am Markt auftritt, erwartet von seinem Informationssystem aktuelle und umfassende Informationen über Markttrends. Eine zentrale Aufgabe für die Unternehmensleitung besteht daher in der Analyse des organisatorischen Informationsbedarfs. Das Informationssystem muss darüber hinaus auch individuellen Informationsbedürfnissen der Nutzer Rechnung tragen. Je nach Berufserfahrung, Ausbildung und Funktion werden die Mitarbeiter unterschiedliche Erwartungen an das Informationssystem stellen. Aus der Menge des organisatorischen Informationsbedarfs und den individuellen Informationsbedürfnissen lassen sich außer Inhaltskriterien auch Qualitäts- und Sicherheitsanforderungen an das Informationssystem bestimmen. Die strategische Koordination und Kontrolle muss diese Qualität gewährleisten, ohne rechtlichen Bestimmungen zu verletzen. In der Schweiz regelt das Bundesgesetz über den Datenschutz (DSG) die Bearbeitung und Weitergabe von Daten, in Deutschland das Bundesdatenschutzgesetz (BDSG). Außerdem gelten kantons- bzw. länderspezifische Gesetze. Zur Koordinationsaufgabe des Informationsmanagement gehört weiterhin die Planung personeller und technischer Ressourcen. Strategisch wichtig sind vor allem Entscheidungen über die Erschließung von Informationsquellen und den Kauf oder die Eigenerstellung von Informationen. Solche Entscheidungen betreffen z. B. die Einführung einer Kundenkarte und die interne oder externe Auswertung der Daten.

Operative und administrative Aufgaben des Informationsmanagements: Datenintegration, Entwurf und Implementierung von Datenbanken

Die operativen und administrativen Aufgaben des Informationsmanagements betreffen vor allem die technischen Aspekte des Informationssystems. Dazu gehören Hard- und Softwarebeschaffung, Konfigurations- und Netzwerkmanagement, Sicherungs- und Katastrophenmanagement sowie die Schulung und Unterstützung der Anwender. Diese Aufgaben verändern sich maßgeblich durch die technologische Entwicklung in den 1980er-Jahre. Leistungsfähigere Hardware, intelligente Software und der mobile Zugriff auf Datenströme erfordern auch im Handel eine immer stärkere Professionalisierung des Informationsmanagements. Aufgrund sinkender Kosten, verbesserter Verfügbarkeit und Zugänglichkeit von Daten lassen sich heute ganze Produktions- und Lieferprozesse aus Sicht der Informatik verknüpfen und Marktmechanismen außer Kraft setzen (Picot et al. 2003, S. 70 ff.). Anspruchsvolle Aufgaben stellen sich dem operativen Informationsmanagement gegenwärtig vor allem im Bereich des Datenmanagements. Hierbei geht es um zeitgenaue Datenintegration und -haltung sowie den Entwurf und die Implementierung von Datenbanken. Selbst innerhalb der drei oben genannten Informationsquellen ist eine Integration der Daten oft sehr aufwändig. So existieren in manchen Unternehmen mehrere Datenbanken über Kunden, die sich aufgrund ihrer unterschiedlichen Datenstruktur kaum miteinander verbinden lassen. Noch problematischer ist die Verknüpfung interner Daten mit externen Daten, z. B. mit Daten von Marktforschungsinstituten oder Lieferanten. Die Datenintegration ist von entscheidender Bedeutung, um die vorhandenen Ressourcen effektiver zu nutzen. Frau Müller wird das Informationssystem sicher kaum nutzen, wenn sie Informationen aus den verschiedenen Quellen selbst zusammensuchen müsste. Sie erwartet, dass das Informationssystem sie bei ihrer Arbeit unterstützt und nicht davon abhält. Datenintegration und die Orientierung an den Informationsbedürfnissen sind somit die wichtigsten Herausforderungen an das strategische und operative Informationsmanagement.

10.3 Handlungswissen

10.3.1 Kundeninformationen in bestehende Informationssysteme integrieren

Rechnungswesen-Datenbanken existieren in den Handelsunternehmen seit vielen Jahren. Geschlossene Warenwirtschaftssysteme haben während der 1990er-Jahre in fast allen Handelsunternehmen Einzug gehalten. Datenbanken mit Kunden- und Marktdaten kamen in der Regel später hinzu. Ihre Integration in die bestehenden kosten- und warenorientierten Informationssysteme ist eine weitere große Herausforderung an das Informationsmanagement. Um Kunden- und Marktdaten sinnvoll mit bestehenden Datensätzen zu verbinden, müssen sie logisch verknüpft werden. Abbildung 10-6 zeigt, wie sich durch eine geeignete logische Kombination verschie-

Kunden- und Marktdaten in bestehende kosten- und warenorientierte Informationssysteme integrieren

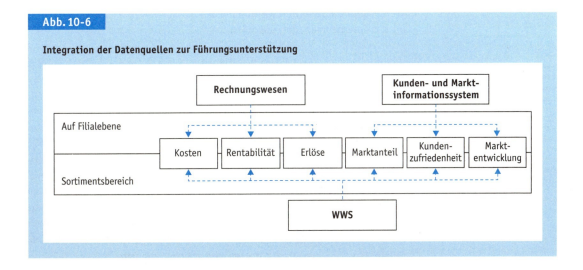

Abb. 10-6

Integration der Datenquellen zur Führungsunterstützung

dener Informationsquellen Kennzahlen über gegenwärtigen Erfolg (Umsatz, Kosten, Rentabilität) und über Erfolgspotenziale (Kundenzufriedenheit, Marktentwicklung) ermitteln lassen. Die Planung lässt sich dadurch sowohl auf Filial- als auch auf Sortimentsebene verbessern und Erfolge lassen sich langfristig sichern.

Frau Müller informierte sich bislang täglich über die Umsätze der Filiale und einiger Sortimentsbereiche. Außerdem prüfte sie monatlich Kosten und Rentabilität. Sie wird zusätzlichen Informationen dann Aufmerksamkeit schenken, wenn sie die Qualität ihrer Arbeit verbessern und ihre Leistung entsprechend beurteilt wird. Wenn der Marktanteil eine weitere wichtige Zielgröße für Frau Müller ist, wird sie auch Informationen über Kundenzufriedenheit und über Marktentwicklungen in den Sortimentsbereichen schätzen. Diese Informationen helfen ihr, Chancen und Gefahren für Marktanteilsverbesserungen zu beurteilen. Sie kann so vergleichen, ob sie in dem wachsenden Markt für Tiefkühlprodukte Marktanteile gewinnt. Sollte das nicht so sein, muss sich Frau Müller Gedanken über die bessere Ausschöpfung dieses Wachstumspotenzials machen. Um zu wissen welche Ressourcen sie dafür einsetzen kann bzw. welche sie entwickeln muss, benötigt Frau Müller eine integrierte Erfassung der Leistungsfähigkeit ihrer Filiale.

10.3.2 Leistungsfähigkeit integriert messen

Die integrierte Beurteilung der Leistungsfähigkeit eines Unternehmens erfordert eine Erweiterung der Information über den gegenwärtigen Erfolg und das Marktpotenzial hinaus, in dem über Geschäftsprozesse und die Fähigkeit zum Lernen informiert wird. Zur Abbildung aller wichtigen Erfolgsindikatoren haben Kaplan und Norton die Balanced Scorecard entwickelt (Kaplan/Norton 1996). Diese zeigt übersichtlich in vier Feldern (vgl. Abbildung 10-7),

Die Balanced Scorecard bildet alle wichtigen Erfolgsfaktoren eines Unternehmens ab.

▸ wie das Unternehmen (die Filiale) aus finanzieller Sicht dasteht,
▸ wie das Unternehmen (die Filiale) aus Kundensicht beurteilt wird,
▸ wie das Unternehmen (die Filiale) seine Geschäftsprozesse beherrscht,
▸ wie das Unternehmen (die Filiale) lernt.

Integration von Informationen unter den Gesichtspunkten Finanzen, Kunde, Lernen, Prozesse

Die finanzielle Sicht integriert Informationen aus dem Rechnungswesen und dem Warenwirtschaftssystem. Sie gibt monetäre Kennzahlen und somit direkt messbare Ergebnisse wieder. Die Kundensicht bezieht ihre Informationen aus dem Kunden- und Marktinformationssystem sowie teilweise aus dem WWS und Rechnungswesen. Zur Beurteilung der Geschäftsprozesse können wiederum Daten aus den drei genannten Informationsquellen herangezogen werden: Aus dem Rechnungswesen und WWS lassen sich z. B. Inventurverluste, Logistikkosten, Umsatzanteile neuer oder zertifizierter Produkte als Indikatoren zur Beurteilung der Prozessqualität verwenden. Aus dem Kunden- und Marktinformationssystem können die Anzahl an Beschwerden über den Kassenservice sowie über fehlende oder mangelhafte Produkte Auskunft zur Prozessqualität geben. Zusätzlich eignen sich Informationen aus anderen Quellen, wie z. B. Fehltage der Mitarbeiter oder der Anteil Vollzeitbeschäftigter aus dem Personalwesen.

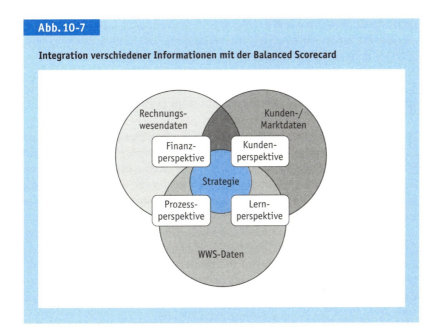

Abb. 10-7

Integration verschiedener Informationen mit der Balanced Scorecard

Informationen über die Lernfähigkeit stammen ebenfalls aus verschiedenen Quellen: Aus dem Rechnungswesen und dem WWS können Kosten für Mitarbeiterschulungen, für den Aufbau und die Pflege von Datenbanken oder Marktforschungskosten in die Lernperspektive der Balanced Scorecard einfließen. Aus dem Kunden- und Marktinformationssystem lässt sich z. B. durch die Anzahl an Kundengesprächskreisen die Lernbereitschaft einschätzen (zur vertiefenden Beschreibung der Balanced Scorecard und zu Einsatzbeispielen in der Praxis siehe Horvarth & Partners 2004).

Die Balanced Scorecard hilft Frau Müller, den Erfolg der umgesetzten Profilierungsmaßnahmen integriert zu messen. Nach einer weiteren Sortimentsumstellung und dem zusätzlichen Angebot von Post- und Reinigungsdienstleistungen stellt die Filialleiterin fest, dass:

1. die Flächenproduktivität gestiegen ist,
2. die Kunden zufriedener mit dem Leistungsangebot sind,
3. das WWS auch die neuen Sortimentsbereiche unterstützt und
4. die Mitarbeiter durch multifunktionale Einsätze gelernt haben.

Grundsätzlich eignen sich sehr viele Kennzahlen für die Balanced Scorecard. Zweckmäßig sind allerdings nur wenige Kennzahlen. Wegen der begrenzten Informationsverarbeitungskapazitäten vieler Nutzer sollten nicht mehr als sieben Kennzahlen gleichzeitig zum Einsatz kommen. Die Auswahl zentraler Kennzahlen übernimmt idealerweise die Geschäftsleitung. Orientierung liefern die Unternehmensstrategie und die damit verbundenen Ziele.

Wenn ein Unternehmen beispielsweise als Discounter am Markt agiert, empfiehlt sich ein Fokus der Balanced Scorecard auf Rentabilitätskennzahlen, Marktanteil,

Die Geschäftsleitung sollte maximal sieben zentrale Kennzahlen auswählen.

Logistikprozesse und den Grad an Informationsstandardisierung. Das Informationsmanagement hat dann den Auftrag, ein vorbestimmtes Informationsniveau zu möglichst geringen Kosten zu erreichen.

10.3.3 Vom Informationsvermittler zum Informationsmanager

Spezielle Bedürfnisse der Nutzer sollten das Informationsangebot bestimmen.

Um die Ziele und den Erfolg des Unternehmens zu unterstützen, ist es wichtig, dass die Informationssysteme von den Entscheidungsträgern effektiv genutzt werden. Für einen Discounter wäre es kontraproduktiv, eine Vielzahl an Kennzahlen in überdimensionierten Datenbanken zu pflegen, die kaum jemand nutzt. Es ist daher die Aufgabe der Entwickler von Informationssystemen, das Informationsangebot an den speziellen Bedürfnissen der Nutzer auszurichten. Frau Müller besitzt gute Kenntnisse in Betriebswirtschaft. Sie kann mit Standardsoftware umgehen und wichtige Kennzahlen interpretieren. Komplizierte Datenbankabfragen würden sie jedoch überfordern. Die Herausforderung für die Informatikabteilung besteht folglich in benutzerfreundlichen Analysen und Interpretationshilfen, die über die bloße Bereitstellung von Daten hinausgeht. Zu einem solchen Informationsmanagement gehören (Herget et al. 1999, S. 47):

- die verständliche Aufbereitung von Analyseergebnissen,
- die Informationsberatung,
- die Datenbankschulung,
- die Konzeption von Intranetdatenbanken,
- das Angebot einer Hotline.

Informationsmanagement muss die Nutzer bei der Erfüllung ihrer Aufgaben unterstützen.

Gute Informationssysteme bieten den Nutzern auch Beratungsdienste an. Diese Unterstützung erstreckt sich sowohl auf das Verständnis von Zahlen und Fakten als auch auf Potenziale für vertiefende Analysen. Selbst bei bestmöglicher Konzeption und Implementierung eines Informationssystems werden bei der Anwendung Fehler und Probleme auftreten. Stress, Ärger oder gar die Gefahr des Verzichts auf Information seitens der Nutzer lässt sich durch eine Hotline vermindern. Die Herausforderung an das Informationsmanagement besteht somit darin, nicht nur Informationen zu sammeln, zu speichern und weiterzuleiten, sondern aktiv die Aufgaben der Nutzer zu unterstützen.

10.4 Fallstudie: REWE

Die REWE Group ist mit einem Umsatz von über 49 Milliarden Euro (2012) und 327.000 Beschäftigten in 16 Ländern Europas einer der führenden Handels- und Touristikkonzerne. In Deutschland beschäftigt die Unternehmensgruppe rund 225.000 Mitarbeiter, die in annähernd 10.800 Märkten von Supermärkten (REWE) und Discountern (Penny) über SB-Warenhäuser (toom) bis hin zu Fachmärkten (toom BauMarkt, B1 Baumarkt Discount, ProMarkt) und Reisebüros (Atlas, DER, Derpart) einen Umsatz von über 35 Milliarden Euro erwirtschaften. Im Bereich B2B (REWE-Großverbraucher-Service, Fegro/Selgros, transGourmet) erwirtschaftet die REWE Group in Deutschland und Europa einen Umsatz von annähernd 10 Milliarden Euro.

Der Lebensmittelhandel in Deutschland bildet das Fundament des wirtschaftlichen Erfolgs der gesamten Gruppe. Gleichwohl werden etwa 30 Prozent des Umsatzes der REWE Group außerhalb des deutschen Heimatmarktes erzielt. Die Internationalisierung ist für den Genossenschaftskonzern kein Selbstzweck. Die im Ausland erwirtschafteten Erträge stärken das Unternehmen im zunehmenden Wettbewerb auf den Heimatmärkten Deutschland und Österreich. In jedem Land strebt der Konzern eine Position unter den Top 3 an.

> Der Erfolg der REWE Group beruht wesentlich auf dem Lebensmittelhandel in Deutschland.

Die REWE Group wurde 1927 gegründet und ist eine genossenschaftliche Gruppe. Vorstand, Anteilseigner und Kaufleute der REWE Group bekennen sich zu der auf Dauer angelegten genossenschaftlichen Struktur, um Unabhängigkeit und Selbstbestimmung zu garantieren.

Die bundesweit über 2.300 Penny-Filialen mit einem Umsatz von über 10 Milliarden Euro führen die klassischen Warengruppen des Lebensmittelhandels zu besonders günstigen Preisen. Auf Flächen um 800 Quadratmeter und mit rund 1.400 Artikeln bietet Penny als Discounter ein Sortiment, das neben frischem Obst und Gemüse, dem Trockensortiment (z. B. Konserven), Tiefkühlware, Frische (z. B. Käse, Joghurt) auch Frischfleisch an den Selbstbedienungskühlschränken enthält.

Immer wieder klagen Konsumenten im deutschen Lebensmittelhandel über leere Regale. Einzelne Produkte wie Frischwaren kurz vor Ladenschluss oder Grillfleisch an warmen Sommertagen sind nicht immer verfügbar. Verständlich sind die Bemühungen des Handels, diesen Prozentsatz zu reduzieren. In Zeiten stagnierender Umsätze und anhaltender Preiskämpfe ließe sich mit dieser Reduktion die Umsatzrendite erheblich verbessern. Die Suche nach den Ursachen deutet auf große Probleme im Bestellverhalten der Mitarbeiter sowie im Nachfüllen der Regale hin. Knapp 60 Prozent der Probleme gehen somit vom Faktor Mensch aus.

> Problem: mangelnde Warenverfügbarkeit

Auch das Management der REWE Group erkannte im Warengeschäft und gerade bei Regallücken ein unausgeschöpftes Ertragspotenzial. Maßnahmen um diesem entgegenzuwirken wurden schon Mitte der 1990er-Jahre eingeleitet. Man entwickelte ein automatisches Dispositionssystem, welches auf die täglich gelieferten Abverkaufsdaten der Märkte reagierte, im Prinzip einer Art »Nachschubsystem«. Ein großer Vorteil war, dass die automatische Disposition keine Bestellung »vergisst«, was beim Faktor Mensch immer wieder vorkam. Auch konnten im Markt die Dispositonsaufgaben reduziert werden.

> Ein »Nachschubsystem« sollte Regallücken vermeiden, war aber am Ende zu reaktionsträge.

Allerdings ist Ende der 1990er-Jahre dieses Nachschubsystem an seine Grenzen gestoßen. Mit seiner Hilfe wurde zwar die Verfügbarkeit entscheidend verbessert, aber in Out-of-stock-Situationen war die Reaktionszeit immer noch langsam, um Regallücken schnell zu schließen oder diese ganz zu vermeiden. Die Zielsetzung lautete: Marktindividuell Lücken weiter reduzieren. Um dies zu erreichen, entwickelte man die Idee eines zentralen Marktwarenwirtschaftssystems (MWS), für die über 2.300 angeschlossenen Penny-Filialen. Das MWS beinhaltete

- eine Bestandsführung,
- ein Prognosesystem und
- eine automatische Disposition.

10.4 Informationskompetenz
Fallstudie: REWE

Das Prognosemodul des MWS vermeidet Regallücken.

Gerade das Prognosemodul brachte den entscheidenden Vorteil gegenüber dem alten Nachschubsystem. Durch seine Einführung wurde es möglich, Regallücken zu antizipieren. Eine große Herausforderung stellen dabei Sortimente mit geringem Mindesthaltbarkeitsdatum (Frische) dar. Um den Bestand marktindividuell zu kontrollieren, wurden für den Markt Anwendungen entwickelt, welche Eingriffsmöglichkeiten zulassen (z. B. Wareneingang, Reklamationen, Bestandskorrekturen etc.). Auch galt es, für die Implementierung des Systems die Frage zu lösen, wie die mehr als 2.300 Penny-Märkte (und insgesamt über 4.400 REWE-Märkte) ganz generell an ein Zentralsystem wie das MWS angeschlossen werden.

Die automatische Disposition unterstützt den Markt und bestellt für den Markt. Damit werden aufwändige, manuelle Bestellungen hinfällig. Der große Vorteil: Das System vergisst keine Bestellung. Auch kann der Markt jederzeit Bestellungen in Form eines Zusatzbedarfs neben der zentralen Disposition (Zdispo) im MWS generieren. Um evtl. Bestandsfehler behandeln zu können, werden dem Markt täglich »Lückendaten« vorgelegt, also Hinweise auf vorhandene Regallücken. Der Mitarbeiter im Markt kann anhand dieser Liste den Bestand im Regal gezielt prüfen und entsprechend reagieren. Hierdurch wird die Bestandsqualität nochmals erhöht.

Regallücken wurden drastisch reduziert und gleichzeitig Überbestände abgebaut.

Seit der Entwicklung des MWS wurden Regallücken drastisch reduziert. Die Regallücken liegen heute zwischen 0,5 und 0,2 Prozent, bezogen auf das Sortimentsangebot. Überbestände (welche beispielsweise im Sortimentsbereich Frische hohe Abschreibungen wegen des raschen Verderbs auslösen) wurden damit abgebaut und die Prozesskosten (gerade für die Disposition) stark reduziert. Anspruchsvoll war die Darstellung und Informationsverarbeitung an zentraler Stelle, um die entstandenen Daten zeitgerecht (möglichst in »Realtime«) den entsprechenden Prozessen und Anspruchsgruppen zur Verfügung zu stellen. Trotz der Komplexität galt es, die Datenhaltungssysteme einfach und übersichtlich zu gestalten. Anspruchsvoll ist die technische Ausstattung, um die gigantischen Datenmengen zentral zusammenzuführen, die in den über 2.300 Penny-Filialen erzeugt werden. Nach anfänglichen Systemschwierigkeiten konnte die Systemverfügbarkeit auf fast 100 Prozent erhöht werden. Des Weiteren werden diese Marktdaten (Dispo-Daten) auch für Simulationsrechnungen in die Zukunft (Forecast-Rechnungen) der Lagerdisposition zur Verfügung gestellt.

Mit den Weiterentwicklungen innerhalb der zentralen Marktbestandsführung, der zentralen Disposition und des Prognosesystems gelang der REWE Group bei Einführung des Marktwarenwirtschaftssystems ein wichtiger Schritt, um die Warenverfügbarkeit und somit die Rendite im Warengeschäft zu erhöhen.

Aufgaben zur Fallstudie

1. Welche Vor- und Nachteile des Rewe-Informationssystems erkennen Sie?
2. Welche Problembereiche lassen sich für das Rewe-Informationssystem anhand des Rasters zum Informationsprozess identifizieren? Unterbreiten Sie einige Verbesserungsvorschläge.
3. Angenommen, die Penny-Geschäftsleitung denkt über die Aufnahme von Convenience-Produkten in das Sortiment nach. Welche Informationsquellen schlagen Sie vor, um dieses neue Sortiment optimal zu bewirtschaften?
4. Wie könnte die REWE-Vertriebslinie »Supermarkt« die Leistungsfähigkeit der Filialen integriert messen? Unterbreiten Sie einen konzeptionellen Vorschlag für ein leistungsfähiges Informationssystem.
5. Welche Vor- und Nachteile bringt der Balanced-Scorecard-Ansatz zur integrierten Leistungsmessung mit sich?

Kontrollfragen

▸ Aus welchen Schritten setzt sich ein idealtypischer Informationsprozess zusammen?
▸ Was sind die drei wesentlichen Informationsquellen im Handel?
▸ Aus welchen Komponenten kann ein Kunden- und Marktinformationssystem bestehen?
▸ Was sind strategische und operative Aufgaben des Informationsmanagements?
▸ Welche vier wesentlichen Fragen beantwortet die Balanced Scorecard in Bezug auf das Informationsmanagement?

Literatur

Becker, J./Uhr, W./Vering, O. (2000): Integrierte Informationssysteme in Handelsunternehmen auf der Basis von SAP-Systemen, Berlin u. a.

Herget, J./Holländer, St./Schwuchow, W. (1999): Informationsmanagement – Chancen ergreifen, Konstanz.

Kaplan, R. S./Norton, D. P. (1996): The balanced scorecard, Boston.

Picot, A./Reichwald, R./Wigand, R. (2003): Die Grenzenlose Unternehmung – Information, Organisation und Management. Lehrbuch zur Unternehmensführung im Informationszeitalter, 5. Aufl., Wiesbaden.

Vertiefende Literatur zum Thema Handelsinformationssysteme

Ahlert, D. (2002): Handelsinformationssysteme als Basis des operativen und strategischen Handelsmanagement, in: Möhlenbruch, D./Hartmann, M. (Hrsg.): Der Handel im Informationszeitalter, Konzepte – Instrumente – Umsetzung, Festschrift für Klaus Barth zum 65. Geburtstag, Wiesbaden.

10.4 Literatur

Ahlert, D./Becker, J./Olbrich, R./Schütte, R. (1998): Informationssysteme für das Handelsmanagement – Konzepte und Nutzung in der Unternehmenspraxis, Berlin u. a.

Becker, J./Schütte, R. (2004): Handelsinformationssysteme: Domänenorientierte Einführung in die Wirtschaftsinformatik, 2. Aufl., Bonn.

Möhlenbruch, D./Hartmann, M. (Hrsg.) (2002): Der Handel im Informationszeitalter, Konzepte – Instrumente – Umsetzung, Festschrift für Klaus Barth zum 65. Geburtstag, Wiesbaden.

Schwaninger, M. (1994): Managementsysteme, Frankfurt/New York.

Schwarze, J. (1998): Informationsmanagement, Herne/Berlin.

Vertiefende Literatur zum Thema Balanced Scorecard:

Eschenbach, R./Haddad, T. (1999): Die Balanced Scorecard, Wien.

Horvarth & Partners (2004): Balanced Scorecard umsetzen, 3. Aufl., Stuttgart.

Kaplan, R. S./Norton, D. P. (2007): Using the Balanced Scorecard as a Strategic Management System, in: Harvard Business Review, 85 (7/8), S. 150–161.

Glossar

Balanced Scorecard (BSC)
(Kapitel 8)
Führungsinstrument zur Erreichung der strategischen Ziele des Unternehmens. Im Rahmen eines Kennzahlensystems kombiniert die BSC sowohl monetäre als auch nicht-monetäre Kennzahlen, welche die Ansprüche verschiedener Stakeholder des Unternehmens widerspiegeln. Dementsprechend gliedert sich die BSC in vier Bereiche: die Finanzperspektive, die Kundenperspektive, die Prozessperspektive und die Potenzialperspektive (Lern- und Wachstumsperspektive).

Benchmarking
(Kapitel 8)
Systematische Vergleichsanalyse zur Identifizierung von Optimierungspotenzialen im Unternehmen. Benchmarking-Objekte können Leistungen, Produkte, Prozesse oder Methoden sein, welche es gilt gezielt zu verbessern. Je nach Vergleichsobjekt unterscheidet man zwischen innerbetrieblichem (z. B. Vergleich mit anderen Abteilungen/Funktionsbereichen des eigenen Unternehmens) und zwischenbetrieblichem Benchmarking (z. B. Vergleich mit dem erfolgreichsten Unternehmen derselben Branche).

Cashflow
(Kapitel 8)
Positiver oder negativer Nettozufluss liquider Mittel (Zahlungsstrom) einer Rechnungsperiode. Der Cashflow entspricht der Differenz zahlungswirksamer Erträge und zahlungswirksamer Aufwendungen und ist eine Kennzahl für die aus eigener Kraft erwirtschafteten finanziellen Mittel des Unternehmens.

Channel Retailer (Geschäftsmodell im Handel)
(Kapitel 2)
Channel Retailer setzen eher auf bekannte Markenartikel. In großflächigen Verkaufsstellen profilieren sie sich gegenüber Kunden durch eine große Auswahl, eine attraktive Ladengestaltung und überdurchschnittliche Serviceleistungen. Mithilfe eines standardisierten Betriebsformenkonzepts und der Bekanntheit internationaler Marken expandieren Channel Retailer schnell. Insofern gewichtet das Management im Vergleich zu Content Retailern regionale Besonderheiten in der Sortimentspolitik weniger stark. Ähnlich wie bei Content Retailern kann das Management zentralisiert oder eher dezentral agieren.

Collaborative Planning, Forecasting and Replenishment (CPFR)
(Kapitel 6)
CPFR baut auf dem ECR-Konzept auf und zielt auf einen intensiven Informationsaustausch über Produktdaten zwischen Hersteller und Händler ab, um die Effizienz in der Supply Chain zu steigern.

Computer Assisted Personal Interview (CAPI)
(Kapitel 3)
Computergestützte persönliche Befragung, welche der Interviewer z. B. mithilfe eines Notebooks durchführt. Vorteile wie bei CATI.

Computer Assisted Telephone Interview (CATI)
(Kapitel 3)
Computergestütztes Telefoninterview. Der Fragebogen wird dem Interviewer am Bildschirm angezeigt und die Antworten werden von ihm direkt elektronisch erfasst. Dadurch sind eine sofortige Überprüfung der Eingaben sowie automatische Filterführung und Fragenrotation möglich.

Content Retailer (Geschäftsmodell im Handel)
(Kapitel 2)
Content Retailer profilieren sich gegenüber ihren Kunden in erster Linie mit Eigenmarken und sichern ihren Markteintritt gemäß Dunnings Theorie mit Eigentumsvorteilen. Die Expansion in andere Länder verläuft in der Regel langsam, da insbesondere der Bekanntheitsgrad internationaler Marken weniger stark genutzt werden kann. Der Betriebsformenauftritt, der im Vergleich zu Channel Retailern tendenziell kleinere Verkaufsstellen betrifft, fällt länderspezifisch aus. Das nationale Management verfügt über Handlungsspielräume, um Marktbesonderheiten berücksichtigen zu können. Content Retailer besitzen eine starke Unternehmenskultur; sie werden selbst zur Marke. Die daraus resultierenden Werte bieten den Mitarbeitern Orientierung und schaffen Vertrauen.

Cross-Channel-Management
(Kapitel 1)
Im Cross-Channel-Management werden die unterschiedlichen Kommunikationskanäle (klassische und neue Medien) und Distributionskanäle (stationäre und Online-Kanäle) aufeinander abgestimmt und gemeinsam geführt. Diese Abstimmung kann dabei je nach Unternehmen unterschiedlich stark ausfallen.

Crossdocking
(Kapitel 5)
Bei dieser Art des Warenumschlags wird die bestellte Ware vom Hersteller-Lkw in Crossdocking-Zentren auf die Lkws des Handels zur Filialbelieferung umgeladen. Es erfolgt keine Einlagerung der Ware.

Data Warehouse
(Kapitel 10)
Ein Data Warehouse ist ein zentrales Datenlager, welches aus unterschiedlichen Quellen mit Daten gefüllt wird. Bei Bedarf kann unternehmensweit auf die Datensammlung zurückgegriffen werden.

Direct Store Delivery (DSD)
(Kapitel 5)
Hersteller liefern die bestellten Produkte verkaufsbereit, ausgezeichnet und filialgerecht vorkommissioniert an Handelsunternehmen. → Kommissionierung

Efficient Consumer Response (ECR)
(Kapitel 6)
ECR ist ein Konzept zur Zusammenarbeit zwischen Herstellern und Händlern mit dem Ziel, alle Prozesse und Aktivitäten in der Supply Chain kundenorientiert zu optimieren.

Eigenkapital
(Kapitel 7)
Anteil der Eigentümer am Unternehmensvermögen.

Einkaufsstättenloyalität
(Kapitel 3)
Auch Einkaufsstättentreue. Dabei zeigt sich die Loyalität sowohl im Verhalten gegenüber dem Händler, z. B. durch die Wiederwahl der Einkaufsstätte, als auch gegenüber Dritten, z. B. durch eine hohe Weiterempfehlungsrate.

Einstandspreis
(Kapitel 4)
Der Einstandspreis (auch Beschaffungspreis, Bezugspreis) entspricht dem Einkaufspreis der Waren zuzüglich aller direkt zurechenbaren Beschaffungskosten (Fracht, Versicherung, Zoll etc.) abzüglich gewährter Nachlässe (Rabatt, Skonti etc.) und der Vorsteuer (falls Vorsteuerabzug möglich ist).

Electronic Data Interchange (EDI)
(Kapitel 5)
Standard für die elektronische Abwicklung geschäftlicher Vorgänge zwischen Unternehmen, z. B. zum automatischen Austausch von Abverkaufs- und Bestelldaten zwischen Händlern und Herstellern.

E-Procurement
(Kapitel 6)
E-Procurement (deutsch: Elektronische Beschaffung) bezeichnet die Beschaffung von Gütern oder Dienstleistungen über das Internet. Eine Bestellung kann somit vollständig elektronisch abgewickelt werden.

Fremdkapital
(Kapitel 7)
Anteil der externen Kapitalgeber am Unternehmensvermögen.

Gesamtkapitalrentabilität (ROI – Return On Investment)
(Kapitel 8)
Betriebswirtschaftliche Kennzahl, die das Verhältnis von Gewinn und Kapitaleinsatz einer Rechnungsperiode widerspiegelt bzw. den finanziellen Erfolg des Unternehmens anhand des investierten Kapitals beurteilt (siehe Du Pont-Renditeschema). Interpretation: Eine Gesamtkapitalrentabilität in Höhe von 10 Prozent gibt an, dass das Unternehmen pro Euro investiertes Kapital 0,10 Euro Gewinn erwirtschaftet.

Geschäftsmodell
(Kapitel 2)
Unter dem Geschäftsmodell wird die Ausrichtung und Abstimmung von Wertschöpfungsaktivitäten sowie aller (Profilierungs-)Entscheidungen unter Berücksichtigung Erfolg versprechender Ressourcen auf ein zuvor gegebenes Leistungsversprechen an den Kunden verstanden.

Geschlossenes Warenwirtschaftssystem
(Kapitel 10)
Ein geschlossenes Warenwirtschaftssystem erfasst und verfolgt einen Artikel vom Wareneingang über die Lagerung bis hin zum Verkauf.

Global Discounter (Geschäftsmodell im Handel)
(Kapitel 2)
Global Discounter konzentrieren sich auf den Preis. Die dazu erforderlichen Skaleneffekte resultieren aus einheitlich kostengünstigen Verkaufsstellen und Sortimenten, die überwiegend aus Eigenmarken bestehen, sowie einem zentralisierten Management und einer schnellen Expansion.

Kannibalisierung
(Kapitel 1)
Als Kannibalisierung im Handelskontext bezeichnet man eine bloße Verlagerung von Umsätzen zwischen Kanälen, ohne dass zusätzliche Umsätze generiert werden. Die Kosten durch die Pflege mehrerer Kanäle werden nicht durch höhere Umsätze kompensiert.

Kapitalumschlag
(Kapitel 8)
Betriebswirtschaftliche Kennzahl, die das Verhältnis von Umsatz und investiertem Kapital widerspiegelt bzw. die Umschlagshäufigkeit des Kapitals angibt. Sie wird zur Beurteilung der Produktivität des investierten Kapitals herangezogen (siehe Du Pont-Renditeschema).

Interpretation: Ein Kapitalumschlag in Höhe von 6 gibt an, dass sich ein Euro des investierten Kapitals sechsmal umgeschlagen hat. Pro Euro des investierten Kapitals wurden 6 Euro Umsatz erzielt.

Kommissionierung
(Kapitel 5)
Filialspezifische Zusammenstellung von bestellten Artikeln und Mengen.

Kundeninspiration
(Kapitel 4)
Der Begriff beschreibt einen durch Marketing hervorgerufenen sowohl emotionalen als auch kognitiven Zustand, der Kunden zum Kauf motiviert. Auslöser ist dabei eine Erkenntnis, ein neuer Gedanke.

Kundensegmentierung
(Kapitel 3)
Der heterogene Kundenstamm wird anhand kaufverhaltensrelevanter Kriterien in Gruppen mit ähnlichen Merkmalen und Ausprägungen eingeteilt, um Erfolg versprechende Segmente zielgerichtet bearbeiten zu können.

Marktsegmentierung
(Kapitel 3)
Der heterogene Gesamtmarkt wird mittels kaufverhaltensrelevanter Merkmale in homogene Teilmärkte eingeteilt, um geeignete Segmente zielgerichtet bearbeiten zu können.

Mezzanine-Kapital
(Kapitel 7)
Mezzanine-Kapital ist eine Mischform aus Eigen- und Fremdkapital.

Multi-Channel-Management
Im Multi-Channel-Management werden verschiedene Kommunikationskanäle (klassische und neue Medien) und unterschiedliche Distributionskanäle (stationäre und Online-Kanäle) eigenständig und oft mit klarer Profitcenterausrichtung geführt.

Out-of-stock
(Kapitel 10)
Ein Artikel wird als out-of-stock bezeichnet, wenn er zum Zeitpunkt einer Kaufabsicht nicht verfügbar ist. Der Artikel befindet sich in diesem Fall weder im Regal noch im Lager.

Panel
(Kapitel 10)
Ein Panel bezeichnet eine spezielle Art der Längsschnittstudie. Dabei wird eine gleichbleibende Stichprobe in regelmäßigen Abständen untersucht (z. B. durch Befragung).

Planbilanz
(Kapitel 8)
Die Planbilanz spiegelt die zukünftig erwartete Entwicklung der Vermögenslage des Unternehmens wider. Durch eine konsequente Plankontrolle gelingt es, Abweichungen zwischen Plan- und Ist-Zahlen zu identifizieren, deren Ursachen zu analysieren und entsprechende Maßnahmen zur Planerreichung zu ergreifen, um einer unerwünschten Unternehmensentwicklung entgegenzusteuern. Die Planbilanz stellt folglich Planungs-, Steuerungs- und Kontrollinstrument dar.

Profilierung/Profilierungsmaßnahmen
(Kapitel 2)
Profilierung ist das Aufspüren und Realisieren von Wettbewerbsvorteilen auf strategischer und operativer Ebene. Die Profilierung strebt eine positiv besetzte Identität gegenüber sämtlichen relevanten Anspruchsgruppen an. Es stehen verschiedene Profilierungsmaßnahmen zur Verfügung: Standort, Personal, Sortiment, Werbung/Kommunikation, Dienstleistungen, Technologie, Preis und Ladengestaltung.

Prozesskompetenz
(Kapitel 1)
Mit Prozesskompetenz ist die Fähigkeit eines Unternehmens angesprochen, einzelne Kompetenzbereiche leistungsfördernd aufeinander abzustimmen.

Prozesskostenrechnung (PKR)
(Kapitel 8)
Ziel der PKR ist es, Gemeinkosten verursachungsgerecht auf die einzelnen Ergebnisträger zuzurechnen. Hierzu löst man sich von der Zuordnung der Gemeinkosten auf traditionelle Kostenstellen, wie z. B. Einkauf, Buchhaltung oder Vertrieb, und geht über zu einer kostenstellenübergreifenden, prozessorientierten Verrechnung. D. h. Gemeinkosten werden auf die im Leistungserstellungsprozess in Anspruch genommenen Prozesse übertragen, z. B. den Einkaufs- oder Vertriebsprozess.

Radio-Frequency-Identification-Technologie (RFID)
(Kapitel 10)
RFID ist ein automatisches Identifikations- und Datenerfassungssystem, welches Daten über Radiofrequenzen berührungslos überträgt. Einsatzmöglichkeiten im Handel bieten sich entlang der gesamten Wertschöpfungskette, z. B. automatische Kommissionierung und Inventur, Diebstahlsicherung, Self-Checkout etc.

Shareholder
(Kapitel 7)
Aktionär

Sortimentsbreite
(Kapitel 4)
Die Sortimentsbreite beschreibt die Anzahl unterschiedlicher Waren- und Artikelgruppen, die ein Handelsunternehmen führt. Zum Beispiel bietet ein Handelsunternehmen neben Food-Artikeln auch Produkte für die Körperpflege an.

Social Media
(Kapitel 1)
Digitale Medien und Technologien, die es Nutzern ermöglichen, sich untereinander auszutauschen und mediale Inhalte einzeln oder in Gemeinschaft zu gestalten.

Sortimentstiefe
(Kapitel 4)
Die Sortimentstiefe beschreibt den Spezialisierungsgrad des Sortiments (im Sinne von unterschiedlichen Sorten und Artikelvarianten). Beispielsweise bietet ein Handelsunternehmen verschiedene Sorten von Shampoo an, wie Anti-Schuppen-Shampoo, Shampoo für kolorierte Haare oder Volumen-Shampoo.

Stock Keeping Unit (SKU)
(Kapitel 6)
Eine SKU bezeichnet einen Artikel (deutsch: Artikelnummer).

Streckenbelieferung
(Kapitel 5)
Bei dieser Grundform im Logistikprozess liefern Hersteller die bestellten Produkte direkt an eine Verkaufsstelle des Handels. → Zentralbelieferung

Target Costing
(Kapitel 8)
Target Costing beantwortet die Frage »Was darf ein Produkt kosten?«. Ausgehend vom Zielpreis (Target Price) des Produktes wird die angestrebte Gewinnmarge (Target Profit) abgezogen, um so die maximal erlaubten Kosten (Allowable Costs) zu ermitteln. Da diese in der Regel höher sind als die prognostizierten Standardkosten (Drifting Costs) des Unternehmens, werden Zielkosten (Target Costs) ermittelt. Diese gilt es zu erreichen, um die geplante Gewinnmarge zu realisieren.

Treasurer
(Kapitel 7)
Person, die für die Verwaltung der Finanzen zuständig ist.

Umsatzrendite (Return on Sale)
(Kapitel 8)
Betriebswirtschaftliche Kennzahl, die das Verhältnis von Gewinn und Umsatz einer Rechnungsperiode widerspiegelt.
Interpretation: Eine Umsatzrendite in Höhe von 10 Prozent gibt an, dass das Unternehmen pro Euro Umsatz 0,10 Euro Gewinn erzielt.

Vendor Managed Inventory (VMI)
(Kapitel 6)
VMI ist eine Vorstufe zu CPFR. Der Lieferant hat Zugriff auf Kundendaten des Händlers und ist für die Optimierung des Lagerbestands verantwortlich. → Collaborative Planning, Forecasting and Replenishment (CPFR)

Warenwirtschaftssystem (WWS)
(Kapitel 10)
Ein WWS ist ein softwaregestütztes System, welches alle warengerichteten Informations- und Entscheidungsprozesse eines Handelsunternehmens abbildet. Das WWS dient der Steuerung von Umsätzen und Kosten.

Zeitreihenanalyse
(Kapitel 10)
Unter einer Zeitreihenanalyse versteht man die Analyse einer zeitabhängigen Folge von Datenpunkten. Ziel dieser Analyse ist es, Prozesse oder Muster zu erkennen, die mit der zeitlichen Entwicklung einer bestimmten Größe verbunden sind.

Zentrallagerbelieferung
(Kapitel 5)
Bei dieser Grundform im Logistikprozess liefern Hersteller bestellte Produkte in ein Zentrallager oder Verteilzentrum des Handels. → Streckenbelieferung

Zonenmodell der Profilierung
(Kapitel 2)
Das Zonenmodell der Profilierung ist ein Planungs- und Führungsinstrument, welches dazu dient, das Profil einer Handelsunternehmung zu schärfen. Es bildet insgesamt acht verschiedene → Profilierungsmaßnahmen ab und unterscheidet jeweils drei Zonen: die Sicherheitszone, die Profilierungszone und die Früherkennungszone.

Relevante Links zum Thema Handel

News/Brancheninfos/Zeitschriften

Bildungsportal für den Deutschen Einzelhandel | www.handelswissen.de

CIES The Food Business Forum | www.ciesnet.com

Der Handel | www.derhandel.de

Handelsjournal | www.handelsjournal.de

Lebensmittel Praxis | www.lpvnet.de

Lebensmittel Zeitung | www.lz-net.de

Möbelkultur | www.holzmann.de

Möbelmarkt | www.moebelmarkt.de

Rundschau für den Lebensmittelhandel | www.medialog.de

Textilwirtschaft | www.twnetwork.de

Tageszeitungen

Datenbank mit dem Zugriff auf verschiedene Tageszeitungen | www.factiva.com

Handelsblatt | www.handelsblatt.de

Financial Times Deutschland | www.ftd.de

Frankfurter Allgemeine Zeitung | www.faz.net

Für den Handel relevante Zahlen und Fakten

Deutsches Institut für Wirtschaftsforschung | www.diw-berlin.de

Eurocommerce | www.eurocommerce.be

European Commission | http://europa.eu/index_en.htm

Eurostat | http://epp.eurostat.ec.europa.eu

OECD | www.oecd.org

Schweizer Bundesamt für Statistik | www.bfs.admin.ch

Statistik Austria | www.statistik.at

Statistisches Bundesamt Deutschland | www.destatis.de

Wirtschaftskammer Österreich | www.wko.at

World Trade Organization Statistics Databases | http://stat.wto.org

Relevante Links zum Thema Handel

Unternehmensinformationen

Carol World (Geschäftsberichte) | www.carol.co.uk

Corporate Information (diverse Unternehmensinformationen) | www.corporateinformation.com

Thomson ONE Banker (äußerst umfassende Unternehmens- und Finanzinformationen) | http://banker.thomsonib.com/

Handelsverbände

Hauptverband des Deutschen Einzelhandels | www.einzelhandel.de

National Retailing Federation | www.nrf.com

Schweizer Detaillistenverband | www.detaillisten.ch

Swiss Retail Federation | www.swiss-retail.ch

Länder- und Marktberichte

Access Asia (Marktforschungsberichte für den asiatischen Raum) | www.accessasia.org

Business Insights (diverse Branchenberichte u. a. für Konsumgüter) | www.globalbusinessinsights.com

Euromonitor – Global Market Information Database | www.portal.euromonitor.com

Frost & Sullivan (diverse Branchen- und Marktanalysen) | www.frost.com

Global Insight (diverse Länderinformationen) | www.globalinsight.com

wiso Praxis (diverse Information, besonders für den deutschsprachigen Raum) | www.wiso-net.de

Literaturverzeichnis

Abrams, R. (2003): The Successful Business Plan: Secrets & Strategies, 4th Edition, Palo Alto.

Ahlert, D. (2002): Handelsinformationssysteme als Basis des operativen und strategischen Handelsmanagement, in: Möhlenbruch, D./Hartmann, M. (Hrsg.): Der Handel im Informationszeitalter, Konzepte – Instrumente – Umsetzung, Festschrift für Klaus Barth zum 65. Geburtstag, Wiesbaden.

Ahlert, D./Becker, J./Olbrich, R./Schütte, R. (1998): Informationssysteme für das Handelsmanagement – Konzepte und Nutzung in der Unternehmenspraxis, Berlin u. a.

Ahlert, D./Kenning, P. (2007): Handelsmarketing. Grundlagen der marktorientierten Führung von Handelsbetrieben, Heidelberg, Berlin.

Ahlert, D./Kollenbach, S./Korte, C. (1996): Strategisches Handelsmanagement: Erfolgskonzepte und Profilierungsstrategien am Beispiel des Automobilhandels, Stuttgart.

Albers, S./Peters, K. (1997): Die Wertschöpfung des Handels im Zeitalter des Electronic Commerce, in: Marketing ZFP, 2 (2. Quartal), S. 69–80.

Arend-Fuchs, C. (1995): Die Einkaufsstättenwahl der Konsumenten bei Lebensmitteln, Frankfurt.

Arnold, U. (2000): Beschaffungsmanagement, 3. Aufl., Stuttgart.

Baker, M.J. (1998): Dictionary of marketing and advertising, 3. Aufl., London, UK.

Barney, J. (1991): Firm Resources and Sustained Competitive Advantage, in: Journal of Management, 17 (1), S. 99–120.

Barney, J. (2001): Is the Resource-Based »View« a Useful Perspective for Strategic Management Research? Yes., in: The Academy of Management Review, 26 (1), S. 41–56.

Barth, K./Hartmann, M./Schröder, H. (2007): Betriebswirtschaftslehre des Handels, 6. Aufl., Wiesbaden.

Bartlett, C./Ghoshal, S. (2002): Building Competitive Advantage Through People, MIT Sloan Management Review, 43(2), S. 34–41.

Baumgartner, R. (1981): Ladenerneuerung: Store Modernization, St. Gallen.

Becker, J. (2001): Marketing-Konzeption, 7. Aufl., München.

Becker, J. (2013): Marketing Konzeption – Grundlagen des zielstrategischen und operativen Marketing-Managements, 10. Aufl., München.

Becker, J./Schütte, R. (2004): Handelsinformationssysteme: Domänenorientierte Einführung in die Wirtschaftsinformatik, 2. Aufl., Bonn.

Becker, J./Uhr, W./Vering, O. (2000): Integrierte Informationssysteme in Handelsunternehmen auf der Basis von SAP-Systemen, Berlin.

Becker, J./Winkelmann, A. (2006): Handelscontrolling – Optimale Informationsversorgung mit Kennzahlen, Berlin.

Belz, C. (1995): Dynamische Marktsegmentierung, Fachbericht für Marketing Nr. 2/1995, St. Gallen.

Belz, C./Mühlmeyer, J. (2001): Key Supplier Management, St. Gallen/Kriftel-Neuwied.
Bennett, P. D. (1995): Dictionary of marketing terms, 2. Aufl., Chicago, Il.
Berekoven, L. (1990): Erfolgreiches Handelsmarketing: Grundlagen und Entscheidungshilfen, München.
Berekoven, L./Eckert, W./Ellenrieder, P. (2006): Marktforschung: Methodische Grundlagen und praktische Anwendung, 11. Aufl., Wiesbaden.
Berens, W./Bertelsmann, R. (2002): Controlling, in: Küpper, H.-U./Wagenhofer, A. (Hrsg.) Handwörterbuch Unternehmensrechnung und Controlling, Enzyklopädie der Betriebswirtschaftslehre, Band III, 4. Aufl., Stuttgart.
Best, R. J. (2008): Market-Based Management: Strategies for Growing Customer Value and Profitability, 5. Aufl., Upper Saddle River, NJ.
Bichler, K./Schröter, N. (2004): Praxisorientierte Logistik, 3. Aufl., Stuttgart.
Blackwell, R. D./Miniard, P. W./Engel, J. F. (2001): Consumer Behavior, 9. Aufl., Fort Worth.
Blake, R. R./Mouton, J. S. (1986): Verhaltenspsychologie im Betrieb. Das neue Grid-Management-Konzept?, 2. Aufl., Düsseldorf.
Blattberg, R. C./Deighton J. (1996): Manage Marketing by the Customer Equity Test, in: Harvard Business Manager, 74 (4), S. 136–144.
Boemle, M./Stolz, C. (2002): Unternehmensfinanzierung: Instrumente – Märkte – Formen – Anlässe, 13. Aufl., Zürich.
Bofinger, P. (2006): Grundzüge der Volkswirtschaftslehre: Eine Einführung in die Wissenschaft von Märkten, München.
Bogaschewsky, R./Müller, H. (2008): Stand und Weiterentwicklung des E-Procurement in Deutschland, in: Bundesverband Materialwirtschaft, Einkauf und Logistik: Best Practice in Einkauf und Logistik, 2. Aufl., Wiesbaden.
Boutellier, R./Locker, A. (1998): Beschaffungslogistik: mit praxiserprobten Konzepten zum Erfolg, München/Wien.
Boutellier, R./Wagner, S. M./Wehrli, H. P. (2003): Handbuch Beschaffung: Strategien, Methoden, Umsetzung, München/Wien.
Brandes, D. (2001): Konsequent einfach: Die ALDI-Erfolgsstory, 4. Aufl., München.
Brealey, R./Myers, S./Allen, F. (2010): Principles of Corporate Finance, 10th Edition, New York.
Bruch, H./Vogel, B. (2008): Organisationale Energie – Wie Sie das Potenzial Ihres Unternehmens ausschöpfen, Wiesbaden.
Bundesverband des Deutschen Versandhandels (BVH) (2013): Interaktiver Handel 2013: Erneuter Umsatzrekord E-Commerce Anteil sprengt die 27 Milliarden Euro Grenze, Pressemitteilung vom 12.02.2013.
Bundesverband Interaktive Unterhaltungssoftware (BIU) (2013): Virtuelle Zusatzinhalte, online unter: http://www.biu-online.de/de/fakten/marktzahlen/virtuelle-zusatzinhalte.html, abgerufen am: 30.05.2013.
Carrefour (2013): 2012 Full Year Results, online unter: http://www.carrefour.com/news-releases/2012-full-year-results, abgerufen am: 08.04.2013.

Chartered Institute of Marketing (2012): Social Media Benchmark – Wave two, Spring 2012, online unter: http://www.smbenchmark.com/the-benchmark/results-wave-two, abgerufen am: 12.04.2013.

Chmielewitz, K. (1976): Rechnungswesen, in: Grochla, A./Wittmann, W. (Hrsg.): Handwörterbuch der Betriebswirtschaftslehre, 4. Aufl., 3 Bände, Stuttgart, Sp. 3343–3361.

CNN Money (2013a): Global 500, online unter: http://money.cnn.com/magazines/fortune/global500/2012/full_list/index.html, abgerufen am 08.04.2013.

CNN Money (2013b): Amazon.com Inc, online unter: http://money.cnn.com/quote/financials/financials.html?symb=AMZNote/financials/financials.html?symb=AMZN, abgerufen am: 08.04.2013.

CNN Money (2013c): eBay Inc, online unter: http://money.cnn.com/quote/financials/financials.html?symb=EBAY, abgerufen am: 08.04.2013.

Colla, E. (2003): International expansion and strategies of discount grocery retailers: the winning models, in: International Journal of Retail & Distribution Management, 31 (1), S. 55.

Collins, J. (2001): Good to Great: Why Some Companies Make the Leap … and Others Don't, New York, NY.

Comelli, G./von Rosenstiel, L. (2009): Führung durch Motivation. Mitarbeiter für Unternehmensziele gewinnen, 4. Aufl., München.

Coughlan, A./Anderson, E./Stern, L./El-Ansary, A. I. (2001): Marketing channels, 6. Aufl., Upper Saddle River.

Cross, W. (1995): Encyclopedic dictionary of business terms, Englewood Cliffs, NJ.

Csikszentmihalyi, M. (1991): Das Flow-Erlebnis: Jenseits von Angst und Langeweile, 3. Aufl., Stuttgart.

Davenport, T. H./Short, J. E. (1990): The New Industrial Engineering: Information Technology and Business Process Redesign, in: Sloan Management Review, 31 (4), S. 11–17.

Davies, G. (1993): Is retailing what the dictionaries say it is?, in: International Journal of Retail & Distribution Management, 21 (2), S. 3 ff.

de Koster, M. B. M./Neuteboom, A. J. (2000): The logistics of supermarket chains – A comparison of seven chains in the Netherlands, Doetinchem.

Deutsches Institut für Servicequalität (2013): Deutscher Servicepreis: Kategorie Tourismus, online unter: http://disq.de/2013/20130205-Servicepreis-Tourismus.html, abgerufen am: 27.05.2013.

Diller, H. (2008): Preispolitik, 4. Aufl., Stuttgart.

dm (2013): online unter: http://www.dm.de/de_homepage/unternehmen/zahlen-fakten/unternehmenszahlen, abgerufen am: 28.04.2013.

Dobler, D./Burt, D. (1996): Purchasing and Supply Management: Text and Cases, 6. Aufl., Columbus, OH.

Domsch, M./Regnet, E./von Rosenstiel, L. (Hrsg.) (2009): Führung von Mitarbeitern, Handbuch für erfolgreiches Personalmanagement, Stuttgart.

eBay (2013): eBay Inc. Reports Strong Fourth Quarter and Full Year 2012 Results, Financial Release vom 16.01.2013, online unter: http://investor.ebayinc.com/financial_releases.cfm, abgerufen am: 28.03.2013.

Ellis, B./Kelley, S. (1992): Competitive Advantage in Retailing, in: The International Review of Retail, Distribution and Consumer Research, 2 (4), S. 381–396.
Emrich, O./Rudolph, T. (2011): Wachsen mit E-Commerce: Cross-Channel Management, in: Harvard Business Manager, 33 (Juli), S. 6–9.
Eschenbach, R./Haddad, T. (1999): Die Balanced Scorecard, Wien.
Euromonitor (2013): online unter: www.euromonitor.com, abgerufen am: 11.04.2013.
Falk, B./Wolf, J. (1992): Handelsbetriebslehre, 11. Aufl., Landsberg.
Fassnacht, M. (2003): Eine dienstleistungsorientierte Perspektive des Handelsmarketing, Wiesbaden.
Fawcett, S. E./Ellram, L. M./Odgen, J. A. (2007): Supply Chain Management – From Vision to Implementation, Upper Saddle River, NJ.
Finne, S./Sivonen, H. (2008): The Retail Value Chain: How To Gain Competitive Advantage through Efficient Consumer Response (ECR) Strategies, London.
Freter, H./Diller, H./Köhler, R. (Hrsg.) (2008): Markt- und Kundensegmentierung: Kundenorientierte Markterfassung und -bearbeitung, 2. Aufl., Stuttgart.
Freter, H./Obermeier, O. (2002): Marktsegmentierung, in: Herrmann, A./Homburg, C. (Hrsg.): Marktforschung: Methoden, Anwendungen, Praxisbeispiele, Wiesbaden.
Frey, B./Osterloh, M. (Hrsg.) (2002): Managing Motivation – Wie Sie die neue Motivationsforschung für Ihr Unternehmen nutzen können, Wiesbaden.
Friese, U. (2013): Wer hat Angst vor Ikea?, in: Frankfurter Allgemeine Zeitung, Presseartikel vom 28.03.13, Nr. 74, S. 20.
Ghoshal, S. (2003): Jenseits von Strategie, Struktur und System, in: Campus Management, Band 1, Wiesbaden, S. 220–223.
Gleich, R. (2002): Performance Measurement – Grundlagen, Konzepte und empirische Erkenntnisse, in: Controlling, Heft 8/9, S. 447–454.
Glencore (2013): Annual Report 2012, online unter: http://www.glencore.com/documents/GLEN_Annual_Report_2012.pdf, abgerufen am 08.04.2013.
Gomez, P./Probst, G. (2004): Die Praxis des ganzheitlichen Problemlösens, 3. Aufl., Bern.
Gustaffson, K./Jönson, G./Smith, D./Sparks, L. (2009): Retailing Logistics and Fresh Fruit Packaging, London.
Hahn, D./Kaufmann, L. (Hrsg.) (2001): Handbuch Industrielles Beschaffungsmanagement – Internationale Konzepte, Innovative Instrumente, Aktuelle Praxisbeispiele, 2. Aufl., Wiesbaden.
Haupt, H. G. (2003): Konsum und Gesellschaft. Europa im 19. und 20. Jahrhundert, Göttingen.
Häusel, H-G. (2004): Brain Skript. Warum Kunden kaufen. München.
Hayes, R. (1985): Strategic Planning – Forward in Reverse? in: Harvard Business Review, 63 (1), S. 111–119.
Heinemann, G. (2008): Multi-Channel-Handel: Erfolgsfaktoren und Best Practices, Wiesbaden.
Heinemann, M. (1974): Einkaufsstättenwahl und Firmentreue des Konsumenten, Wiesbaden.

Herget, J./Holländer, S./Schwuchow, W. (1999): Informationsmanagement – Chancen ergreifen, Konstanz.
Hering, T. (2006): Unternehmensbewertung, 2. Aufl., München.
Hermann, S. P. (2006): Zum Messen, Managen und Monitoren der Consumer Experience, in: Marketing Journal, 11, S. 8–13.
Herrmann, A./Homburg, C. (Hrsg.) (2000): Marktforschung: Ziele, Vorgehensweise und Methoden, 2. Aufl., Wiesbaden.
Hermes, V. (2012): Kulturwandel bei Otto, in: Absatzwirtschaft, 01/02, S. 36–38.
Hertel, J./Zentes, J./Schramm-Klein, H. (2005): Supply Chain Management und Warenwirtschaftssysteme im Handel, Berlin.
Hill, C. W./Jones, G. R. (2001): Strategic Management Theory – An Integrated Approach, 5. Aufl., Boston.
Hinderer, H., Kirchhof, A. (2002): Trendanalyse Elektronische Marktplätze, online unter: http://publica.fraunhofer.de/eprints/urn:nbn:de:0011-n-90401.pdf, abgerufen am: 23.11.2012.
Hirsch, B. (2007): Der Economic Value, in: WiSt, Heft 2, S. 62–68.
Hollander, S. C. (1960): The wheel of retailing, in: Journal of Marketing, 25 (1), S. 37–42.
Homburg, C./Hoyer, W. D./Fassnacht, M. (2002): Service Orientation of a Retailer's Business Strategy: Dimensions, Antecedents, and Performance Outcomes, in: Journal of Marketing, 66 (4), S. 86–101.
Honegger, J. (2008): Vernetztes Denken und Handeln in der Praxis, Zürich.
Horvarth & Partners (2004): Balanced Scorecard umsetzen, 3. Aufl., Stuttgart.
Horváth, P. (2003): Controlling, 9. Aufl., München.
Hüttner, M. (1997): Grundzüge der Marktforschung, 7. Aufl., München.
IFH Köln (2013): Geschäftskunden sorgen für 870 Milliarden Euro B2B-E-Commerce-Umsatz jährlich, Pressemitteilung vom 21.02.2013.
Kaplan, R. S./Norton, D. P. (1996): The balanced scorecard, Boston.
Kaplan, R. S./Norton, D. P. (2007): Using the Balanced Scorecard as a Strategic Management System, in: Harvard Business Review, 85(7/8), S. 150–161.
Kauffmann, R./Cavinato, J. (1999): The Purchasing Handbook: A Guide for the Purchasing and Supply Professional, Columbus,OH.
Koelemeijer, K./Oppewal, H. (1999): Assessing the Effects of Assortment and Ambience: A Choice Experimental Approach, in: Journal of Retailing, 75(3), S. 319–345.
Koppelmann, U. (2004): Beschaffungsmarketing, 4. Aufl., Heidelberg.
Kotler, P./Keller, K.L/Bliemel, F. (2007): Marketing-Management: Strategien für wertschaffendes Handeln, München.
Kotzab, H./Bjerre, M. (2005): Retailing in a SCM-Perspective, Copenhagen.
Kröger, F. (2005): EVA vernichtet Wert, in: Harvard Business Manager, 8, S. 14–16.
Kumar, V./Aaker, D./Day, G. (1999): Essentials of Marketing Research, New York.
Küpper, H.-U. (2001): Controlling: Konzeption, Aufgaben und Instrumente, 3. Aufl., Stuttgart.
Küpper, H.-U./Wagenhofer, A. (2002) (Hrsg.): Handwörterbuch Unternehmensrechnung und Controlling, 4. Aufl., Stuttgart, S. 657–667.

Laudon, K., Traver, C. (2010): E-Commerce 2010, Business – Technology – Society, 6. Aufl., Upper Saddle River.

Lebensmittelzeitung (2008): Superstore in London, online unter http://www.lebensmittelzeitung.net/business/handel/store-check/protected/Internationale-Shops_6159_6324.html, abgerufen am: 15.08.12.

LeShop (2013): Faktenblatt, online unter: http://info.leshop.ch/php/BusinessLeShop.php?LeShopMenuId=13&lge=de, abgerufen am: 28.03.2013.

Levitt, Th. (1960): Marketing Myopia, in: Harvard Business Review, 38 (3), S. 26–34.

Levy M./Weitz B. A. (1996): Essentials of Retailing, Boston, MA.

Levy M./Weitz B. A. (2011): Retailing Management, 8. Aufl., Boston, MA.

Levy, M./Weitz, B. (2008): Retailing Management, 7. Aufl., Boston, MA.

Liebmann, H.-P./Foscht, T. (2002): Strategisches Marketing-Management, München.

Liebmann, H.-P./Zentes, J./Swoboda, B. (2008): Handelsmanagement, München.

Lusch, R./Vargo, S./O'Brien, M. (2007): Competing through service: Insights from service-dominant logic, in: Journal of Retailing, 83 (1), S. 5–18.

LZNet (2012): Unternehmensprofil Tesco Plc, online unter: http://www.lebensmittelzeitung.net/business/handel/unternehmen/pages/protected/show.php?id=78&showmore=1, abgerufen am: 15.08.12.

Mattmüller, R./Tunder, R. (2004): Strategisches Handelsmarketing, München.

Meffert, H. (2008): Marketing: Grundlagen marktorientierter Unternehmensführung: Konzepte – Instrumente – Praxisbeispiele: mit neuer Fallstudie VW Golf, 10. Aufl., Wiesbaden, Kapitel 2, S. 182–228.

Metro Group (2013a): Metro Group steigert Umsatz 2012 in schwierigem Konsumumfeld, Pressemitteilung vom 23.03.2013, online unter: http://www.metrogroup.de/internet/site/metrogroup/node/364880/Lde/index.html, abgerufen am: 08.04.2013.

Metro Group (2013b): http://www.metrogroup.de/internet/site/annual2011/node/260641/Lde/index.html, Zugriff am: 14.05.2013.

MillardBrown (2011): Brandz Top 100 – Most valuable global brands, online unter; http://www.millwardbrown.com/libraries/optimor_brandz_files/2011_brandZ_top100_report.sflb.ashx, abgerufen am: 02.04.2012.

Möhlenbruch, D./Hartmann, M. (Hrsg.) (2002): Der Handel im Informationszeitalter, Konzepte – Instrumente – Umsetzung, Festschrift für Klaus Barth zum 65. Geburtstag, Wiesbaden.

Monczka, R./Trent, R./Handfield, R. (1998): Purchasing and Supply Chain Management, Cincinnati, OH.

Morschett, D. (2012): Cross-Channel Retailing – Die Zukunft des Handels, online unter: http://www.t-systems.de/tsip/servlet/contentblob/t-systems-2012.de/de/986010_1/blobBinary/wp_cross-channel-retailing.pdf?ts_layoutId=755380, abgerufen am: 23.11.2012.

Motel One (2013): Bericht 2012 mit 4. Quartal, online unter: http://www.motel-one.com/de/motel-one-group/investor-relations/kennzahlen.html, abgerufen am: 27.05.2013.

Mulhern, F. (1997): Retail marketing: From distribution to integration, in: International Journal of Research in Marketing, 14 (2), S. 103–124.
Müller-Hagedorn, L. (1998): Der Handel, Stuttgart.
Müller-Hagedorn, L. (2001): Kundenbindung im Handel, 2. Aufl., Frankfurt.
Müller-Hagedorn, L. (2002): Handelsmarketing, 3. Aufl., Stuttgart.
Müller-Hagedorn, L./Toporowski W./Zielke, S. (2012): Der Handel, Stuttgart.
Müller-Stewens, G./Lechner, C. (2003): Strategisches Management: Wie strategische Initiativen zum Wandel führen: der St. Galler Management Navigator®, 2. Aufl., Stuttgart.
Nagengast, L. (2012): Kunden erfolgreich binden: Die Wirkung von Kundenbindungsinstrumenten auf Einstellungen und Kaufverhalten, Dissertation Nr. 3972, St. Gallen: Universität St. Gallen.
Neslin, S. A./Grewal, D./Leghorn, R./Shankar, V. (2006): Challenges and Opportunities in Multi-channel Customer Management, in: Journal of Service Research, 9 (2), S. 95–113.
Nicholson, M./Clarke, I./Blakemore, M. (2002): One Brand, Three Ways to Shop: Situational Variables and Multichannel Consumer Behavior, in: The International Review of Retail, Distribution and Consumer Research, 12 (2), S. 131–148.
Nieschlag, R./Dichtl, E./Hörschgen, H. (2002): Marketing, 19. Aufl., Berlin.
Nordstrom (2013): online unter: http://interactivedocument.labrador company.com/Labrador/US/Nordstrom/2012AnnualReport, abgerufen am: 28.05.2013.
Nunes, P. F./Cespedes, F. V. (2003): The customer has escaped, in: Harvard Business Review, 81 (11), S. 96–105.
Oberparleitner, K. (1918): Die Funktionen des Handels, Wien.
Oberparleitner, K. (1955): Funktionen und Risiken des Warenhandels, 2. Aufl., Wien.
Oehme, W. (2001): Handelsmarketing, 3. Aufl., München.
Olfert, K./Reichel, C. (2005): Finanzierung, 13. Aufl., Ludwigshafen.
Oxenfeldt, A. R. (1966): Product line pricing, in: Harvard Business Review, 44 (3), S. 137–144.
Palloks-Kahlen, M. (2001): Kennzahlengestütztes Controlling im kundenorientierten Vertriebsmanagement, in: Reinecke, S./Tomczak, T./Geis, G. (Hrsg.): Handbuch Marketing Controlling, Frankfurt a. M./Wien.
Pauli, R. (2002): Maßgeschneiderte Unternehmensfinanzierung, in: UBS Outlook, 1/2002.
Picot, A. (1986): Transaktionskosten im Handel. Zur Notwendigkeit einer flexiblen Strukturentwicklung in der Distribution, in: Der Betriebsberater, 27. Jg., Beilage 13, S. 1–16.
Picot, A./Reichwald, R./Wigand, R. (2003): Die Grenzenlose Unternehmung – Information, Organisation und Management. Lehrbuch zur Unternehmensführung im Informationszeitalter, 5. Aufl., Wiesbaden.
Porter, M. E. (1998): Competitive Advantage, 2. Aufl., New York.
Porter, M. E. (1999): Wettbewerbsvorteile: Spitzenleistungen erreichen und behaupten, Frankfurt am Main.
Prätsch, J./Schikorra, U./Ludwig, E. (2007): Finanzmanagement, 3. Aufl., Berlin.

PricewaterhouseCoopers (2012): Social Media: Gewinnertrio dominiert den Markt, online unter www.pwc.de, abgerufen am: 26.04.2012

Prümper, W. (2001): Vom Paradigmenwechsel zur Systemnormalität, in: Arnold, U. et al. (Hrsg.): Supply Chain Management, Bonn.

Regnet, E. (1995): Der Weg in die Zukunft – Neue Anforderungen an die Führungskraft, in: von Rosenstiel, L (Hrsg.): Führung von Mitarbeitern, Handbuch für erfolgreiches Personalmanagement, 3. Aufl., Stuttgart.

Reichmann, Th. (2001): Controlling mit Kennzahlen und Managementberichten, 6. Aufl., München.

Richter, H. (1987): Theoretische Grundlagen des Controlling, Frankfurt a. M./Bern.

Robert/Boisen (2012): Anthon Berg – The Generous Store, online unter: http://rblm.dk/?cases=anthon-berg-the-generous-store, abgerufen am: 06.12.2012.

Ross, S./Westerfield, R./Jaffe, J. (2011): Corporate Finance, 9th Edition, New York.

Roth, G. (2001): Fühlen, Denken, Handeln – Wie das Gehirn unser Verhalten steuert, Frankfurt am Main.

Rudolph T./Loock, M./Kleinschrodt, A. (2008): Strategisches Handelsmanagement. Grundlagen für den Erfolg auf internationalen Handelsmärkten, Aachen.

Rudolph, T. (1993): Positionierungs- und Profilierungsstrategien im Europäischen Einzelhandel, Band 10 der FAH-Schriftenreihe Marketing-Management, St. Gallen.

Rudolph, T. (1997): Profilieren mit Methode – von der Positionierung zum Markterfolg, Frankfurt/New York.

Rudolph, T. (2000): Erfolgreiche Geschäftsmodelle im europäischen Handel: Ausmaß, Formen und Konsequenzen der Internationalisierung für das Handelsmanagement, St. Gallen.

Rudolph, T./Emrich, O. (2009): Eine zeitgemäße Handelsdefinition, Arbeitspapier am Forschungszentrum für Handelsmanagement der Universität St. Gallen.

Rudolph, T./Emrich, O./Böttger, T. (2011): Der Schweizer Online-Handel: Internetnutzung Schweiz 2011, St. Gallen.

Rudolph, T./Emrich, O./Böttger, T./Essig, E./Metzler, T./Pfrang, T./Reisinger, M. (2013): Der Schweizer Online Handel: Internetnutzung Schweiz 2013, St. Gallen.

Rudolph, T./Emrich, O./Brunner, F. (2012): Online boomt. Die Voraussetzungen, in: io management, 6, S. 12.

Rudolph, T./Glas, A. (2008): Food Consumption 2008 – Ess- und Verzehrverhalten in der Schweiz, St. Gallen.

Rudolph, T./Schweizer, M. (2006): Das Discount-Phänomen: eine 360-Grad-Betrachtung, Zürich.

Rudolph, T./Weber, M. (2012): Mehr Profil durch Kundeninspiration, St. Gallen.

Rüegg-Stürm, J. (1996): Controlling für Manager. Grundlagen, Methoden, Anwendungen, 2. Aufl., Zürich.

Rust, R. T./Moorman, C./Bhalla, G. (2010): Rethinking Marketing, in: Harvard Business Review, 88(1), S. 94–101.

Scharrenbroch, C. (2012): Mobile Spiele sind stark gefragt, in: Frankfurter Allgemeine Zeitung, Presseartikel vom 09.08.2012, Nr. 184, S. 15.

Schenk, H. O. (2007): Psychologie im Handel, München.

Schenkel, M./Volkmer, C. (2000): Betriebswirtschaftslehre im Einzelhandel, 5. Aufl., Köln.

Schmeisser, D./Zingler, M./Wiegelmann, P.(2010): Mobile Commerce Insights 2010, Phaydon.

Schmickler, M./Rudolph, T. (2001): Erfolgreiche ECR-Kooperationen – Vertikales Marketing zwischen Industrie und Handel, Neuwied/Kriftel.

Schmickler, M./Rudolph, T. (2002): Erfolgreiche ECR-Kooperationen, München.

Scholz, C. (2000): Personalmanagement, 5. Aufl., München.

Schröder, H. (1999): Anforderungen und konzeptionelle Grundlagen des Controllings im Handel, in: Reinecke, S./Tomczak, T./Dittrich, S. (Hrsg.): Marketingcontrolling, St. Gallen.

Schröder, H. (2003): Category Management – Aus der Praxis für die Praxis, Frankfurt am Main.

Schröder, H. (2005): Multichannel-Retailing; Marketing in Mehrkanalsystemen des Einzelhandels, Berlin.

Schwaninger, M. (1994): Managementsysteme, Frankfurt/New York.

Schwarze, J. (1998): Informationsmanagement, Herne/Berlin.

Schweizer, M./Rudolph, T. (2004): Wenn Käufer streiken – Mit Profil gegen Consumer Confusion und Kaufmüdigkeit, Wiesbaden.

Sharifi, H./Kehoe, D. F./Hopkins, J. (2006): A classification and selection model of e-marketplaces for better alignment of supply chains, in: Journal of Enterprise Information Management, 19 (5), S. 483–503.

Siegwart, H./Reinecke, S./Sander, S. (2010): Kennzahlen für die Unternehmensführung, 7. Aufl., Bern.

Silberer, G. (2004): Wege zur Kundenkenntnis, in: Gröppel-Klein, A. (Hrsg.): Konsumentenverhaltensforschung im 21. Jahrhundert, Wiesbaden, S. 261–290.

Sohl, T. (2011): Diversification Strategies in the Global Retailing Industry: Essays on the Dimensions and Performance Implications, Dissertation, St. Gallen.

Sony (2013): Online Community, online unter: http://www.sony.de/wep/ViewAccessibleWep.action?url=/fnp/RENAV_CLV_CONS/de/DE/html/&type=Custom, abgerufen am: 29.05.2013.

Spector, R./McCarthy, P. D. (1995): The Nordstrom Way, New York.

Spiegel Online (2013): Automobilindustrie: PKW Neuzulassungen sinken weiter, online unter: http://www.spiegel.de/wirtschaft/unternehmen/pkw-neuzulassungen-sinken-weiter-a-889770.html, abgerufen am: 27.3.13.

Spremann, K. (1996): Wirtschaft, Investition und Finanzierung, 5. Aufl., München/Wien.

Spremann, K. (2005): Modern Finance, 2. Aufl., München/Wien.

Sprenger, R. K. (2002): Mythos Motivation. Wege aus einer Sackgasse. Frankfurt am Main.

Statista (2012): Daten & Fakten zum E-Commerce Markt, online unter: http://de.statista.com/statistik/faktenbuch/31/a/branche-industrie-markt/e-commerce-markt/e-commerce-markt, abgerufen am: 26.10.2012.

Statista (2013): Revenue of the largest hotel groups worldwide in 2012 (in billion U. S. dollars), online unter: http://www.statista.com/statistics/187036/revenue-of-the-largest-hotel-groups-worldwide-in-2010, abgerufen am: 27.05.13.

Statista (2013a): Anzahl der Neuzulassungen von Pkw in Deutschland von 2000 bis 2012 (in Millionen), online unter: http://de.statista.com/statistik/daten/studie/74433/umfrage/neuzulassungen-von-pkw-in-deutschland-seit-2000, abgerufen am: 28.03.13.

Statista (2013b): Absatz von PC- und Videogames in Deutschland nach Plattform von 2009 bis 2012 (in Millionen Stück), online unter: http://de.statista.com/statistik/daten/studie/4030/umfrage/anzahl-von-verkauften-pc — und-videospielen-in-deutschland-seit-2009-nach-plattform, abgerufen am: 30.05.2013.

Staudinger, M. (2012): Wie das Prinzip Billighotel funktioniert, online unter: http://www.sueddeutsche.de/muenchen/motel-one-wie-das-prinzip-billighotel-funktioniert-1.1300813, abgerufen am 22.08.12.

Steinmann, H./Schreyögg, G. (2005): Management: Grundlagen der Unternehmensführung, 6. Aufl., Wiesbaden.

Stern, J. M./Stewart, G. B./Chew, D. H. (1994): The EVATM financial management system, in: Journal of Applied Corporate Finance, 8(2), S. 32–46.

Stiefl, J. (2008): Finanzmanagement: unter besonderer Berücksichtigung von kleinen und mittelständischen Unternehmen, 2. Aufl., München.

Stölzle, W./Heusler, K./Karrer, M. (2004): Erfolgsfaktor Bestandsmanagement, Zürich.

Stölzle, W./Otto, A. (2003): Supply Chain Controlling in Theorie und Praxis, Wiesbaden.

Tesco (2013): Prelimiary Results 2012/13, online unter: http://www.tescoplc.com/index.asp?pageid=17&newsid=764, abgerufen am: 22.04.2013.

Thommen, J.-P. (2007): Betriebswirtschaftslehre, 7. Aufl., Zürich.

Thonemann, U./Behrenbeck, K./Küpper, J./Magnus, K-H. (2005): Supply Chain Excellence im Handel – Trends, Erfolgsfaktoren und Best-Practice Beispiele, Wiesbaden.

Trommsdorf, V. (2008): Konsumentenverhalten, 7. Aufl., Stuttgart.

U. S. Census Bureau (2001): Annual benchmark report for retail trade and food services. January 1992 to December 2000, Washington, DC.

Ulrich, H. (2001): Systemorientiertes Management, Bern.

Ulrich, H./Probst, G. (2001): Anleitung zum ganzheitlichen Denken und Handeln, Bern.

Varley, R. (2006): Retail Product Management: Buying und Merchandising, 2. Aufl., London.

Vester, F. (1999): Die Kunst vernetzt zu denken, Frankfurt am Main.

Volkart, R. (1998): Finanzmanagement: Beiträge zu Theorie und Praxis, 7. Aufl., Zürich.

von Rosenstiel, L. (2009): Grundlagen der Führung, in: von Rosenstiel, L. (Hrsg.): Führung von Mitarbeitern, Handbuch für erfolgreiches Personalmanagement, 6. Aufl., Stuttgart.

Wagner, S./Wehrli, H. P. (2003): Handbuch Beschaffung: Strategien, Methoden, Umsetzung, München/Wien.

Walmart (2013a): Locations United States at a glance, online unter: http://corporate.walmart.com/our-story/locations#/united-states, abgerufen am: 08.04.2013.

Walmart (2013b): Locations at a glance, online unter: http://corporate.walmart.com/our-story/locations#, abgerufen am: 08.04.2013.

Weber, J. (2002): Logistik- and Supply Chain Controlling, 5. Aufl., Stuttgart.

Weber, J. (2004): Einführung in das Controlling, 10. Aufl., Stuttgart.

Weber, J./Bramsemann, U./Heineke, C./Hirsch, B. (2004): Wertorientierte Unternehmenssteuerung. Konzepte – Implementierung – Praxisstatements, Wiesbaden.

Weitz, B./Wensley, R. (1988): Readings in Strategic Marketing, Chicago.

Whittington, R. (2006): Completing the Practice Turn in Strategy Research, in: Organization Studies, 27 (5), S. 613–634.

Wikipedia (2013): Social Media, online unter: http://de.wikipedia.org/wiki/Social_Media, abgerufen am: 30.05.2013.

Wiley, J. W. (1991): Customer Satisfaction. A Supportive Work Environment and it's Financial Costs, in: Human Resource Planning, Vol. 14(2), S. 117–127.

Wingate, J. W. (1931): Manual of retail terms, New York.

Wired (2011): Tesco brings the supermarket to time-poor commuters in South Korea, online unter: http://www.wired.co.uk/news/archive/2011-06/30/tesco-home-plus-billboard-store, abgerufen am: 23.10.12.

Witt, F. J. (1992): Handelscontrolling, München.

Wöhe, G./Bilstein, J. (2002): Grundzüge der Unternehmensfinanzierung, 9. Aufl., München.

Wunderer, R./Dick, P. (2001): Personalmanagement – Quo vadis?, 2. Aufl., Neuwied.

Zantow, R. (2004): Finanzierung: Die Grundlagen modernen Finanzmanagements, München.

Zeit Online (2012): BMW, Porsche und VW erzielen Rekordgewinne, online unter: http://www.zeit.de/wirtschaft/unternehmen/2012-03/porsche-bmw-vw-gewinne, abgerufen am: 28.03.2013.

Zentes, J./Morschett, D./Schramm-Klein, H. (2007): Strategic Retail Management Text and International Cases, Wiesbaden.

Zentes, J./Swoboda, B./Morschett, D. (2004): Internationales Wertschöpfungsmanagement, München.

Zerdick, A./Schrape, K./Artope, A./Goldhammer, K./Heger, D. K./Lange, U. T./Vierkant,E./Lopez-Escobar, E./Silverstone, R. (2001): Die Internet-Ökonomie: Strategien für die digitale Wirtschaft, Hrsg.: European Communication Council, 3. Aufl., Heidelberg.

Ziegenbein, K. (2004): Controlling, 8. Aufl., Ludwigshafen.

Sachregister

A
ABC-Analyse 144
ABC-/XYZ-Portfolio 146
Absatz, geplanter 149
Absatzvolumen 55
Adidas 5
Aldi 49, 52, 58, 72
Alibaba 18
Amazon 1, 17
Angebotsstory 80, 81
Anlagevermögen 162
Apple 5
Attraktivitätsprüfung 77
Außenfinanzierung 166
Auszeichnung 122
AutoScout24 17

B
Balanced Scorecard 230, 231
Barnes & Nobles 9
Basisartikel 140
Bayer 18
Beobachtung
– qualitative 87
Beschaffungskompetenz 38, 135
Beschaffungskonditionen 136
Beschaffungsprozess 137
– Lieferantenbeurteilung 137
– Lieferantenselektion 137
– Lieferantensuche 137
– Phasen 137
– Produktspezifika 139
– Sortimentsbildung 137
– Warenbedarfsermittlung 137
– Warenbestellung 137
Bestellmenge, optimale 150
Best Western 87
Beteiligungskapital 165
Bilanz 162
Bilanzregel, Goldene 171
BMW 17, 72
BP 5
Breuninger 54
Business-Plan 159
– Checkliste 160

C
Carrefour 1
Cash Ratio 171
Category-Management 140

Category Manager 140
Collaborative Planning 147
Collaborative Planning, Forecasting and Replenishment, CPFR 123
Controlling 175
– strategisches ~ 178
– Zweck 177
Controllingabteilung 183
Controllingaufgaben 179
Controllinginstrumente 180, 182
Controllingkompetenz 40, 175
Controllingorganisation 181
Controllingprozess 179
Controllingsystem 180
Controllingwerkzeuge 180
Controllingziele 179
Coop 120, 121, 122
Cross-Channel-Management 22
Crossdocking 121
Current Ratio 171
Customer Relationship Management (CRM) 123

D
Datenkompatibilität 223
Datenmanagement 228
Datenquellen 229
Deckungsbeitragsrechnung 191
Detailhandel 4
Dienstleistungen 101
Direct Store Delivery (DSD) 123
Discovery Channel Store 9
Distributionspartner 9
Distributionsprozess 4
Distributionsstufen 5
Diversifikation 54
dm-drogerie 211
dm-drogerie markt 117, 199, 210
Douglas 57
Du Pont 186
– Renditeschema 185

E
eBay 2, 5, 9, 13, 17, 18, 20
Efficient Consumer Response (ECR) 123, 142
Eigenfinanzierungsgrad 170
Eigenkapital 164, 165
Eigenkapitalrentabilität 171
Einkaufsstättenwahl

– Kundenperspektive 68
– Managementperspektive 70
Einlagerung 121
Einzelhandel 4
Einzelkosten 193
Elektronische Marktplätze 17, 19
Engpasssortimente 143
E-Procurement 141
Erfolgsrechnung 161
Erlebniskäufer 95
eToys 9
Exxon Mobil 5

F
Filialbelieferung 122
Finanzierung 157, 158
– Außenfinanzierung 166
– Eigenkapital 163
– Formen 163, 165
– Fremdkapital 163, 165
– Innenfinanzierung 167
– Kapitalbedarf 159
– Leverage-Effekt 166
– Mittelbeschaffung 166
– Planung 168
– ~sanlass 163
– ~sform 167
– ~skompetenz 38, 157
– ~sprozess 159
– ~sstruktur 169
Finanzierungsregel, Goldene 171
Finanzmanagement 183
Fixe Kosten 193
Fragebogen 85
Fremdkapital 164, 165
Früherkennungszone 112
Führungsstile 207
Führungsverhalten
– Anforderungen an ~ 205
Funktionsausweitung 2, 4

G
Gefahrenanalyse 56
Gemeinkosten 193
Gesamtkapitalrentabilität 172
Gläubigerkapital 165
Glencore 2
Großhandel 4
Grundsatzstrategie 51

H

Handel
- Business-to-Business 16
- Consumer-to-Consumer 17
- elektronischer 16
- filialisiert 7
- Geschäftsmodelle 58
- Handwerksgetriebener ~ 7
- Hybridformen 20
- Netzwerk 32
- Online-getriebener ~ 7
- Schnittstelle 3
- stationärer 14
- Strategieentwicklungsprozess 53
- treibende Kräfte 8
- Wertschöpfung 11
Handelsentwicklung
- Informations- und Kommunikationstechnologien 7
- Kundenverhalten 8
- Liberalisierung und Globalisierung 8
- wirtschaftliche Entwicklung 8
Handelskanäle 21
Handelskennzahlen 187
Handelsleistungen
- Abstimmung 13
- Einkaufsbequemlichkeit 11
- Kompetenzen 13
- Kundensicht 11
Handelsmanagement
- Kompetenzen 34
- Ziele 34
Handelsmarge 101
Handelstätigkeit
- Definition 14
- konstituierende Leistungen 13
- konstruktive Merkmale 11
Handelswaren, Lebenszyklus 139
Hennes & Mauritz (H&M) 5, 136

I

IKEA 62, 109
Informationen, Integration von ~ 231
Informationsbedarf 219
Informationskompetenz 39, 217
Informationsmanagement 218, 228, 232
- Aufgaben 228
Informationsmanager 232
Informationsprozess 218
Informationsquelle 219
- externe ~ 227
- Kundenkarten 226

- Kunden- und Marktinformationssystem 224
- Rechnungswesen und Controlling 222
- Warenwirtschaftssystem als ~ 220
Innenfinanzierung 167
Intermediäre 4
Internationalisierungsgrad 1
Interviewleitfaden 86

J

Jura 18, 19
Just-in-time (JIT) 123

K

Kannibalisierung 24
Kapitalbedarf 159
Kapitalfreisetzung 167
Kapitalstruktur 169
Kaufphasen 12, 22, 70, 97
Kennzahlensysteme 185
Kernbedürfnisse 82
Kernentscheidungen 71
Kommissionierung 122
Kompetenz 29, 30
- Basis~ 31
Konsumentenforschung 83
- Instrumente 85
Konsumentenverhalten 84
Kosten-Nutzen-Analyse 61
Kundenbeziehungsmanagement 123
Kundenbrücke 98, 111
Kundeninspiration 102
Kundenkompetenz 36, 67, 68, 83
Kundenmanagement 123
Kundenzufriedenheit 84

L

Ladengestaltung 101
- Anforderungen 107
- Grundformen 107
- Teilaufgaben 108
Leistungsangebot 54, 56, 95
Leistungsversprechen 80
LeShop.ch 28
Leverage-Effekt 166, 170
Lidl 14, 22
Lieferantenbeurteilung 147
- Schritte 147
Lieferantenbewertung, Multiattributbewertung 148
Liquidität 171
Logistik 118, 119

- Aufgaben 118
- handelsgesteuerte ~ 126
- rückführende 123
Logistikkompetenz 37, 117
Logistikprozess 119
- Kernaufgaben 120
L'Oreal 150
Losaufspaltung 4

M

Mango 5
Marge 107, 144, 191
Marktanalyse 55
Marktanteil 54, 55
Markterscheinungsformen 9, 14
Marktexpansion 54
Marktforschungsinstitut 226
Marktpenetration 54
Marktplätze, elektronische 19
Marktpotenzial 54, 55
Marktsegmentierung 72, 73, 83
- Attraktivitätsprüfung 77
- handelsspezifische ~ 75
- Primärsegmentierung 73
- Rentabilitätsberechnung 78
- Segmentbeschreibung 76
- Segmentmarketing 81
- Segmentoptimierung 81
- Segmentpositionierung 80
- Sekundärsegmentierung 75
- Zielgruppen 72, 75, 80
Marktvolumen 54, 55
Mattel 9
Mehrwert 55, 56
Metro Group 1, 125, 195, 207
Migros 4, 35
Mitarbeiterbindung 207
Mitarbeiterführung 200
Mitarbeitermotivation 200
- Quellen 202
Modeartikel 140
Motel One 87
Motivationsquelle 203
- Entlohnung als ~ 205
- Organisation 204
- Regeln 204
- Team 203
Multi-Channel-Management 22

N

Nachkaufphase 97
Nintendo 10
Nordstrom 202, 204

Sachregister

O
Online-Distributionskanäle 2
Online-Handel 3
Orientierungsphase 96
Otto 73

P
Personal 99
Personalentwicklung, Maßnahmen 208, 209
Personalführung 205
Personalkompetenz 40, 199, 200
Personalmanagement
– Aufgaben 200
– Erfolgsfaktoren 201
Personalmarketing, Instrumente 207
Point-of-Sale 95
Positionierung 52
Potenzialträger 194
Präsentationssysteme 110
Preisführerschaft 49, 59
Preislagen 106
Preislagenmanagement 106, 107
– Erfolgsfaktoren 107
Preislagenverteilung 106
Primärerhebungen 56
Primärsegmentierung 73
Produktverfügbarkeit 150
Profilierungsdynamik, Zonenmodell 112
Profilierungsinstrumente 111
Profilierungsmaßnahmen 111
Profilierungszone 112
Profilierung, Zonenmodell 112
Prozess
– ~kentnisse 28
– Kernprozesse 28
– Unterstützungsprozesse 29
Prozesskompetenz 1, 27, 33, 41
Puma 5

Q
Qualitative Instrumente 86
Quantitative Instrumente 85
Quick Ratio 171

R
Regalanordnung 109
Rentabilitätsberechnung 78
Reservelager 150
Return on Investment 172
REWE 232, 233, 234
RFID 31, 121

Ricardo 5, 17

S
Saisonartikel 140
Schlüsselsortiment 143
Segmentattraktivität 77, 78
Segmentmarketing 81
Segmentoptimierung 81
Segmentpositionierung 80
Segmentprofitabilität 78
Sekundärerhebungen 56
Sekundärsegmentierung 75
Shell 5
Sicherheitszone 112
Siemens 19
Situationsanalyse 56, 57
Social Media 25
Sony 5, 10
Sortiment 100
– Engpass~ 143
– Schlüssel~ 143
– Standard~ 143
– strategisches ~ 142
Sortimentsanalyse 142
Sortimentsbreite 104
Sortimentsevaluation 194
Sortimentsmix 194
Sortimentsrentabilität 105
Sortimentstiefe 104
Speditionssysteme 127
Standardsortiment 143
Standort 99
Stärken- und Schwächenanalyse 56
Statistiken
– amtliche 227
– nichtamtliche 227
Steiff 9
Strategieentwicklungsprozess
– Geschäftsmodell 57
– Grundsatzstrategie 57
– Leistung optimieren 61
– Marktdefinition 53
– Profilierungsinstrumente 60
– Situationsanalyse 56
– Unternehmensvision 56
– Ziele und Ressourcen 59
Strategiekompetenz 41, 49
– Geschäftsmodell 53
strategisches Sortiment 142, 143
Streckenbelieferung 120
Supply Chain Management 119
– Herausforderungen 124
Swisscom 138

T
Taobao 17
Target 9
Tchibo 4, 30
Technologieeinsatz 101
Telecom 5
Tesco 1, 58
TOYS »R« US 9
Trendartikel 136, 140
Trends 84

U
Umlaufvermögen 162
Unternehmensentwicklung 188
Unternehmensstrategie 179

V
Variable Kosten 193
Verkaufskompetenz 93
– Instrumente und Aufgaben 100
Verkaufsprozess
– Abbruch 96
– ~ als Kundenbrücke 98
– Leistungsangebot 95
– Leistungserwartung 95
– Verkaufsargumente 98
Verkaufsstellenkompetenz 94
Verschuldungsgrad 170
Vodafone 5, 138
Vorkaufphase 22
VW 17, 19

W
Wahl der Einkaufsstätte 68
Wahrnehmung 84
Wal-Mart 1, 58, 59, 96
Warenanlieferung 120
Warenbestand, Kritischer 149
Wareneingang 121
Warenumschlag, Geplanter 149
Warenwirtschaftssystem 220
– Arten 221
Werbung 99
Wertkettenmodell 33
Wertschöpfung, vernetzte 27

Z
Zappos 128
Zara 5, 136, 150
Zentrada 18
Zentrallagerbelieferung 119
Zielgruppen 72, 180
Zonenmodell der Profilierung 111